中央高校基本科研业务费专项资金资助
中央民族大学自主科研计划项目成果
（项目编号MUC2011ZDKT03）

从嵌入到内生

论社会转型条件下民族地区经济发展方式的
特点与转变目标

杨思远 主编

中国社会科学出版社

图书在版编目（CIP）数据

从嵌入到内生：论社会转型条件下民族地区经济发展方式的特点与转变目标/杨思远主编 . —北京：中国社会科学出版社，2016.8
ISBN 978 – 7 – 5161 – 8897 – 2

Ⅰ. ①从… Ⅱ. ①杨… Ⅲ. ①民族地区经济—区域经济发展—研究—中国 Ⅳ. ①F127.8

中国版本图书馆 CIP 数据核字（2016）第 216595 号

出 版 人	赵剑英
责任编辑	戴玉龙
责任校对	孙洪波
责任印制	王　超
出　　版	中国社会科学出版社
社　　址	北京鼓楼西大街甲 158 号
邮　　编	100720
网　　址	http：//www.csspw.cn
发 行 部	010 – 84083685
门 市 部	010 – 84029450
经　　销	新华书店及其他书店
印　　刷	北京君升印刷有限公司
装　　订	廊坊市广阳区广增装订厂
版　　次	2016 年 8 月第 1 版
印　　次	2016 年 8 月第 1 次印刷
开　　本	710×1000　1/16
印　　张	19.5
插　　页	2
字　　数	305 千字
定　　价	75.00 元

凡购买中国社会科学出版社图书，如有质量问题请与本社营销中心联系调换
电话：010 – 84083683
版权所有　侵权必究

《社会转型与民族地区经济发展方式研究》
编 委 会

主　任：刘永佶
副主任：张丽君　李克强
委　员：王文长　王天津　龙远蔚
　　　　张兴无　张建平　杨思远
　　　　黄健英　谢丽霜

总　序

　　民族地区的社会转型是一个重大现实问题，也是重要理论课题。经济发展方式的转变既是社会转型的基础，又是主要内容，它关系到民族团结统一以及文化、政治、社会等各个方面。中华人民共和国成立以来，少数民族及民族地区社会经济发生了巨大的变化，不仅保持了快速增长，经济结构也发生了很大的变化，各族人民的生活水平大幅度提高。民族地区经济发展方式已有明显改变，但仍然未能在总体上摆脱粗放型经济发展方式。我国民族地区的显著特点是地域面积广阔，族群众多且分布不平衡，大多处于边疆地区，经济发展类型多样，文化传统千差万别，经济发展水平参差不齐，这些特点使民族地区在转变发展方式过程中具有显著的特征。少数民族地区（自治地方）占国土面积的64%，是我国的资源富集区和能源基地，在中国的能源战略、地缘政治经济战略中具有重要的地位。探索现阶段中国各民族及民族地区如何实现跨越式发展、融入国家整体现代化进程，形成合理的经济结构，走出一条具有民族特色和地域特色的自主发展之路，对创新民族区域自治制度，实现中华民族繁荣发展，具有重大理论和现实意义。

　　除了自然条件的多样性外，民族地区也有历史形成的文化多样性，民族地区的经济建设必须考虑经济合理性与文化适应性的关系。我们的研究不仅关注社会转型的时代大背景，而且注重社会转型、经济发展、文化保护之间内在的错综复杂的关系，在处理好三者关系的基础上，提出民族地区经济发展方式的新选择。这一新选择适应新时期发展变化的新形势、新要求，对现实问题有针对性，既具有现实性又具有可操作性。

　　《社会转型与民族地区经济发展方式研究》是我主持的中央民族大学"自主科研重大项目"，总体包括："新中国少数民族和民族地区经济发展的经验与反思"、"社会转型条件下民族地区经济发展方式转变的特点与目标"、"民族地区经济结构战略性调整研究"、"对口支援政策的评估与创新"、"国家主体功能区政策背景下民族地区发展方式选择"、"少数民族和民族地区扶贫攻坚的类型和模式"。研究成果有调研报告、论文和著作三类。著作由中国社会科学出版社出版，敬请读者批评。社会转型对民族地区经济发展方式有着重要影响，只有把握民族地区经济发展的特点，才能正确理解民族地区经济发展方式转变的目标，才能在社会转型大背景下把握民族地区经济发展方式转变的特殊规律，进而丰富发展方式转变的理论研究成果。

刘永佶

2016年5月1日

写作分工

全书设计、前言、统稿　杨思远
第一章　董　宁
第二章　宋志娇
第三章　王玉芬　石　越
第四章　罗　莉
第五章　张冬梅
第六章　马　博
第七章　张德政

前　言

新中国成立以来，我国民族地区经济发展从发展方式来看经历了两个阶段：嵌入型发展阶段及其转型阶段。当前，要明确转型的目标，必须弄清嵌入型发展方式的特点，以及这种发展方式在社会转型条件下所遇到的困境。内生型发展方式的提出，不是某种脱离发展方式演变史的产物，而是嵌入型发展方式演变合乎逻辑的一个进路。

嵌入型发展方式在今天面临着转型，并不意味着它在历史上毫无价值，恰恰相反，在摆脱民族压迫和民族剥削关系，获得了国内各民族平等关系的前提下，新中国通过国家政权和统制经济体制推动民族地区走上嵌入型发展道路，具有巨大的、积极的历史意义。毛泽东在《论十大关系》的第六个关系，即"汉族与少数民族的关系"中指出："我们要诚心诚意地积极帮助少数民族发展经济建设和文化建设。"[①] 这一思想表明，嵌入型发展方式的本质是帮助型发展，是主体民族对少数民族经济文化建设事业的真诚帮助。这种帮助是整个中华民族在政治上获得民族独立统一后，在经济上巩固独立统一事业的一个重要组成部分。

由于历史原因，到新中国成立时，少数民族之间以及少数民族与汉族之间的经济发展差距实际是存在的。对于刚刚获得独立统一的中华民族来说，迅速而有效地消除这种差距，是一项极为重要和急迫的任务，也是社会主义制度的本质要求。几千年来，民族间的剥削和压迫关系是这种差距形成的制度基础，新制度的建立必然提出消除差距这一历史性课题。

中华民族的独立统一不仅包括领土的统一和政治文化上的独立统一，还要以独立统一的经济为巩固的基础。按照国家整体发展战略和规

---

① 毛泽东：《论十大关系》，载《毛泽东文集》第七卷，人民出版社1999年版，第34页。

划，国内各种资源的统一开发和利用，各地区之间的分工与协作，各民族共同参加经济建设并共享发展成果，是形成中华民族"共同的经济生活"的主要内涵。不可想象，这种统一经济格局的形成能够脱离既有的民族经济基础，包括实质上存在的民族间经济发展差距，民族地区与非民族地区间的经济发展差距。取长补短从来是谋求经济发展要遵循的基本原则，先进的民族帮助落后的民族发展经济，必然采取嵌入型发展方式。

统制经济体制的最显著的特点在于"统"，民族地区经济发展统一在中华民族共同经济生活建构之下。苏联援助新中国，汉族帮助少数民族，前者力图构建一个社会主义阵营，后者旨在构建一个中华民族大家庭。以统制经济体制为支撑，以中央政府为主体，以国有企业为主要组织形式，以财政转移支付为手段，以东部尤其是沿海地区为资金、技术、人才、设备的主要来源地，以工业化为目标的民族地区嵌入型发展方式得以形成。新中国成立初期直到20世纪70年代，出于国防安全战略需要所实施的三线国防工业布局战略，使得西南和西北成为国防工业投资的重点地区，而沿海工业则在备战的考量中被大量内迁。这个战略进一步强化了嵌入型发展方式。改革开放后，东部加工业的超高速发展，出现了能源、交通、原材料等领域的紧缺，基础工业和基础设施成为制约国民发展的瓶颈，在西部大开发的新战略中，西部民族地区再次成为能源和资源投资的重点，尽管这个阶段已经建立了市场经济体制，但仍延续了嵌入型发展方式。时至今日，这一发展方式仍在发挥作用，而且由于惯性和在这一发展方式下形成的利益格局，要实现转型还存在许多困难和障碍。

嵌入型发展方式的主体不是民族地区的各少数民族，而是国家，少数民族和民族地区成为帮助的对象，成为客体。嵌入的方式是国家计划。统一的国家计划的制定和实施，将人力、物力和财力按照计划项目的要求从全国各地投入到民族地区，"大会战"、"大三线"、"大内迁"、"大开发"成为国家发展的战略性行为模式，国家计划的统一性、强制性和有保障，使得嵌入强而有力；财政转移支付成为许多民族自治地方政府的主要财源；嵌入的项目基本采取国有企业的形式；以国防科技、电子化工、交通运输、资源开发、能源生产和农畜产品加工等工业项目为主要目标，民族地区的嵌入型工业化成为整个中华民族工业化极为重要的组成部分。客体性、计划性、转移支付、国有性和工业化的目的性是嵌入型发展方式的几个主要特点。

在嵌入型发展方式下，民族地区短期内迅速改变了地区经济结构，农牧业为主导的经济结构开始向工业主导的经济结构转变。许多地区的少数民族群众首次迎来工业文明，在千百年来由农民、牧民、猎民、渔民、山民等构成的少数民族劳动者群体中出现了国企工人。沉睡地下千万年的资源得到开发，偏僻落后的民族地区开通了公路、铁路和航空线，酥油灯、松油灯、煤油灯照明为电灯所取代，汽车代替了奔马和牛车，拖拉机取代了手扶犁。军工、电子、机械、化工、航天、航空、有色金属、交通、能源等国防科技工业在西部民族地区矗立起来。大草原、大戈壁、大沙漠、大高原上迎来了来自五湖四海的汉族兄弟，经济、技术、文化得到空前的交流与融合。民族地区在嵌入型发展方式下取得的经济成就为千百年来所未有，不仅奠定了该地区此后一切经济进步的基础，也是新中国独立而完整的工业体系不可或缺的组成部分。

嵌入型发展方式的内在矛盾在于，发展民族地区经济，主要不是依靠该地区的各民族。经济发展目标的确定，项目的选择，资金的积累，人才的供应，经济成果的分配等经济发展权，统一由国家掌控。这对于建立全国独立完整的工业体系极为有利，但是，一旦这个体系建立起来，经济发展目标就开始多元化，不再以发展工业生产为直接目标，而以满足消费需要为直接目标，以改善当地各民族生活水平为直接目标，嵌入型发展方式的内在矛盾就积累起来、尖锐起来，它是东、中部地区粗放型发展方式在民族地区的延伸和表现。

嵌入型发展方式在民族地区造就了一个二元的经济结构，即嵌入的现代工业经济与当地的传统农牧业经济并存。工业，尤其是资源型工业和国防科技工业作为民族地区的支柱产业，同基础产业农牧业相脱节，支柱产业不能发挥支柱作用，基础产业也不能发挥基础作用。这种二元经济结构的形成，恰是民族地区从外部嵌入工业文明的结果。二元结构造成工业和矿业成为民族地区经济的主要增长点，传统农牧业则出现停滞，城乡差距由此拉大。

由于少数民族在经济文化上的落后与人才匮乏，嵌入型的发展方式所嵌入的工业项目难以直接吸纳少数民族劳动者参与就业，尤其国有企业的高层技术人员、管理人员、财务人员更鲜有少数民族涉足，随后又忽视对少数民族的人才培养，即便普通工人，少数民族的参与比例亦偏低。这种就业结构反映在收入分配上，一方面是外来国企职工的高收入，另一方面是从事传统农牧业的少数民族农牧民的低收入。民族地区内部城乡收入差距、民族收入差距形成，且有扩大趋势，不利于社会和谐与边疆稳定。

财政转移支付力度的不断增加，对于较为贫困的民族地区经济社会发展起到了支撑作用，但也不可避免地滋生出"等、靠、要"的思想，即埃德加·格雷利奇所谓的"粘蝇纸效应"，中央政府的转移支付会粘在它所到的部门。[1] 民族地区发展经济的主动性和积极性没有得到应有的增强。长期的输血式扶贫无助于民族地区造血机制的形成，举国式的对口支援未能转变成少数民族地区经济发展的内在动力。许多民族自治地区政府收不抵支，收支缺口端赖中央财政转移支付；有的民族地区政府债务则越滚越大，地方债风险在日益上升。

"全国一盘棋"的思想作为中华民族统一经济体形成的最高原则，其提出和落实具有深远的意义，是中华民族共同体意识在经济建设上的具体体现。2014年9月底召开的中央民族工作会议强调"国家统一是各民族的最高利益"[2]，再次重申了中华民族国家建构的这一原则。不过，嵌入型发展方式将这一原则推到了极致，实际使"全国一盘棋"的原则与发挥民族地方积极性对立起来，而在毛泽东"有中央和地方两个积极性，比只有一个积极性好得多"[3]的思想那里，二者却完全可以统一起来。由于国家在不同时期发展战略的改变，从生产力的平衡布局，到"大三线建设"，从沿海地区"率先发展"，到"西部大开发"的实施，再到"一带一路"战略的提出，民族地区在外部主体嵌入型发展中单纯考虑国家需要，难以形成本地区内部协调、平衡的发展格局，在时间上就很难实现经济增长的可持续。例如，民族地区的矿产资

---

[1] Gramlich, E. M., Intergovernmental Grants: A Review of the Empirical Literature, in W. E. Oates (ed.), *The Political Economy of Fiscal Federalism*, Lexington, Mass. D. C. Health, 1977. pp. 219–239.

[2]《中央民族工作会议暨国务院第六次全国民族团结进步表彰大会在北京举行》，《人民日报》2014年9月30日。

[3] 毛泽东：《论十大关系》，载《毛泽东文集》第七卷，人民出版社1999年版，第31页。

源开发，能够在一定时期内迅速拉高GDP，而一旦资源告罄，这一地区原来作为经济增长点的资源产业，就会变成经济萎缩点。在没有接续产业的前提下，为维持增长，只能将投资重点转移到房地产炒作等虚拟经济领域，产生了不少"鬼城"。

我们已经指出，嵌入型发展方式具有客体性、计划性、转移支付、国有性和工业化的目的性等特点，这些特点实际是统制经济体制下，以农业社会为起点，在较为封闭的特定社会环境中展开工业化建设所形成的。随着社会转型，即市场化、工业化、城市化、全球化的交织并进，相对静止的社会经济开始躁动起来，市场经济体制取代统制经济体制，封闭的社会经济日益转变成向全球开放的经济体。与此同时，民族地区的开发上升为国家战略，本地区的发展成为目标本身，单纯依靠外部力量的嵌入型发展，已经不能适应社会转型条件下经济发展的需要。探求民族地区经济发展方式转型的目标，除了要把握嵌入型发展方式内在矛盾的运动趋势，还必须与社会转型的特定历史条件相契合。

内生型发展方式是嵌入型发展方式内在矛盾的解决。一个地区经济社会和文化的发展，在某些方面、某一时期可以主要依赖外援，但是长期、协调、可持续的增长却不可能依赖嵌入型发展来达到。确立以民族地区各民族为主体，以国家嵌入的援助为条件，根据本地区经济发展需要和区情特点，走内生型发展道路，是民族地区发展方式转型的根本目标。这个目标的提出也是当前社会转型特定历史条件的产物。

市场化要求以经济主体权利的清晰界定为前提，以满足市场需求为生产目标，以获取商品价值为经济动因，在各种市场主体竞争中从事经济活动，主体独立承担自然风险和市场风险。市场化的这些要求体现在民族地区的经济发展中，就是走内生型发展道路。嵌入型发展把主体关系颠倒了，计划执行者缺乏自主安排生产、投资的权利和主动性，"等、靠、要"的观念也不能适应市场竞争需要，一切由政府包下来的统制经济体制使得民族地区各经济主体不能承担市场风险。嵌入型发展方式不适应市场化的要求是多方面的。

工业化初期，嵌入型发展有利于举全国之力迅速建立独立而完整的工业体系，一旦这个体系形成，工业化的深入发展即整个工业体系升级有赖于在各个部门和各个地区从事产品创新和工艺创新①，而创新是不可能由外部援助去完成的，只能由民族地区各民族自主完成。统制经济体制下，依靠国家计划只能生产既有产品，无法对从来没有出现过的创新产品和产业进行计划。工业的进步依靠产品和工艺创新，创新排斥计划，创新需要经济主体敏锐把握工业发展趋势，准确捕捉不断变化的社会需求，而嵌入型发展方式无疑与创新绝缘。工业在本质上"是一本打开了的关于人的本质力量的书"②，民族地区工业化这本书，不可能依靠外部主体来打开，走内生型发展道路是唯一选择。

城市化是工业化的必然结果，是人口向城市集中的过程。城市的聚集功能和辐射功能的发挥，以城市自身的经济实力为基础。民族地区的城市在嵌入型发展方式下，与广大农牧区的发展相脱节，一方面削弱了民族地区城市的聚集功能和辐射功能，另一方面也使城市自身难以获得综合性的经济实力。于是，诸如石油城、煤炭城、钢铁城、稀土城、铝都、锡都、砷都、铬都、铅都在民族地区频现。城市产业结构单一，不能有效发挥出城市的综合功能。城市与腹地之间的协调发展不可能借助嵌入型发展方式达到，因为这种发展方式的存在以城市与腹地之间的脱节为前提。内生型发展方式能够使城市化成为一个自然历史过程，凡属聚集功能和辐射功能薄弱的集镇都难以发展为城市，而城市综合实力的增强恰恰在聚集和辐射功能的有效发挥中实现。

经济全球化赋予各民族各地区在世界市场中一种特定的分工角色，竞争的范围扩展到了国际社会。这种角色分工随着世界市场的变化而变化，不是一成不变的。嵌入型发展方式无法适应经济全球化，因为现实存在的计划都是以主权国家的政府为主体制定和实施的，也不存在一个世界政府，不存在一个全球计划，因而，根本不可能调整各地区不断变化的分工角色。全球化要求民族地区各民族成为本地区经济发展的主体，在变动不居的世界市场上，主动去捕捉商机，把握行情，形成优势，调整结构，提升竞争力。对于民族地区来说，全球化就是要走本地区内生型发展道路。

---

① 杨思远：《研发资本》第一卷，中国经济出版社2014年版，第22页。
② 马克思：《1844年经济学哲学手稿》，载《马克思恩格斯全集》第42卷，人民出版社1979年版，第126页。

走内生型发展道路首要的问题是制定民族地区自身发展的目标和规划，这个规划以该地区各民族利益为动力，以各民族的需要为目标，离开自身的发展目标，离开各民族利益的谋求，内生型发展就是空话。在目标确定上，民族地区内生型发展并不与国家整体需要相对立，而是在体现国家整体利益的全国性战略规划之下，谋求本地区的发展规划。因为，整个中华民族同样是在走独立自主的内生型发展道路，每个地区是全国内生型发展的一个组成部分。协调好全国与地方发展目标，就是正确处理中央和地方的利益关系的过程。

民族地区的区情特殊，在谋划内生型发展时，要紧密结合这一区情。特殊的自然条件，特殊的民族，特殊的历史和文化，特殊的经济生活，特殊的政治制度，特殊的语言环境，特殊的社会风俗，特殊的经济文化交往方式和交往渠道，是特殊区情的主要方面。历史上已经形成的既定生产力是谋求经济发展的基础，要从这个基础出发去规划产业、布局生产力、调整城镇结构，走出民族地区富有特色的内生型发展道路。

民族地区内生型发展不是排斥外援，而要以国家嵌入的援助为内生型发展的条件。内生能力是发展的根据，嵌入援助是发展的条件，外援通过内生发挥作用。外援作用的发挥恰恰以增强内生能力为中介，它使外援的作用更有针对性、更为有效，也更为持久。根据内生发展的需要，不同时期会提出对外援的不同要求，在这种以内生为主，外援为辅的交互作用中，才能实现民族地区经济从外部输血式发展向内部造血式发展的转变。

我们这里所提出和论证的民族地区内生型发展道路理论，与西方经济学内生经济增长理论有根本区别。内生经济增长理论的发展大致可分为古典与现代两个阶段。古典增长理论的主要代表人物有斯密、李嘉图、穆勒、马歇尔、杨格、熊彼特等，他们重点从比较优势、资本积累、企业、分工、创新等视角研究经济增长的动力及其限制作用。现代经济增长理论主要有柯布—道格拉斯生产函数、索洛余值理论、全要素生产模型以及罗默和卢卡斯为代表的人力资本溢出模型。柯布—道格拉斯生产函数理论认为，一国产出主要取决于劳动力和资本投入，由此，哈罗德与多马提出经济增长主要依靠资本投入和提高资本产出转换率。索洛和丹尼斯在研究不同国家经济增长实绩时，发现依靠柯布—道格拉斯生产函数中的资本与劳动力投入只能解释部分经济增长，相当程度的经济增长是除去资本和劳动力之外的因素之和，即广义技术进步所获得，这就是索洛余值理论。本哈拜伯和斯皮吉尔用全要素生产模型，对不同国家资本和人力资本同经济增长进行实证检验，发现一国人力资本存量决定一国全要素生产率。罗默和卢卡斯等人，研究了科学进步、教育水平和市场制度等因素如何作用于经济增长的内在机制，深入研究了经济增长中的知识累积效应，证明科学技术进步和人力资本的提升对经济增长具有边际收益递增效应，一改古典经济学有关传统的生产要素投入边际收益递减的结论。

民族地区内生型发展道路理论与内生经济增长理论的区别在于：（1）对"内"的理解不同。内生型发展道路理论中所说的"内"，是指民族地区之"内"，是与区外相对应的概念；内生经济增长理论所说的"内"，是指经济之"内"，与非经济的政治、文化相对应。（2）对经济发展和经济增长的主体理解不同。内生型发展道路理论把经济发展的主体视为人，在民族地区就是各民族的人；内生经济增长理论则把各种资本、劳动力、技术、全要素等作为经济发展的主体。（3）对"生"的理解不同。内生型发展道路理论认为，只有人的劳动具有生产性，人在劳动基础上的生产、生活和生态，构成人生；内生经济增长理论则认为，经济发展只不过是要素的产出效应，物具有"生产"性。（4）对"发展"和"增长"的理解不同。内生型发展道路理论所说的"发展"目标是人的发展，即各民族劳动能力的提高；内生经济增长理论所说的"增长"，是一国产出，即财富的增长。

在经济发展方式问题上，已有成果主要概括在粗放型和集约型发展方式两个概念中，集约型发展方式又被称为"科学发展方式"。民族地区因其在全国经济发展中的特定地位而表现出的嵌入型和内生型发展方式，不过是粗放型和集约型发展方式的延伸和表象，因此，提出和论证内生型发展道路理论，不仅是发展方式全面转型的需要，在理论上也是对发展方式从粗放型向集约型转变理论的一个具体化。

本书为刘永佶主持的"中央高校基本科研业务费专项资金资助"项目"社会转型与民族地区经济发展方式研究"（项目编号：MUC2011ZDK T03）的子项目"社会转型条件下民族地区经济发展方式的特点与转变目标研究"的最终成果。

目 录

第一章 社会转型条件下民族地区嵌入型经济发展方式 …… 1
  一 民族地区嵌入型经济发展方式的含义与主要特点 …… 1
  二 民族地区嵌入型经济发展方式产生的条件和原因 …… 12
  三 民族地区嵌入型经济发展方式所取得的成就 …… 15
  四 民族地区嵌入型经济发展方式存在的不足 …… 23

第二章 民族地区内生型经济发展方式转变目标的确定 …… 43
  一 内生型经济发展方式的内涵及特点 …… 43
  二 内生型经济发展方式目标确定的原则和依据 …… 51
  三 内生型经济发展方式目标确定的理论与现实意义 …… 61

第三章 市场化与民族地区内生型发展方式 …… 70
  一 市场化对民族地区发展方式转型目标的要求 …… 71
  二 民族地区嵌入型发展方式不适应市场化 …… 79
  三 民族地区内生型的市场化发展方式 …… 102
  四 内生型的市场化发展方式形成的路径 …… 115

第四章 工业化与民族地区内生型发展方式 …… 127
  一 民族地区工业化形成背景与进程 …… 127
  二 民族地区嵌入型工业化的特点 …… 133
  三 民族地区嵌入型发展方式对工业化的制约 …… 144
  四 民族地区内生型工业化道路 …… 160

第五章 城市化与民族地区内生型发展方式 ······ 171

一 城市化的一般趋势 ······ 171
二 民族地区城市化的特点 ······ 177
三 民族地区嵌入型经济发展方式对城市化的制约 ······ 189
四 城市化要求民族地区走内生型发展道路 ······ 199

第六章 全球化与民族地区内生型发展方式 ······ 217

一 全球化一般趋势 ······ 217
二 民族地区参与全球化的特点 ······ 227
三 民族地区嵌入型发展方式不能适应全球化 ······ 232
四 全球化要求民族地区走内生型发展道路 ······ 237

第七章 民族地区内生型发展方式的形成 ······ 246

一 民族地区内生型发展方式形成的条件 ······ 246
二 民族地区内生型发展方式形成的途径 ······ 255
三 民族地区内生型发展方式形成的政策选择 ······ 268
四 对当前民族地区嵌入型经济发展方式的反思 ······ 288

第一章　社会转型条件下民族地区嵌入型经济发展方式

受到生产力发展和社会发育程度的限制，民族地区工业化程度较低，民族地区经济自主发展能力不强，内部不具备自我组织和发动工业化的物质基础和社会条件。民族地区的工业化组织与运行，主要是依靠区域外部力量，由中央财政转移支付和政策补贴及东部相对发达地区的经济技术援助来推动。为实现跨越式、赶超式发展，同时为了政绩的需要，民族地区对 GDP 的追求比东部地区更为强烈。嵌入型发展方式短期内确实加快了民族地区经济发展速度，实现了民族地区跨越式发展，但也带来了一系列问题。经济发展的矛盾实际上是人与人之间的矛盾，在市场经济条件下，民族地区经济发展方式的矛盾就在于没有处理好内生发展与外部援助之间的关系。发展过于依赖区域外部力量，而非源自内在发展动力，内生发展目标不够明确，内生发展动力不强，内生发展的体制和机制不健全，表现为少数民族主动选择发展方式不明显，发展目标的规定带有政治任务的性质。

一　民族地区嵌入型经济发展方式的含义与主要特点

（一）嵌入型发展方式的含义

中国少数民族人口的分布具有"大杂居，小聚居"的特点，但从总体分布格局看，少数民族人口绝大多数分布在西部地区，历史上形成的东西部之间的经济关系在一定程度上反映了少数民族与汉族之间的经济关系，越是往改革开放以前追溯，情况就越是如此。民族地区主要包括内蒙古、宁夏、新疆、西藏、广西五大民族自治区和云南、青海、贵州三个少数民族人口比重较高的省份，加之分布于全国各地的30个民族自治州、120个民族自治县（旗）以及1100多个民族乡，面积占全国国土面积的64%以上。

中国在近现代商品经济和工业文明中处于落后之地，而少数民族在中国商品经济和工业化进程中又相对落后，在社会主义指导下发展少数民族商品经济、促进少数民族经济工业化是中国少数民族经济发展的主题。党和国家历来高度重视加快少数民族和民族地区的发展，加快民族地区经济社会发展被摆在十分突出的位置。为促进民族地区加快发展，改善民生，国家将5个自治区、30个自治州的全部，120个自治县中的绝大多数，都纳入西部大开发范围，对其他未列入西部大开发范围的自治县，也比照西部大开发政策予以扶持。在实现市场化、工业化、城市化和全球化的社会转型期，西部大开发战略的实施有力地改变了西部民族地区贫穷落后的面貌，我国少数民族和民族地区充分享受到了西部大开发带来的成果和变化。

民族地区之所以能够在较短时间内取得较大的发展成就，与区域外部嵌入型发展方式有着密切联系。所谓嵌入型发展，就是以统制经济体制为支撑，以中央政府为主体，以国有企业为主要组织形式，以财政转移支付为手段，以东部尤其是沿海地区为资金、技术、人才、设备的主要来源地，以工业化为目标的"帮助型"的发展方式。嵌入型发展的主体、发展所需动力、发展的根据、发展目标的选择主要来自区域外部，而非源自自治地方主体民族的自主发展，发展任务的提出不是少数民族主动选择的结果，往往带有政治任务的色彩。当今全球经济是资本关系主导的工业化，表现为生产技术和社会生产力的变革，以及由此引起的国民经济结构的调整和变动，工业化在极大地增加物质产出的同时，也加速了社会转型，导致整个经济社会发展体制的变革。民族地区正在经历着这种变革，工业化已经成为民族地区经济发展的普遍趋势，各民族自觉或不自觉地都被裹挟到这一进程之中。由于民族地区工业化程度低，受到生产力发展和社会发育程度的限制，民族地区内部不具备自我组织和发动工业化的物质基础和社会条件。民族地区的工业化组织与运行，主要是依靠区域外部力量，由中央财政转移支付和政策补贴及东部相对发达地区的经济技术援助来推动。嵌入型发展的经济主体并非少数民族，而是由中央政府主导，主要依靠汉族等民族及大型国企等区外组织机构。嵌入型发展的资金主要来自中央直接提供的大量财政资金、对口支援省市提供的扶持资金和国企的资金投入。嵌入型发展的根据主要是考虑国民经济整体发展的需要，较少考虑民族地区自身发展的要求。嵌入型发展的目标主要是追求民族地区GDP和财政收入的高增长。嵌入型发展方式是主要依赖资源开发和基础设施建设的高投入、高耗能、高污染的粗放型发展模式。因此，嵌入型发展方式不过是东、中部地区粗放型发展方式在民族地区的延伸和表现而已。

（二）嵌入型发展方式的主要特点

1. 以中央政府为发展主体

我国幅员辽阔、民族众多，为实现各民族相互支持帮助、共同团结奋斗、共同繁荣发展，我国实行了在国家统一领导下，各少数民族聚居的地方实行区域自治、设立自治机关、行使自治权的民族区域自治制度，并坚持民主集中制。随着社会生产力的发展和生产规模的扩大，不同经济区域之间的经济联系不断加强，在中央的统一领导下，少数民族经济得到快速发展。不论是从工农业总产值、人均国内生产总值、农村居民人均纯收入等总量、个量指标，还是从产业结构、就业结构等结构性指标来看，少数民族地区经济都获得了显著的提高和改善。

少数民族经历的一系列改革都是以强制性变迁为主要形式，以对内地制度的复制为主要内容，其经济发展方式的变革和创新并不是来自少数民族内部自发的力量，而是由中央政府和上级主管部门主导。中央政府作为民族地区经济发展的主体，一方面将统制经济体制中的各种生产关系移植到民族地区，实行"一刀切"式的制度供应行为；另一方面民族地区经济发展的制度安排主要由政府命令和法律引入来进行，而非民族地区民间自发产生和实行的，不同于内地由民间产生制度创新进而通过国家推广和引导，民族地区个体或群体的参与程度较低。少数民族作为重要的行为主体、经济主体和利益主体，在过去的经济发展中没有更多的机会参与到民族地区经济发展中来，往往处于被动和旁观的地位。绝大多数少数民族劳动者从事着与现代工业部门基本隔绝的传统农牧业生产，与城市、现代工业之间没有多少能量转换。当然，考虑到民族地区经济社会发展的特殊性，中央政府通过民族区域自治政策，给予民族地区根据自身情况在授权许可的范围内一定的发展自主权。

综合来看，民族地区经济发展主要受外力作用的影响，发展的主体为中央政府，民族地方的各民族本应作为经济发展的主体反而被客体化，因而具有"客体性"。一是民族地区经济被纳入全国统一的发展规划中。中国的新民主主义革命推翻了官僚资本和外国大资本的统治，新中国经济的发展不想也不能依靠外国资本，加之以美国为首的帝国主义集团的经济封锁，新中国的经济发展必须走自力更生之路。在自主自力发展新中国工业化的背景下，之前处于边缘化的民族地区经济被纳入到全国统一的规划和构建之中，并与内地形成分工协作关系。二是民族地区经济发展被打上"防卫性"的烙印。从全国来看，新中国成立后美帝国主义的武力威胁和后来苏联的武力施压，需要中国快速建立起防御侵略的防卫性的工业体系。不得已而为之的防卫性的经济发展侧重发展重工业尤其是军事工业，形成避开北部边疆和东部沿海的主干工业企业，在经济组织中注入军事防卫功能，保存并加重经济体制的半军事化性质。

2. 以统制经济体制为支撑的"计划性"

经济体制是对一个社会形态中不同阶段特殊经济关系性质的规定，也是阶段性经济矛盾的集中体现，中国初级公有制的经济体制实为统制经济体制。新中国成立后，以革命队伍为基础和主干，以军队和党组织的集权等级为基本组织形式所建立的新政权，针对封建领主和官僚地主的宗法统治进行了以社会主义为目标的革命，在政治上实行行政集权体制，由于政治统制经济，经济上实行的就是统制经济体制。统制经济体制的本质就是高度集权的国家政权对经济生活进行全面控制，并以行政手段指挥和管理经济生活。由党和军队组织转变而来的国家机构成为初级公有制经济的主导者和主持者，对经济的决策、计划、管理都成为政治的一部分。统制经济虽然是公有制初级阶段民主法制不健全的集中体现，但半军事化的统治经济体制有其历史的必然性和现实的合理性。依然包含革命精神的统制经济体制，在全国工业化的初期，发挥了相当积极的作用。在支援民族地区经济发展以及对民族地区嵌入工业化的过程中，统制经济将民族地区经济发展纳入到统一的中华民族共同经济体建构中，以期快速消除少数民族与汉族的经济差距。国家沿用党、政、军的行政手段管理方式调拨人力和各种资源发展少数民族和民族地区经济，在民主法制不健全、资金和生产资料积累不足、少数民族劳动者素质技能不高的情况下，迅速有效地推动了民族地区的工业化进程，从历史角度看具有一定的合理性。

民族地区丰富的自然资源是其经济发展的重要基础和优势，尽管随着科学技术的发展，自然资源的数量和禀赋差异对经济发展水平的作用有所下降，但民族地区大多是以资源禀赋为依托发展资源型产业。从20世纪50年代开始，民族地区资源开发和资源型产业的发展，就是在统制经济体制下，通过国家意志广泛动员全国的人力、财力和物力资源，在较短时间内打破了民族地区的封闭状态，改变了以农牧业经济为主的经济结构，在民族地区建立起了以原材料工业和国防工业为主的工业体系，开始了民族地区的工业化进程。这种在统制经济体制支配下实行的嵌入型经济发展方式，发展主体由中央政府主导，从产业选择、经济运行机制到人力资源动员、利益分配方式等方面都贯彻了国家的意志和需要，资源所在地的微观主体甚至地方政府缺乏参与嵌入经济的渠道和机制，往往被排斥在工业化过程之外。在中央与地方的利益协调方面，倡导地方利益服从国家利益，局部利益服从整体利益。

3. 以财政转移支付为手段

投资是民族地区工业化进程中的必要环节，工业生产以机械化生产为特征，需要一定资金购置机器设备等生产资源和其他原材料，即将货币资金转化为生产经营资金，为劳动力的发挥创造物质条件。民族地区原有经济基础薄弱，财源极其有限，经济发展所能依赖的资金来源只能是中央政府的转移支付。

改革开放前实行统收统支财政体制时，政府通过设置民族地区预备费、民族地区机动金和民族地区一般补助费，对少数民族地区给予特殊财政支持。1980年实行分灶吃饭财政体制后，在延续上述照顾政策的同时，又给予了其他优惠，一是在1987年前对民族地区实行递增补助的财政体制；二是核定体制收支基数时给予适当照顾；三是支援不发达地区发展资金、"三西"资金和边境事业费等资金分配向少数民族地区重点倾斜。

1994年分税制财政体制改革后，按照统一的范围和比例划分财政收支。中央财政主要通过规范的财政转移支付方式对少数民族地区进行支持。一是设立民族地区转移支付，配合西部大开发战略的实施。二是通过均衡性转移支付对少数民族地区实行优惠政策，对存在收支缺口的地区考虑财政困难程度给予补助。三是通过中央对地方调整工资转移支付和农村税费改革转移支付等方式对少数民族地区给予照顾。四是针对个别省区经济社会发展过程中面临的特殊问题,对部分省份特殊问题出台专项扶持政策。① 自西部大开发以来,国家加大西部民族地区投入力度,2000—2012 年,中央财政对西部地区财政转移支付累计达 8.5 万亿元,中央预算内投资安排西部地区累计超过 1 万亿元,占全国总量的 40% 左右。城镇保障性安居工程补助资金占全国的 40% 以上,中央城乡低保补助资金占全国的 44%。中央扶贫资金累计投入西部地区的占全国的 65%。国际金融组织累计向西部地区安排贷款占全国的 58%。

近年来,为促进西部民族地区经济发展,国家各类投资重点向西部地区倾斜。先后开工建设了青藏铁路、西气东输、西电东送等 187 项西部大开发重点工程,以及安排中央水利投资、支持西部地区开工建设城镇保障性住房的安居工程补助资金等。投资拉动下民族地区基础设施建设取得突破性进展。"五纵七横"国道主干线西部路段全线贯通,公路通车总里程达 169 万公里,占全国的 39.8%;高速公路总里程达 2.9 万公里,占全国的 30.3%。金沙江溪洛渡和向家坝、雅砻江锦屏等一批大型水电工程投产发电,装机总容量达 1.37 亿千瓦,占全国的 55%。四川紫坪铺、宁夏沙坡头、广西百色等一批大中型水利枢纽工程发挥效益,新增有效灌溉面积近 1 亿亩。②

民族地区投资依赖型经济特征显著,依靠投资拉动,民族地区的工业化、城市化快速推进。民族地区工业化基本上属于政府发动的工业化,中央政府通过财政转移支付对民族地区进行工业化投资是少数民族工业化的主导力量。以西藏为例,藏区经济发展主要依赖中央财政支持。改革开放以后,卫藏和安多都经历了一个加速现代化的进程,藏区的发展主要通过中央直接提供大量的财政拨款和以基础设施建设为经济增长引擎来实现。倾入藏区的大量投资重点发展以城市为中心的民族区域经济,城市基础设施建设和城镇居民的高福利迅速改变了拉萨的面

---

① 郑涌:《近年来中央财政对少数民族地区支持情况》,《经济研究参考》2010 年第 3 期。

② 国家民族事务委员会主任杨晶:《国务院关于加快少数民族和民族地区经济社会发展工作情况的报告》,第十一届全国人民代表大会常务委员会第十八次会议,2010 年 12 月 22 日。

貌，也带动了地区商品经济的繁荣。①

4. 依靠国企等区域外部经济力量推动

民族地区公有制经济的基本形式是国有企业。新中国成立后，依靠国家财政投资，少数民族地区国有企业逐步建立起来。"一五"和"二五"时期，国家根据国民经济结构调整和西部地区资源状况，对民族地区进行了密集的资金投入，建立了大量国有性质的工业企业。1965年开始的"三线"建设，在民族地区形成了相对完整的工业体系和基础设施网络，建立了众多的重工业基地和一大批国有大中型企业。改革开放尤其是实施西部大开发战略以来，民族地区国有企业仍然发挥着经济支柱作用。民族地区经济发展主要依赖不可再生的矿产资源开发拉动，经济增长主要依靠资本雄厚、技术先进的大型国有企业。国有企业在民族地区工业中所占比重非常高。如青海省大型国有工业企业占整个工业的比重达80%。国有企业对民族地区的经济的贡献主要体现在对地区生产总值、全社会固定资产投资和税收的贡献上。以内蒙古呼伦贝尔市鄂温克族自治旗为例，旗域经济以国有煤电业为支柱产业，鄂温克旗经济的基本面就由国有煤电行业的起伏决定。从地区生产总值看，2011年仅华能伊敏煤电公司这一家国有企业完成的地区生产总值，就占全旗地区生产总值的56.5%。从固定资产投资来看，国有煤电企业固定资产投资占全旗限额以上固定资产投资的63.2%，国有煤电企业投资的增减对全旗固定资产投资的增减具有决定性作用。从税收贡献上看，仅10户重点税源企业收入就占全旗国税收入的97%，占全地税局纳税总户数4%的国有企业实现的税收收入占全地税局税收收入的81%。②

大多数国有企业为资源性企业，这既由西部民族地区富集的矿产资源和能源分布决定，也是国家统筹东西部发展、建立互补型工业布局结构的产物。对要实施追赶战略的民族地区来说，由于基础设施落后，资金、技术、人才短缺，各个产业发育不良，面对日趋激烈的竞争市场，在条件极为有限的情况下，不可能使各个产业齐头并进、全面发展，而只能选择、培育重点产业以带动区域经济的发展。因此，国家依托民族

---

① 杨思远：《中国少数民族生产方式研究》，新华出版社2013年版，第420—421页。
② 杨思远：《国企对民族地区经济发展的巨大贡献》，《国企》2012年第9期。

地区资源和地理优势，选择资源型产业作为发展重点，依靠资源型国有企业在民族地区推进工业化无可厚非。

5. 以工业化为目标

少数民族地区的工业化开始于20世纪50年代，之后经历了60—70年代的"三线"建设时期，80—90年代的较快发展阶段，为后来的快速工业化奠定了基础。新中国成立后，在全国推进工业化的大背景下，我国一直实行对民族地区的经济扶助政策，帮助民族地区开展工业化。"一五"时期，为平衡工业发展的布局，改变当时工业过于集中于沿海的不平衡状况，大力发展内地工业，国家将苏联援建的156个大型建设项目中的40个安排在了民族地区，并进行了相关配套设施建设。重点建设了以兰州为中心的石油化工和有色金属工业基地，新疆塔里木盆地、准噶尔盆地油气资源勘探与开采，青海盐化工业基地，宁夏有色金属工业基地和黄河上游青铜峡、刘家峡水电站等水能资源开发，初步建立起了西北民族地区工业体系。[①] 此后，中央政府调拨了大量的资金和技术力量，加速民族地区工业、基础设施建设，民族地区建起了一批现代化企业。在国家的帮助和发达地区的支援下，民族地区工农业生产能力不断提高，固定资产投资规模不断扩大，初步改变了民族地区长期以来单一的、以农牧业为主的经济结构。

20世纪60年代中期，中央从备战目的出发，将全国划分为一线、二线和三线地区，集中力量在"三线"地区建设一个打不烂、打不乱的战略大后方。依靠统制经济体制，党和中央政府以强大的动员力量，投资1000多亿元，从东北沿海和东北、华北内迁300多个项目。尽管"三线"建设以国防科技工业建设为核心，由于"三线"地区大部分位于民族地区，社会经济基础条件、交通运输、通信设施十分落后，三线建设要改变这种落后状况必须首先投入大量人力、物力、财力进行基础设施建设和资源初步开发。对少数民族来讲，三线建设为民族地区工业发展创造了有利条件，使在工业上几乎空白的民族地区迅速建立了工业基础，促进了民族地区经济的快速发展。截至1975年，全国1500多家大型企业约40%分布在"三线"地区，"三线"地区的工业产品生产能力占全国的30%以上，并形成了以45个重大产品为主的专业生产科

---

① 张慧：《民族地区工业化的发展进程》，《科技创业月刊》2009年第8期。

研基地和30个各具特色的新兴工业城市。① 三线地区建设不仅对民族地区，甚至对整个国民经济和区域经济发展的影响都是深刻而久远的。经过"三线"建设，中国中西部地区基本建成了以国防科技工业为重点，能源、重工业、交通、电子为先导的综合工业体系。②

西部大开发战略的实施，覆盖了我国主要的民族地区，促进了西部民族地区经济协调发展。国家优先在民族地区安排了一批重大工程项目，如新疆塔里木油田、广西平果铝厂、青海钾肥工程、内蒙古大型煤电基地等，从而使民族地区建立了若干重要的资源开发和深加工产业基地，形成了具有比较优势的主导产业和支柱产业，初步走出了一条立足资源优势、具有自身特色的工业化道路。同时，国家注重培育民族地区特色农业和农产品加工业，延长农业产业链，增加附加值，集中力量搞好优质棉花、甘蔗、水果、蔬菜、花卉、中药材、烟草七大特色农产品生产基地；2000年起，国家实施了"高技术产业化西部专项"，以支持西部地区的高新技术产业发展。通过确立各地区的支柱产业，民族地区工业结构不断调整优化，充分发挥了优势企业在民族地区结构调整中的带动作用，提高了民族地区工业的集中度和竞争力。2000—2010年是少数民族地区工业化进程明显加快的10年，工业化带动地区经济跨越式发展。以内蒙古为例，2010年工业产值是2000年的12.34倍，人均GDP是2000年的8.06倍，远远高于同期全国平均增长速度。虽然8省区间发展不平衡，但大部分省区都表现出工业化强劲发展的势头。③

6. 劳动力主要来自区域外部

"少数民族聚居地区占全国面积一半以上，主要是高原、山地和草场，所以少数民族中有很大一部分人从事牧业，和汉族主要从事农业形成不同的经济类型。中国的五大牧区均在少数民族地区，从事游牧业的人都是少数民族。在这些地区，有些是汉族的大小聚居区和少数民族的聚居区马赛克式地穿插分布；有些是汉人占谷地，少数民族占山地；有些是汉人占集镇，少数民族占村寨，在少数民族村寨里也常有杂居在内

---

① 上海财经大学区域经济研究中心：《2003年中国区域经济发展报告——国内及国际区域合作》，上海财经大学出版社2003年版，第8—9页。
② 张丽君、韩笑妍：《中国民族经济政策回顾及其评价》，《民族研究》2010年第4期。
③ 黄健英：《快速工业化进程中协调民族经济关系的思考》，《中央民族大学学报》2012年第2期。

的汉族人。"① 现实的少数民族地区民族分布的空间格局，无论是大的地理单元，还是小的地理单元，基本都反映出这种特点。少数民族更多地滞留在乡村从事传统的农牧业，而汉族则较多地集中在城镇从事工商业。受地理环境影响，中国部分少数民族长期处于封闭自给的状态，大多从事单一的农牧业生产，进行以物易物的简单商品交换，重农轻商观念浓厚，市场竞争意识不强，无法在激烈的市场竞争中获得更多的发展机会，往往满足于低层次的生活需要。

由于少数民族文化素质和技术水平较低，加上历史上形成的民族性格，一时难以适应现代工业技术劳动，不易接受高度组织约束的企业管理制度，因而，民族地区大多数国有企业的职工主要来自内地。民族地区经济发展所依赖的一些大型国有企业，在体制上除了项目落地审批与地方有一定联系外，在项目建设、企业规划和运营、产业链形成、职工招聘、产品销售、收入分配上基本与当地的少数民族无涉。如内蒙古自治区虽然规定了外来项目入驻本地需要招收一定比例的当地工人，但限于国有企业用工体制，难以实际执行。有些大型企业，害怕与当地民族关系搞不好，干脆也不愿意招收当地少数民族工人。不少国有企业招收了少量地方少数民族职工，主要从事体力劳动，国有企业的技术人员、高层管理人员、财务人员鲜有少数民族的。

7. GDP追求比东部地区更强烈

GDP不仅是价值指标，也是政绩指标，GDP增长成为各级政府的主要任务。中国的行政体制和官员考核机制，都以地区为基础，是行政属地化管理。在这样的行政机制下，各级政府和官员都把地区经济发展摆在首位，GDP和财政收入的增长是主要目标，"发展才是硬道理"被一些地方政府理解为"GDP增长才是硬道理"，"以经济建设为中心"被诠释为"以GDP增长为中心"。在强调领导干部要有突出政绩的用人导向推动下，许多地方官员将GDP作为衡量政绩的首要甚至唯一标准，体现在工作思路上，就是把能够快速实现上述目标的工作作为政府工作的重点，以一个量化的增长目标体系主导政府的工作。各级官员政绩被量化为了GDP增长数据、招商引资数量、各种超前的形象工程等。

---

① 费孝通主编：《中华民族多元一体格局》（修订本），中央民族大学出版社1999年版，第32页。

民族地区由于历史、文化、社会等原因，交通不便利，经济不发达，与东部发达地区的差距不断加大。民族地区经济社会发展与全国尤其是东部不同步，民族地区经济发展的基本战略是跨越式战略和加速战略，就是追求 GDP 和财政收入的快速增长。不少民族地区政府的首要任务就是不惜一切代价加快发展生产力，提高经济增长水平，消除贫困状况，增强地区经济实力。因此，民族地区各级地方政府与官员对 GDP 的追求格外强烈，都以经济增长作为首要目标，而在地方政府政绩考核中，往往侧重于对经济指标的考核，以 GDP 作为衡量政绩的首要标准，追求 GDP 增长几乎成为社会转型期民族地区政府的唯一指挥棒。在民族地区 GDP 高速增长的同时，各项社会事业也得到了一定程度的发展。以内蒙古为例，内蒙古坚持以经济增长战略优先的发展模式，采取了包括招商引资、项目推动、干部考核等一系列措施发展经济。从"十五"开始，内蒙古经济快速增长，社会发展稳定，2002 年至 2009 年，经济增长速度连续 8 年全国领先，年均增长 17.6%。三次产业比重由 2000 年的 22.8∶37.9∶39.3 变为 2009 年的 9.55∶52.45∶38，经济结构 10 年间总体上完成了由农牧业主导型向工业主导型的历史性转变。在内蒙古，鄂温克族自治旗最具典型性。鄂温克旗域经济以煤电业为支柱产业，"十一五"期间，地区生产总值年均增长 18.9%，财政收入年均增长 26.2%，城镇居民人均可支配收入和牧民人均纯收入年均分别增长 12.8% 和 13.7%。在 GDP 高速增长的支持下，该地教育、就业、住房、医疗等社会事业支出得到保障，初步建立了民族教育体系、城镇医疗保障系统和包括社会福利、社会救助、社会优抚等在内的全面的保障体系。[①]

8. 依靠粗放式资源开发

西部民族地区地域辽阔，矿产资源丰富。全国经地质勘查探明有储量的 168 种矿产在西部地区均有发现，其中 45 种主要矿产潜在价值占全国总值的 50.3%，人均潜在价值分别是东部地区和中部地区的 9.6 倍和 1.9 倍；全国 38.5% 的煤矿、23.2% 的石油和 70.1% 的天然气储量都集中在民族地区；民族地区水力资源蕴藏量占全国总量的 65.9%，

---

① 杨思远：《鄂温克族自治旗经济社会生态发展战略》（2013—2020），中国经济出版社 2013 年版，第 45—46 页。

其中可开发利用量占全国的58.3%。我国经济的快速发展对能源资源具有巨大的市场需求，民族地区煤炭和石油等矿产资源丰富，可以为我国经济建设供给大量资源以满足市场需求。在西部大开发中，国家立足西部丰富的资源，将发展现代工业作为支持民族地区加快发展的重大举措。民族地区经济发展方式资源依赖型特征明显，如陕西、甘肃、青海、宁夏、新疆、云南、内蒙古等省区，资源型产业在地区经济中占主导地位，采掘、原材料加工等传统产业占工业总产值的比重超过70%，且多集中于石油、煤炭、冶金等领域。丰富的自然资源是民族地区经济发展的优势所在，也是民族地区实现跨越式发展的物质基础。受到经济发展水平、技术条件、资本存量等因素的制约，少数民族地区在发展经济的过程中主要发挥资源优势，以资源型产业作为经济发展、实现工业化的主导力量。西部大开发战略实施以来，随着国家资金投入的增加，基础设施条件的改善，以及大部分资源性产品需求的增加和价格上涨，民族地区资源开采的速度和规模都在增加，资源型产业将资源优势转化为经济优势，成为少数民族地区快速工业化的主要支撑力量。从未来的经济发展趋势、民族地区资源禀赋、在全国地域分工格局中的地位以及经济发展和工业化的阶段性特征来看，资源型产业仍是今后一个时期民族地区经济发展的主要推力。

二　民族地区嵌入型经济发展方式产生的条件和原因

自新中国成立以来，为迅速消除民族经济差距，为建立全国独立完整的工业体系，为与东部地区形成互补的分工格局，在经济发展的主体还不是民族地区的各民族的情况下，民族地区经济发展采取了嵌入型的方式。

1. 建立全国独立完整的工业体系的需要

由于历史和现实原因，中国少数民族经济发展与汉族并不在同一起点，少数民族经济发展明显落后于汉族经济发展，即使是各少数民族之间也存在巨大差异，需要走在发展前列的民族帮助和扶持发展靠后的民族。新中国成立以后，在中国共产党的领导下，各少数民族与汉族一道先后开展了土地改革和民主改革，解放了奴隶、农奴，废除了旧有的奴隶制和封建领主制，仍处于原始社会的氏族也直接过渡到社会主义社会。少数民族发展中的大变革使其成为中华民族平等的一员，并在中华民族的总体统一融合中快速发展。中华民族的总体融合既可避免民族分裂，维护中华民族的总体统一；又可以在经济、政治、文化上扶持相对落后的民族发展，实现在工业化、现代化进程中的超越式发展，从而在互相促进中加强融合。

少数民族经济作为中华民族经济的有机组成部分，其工业化的程度、经济发展的水平对全国的工业化建设和经济发展水平都有着重要作用。民族地区工业化的开展并不是自发的，而是区外力量作用的结果。民族地区建立的现代工业，有的是直接从沿海地区搬迁过去的，有的是利用民族地区特有的资源基础，从区外调来资金、技术、设备、劳动力和经营管理人才建立起来的。这种嵌入型的经济发展方式在经济发展的产业选择、推动手段上，主要不以民族地区各民族自身经济发展为目标，而是服从全国经济发展的需要。为建立全国统一完整的工业体系，弥补民族地区工业发展的短板，民族地区只有采取嵌入型的经济发展方式才能走上快速工业化的道路。

2. 与东部地区形成互补分工格局的需要

在社会转型期，我国经济发展的主要目标就是要实现国民经济的整体繁荣稳定。中国资源分布的特点是东西部极端不平衡，经济发展水平与资源分布状况严重错位：东部地区经济发展水平较高，但资源却异常贫乏；西部地区经济发展相对滞后，但资源却十分富足，东西部经济发展在要素禀赋等方面存在的差异性就是互补的前提。东部地区具有资金、技术、人才、信息优势，可以在西部民族地区的经济建设方面提供支持与帮助；西部地区具有资源优势，可以为东部地区乃至全国的经济发展提供资源。西部为东部工业发展和人民生活提供了大量资源，如煤、电、气、农畜产品等，"西电东送"、"西气东输"、"西油东输"等工程满足了东部地区对能源的需求。北京地区1/4的电来自内蒙古，上海居民也用上了来自新疆的天然气。东部在资金、技术、人才等方面也给予西部大力支持，国家和东部地区的支援加快了西部地区工业化的进程。在产业结构方面，东西部地区之间的互补性也很强。东部工业门类齐全，以加工工业为主，西部资源性产业比重高，长期以来为东部加工工业的发展提供能源、原材料。在国家通过低价统一调拨的条件下，西部无形中大力支援了国家建设。①

新中国成立以来，少数民族经济与汉族经济之间的联系更加密切。少数民族经济并非只是处于被动地位，少数民族经济正在全方位地影响着整个国家经济的发展进程。同时，汉族作为主体民族，对少数民族经济社会发展的帮助作用也非常必要和突出。改革开放以来，在市场经济体制确立和商品货币关系的推动下，少数民族与汉族之间的经济联系逐步加强，在趋同的经济发展过程中双方经济活动范围的界限逐渐变得模糊。各民族之间在经济交往中使人、财、物在不同民族、不同地域的广阔空间内得到优化配置，并使汉族和少数民族实现互利共赢：欠发达的少数民族地区获得了最缺乏的资金，而相对发达的汉族地区同时得到了发展急需的资源要素。然而，从少数民族地区输出的一般是自然资源等初级产品，附加值很低，而从汉族地区输入的是高附加值的工业产成品，这一交换方式实际上扩大了民族间的发展差距。

3. 经济发展的主体不是民族地区的各民族

在社会转型期，民族地区正在经历着全球资本关系主导的工业化所带来的社会、经济变革，工业化已经成为民族地区经济发展的普遍趋势。由于民族地区工业化程度低，受到生产力发展和社会发育程度的限制，民族地区内部不具备自我组织和发动工业化的物质基础和社会条件。作为国民经济的重要组成部分，在"全国一盘棋"的战略思路指导下，民族地区工业化的组织与运行，主要是依靠区域外部力量，由中央财政转移支付和政策补贴及东部相对发达地区的经济技术援助来推动。

对于大部分少数民族及民族地区而言，自我发展能力不足是一种普遍现象。受历史和经济发展水平所限，自新中国成立以来，大部分少数民族尚不能开发利用现有的资源，在生产经营和市场机会的把握等方面往往处于被动地位，出现"捧着金饭碗要饭吃"的尴尬局面。由于少数民族自我发展能力不足，民族地区的工业化和城市化不是来自民族内部的自发力量，而是由中央政府承担了发展的主要责任，经济发展只能采取外部嵌入型的发展方式。这种嵌入型的发展方式不是民族地区内部

---

① 刘永佶主编：《民族经济学》（修订版），中国经济出版社2010年版，第425页。

民族自我演进的结果，在经济发展所带来的工业化和城市化过程中，少数民族和民族地区成为帮助的对象和发展的客体，少数民族人口参与程度较低，一些少数民族甚至游离在地区经济发展的进程之外，内生发展动力的缺乏与经济发展主体性的缺位反过来进一步增强了对嵌入型经济发展方式的依赖。

三 民族地区嵌入型经济发展方式所取得的成就

区外力量推动下民族地区的工业化发展迅速。由于获得了工业发展所需的大量资金、技术、人才、设备等支持，短期内民族地区确实完成了大量基础设施建设，建立了现代工业，加快了民族地区经济发展速度，提高了地方政府财政收入，实现了民族地区跨越式发展，改善了民族地区经济结构，推动了民族地区工业化进程，提高了民族地区城乡居民收入水平，推动了民族地区社会转型。

1. 加快了民族地区经济发展速度，实现了跨越式发展

改革开放以来，民族地区经济和社会的迅速发展，缩小了与东部地区之间的差距，经济发展和社会变迁超过了过去的五千年。1978—1999年，民族地区人均GDP年平均增长速度分别高出全国平均水平1.64个百分点、东部地区2.04个百分点；人均GDP平均翻番时间为7年，比全国平均水平及东部地区要快2年左右；1999年人均GDP比1978年增加6.14倍，增幅比全国平均水平和东部地区高2—3倍。民族地区人口预期寿命由1982年的63.9岁增加为1990年的65.5岁，人口受教育年限由1978年的2.9年上升为1999年的6.1年，城市化水平由1978年的11.4%上升为1999年的22.2%。[①]

实施西部大开发战略以来，国家加大对西部民族地区的投入力度，各类投资重点纷纷向西部地区倾斜。国家发改委资料显示，2000—2012年，西部民族地区生产总值从1999年的1.58万亿元提升到2012年的

---

① 胡鞍钢、温军：《中国民族地区现代化追赶：效应、特征、成因及其后果》，《广西民族学院学报》（哲学社会科学版）2003年第25卷第1期。

11.39万亿元，年均增长12.4%，占全国的比重由17.9%提高到19.8%；地方财政收入年均增长21.4%，占全国的比重由18.4%提高到20.9%；全社会固定资产投资年均增长23.8%，占全国的比重由18.7%提高到24.1%；社会消费品零售总额年均增长15.9%，占全国的比重由16.9%提高到17.8%。主要经济指标增速自2007年起连续7年高于东部地区和全国平均水平，初步形成了能源资源加工利用、装备制造、旅游、农牧业等特色优势产业，发展能力不断增强。① 国家民委资料显示，"十一五"以来，民族地区的国内生产总值、财政收入每年均以两位数的速度增长，高于全国平均增速，综合经济实力大幅提升。如2009年，民族地区8省区国内生产总值达到34619亿元，年均增长13.1%；人均国内生产总值达到18014元，占全国的比重比2005年提高了5.1个百分点。在国家的投入安排下，民族8省区财政扶贫资金年均增长15%，少数民族发展资金年均增长28.9%，5个自治区的投资年均增长32%。"十一五"以来，国家共投入1670多亿元支持民族地区公路、水运、铁路等基础设施建设，是"十五"时期的2.2倍。截至2009年底，民族地区公路总里程达到88万公里，乡镇通公路比重达到98%，建制村通公路比重达到88%。青藏铁路、南疆铁路等一批重点工程相继建成并投入运营，新建铁路里程达到1万公里以上。② 尤其值得一提的是，2006年青藏铁路建成通车，结束了西藏没有铁路的历史。

  国家大规模的投入，短期内帮助民族地区完成了大量基础设施建设，加快了民族地区经济发展速度，提高了地方政府财政收入。同时，国家还出台了一系列加快少数民族和民族地区经济社会发展、繁荣少数民族文化事业、推进"兴边富民"行动等政策措施，民族地区经济社会发展大大加快，呈现出经济发展、民族团结、边疆稳定、少数民族生活水平不断改善的良好局面，实现了民族地区跨越式发展。以云南为例，据云南省民委研究报告，"十一五"期间，云南民族地区得到了全

---

  ① 国家发展和改革委员会主任徐绍史：《国务院关于深入实施西部大开发战略情况的报告》，第十二届全国人民代表大会常务委员会第五次会议，2013年10月22日。
  ② 国家民族事务委员会主任杨晶：《国务院关于加快少数民族和民族地区经济社会发展工作情况的报告》，第十一届全国人民代表大会常务委员会第十八次会议，2010年12月22日。

面发展。据统计，2009年，云南民族地区生产总值2367亿元，人均GDP达10492元，均为2005年的1.8倍；社会消费品零售总额710.6亿元，是2005年的2倍；财政收入194.3亿元，是2005年的2.3倍；财政支出707.2亿元，是2005年的2.7倍；全社会固定资产投资1698.4亿元，是2005年的2.6倍；农民人均纯收入3102元，是2005年的1.7倍，少数民族群众的生活水平不断改善。红河哈尼族彝族自治州投资近30亿元建设县乡村公路，全州乡镇公路通达率达90.5%，行政村公路通达率达94.3%，基本实现了村村通公路的目标；昭通市整合各类资金11.3亿元，解决了58个村244个民族聚居点的安全饮水，实施了20个村163个民族聚居点通电工程，实施异地扶贫搬迁133户561人，新建和改造安居房13730户。民族地区基础设施建设不断完善，少数民族人居环境不断优化。2009年，各级政府整合落实各类既有渠道资金，累计投入资金153.5亿元，使11.57万户边境群众告别了茅草房，60万人喝上了干净卫生的自来水，减免了学生教育收费4860万元，2850个村寨的群众看上了电视，8.7万农户用上了清洁环保方便的沼气。①

2. 改善了民族地区经济结构，推动了民族地区工业化进程

西部大开发战略实施以来，区外力量的助推加快了民族地区的工业化进程，以丰富的自然资源为基础，资源型产业为载体，工业化水平迅速提高。在快速的工业化进程中，民族地区产业结构得到改善，三次产业的比重由2005年的19∶42∶39，调整为2009年的15∶46∶39，农牧业比重有所下降，工业和服务业比重有所上升。特色优势产业不断发展壮大，围绕能源加工、装备制造、农牧业等领域，形成了一批特色农产品加工业、优势矿产资源开发利用、重大装备制造和高新技术产业基地。比如，新疆的石油、天然气、棉花产业发展领先，建成塔里木油气基地；内蒙古的乳业、羊绒制品、煤电能源发达，建成神东煤炭基地；广西产糖量约占全国的60%，产蚕量占全国的30%，建成了全国最大的蔗糖、蚕茧生产和综合利用基地；青海是全国最大的钾肥生产基地；云南是亚洲最大的花卉生产基地；广西、贵州、宁夏成为我国铝产业的重

---

① 云南省民委：《"十一五"期间云南民族地区经济社会发展成就瞩目》，国研网，2010年9月16日。

要省份；西藏、云南、新疆、广西等省区的旅游业成为支柱产业；甘肃酒泉风电基地等重点能源加工基地快速崛起；重庆和四川的电子通信设备制造、陕西的高端装备制造等战略性新兴产业发展成为地区支柱产业。

从内蒙古、广西、贵州、云南、西藏、青海、宁夏、新疆民族8省区2000年到2011年的人均GDP、产业结构、就业结构、工业产值等反映工业化程度的主要指标的变化情况，也可体现出民族8省区所代表的民族地区工业化的速度和进程。从2000年到2011年全国人均GDP看，内蒙古、广西、贵州、青海、宁夏均高于全国4.97倍的平均增长水平，其中内蒙古更是高达9.87倍，云南、西藏和新疆则低于全国平均增长水平。从2000年到2011年第一产业产值下降幅度看，内蒙古、广西、贵州、云南、西藏、宁夏降幅超过全国的平均水平，青海和新疆降幅则低于全国平均水平。从2000年到2011年第一产业就业比下降幅度看，贵州、云南、西藏、青海、宁夏降幅超过全国的平均水平，内蒙古、广西和新疆降幅则低于全国。从2000年到2011年工业产值的增长看，除云南外，其他7省区工业增长速度均高于全国水平（见表1-1）。此外，从8省区内部对比可以看出内蒙古、宁夏、新疆和青海工业化水平较高，尤其内蒙古的速度远远高于其他省区乃至全国。尽管民族8省区之间发展不平衡，但大部分省区都表现出工业化强劲发展的势头。少数民族地区工业增长率高于全国，三次产业的结构也得到了一定的改善。

表1-1　　　民族8省区及全国工业化主要指标的变化情况

指标 地区	人均GDP（元）2000年	人均GDP（元）2011年	三次产业比重（%）2000年	三次产业比重（%）2011年	三次产业就业比重（%）2000年	三次产业就业比重（%）2011年	工业产值（亿元）2000年	工业产值（亿元）2011年
内蒙古	5872	57974	25.0:39.7:35.3	54.5:16.5:29.1	48.2:17.4:34.4	9.1:56.0:34.9	455.21	7101.6
广西	4319	25326	26.2:36.5:37.2	62.2:10.2:27.6	53.3:21.0:25.6	17.5:48.4:34.1	619.84	4851.37
贵州	2662	16413	27.3:39.0:33.7	67.3:9.3:23.4	49.6:11.9:38.5	12.7:38.5:48.8	314.73	1829.2

续表

指标\地区	人均GDP（元）2000年	人均GDP（元）2011年	三次产业比重（%）2000年	三次产业比重（%）2011年	三次产业就业比重（%）2000年	三次产业就业比重（%）2011年	工业产值（亿元）2000年	工业产值（亿元）2011年
云南	4637	19265	22.3:43.1:34.6	73.9:9.2:17.0	59.4:13.6:27.0	15.9:42.5:41.6	697.69	2994.3
西藏	4559	20077	30.9:23.2:45.9	73.8:5.8:20.4	53.1:11.1:35.8	12.3:34.5:53.2	10.13	48.18
青海	5087	29522	14.6:43.2:42.1	60.9:13.4:25.7	41.9:22.6:35.5	9.35:8.43:2.3	80.55	811.73
宁夏	4839	33043	17.3:45.2:37.5	57.8:13.8:28.5	39.4:26.4:34.2	8.85:0.24:1	93.00	816.79
新疆	7470	30087	21.1:43.0:39.5	57.7:13.8:28.5	51.2:14.1:34.7	17.2:48.8:34.0	422.08	2700.2
全国	7078	35181	15.9:50.9:33.2	50.0:22.5:27.5	36.7:28.7:34.6	10:46.6:39.9	39570.3	188470.2

资料来源：《中国统计年鉴·2001》、《中国统计年鉴·2011》、《中国统计年鉴·2012》。

3. 提高了民族地区城乡居民收入水平，民生得到改善

在民族地区跨越式的经济发展过程中，社会财富的"蛋糕"不断做大，社会民生事业得到了长足发展，人民生活水平明显提高。贫困人口数量大幅减少，按照2010年贫困人口标准，西部地区2012年贫困人口数量比2011年减少1259万人，占全国减贫人口数量的53.8%。民族8省区的农村贫困人口已从2001年的3076.8万人下降到2009年的1452万人。东部地区的对口支援有力地促进了民族地区经济发展，如上海市对口支援云南人口较少民族的德昂族，2006年以来，共投入扶持资金2860多万元，安排项目350多个，推动德昂族聚居村基础设施建设跨越式发展，群众生活已接近或达到当地中等水平。截至2012年，西部地区新型农村和城镇居民社会养老保险制度、最低生活保障制度实现全覆盖，3700多万城乡老年居民按月领取基础养老金，3500多万城乡困难群众基本生活得到有效保障。职工医保、城镇居民医保和新农合3项基本医疗保险基本实现全覆盖，城镇居民医保和新农合财政补助标准提高到每人每年280元。城乡居民收入稳步增长，西部地区2012年城镇居民人均可支配收入20600元，比2000年增长2.7倍，农村居民

人均纯收入 6027 元，比 2000 年增长 2.6 倍。2000 年到 2011 年，民族 8 省区城镇居民人均可支配收入除云南、西藏、新疆外，均增长 3 倍以上，农民人均纯收入除广西外均增长 3 倍以上（见表 1-2）。

表 1-2　　民族 8 省区及全国城镇居民人均可支配收入和农民人均纯收入的变化情况　　单位：元

地区	城镇居民人均可支配收入			农民人均纯收入		
	2000 年	2011 年	增长倍数	2000 年	2011 年	增长倍数
内蒙古	5129.05	20407.57	3.98	2038.21	6641.56	3.26
广西	5834.43	18854.06	3.23	1864.51	5231.33	2.81
贵州	5122.21	16495.01	3.22	1374.16	4145.35	3.02
云南	6324.64	18575.62	2.94	1478.60	4721.99	3.19
西藏	7426.32	16195.56	2.18	1330.81	4904.28	3.69
青海	5169.96	15603.31	3.02	1490.49	4608.46	3.09
宁夏	4924.30	17578.92	3.57	1724.30	5409.95	3.14
新疆	5644.86	15513.62	2.75	1618.08	5442.15	3.36
全国	6280	21809.78	3.47	2253	6977.29	3.10

资料来源：《中国统计年鉴·2001》、《中国统计年鉴·2012》。

社会民生事业长足发展，人民生活水平明显提高。中央和地方各级财政对西部地区社会民生事业给予了重点倾斜，教育、卫生、社会保障、扶贫开发等各项社会民生事业得到长足发展。民族地区率先实行"两免一补"政策，"两基"人口覆盖率达 100%，青壮年文盲率下降到 5% 以下，2010 年高等院校有 160 多所。医疗服务体系和服务能力明显改善，新型农村和城镇居民社会养老保险制度、最低生活保障制度实现全覆盖。西部地区 9400 多万人的饮水难和饮水安全问题得到了解决。广播电视村村通工程、农（牧）家书屋建设工程等文化惠民工程使民族地区文化基础设施明显改善。民族地区吃饭难、上学难、看病难、听广播看电视难等问题得到有效缓解。

人口较少民族得到特殊支持。为加快人口较少民族的经济发展速度，使人口较少民族聚居的行政村基本解决贫困人口的温饱问题，经济社会发展基本达到当地中等或以上水平，使人口较少民族经过努力也能够达到全面建成小康社会的要求,国家各有关部门出台了许多特殊政策措施,对人口较少民族的发展给予大力支持。国务院于2005年开始实施《扶持人口较少民族发展规划(2005—2010年)》(以下简称《规划》),提出要通过5年左右的努力,使人口较少民族聚居的行政村基础设施得到明显改善,群众生产生活存在的突出问题得到有效解决。2011年继续出台《扶持人口较少民族发展规划(2011—2015年)》,到2015年,人口较少民族聚居行政村基本实现"五通十有",预计到2020年,人口较少民族聚集区发展更加协调、生活更加富裕、环境更加美好、社会更加和谐,全面建成小康社会。《规划》实施以来,共投入各项扶持资金25.06亿元,其中,中央投资15.72亿元,占63%;地方配套及其他资金9.34亿元,占37%。资金投向大致分为两类:一类是基础设施建设项目,占资金总量的83%;另一类是群众增收项目,占资金总量的17%。以毛南族为例,根据贵州省民委的一项研究报告,毛南族作为人口较少的民族,主要分布在黔南布依族苗族自治州境内的平塘、惠水、独山3县的6个乡(镇)、46个行政村,2008年末总人口30858人,占黔南州总人口的479%,占3个县总人口的2.9%。《规划》实施以来,贵州省委、省政府在毛南族的帮扶上做了大量的工作,在毛南族聚居的46个行政村,通乡公路、通村简易公路均已建成;广播电视覆盖率和农户通电率分别达到96%和99%,无线电话网络基本覆盖聚居区的乡、村;农村中小学校(教学点)达37所;适龄儿童入学率100%。2008年毛南族群众人均纯收入达2150元,较2004年的1350元增长59.26%。2008年对14个毛南族规划村按国家标准进行了验收,通路、通水、通电等12个考核指标全部达标。①

4. 推动了民族地区社会转型,改革开放和环境保护取得进展

随着市场化、工业化、城市化和全球化的发展,民族地区经济的快速发展也推动了少数民族地区的从传统社会向现代社会的转型,实现了由传统农牧业社会向现代工业社会、由相对封闭的自给型经济向市场经济、由乡村生活方式向城市生活方式的经济现代化转型。人员流动的增强促进了民族间的文化交流与理解,许多民族地区原有的封闭状态被打

---

① 胡丽华:《加快人口较少民族地区经济社会发展的探讨》,《理论与当代》2010年第7期。

破，地理位置上偏远的少数民族地区依靠更为畅通和快捷的信息传播渠道，缩小了与国内外的空间距离。大批少数民族青年走出大山，来到城市和东部地区求学或就业，东部地区的人员也来到了民族地区扎根落户。在区外力量关注和推动民族地区经济社会发展的同时，民族地区的各族人民也对外面的世界有了更多的了解与认知，从而进一步推动了民族地区的社会转型。

西部民族地区重点领域和关键环节改革不断推进，对内对外开放格局初步形成。在各有关部门支持下，西部地区积极探索、先行先试，分别开展了城乡统筹发展、原油天然气资源税从价计征、排污权交易、农业水价综改等方面的改革试点工作，取得了积极成效。对内对外开放水平不断提升，相继设立了兰州新区、重庆两江新区、宁夏内陆开放型经济实验区、新疆霍尔果斯和喀什经济特区以及广西东兴、云南瑞丽、内蒙古满洲里开发开放试验区等，与周边国家跨境合作不断展开，地区经济的外向度明显提高。2012年进出口总额和利用外资分别为2364亿美元、99亿美元，分别是1999年的17.3倍、5.4倍。[1]

生态环境得到改善。西部民族地区生态环境保护与治理成效显著，城乡面貌发生明显变化。西部地区退耕还林、退耕（牧）还草、天然林保护、京津风沙源治理等生态治理工程稳步推进，到2012年底累计安排退耕还林4.34亿亩，退牧还草9.12亿亩，森林覆盖率从10.4%提高到17.1%，平均每年提高0.6个百分点，草原植被覆盖度明显提高，有效控制了水土流失和土地沙化，水土流失和沙化土地面积逐年减少，区域生态状况和农民生产生活条件得到明显改善，草原生态恶化态势得到遏制。内蒙古、陕西、甘肃、宁夏等省区在全国率先实现了由"沙逼人退"向"人进沙退"的历史性转变。建成三江源等一批生态自然保护区，黑河、塔里木河、石洋河等生态脆弱河流流域治理工程成效显著，重点区域生态环境明显好转。水土保持工程取得积极成效，累计新增水土流失治理面积34.7万平方公里。黄土高原新增水土流失治理面积15万平方公里，水土流失面积和侵蚀强度呈"双减"态势，每年入黄泥沙量减少3亿多吨。新疆绿洲面积扩大到现在的7万多平方公

---

[1] 国家发展和改革委员会主任徐绍史：《国务院关于深入实施西部大开发战略情况的报告》，第十二届全国人民代表大会常务委员会第五次会议，2013年10月22日。

里，绿洲内部林网化程度平均达 85% 以上。三北防护林体系建设西部工程省区 2000 万公顷农田得到有效保护。统筹城乡协调发展取得新成效，城市化水平稳步提高，城镇化率达到 43%，人居环境明显改善。

四 民族地区嵌入型经济发展方式存在的不足

长期以来，我国民族地区实行的跨越式发展和加速发展战略，经济发展目标以 GDP 总量增长为导向，基本上是依靠物质要素投资推动经济增长，投资驱动和资源依赖的经济发展方式扭曲了内外因之间的辩证关系，自治地方的主体民族积极性、主动性发挥不够，主要依靠汉族等区外民族及大型国企等区外经济组织，外来援助没有通过区内民族起作用，主要为了满足全国经济发展的需要，而忽视了民族地区经济发展的内在要求。嵌入型经济发展方式带来了一系列问题。以传统农牧业为基础的民族经济并没有真正发展和活跃起来，依赖资源开发的高投入、高耗能、高污染的粗放型发展模式加大了民族地区生态环境保护的难度，民族区域经济和民族经济失衡导致的民族地区内部发展不平衡，在原有的城乡差距、东西部差距以及工农差距之外，形成了巨大的民族间的发展差距，既不可持续，又不利于民族团结和边疆稳定，且会影响全面建设小康社会目标的实现。

1. 嵌入型发展扭曲了内外因之间的辩证关系

唯物辩证法认为事物的发展是内外因共同起作用的结果，内因是事物的内部矛盾，是事物自身运动的源泉和动力，是事物发展的根本原因。外因是事物的外部矛盾，即一事物与他事物之间的相互影响和相互作用，是事物发展、变化的第二位的原因。内因和外因的辩证关系是：第一，内因是事物发展变化的根据，它是第一位的，决定了事物发展的基本趋势和方向；第二，外因是事物发展变化的不可缺少的外部条件，是第二位的，对事物的发展起着加速或延缓的作用，有时外因甚至对事物的发展起着重大的作用；第三，外因的作用无论多大，必须通过内因而起作用。

民族地区嵌入型的经济发展方式主要通过外因在起作用。民族地区工业化的组织与运行，城市化的发展与推进，主要是依靠区域外部力量，由中央财政转移支付和政策补贴及东部相对发达地区的经济技术援助来推动。嵌入型发展的经济主体并非区内各族，而是由中央政府主导，主要依靠汉族等区外民族及大型国企等区外经济组织。嵌入型发展的资金主要来自中央直接提供的大量财政资金、对口支援省市提供的扶持资金和国企的资金投入。嵌入型发展的根据主要是考虑国民经济整体发展的需要，较少考虑民族地区自身发展的要求。嵌入型发展的目标主要是追求民族地区 GDP 和财政收入的高增长。嵌入型发展方式是主要依赖资源开发和基础设施建设的高投入、高耗能、高污染的粗放型发展模式。

民族地区依靠中央财政转移支付、依赖投资拉动经济增长的过程中面临一系列问题。投资必然要取得一定的经济效益，包括劳动者收入、税收和利润等，同时投资也要实现一定的社会效益，包括劳动者素质技能的提升、社会福利、公共设施、环境保护、科学技术、教育等方面的发展。在民族地区投资中出现过将经济利益与社会利益相对立，片面突出经济利益，尤其是将经济利益集中于利润指标的问题。有的地区为增加投资利润而不愿意吸收少数民族劳动者，将少数民族劳动者排斥在工业化大生产之外，既造成经济效益的短期畸形增长，又影响了少数民族劳动者素质技能的提高，扩大了各民族劳动者技能水平的差异，进而扩大了各民族之间经济发展和收入水平的差距。此外，由于西部民族地区地理位置偏僻，投资环境较差，投资回报率较低，对外资的吸引能力远远低于东部地区，对区外资金的需求缺口较大，成为制约民族地区经济发展的资金"瓶颈"，且投资领域主要集中在制造业，对西部地区经济增长的贡献度较小。西部地区企业的生产依然处于价值链低端，产品技术含量和附加值较低，对企业的利润增长和西部地区经济增长的贡献度较小。

不少民族地区的资源型产业虽然为当地创造了较高的 GDP，却没有发挥出对其他产业的辐射和带动作用。主要问题有四个：一是资源型支柱产业与当地的农牧业基础产业脱节；二是没有大量吸收和培训少数民族劳动者；三是较少惠及民族地区的少数民族群众；四是带来严重的生态环境破坏。许多大型国有工矿企业一直以来都通过企业办社会，其厂区和生活区的生活服务设施一应俱全，可以满足职工的绝大部分生活需求，对当地其他的服务产业需求不大，带动作用有限。大多数资源型工业企业自身的发展没有形成具有明显辐射作用的产业链，对其他企业的发展带动作用较小，只能在地区生产总值、固定资产投资和税收上对民族地区起到产业支柱作用，而在提供地方就业、提高农畜产品附加值、增加牧民收入，改造传统农牧业生产方式，发展少数民族经济方面，作用较为有限。民族地区开发引进的大型资源开发企业，总部多不在民族地区，但增值税、消费税大头都在总部所在地，民族地区只是生产基地，只能得到较低的税收，"总部经济"现象难以带动地方经济发展。而且，民族地区地方政府对当地国有企业的生产经营毫无发言权，国有企业发展自成体系，其生产经营完全取决于企业自身的利益和需要，一些国企发展可能不仅不能改善当地民生，反而将污染留在民族地区，与当地经济发展的整体利益相悖。此外，民族地区的国有企业不仅资金、设备来自区外，甚至企业职工都是从区外迁入，未能吸纳当地少数民族就业。当然，并非国有企业不愿意为少数民族提供就业机会，而是民族地区劳动者在传统的农耕、游牧经济为主的长期民族性经济活动中难以再生产出满足现代工业生产需要的技能和习惯，不能适应工业化的生产组织形式和制度要求。如内蒙古经济取得的快速发展主要依靠资源开发来拉动，资源开发形成了民族地区的支柱产业，然而大多数企业职工主要来自内地，文化素质和技术水平较低的少数民族一时难以接受现代工业技术劳动，蒙古族自由的游牧生活所形成的民族性使其难以服从高度组织约束的现代企业管理制度。但是，国有企业相对不注重培训和培养少数民族工业型人才，也是一个重要原因。由于各民族劳动者在资本密集型的资源型企业里参与度低，国有企业垄断性的资源开发利益只是在企业与当地政府之间分配，普通农牧民难以共享，导致民族之间的经济差距逐步拉大，不利于民族地区经济的可持续发展。此外，资源开发产业也与少数民族为主体的基础性农牧业发展脱节，并未形成以工促农牧的协调发展格局。

改革开放以后，国家实行梯度发展战略，首先在东部地区引入市场竞争机制，而主要处于西部的少数民族地区国有企业却仍处于统制经济体制下的行政管理模式中，按照低廉的计划价格向东部地区输送各种资源，而东部地区的产成品却按照市场价格销售到西部地区。在随后的西部大开发战略中，由于西部地区软硬件环境发展的滞后，西部开发最紧缺的人才和资金却未能在少数民族聚居区发挥作用，反而从西部向东部集聚。西部地区大量的国有企业由于未能在改革开放初期随着市场的逐步发育而转换经营机制并改变经营管理方式，当改革推进到西部国有企业时，遭遇的却是已经发育到一定水平的市场经济，不善于在竞争大潮中游泳的西部国有企业在市场竞争中处于劣势。[1] 民族地区企业经济活力不足。西部地区工业增长主要依靠大型企业，部分老工业基地国有经济比重过高，历史包袱沉重。由于受经济社会等各方面条件制约，私营经济发展滞后，中小企业发展困难。在2012年规模以上工业企业中，西部地区私营企业的产值比重仅占24.8%。同时，金融市场、劳动力市场等生产要素市场发展滞后，企业市场融资能力较弱，中小企业融资难问题更为突出。2012年中国中小企业景气指数报告显示，西部地区仅四川省位于第11位，其余省区均排在更为靠后的位置。民族地区企业创新能力不强。西部地区企业自主创新体系尚未形成，研发投入普遍较低，大多数企业没有专门的产品技术研发机构，缺少自主知识产权的高新技术成果，缺乏自主知名品牌。2012年西部地区规模以上工业企业研究与实验发展（R&D）经费689亿元，仅占全国的9.6%，不足广东省的三分之二；专利申请数43203件，仅占全国的8.8%，不足广东省的一半。"研发资本是产业资本中最具生命力的部分"[2]，企业研发能力弱使得民族地区在经济周期的不同阶段均处于不利地位。

民族地区嵌入型的经济发展过程中内因的动力不强，机制不活。嵌入型发展过程中，在过度强调生产力发展的同时却忽视了民族地区劳动者的主体性问题，不致力于提高劳动者的素质技能，少数民族劳动者在经济现代化的转型中参与程度低，成果享受少。由于少数民族劳动力受教育程度低，存在语言文化障碍，缺乏培训和相应的专业技术技能素质，少数民族成员在融入工业化和城市化的过程中，在就业机会、技能水平等方面与汉族之间存在较大差距，常常被排斥在区域工业化进程之外。民族地区自身"内生式"、"造血式"的发展动力不足，往往满足于服从区外主体的发展要求与满足"全国一盘棋"下的分工安排，经济发展的自主性、积极性没有得到充分发挥，甚至某些地区还存在

---

[1] 刘永佶主编：《中国少数民族经济学》（第三次修订版），中国经济出版社2013年版，第296页。

[2] 杨思远：《研发资本》第一卷，中国经济出版社2014年版，前言第3页。

"等、靠、要"的惰性思想。

由于历史、地理等方面的条件制约，民族地区自身落后、工业化程度低，受到生产力发展和社会发育程度的限制，民族地区内部不具备自我组织和发动工业化、实现经济跨越式发展的物质基础和社会条件，经济发展需要依靠区域外部力量加以推动，但经济自主发展能力也需要不断加强。正是由于扭曲了内外因之间的辩证关系，嵌入型发展方式存在很多矛盾，民族地区在"全国一盘棋"的战略思路指导下，没有发挥自治地方的积极性和当地少数民族的积极性，民族地区主要成为国民经济发展的资源输出地，出现产能过剩、发展粗放等问题，对环境也造成了损害。民族地区政府为实现跨越式、赶超式发展，对 GDP 的追求比东部更为强烈，地方层面的增长主义倾向愈演愈烈。资源型国企对于其他产业和企业的辐射带动作用还显不足，"国进民退"现象尤其突出。民族地区经济发展依赖区外力量嵌入型、"输血式"的推动确实很有必要，但不能代替来自少数民族劳动者素质技能提高的"内生式"、"造血式"的发展，来自区外的经济增长的支持没有结合民族地区的自主性发展，民族地区发展的内在潜力发挥受限，难以形成民族地区经济发展的良性循环。经济发展的矛盾是人与人之间的矛盾关系的反映，在社会转型期，民族地区嵌入型经济发展方式的矛盾源于区内主体与区外主体之间的矛盾关系。民族地区的发展目标要通过当地少数民族自主选择，发展需要依靠一定的区外力量，但更要发挥区内主体的力量，外来援助要通过自治地方的主体民族起作用，增强内生发展动力。既要满足全国经济发展的需要，又要更加注重民族地区经济发展的要求，更多考虑依靠少数民族的力量实现内生型发展。"全国一盘棋"的原则是正确的，但片面执行"全国一盘棋"的原则，忽视"发挥两个积极性"的原则是错误的。

2. 城乡差距扩大，民族差距扩大，不利于民族团结与边疆稳定

民族地区大多位于祖国的边疆地区，其地理位置对国家稳定具有重要的战略意义。民族地区经济社会发展不仅仅关乎民族地区内部团结与稳定，更是直接关系到整个中华民族的团结、社会的稳定和国家的统一。民族地区与其他地区的发展差距如果持续拉大，必将对民族关系与整个国家的稳定团结带来严重的负面影响。改革开放和西部大开发以来，我国西部民族地区与东中部地区都得到了快速发展，但东西部地区

的差距仍在扩大，这成为影响整个国民经济健康协调发展与民族关系和谐稳定构建的重大政治问题。

经济发展整体水平仍然滞后，与全国差距继续拉大。民族地区经济发展受制于地理区位影响，在我国长期的历史发展过程中，形成了"汉族主要居住在农业地区，除了西北和西南外，可以说凡是宜耕的平原几乎全是汉族的聚居区。同时在少数民族地区的交通要道和商业据点一般都有汉人长期定居。"[①] 我国大多数少数民族生活在西部高原的高寒山区和沙漠地区，恶劣的自然环境和地理条件，极大地增加了少数民族劳动者发展经济的难度。如广西、内蒙古、新疆、西藏和宁夏五个自治区，自然地理条件差、灾害频发，经济发展落后于全国水平、资源型产业比重高，农牧业产值及就业人口比重高，贫困人口多。此外，由于西部空间区域大、经济规模小、密度低，加上地理条件较差，西部地区交通困难，公路覆盖率低且等级不高，通行能力较差，市场交易成本较东部地区往往高出十几倍、几十倍，不利于市场经济的发展和区域经济规模的提高。2012年，西部地区公路和铁路网密度仅相当于全国的55.6%和53.5%，综合交通运输网络骨架尚未完全形成。恶劣的地理环境制约了民族地区经济发展，限制了经济发展方式的转变与提高。西部民族地区的社会民生事业发展起点低、历史欠账多，保障和改善民生的任务仍然艰巨繁重，实现全面建成小康社会目标任重道远。民族地区与全国特别是发达地区的发展差距仍然明显存在，并呈继续拉大趋势。据国家发改委资料，2012年，西部地区城镇居民人均可支配收入和农民人均纯收入分别相当于东部地区的71%和56%，相当于全国的84%和76%。西部地区的人均地区生产总值和人均财政收入为全国平均水平的81.6%和66.3%，仅为东部地区的54.4%和52.7%。其中，人均地区生产总值最高的天津是最低的贵州的4.7倍。即使与全国平均水平相比，一些省份城乡居民收入不仅绝对差距明显拉大，而且相对差距也在扩大。如甘肃城镇居民人均可支配收入占全国平均水平由1999年的76%下降到2012年的70%，农民人均纯收入占全国平均水平由61.4%下降到56.8%。同时，西部地区也是我国贫困面最广、贫困人口最多、

---

① 费孝通主编：《中华民族多元一体格局》（修订本），中央民族大学出版社1999年版，第32页。

贫困程度最深的区域。2012年，按照年收入2300元的国家扶贫标准，全国共有9899万扶贫对象，其中5086万位于西部地区，约占全国扶贫对象总数的51.4%；贫困发生率达17.6%，高出全国7.4个百分点。[1]据国家民委统计，2009年，民族地区人均地区生产总值仅为全国平均水平的65.2%，城镇居民人均可支配收入仅为全国平均水平的82.9%，农民人均纯收入仅为全国平均水平的72.4%。[2]南疆三地州、四省藏区、六盘山区、秦巴山区、武陵山区、乌蒙山区、大小凉山地区、滇黔桂石漠化区、滇西边境及哀牢山区、大兴安岭南麓地区等集中连片困难地区，都是少数民族贫困人口比较多的地区，生存条件差，贫困程度深，脱贫难度大，是我国扶贫攻坚最难啃的"硬骨头"。西部民族地区各省（区、市）之间发展也不平衡，发展差距有拉大的趋势。2012年，西部人均地区生产总值最高的内蒙古是最低的贵州的3.3倍。

民族地区城乡差距呈扩大之势。少数民族地区工业主要集聚在大中城市和经济中心区域，少数民族人口集中的边远地区仍以农牧业为主，没有成规模的工业企业，工业化水平远远低于区域平均水平。省区工业化和城市化的快速发展并没有带动少数民族聚居地区的同步发展，农牧民收入提高的幅度低于地区生产总值和城市居民收入提高的幅度。在各民族省区内部，一些少数民族聚居的县域，农民人均纯收入低于全区或全省的平均水平，城乡居民收入比高于平均水平。如新疆南疆地区、青海西南部地区、宁夏南部山区、西藏广大牧区，以及贵州、云南、甘肃、四川的少数民族聚居地区，基本处于前工业化或工业化的起步阶段。即使是工业化水平较高的内蒙古，区域间的工业化进程也存在着很大的差距（见表1-3、表1-4）。收入差距、教育发展、生活条件、医疗水平等社会发展方面的城乡差距，对大部分少数民族及其成员而言是被动的，短期内难以适应。比如农村进城务工人员基本不能享受廉租房和经济适用房，也没有住房公积金制度，超过一半的农民工在外租房或住在工地、工棚或生产经营场所。青壮年农民大量外出打工使农村

---

[1] 国家发展和改革委员会主任徐绍史：《国务院关于深入实施西部大开发战略情况的报告》，第十二届全国人民代表大会常务委员会第五次会议，2013年10月22日。

[2] 国家民族事务委员会主任杨晶：《国务院关于加快少数民族和民族地区经济社会发展工作情况的报告》，第十一届全国人民代表大会常务委员会第十八次会议，2010年12月22日。

"空心化"日益严重,目前农村主要以留守老人、留守妇女和留守儿童等"三留人员"为主,影响三代农民的生活质量。农村集体土地产权制度和征收征用制度不够明晰,一些地方强征农民土地,低征高卖,以地生财,严重侵犯农民土地和财产权益,农民意见很大。很多失地农民面临就业困难,加之社会保障体系不健全,引发大量征地纠纷和土地信访问题,影响社会和谐稳定。

表1-3　　民族8省区及全国城乡居民收入的变化情况　　单位:元

地区	2000年 城镇居民人均可支配收入	2000年 农民人均纯收入	2000年 城乡居民收入之比	2011年 城镇居民人均可支配收入	2011年 农民人均纯收入	2011年 城乡居民收入之比
内蒙古	5129.05	2038.21	2.51:1	20407.57	6641.56	3.07:1
广西	5834.43	1864.51	3.12:1	18854.06	5231.33	3.60:1
贵州	5122.21	1374.16	3.72:1	16495.01	4145.35	3.98:1
云南	6324.64	1478.60	4.27:1	18575.62	4721.99	3.93:1
西藏	7426.32	1330.81	5.58:1	16195.56	4904.28	3.30:1
青海	5169.96	1490.49	3.47:1	15603.31	4608.46	3.39:1
宁夏	4924.30	1724.30	2.84:1	17578.92	5409.95	3.25:1
新疆	5644.86	1618.08	3.49:1	15513.62	5442.15	2.85:1
全国	6280	2253	2.78:1	21809.78	6977.29	3.13:1

资料来源:《中国统计年鉴·2001》、《中国统计年鉴·2012》。

表1-4　　民族8省区城乡居民消费水平的变化情况　　单位:元

地区	2002年 城镇居民	2002年 农村居民	2002年 城乡消费水平对比(农村居民=1)	2011年 城镇居民	2011年 农村居民	2011年 城乡消费水平对比(农村居民=1)
内蒙古	593.40	233.62	2.5	18996.3	5945.3	3.2
广西	515.65	642.30	0.8	15681.4	4670.8	3.4
贵州	259.22	380.07	0.7	13876.7	3986.4	3.5
云南	380.45	644.15	0.6	14463.6	4824.6	3.0
西藏	29.16	32.11	0.9	11393.3	2774.7	4.1
青海	87.15	53.21	1.6	13348.2	4904.7	2.7
宁夏	90.27	56.30	1.6	17038.0	4709.2	3.6
新疆	409.82	190.85	2.1	14662.9	4495.4	3.3

资料来源:《中国统计年鉴·2003》、《中国统计年鉴·2012》。

民族地区经济发展中还存在民族差距扩大的问题。在社会转型期，少数民族经发展的一个突出问题是民族区域经济与民族经济发展日益不平衡。在民族区域经济逐渐繁荣之时，民族经济却没有得到相应的发展，从而在我国已经存在的城乡差别、地区差别和工农差别之外，形成了较大的民族差别。民族经济在一定的地域空间内进行，该区域有多个民族，各民族经济相互依赖、相互影响，在对统一民族区域自然资源的开发、劳动力的运用、产业的发展、交换的广度与深度、消费的结构与水平等经济活动方面，不同民族经济发展的特点、质量、水平和速度存在明显差别，从而形成民族差别。随着社会转型，利益主体和利益关系逐渐多元化，不同社会群体和成员由于自身条件差异，参加活动的产业不同，同一产业的参加程度也不同，从而参与资源配置能力不同，工业化的利益分配也是不均衡的。经济参与程度的不同导致了各民族分享区域经济发展成果的比例不同，表现为地区间、民族间，以及民族内部成员间收入、生产生活状况、社会经济地位的差距和分层，弱势群体不能共享或较少分享经济社会发展的利益。同一区域内的各民族经济差距较为明显，以传统农牧业为主的民族经济与以追求利润为目的的现代工业民族经济形成了巨大反差。由于资源开发形成的民族地区支柱产业，同少数民族为主体的农牧业没有产业链关系，资源型支柱产业的发展同基础性的农牧业脱节。如内蒙古在矿产资源型产业带动下，近十年来经济增长速度在全国一直名列前茅，但是广大少数民族农牧民的基础产业受草场、土地资源的限制，很难形成经济增长点。加之小农经济难以抵御自然和市场风险，纯收入增长远远低于资源型大型国有企业职工收入增长，造成民族间经济差距不仅没有缩小，反而更加扩大了。[①] 比如，藏族经济由于自然环境与产业结构的限制，在现代化的进程中一直处于弱势地位，而以拉萨为核心的区域经济却在中央高福利、重点补贴的倾斜性政策扶持下得到高度发展。在工业化和现代化进程中形成的新的利益格局和发展差距，难免在当地各民族中产生失落感和不满。在民族地区处于相对封闭的时期，民族差距表现在民族地区之间的差距，而在开放经济时代，民族差距在同一民族地区内部出现，从而使得这一差距特别刺目，社会经济资源的重新配置将使民族经济矛盾表面化、近距离化而

[①] 杨思远：《中国少数民族生产方式研究》，新华出版社 2013 年版，第 419 页。

易于为人们所感觉，引发新的民族经济利益矛盾，不利于和谐民族关系的形成。"藏独"、"疆独"等分裂势力总是在民族经济差距中寻找依据，民族地区出现的极端暴力事件都可以从经济差距中找到诱因，许多暴力分子往往都是在经济上感觉没有出路的少数民族青年人。民族差距拉大成为宗教极端势力、民族分裂势力和国外敌对势力赖以存在的重要的经济基础，成为危害民族团结尤其是边疆安全与社会和谐的经济根源。

3. 生态环境保护任务艰巨

民族地区是我国经济发展相对滞后的地区，有着强烈的加速发展的要求和愿望，同时，民族地区又是我国长江、黄河等主要江河的发源地和涵养地，是我国最重要的生态屏障和水源保护地带，民族地区的生态环境保护和建设，关系国家生态安全，关系中华民族的生存发展。民族地区既要发展经济，又要保护环境，经济发展与环境保护孰轻孰重、孰先孰后成为制约民族地区经济发展的重要问题。

民族地区自然生态系统脆弱，由于山高坡陡、河流切割，地质地貌十分复杂，气候多变，水土流失，地力衰退，土地贫瘠，土壤污染，自然灾害频发，极不利于在少数民族经济结构中占重要地位的农牧经济的发展。森林、草地、湿地等主要生态系统仍较脆弱，生态服务功能呈退化趋势。民族地区生态环境脆弱，对人口和经济活动的承载能力有限，环境破坏后的修复难度大、耗时长。一是民族地区生态环境保护形势仍然复杂严峻。西部民族地区生态环境整体有所改善，但一些特定区域、特定领域的生态环境问题仍未得到有效解决甚至有恶化的趋势。民族地区大部分草原"不堪重负"，退化速度呈加剧态势。我国现有草地3.9亿公顷，居世界第二位，但草场的90%已经或正在退化，并以每年200万公顷的速度递增。内蒙古、新疆、甘肃和四川等省区大部分天然草原超载过牧问题突出，草原生态"局部改善，总体恶化"的趋势仍未得到根本好转。二是民族地区区域性环境恶化趋势尚未得到根本扭转。西部地区的森林、草地、湿地等主要生态系统仍较脆弱，不少湖泊、湿地对人工补水的依赖程度提高，生态服务功能呈明显退化趋势。长江、黄河、金沙江等主要江河流域自然生态环境破坏严重，不少珍稀物种灭绝或者濒临灭绝，生物多样性受到严重威胁。民族地区水土流失依然严重。全国土壤侵蚀面积为492万平方公里，占全国国土面积的51.6%，其中有 410 万平方公里在西部少数民族地区，占全国土壤侵蚀面积总量的 83.3%。全国水力侵蚀面积超过 10 万平方公里的省区有 7 个，而西部少数民族地区占了 6 个（四川、内蒙古、云南、陕西、新疆、甘肃）。水土流失在民族地区的主要表现为：西北地区的风蚀、西南地区的水力侵蚀、青藏高原的冻融侵蚀。水力侵蚀以黄土高原和长江中上游地区最为严重。黄土高原水土流失面积 45 万平方公里，约占 64 万平方公里总面积的 70%，是世界上水土流失最严重的地区，也是黄河泥沙的主要来源地。长江中上游水土流失面积为 55 万平方公里，占总面积的 35%。[1] 三是民族地区流域性水环境安全问题突出。不少地区随着经济发展特别是煤电、煤化工、石油化工等高耗水产业增长，水资源过度开发问题日益尖锐。不少河流中下游、支流河段出现干涸或间歇断流现象。一些地区大规模超采地下水资源，地下水漏斗面积扩大，生态风险日益加剧。流经主要城市的河流普遍污染严重，自然净化能力弱化，水质常年超标。主要湖泊、水库的水质氮、磷超标较为普遍，滇池等湖泊长期处于富营养化状态，治理难度很大。四是民族地区结构性大气污染特征较为明显。黄河中上游地区二氧化硫、氮氧化物、颗粒物等主要污染物排放接近或超过环境容量。云贵地区、川渝地区酸雨较为严重，甘青新地区沙尘天气对大气环境造成不利影响。兰州、乌鲁木齐等个别城市出现臭氧、PM2.5 等复合型污染。五是民族地区累积性重金属污染不容忽视。云贵地区土壤中砷、铬、铅污染较为突出，甘青新地区一些区域出现镉、砷、铅超标问题。一些地区重金属污染进入集中多发期，多个省市发生重特大重金属污染事件，严重影响粮食生产和居民生活。

民族地区以煤、电、重化工等资源型高耗能产业为主导的经济发展方式，高投入、高消耗、高污染、低效率的问题突出，产业结构偏重，经济发展主要依赖投资拉动，经济增长以粗放型数量扩张为特征，资源消耗量大且经济效益低下，水资源开发过度，煤电、煤化工、石油化工等高耗水产业增长过快，造成了资源的极大浪费和生态环境的巨大破坏。以过度消耗能源和资源、损害生态环境为代价的粗放型增长方式带来了长远的隐患和危害，这种发展方式不可避免地要遇到资源环境的不

---

[1] 刘永佶：《中国少数民族经济学》（第三次修订版），中国经济出版社 2013 年版，第 449 页。

可持续供给的极限。经济发展依赖的资源型产业生产方式粗放，其生产过程直接作用于自然环境，开采过程破坏自然生态环境，加工过程对水、大气等造成污染，对环境造成的影响日益严重。处于产业链低端环节的资源型产业对区域经济的其他产业带动作用有限，一旦资源枯竭，区域经济发展就会陷入困境甚至出现倒退，陷入"资源诅咒"的境况。

高强度的人类活动已经成为生态环境恶化的主要原因，已对生态环境欠下了巨债。民族地区水土流失、石漠化、荒漠化现象比较严重，自然灾害频发。近年来，汶川地震、玉树地震、舟曲特大山洪泥石流、贵州山体滑坡、云南持续干旱、海南洪涝灾害等几次大的自然灾害，都发生在民族地区，造成了极大损失。民族地区大部分草原退化速度加快，仍有90%的草原存在不同程度退化，大部分天然草原牲畜超载过牧现象依然普遍，草原生态存在"局部改善，总体恶化"的现象。民族地区的一些传统特色经济以相应的自然环境为基础，环境的破坏将使这些特色经济难以为继，使少数民族被迫转变生计方式。经济发展与环境保护之间的矛盾日趋尖锐，严重制约了一些民族地区经济社会的可持续发展，"先污染、后治理"的老路不能继续走下去，更不能"吃祖宗饭，断子孙路"。

民族地区以煤、电、重化工等资源型高耗能产业为主导的经济发展方式，导致高耗能企业过度扩张，能源资源开发无序，高投入、高消耗、高污染、低效率的问题突出，在节能减排和生态保护等方面任务艰巨。民族地区数量扩张式的粗放型经济发展方式产业结构偏重，产业构成以煤、电、重化工等能源资源型产业为主导和农牧业基础产业脱节，是典型的嵌入型发展方式的表现。冶金、能源、化工等重化工业比重高，深加工工业比重低，高科技和高附加值的产业不发达，处于产业链低端环节的资源型产业附加值低，产业链条短、规模小，难以形成产业集群效应，整体竞争能力较低。产业结构不合理，经济发展主要依赖投资拉动，经济增长以粗放型数量扩张为特征，资源消耗量大且经济效益低下，环境污染严重。在十多年的西部大开发中，民族地区传统的粗放式资源开采与加工方式，造成了资源的极大浪费和生态环境的巨大破坏。民族地区生态环境脆弱，尤其是少数民族众多的西部地区，是中国重要的江河源头区、水土流失敏感区、风沙源头区、生态屏障区和生态效益源区，抗御自然灾害和适应人类活动的能力和容量较低。长期以来，除自然界自身因素以外，资源的高消耗、环境的重污染，片面追求经济增长的发展模式，已对生态环境欠下了巨债，高强度的人类活动已经成为生态环境恶化的主要原因。西部地区大多数传统企业技术落后、设备陈旧，西部地区万元产值排放的污染物，要比东部地区高出1—5倍。国家统计局公布的2011年各地区能源消耗指标显示，内蒙古、广西、贵州、云南、青海、宁夏、新疆等民族地区单位GDP能耗（吨标准煤/万元）分别为1.4、0.8、1.71、1.16、2.08、2.28、1.63，均高于全国0.74的均值（见表1-5）。西部是我国生态环境最脆弱的地区，据有关部门统计，全国有一半的生态脆弱县和60%的贫困县在西部。西部地区土地侵蚀面积达410万平方公里，占全国总侵蚀面积的83.3%和西部地区国土面积的60.6%。西部地区每年因生态环境破坏造成的直接经济损失达1500亿元，占当地同期国内生产总值的13%。

表1-5　　　　　　　7省区及全国能源消耗指标（2011年）

地区	万元地区生产总值能耗（等价值）		万元工业增加值能耗上升或下降（规模以上，当量值）
	指标值（吨标准煤/万元）	上升或下降（±%）	
内蒙古	1.4	-2.51	-4.39
广　西	0.8	-3.36	-6.13
贵　州	1.71	-3.51	-8.02
云　南	1.16	-3.22	-9.92
青　海	2.08	9.44	9.62
宁　夏	2.28	4.6	14.72
新　疆	1.63	6.96	9.28
全　国	0.74		

资料来源：国家统计局编：《中国统计年鉴·2012》，中国统计出版社2012年版。

以内蒙古为例，内蒙古地域辽阔，资源丰富，资源型产业在地区经济中占主导地位。内蒙古有广阔的草原和林区，矿业、农牧林业、羊绒羊毛、乳业、绿色产品、生物药材等资源丰富，62种资源储量居全国前10位，28种居全国前3位，5种居全国首位。内蒙古的草原畜牧业在严格控制载畜量的条件下，只能退不能进，牲畜头数已趋于饱和，难以再有实质性的增加；农业在退耕还草和退耕还林的政策下，同样是只能退不能进的产业；林业完成了从用材林向防护林和公益林、从采伐为主到管护为主的林业生产方式转型，农牧林业这些地上资源产业，均丧失了作为经济增长点的经济条件和政策条件。从内蒙古各盟市的经济发展方式可以看出，近年来实现快速工业化的大多是传统牧区，如鄂尔多斯、锡林郭勒、呼伦贝尔等拥有丰富的煤、气及各种矿产资源的地区。内蒙古通过资源优势转化为经济优势的资源开发转化利用战略，加快发展以能矿资源为基础的多重加工转换，形成优势产业，经济发展多项指标在西部甚至全国名列前茅，创造了发展奇迹。但内蒙古产业"羊煤土气"的几大资源无一不是向土地要效益的产业，但要实现迅速跨越，也只有依赖地下矿产资源，一两个大项目的落地就可以在短期内实现GDP和财政收入的突兀性增长。内蒙古草场的退化既有自然条件、气候因素的影响，与资源不当开发更是直接相关，资源型行业产品的附加值低，受到传统条块分割体制约束较多，经济增长方式粗放，局部地区草原的退化、地下水资源枯竭、大气污染与当地工业化和经济快速增长存在着同步性。资源主导型的工业化在带动经济快速增长的同时，也带来一系列的问题和挑战，随着农耕化和工业化而来的草地不断收缩和退化，传统放牧经济的空间日益缩小，是内蒙古草原生态自农耕化以来面临的第二次考验。

4. 民族地区内部发展不平衡，影响全面小康社会目标的实现

民族地区经济发展受制于地理区位影响，我国大多数少数民族生活在西部高原的高寒山区和沙漠地区，自然地理条件差、灾害频发，经济发展落后于全国水平、资源型产业比重高，农牧业产值及就业人口比重高，贫困人口多，恶劣的自然环境和地理条件，极大地增加了少数民族劳动者发展经济的难度，制约了民族地区经济发展，限制了经济发展方式的转变与提高。经济发展整体水平仍然滞后，与全国特别是发达地区的发展差距仍然明显，且差距在扩大。同时，西部民族地区也是我国贫困面最广、贫困人口最多、贫困程度最深的区域。一些集中连片困难地区，都是少数民族贫困人口比较多的地区，生存条件差，贫困程度深，脱贫难度大。西部民族地区的社会民生事业发展起点低、历史欠账多，保障和改善民生的任务仍然艰巨繁重。为支持民族地区经济发展，建立社会主义新型平等的民族关系，国家做了很多努力，对民族地区的转移支付力度逐渐加大，民族地区经济发展水平和人民生活水平都有了明显改善。然而，经济发展主要体现在民族区域经济的发展上，由于混淆了

民族区域经济和民族经济的界限，民族经济的发展被忽视，民族区域经济与民族经济发展的不平衡导致民族地区内部发展失衡。

在民族地区，由于大部分少数民族人口分布在农牧区，在现代部门就业率低，在区域经济发展中处于边缘地位。地区经济繁荣没有带动当地少数民族经济的发展，他们也很难获得直接的地区经济发展利益。尤其是在民族地区兴建的一些大型工程和资源开发项目，由于当地许多少数民族没有直接参与其中，在很少获得经济利益的同时，还可能失去基本的发展条件，使其生产生活条件恶化。自我发展能力不足是大部分少数民族存在的普遍现象，这种自我发展能力的不足进一步强化了自然地理条件的约束，形成一种相互制约的关系。少数民族不能共享经济发展的利益，主要受制于自我发展能力的不足。在经济转型期，随着工业化而来的城市化将改变长期形成的民族分布格局，地区之间互相开放，各民族流动性逐渐增强，越来越多的少数民族将离开农村进入城市，与其他民族共同工作生活。民族地区内部的不平衡，社会经济关系的多元化，收入差距扩大等，会在各民族中产生失落感和不满，影响了全面建成小康社会目标的实现。全面建成小康社会，"重点在农村，难点在农民"是长期以来达成的共识。诚然，全面小康社会的建设需要建设社会主义新农村，消除城乡差距，但民族差距同样不能忽视，中国真正贫困的群体主要在少数民族当中，民族差距的存在同样不能建设成全面小康。加快民族经济发展具有极端重要性和现实紧迫性，可以说，实现全面建成小康社会奋斗目标，重点在民族地区，难点在少数民族。

5. 社会转型期民族地区嵌入型发展方式矛盾凸显

民族地区嵌入型发展方式内在矛盾的凸显，与社会转型存在密切关系。社会转型以全球化、城市化、工业化、市场化为主要内容。

社会转型期民族地区经济发展的国际环境以资本主导的全球化为主要特征。经济全球化实质是西方发达国家主导的世界范围内各民族国家共同参与的经济大融合，不发达国家在全球化进程中始终处于弱势地位。在全球化的背景下，民族地区不可避免地要参与到全球经济一体化的进程中，加深与外部的经济交往与联系，在把握全球化的机遇中迎接挑战。中国在全球化的过程中可以充分利用外资从事生产经营活动，然而在片面追求高增长、盲目扩大外资的思想观念带动下，中国经济容易受到外国投资者政策及资本输出国经济周期的影响。经济全球化为中国提供了学习发达国家先进的科学技术与管理经验的机会，但是在盲目调整产业结构的过程中往往引入相对于中国先进但在发达国家已属落后的产业，在只重引进技术、不重自我创新的过程中存在产业依附的风险。中国在国际分工中获取了一定利益，但在参与经济全球化的同时也要开放投资领域和国内市场，国外大量商品和服务的进入，将对中国国内市场的竞争带来更大压力。中国在经济全球化的过程中促进了本国企业经营管理与生产技术水平的提高，但随着经济开放程度的加深，维护国内经济安全的重要性日益紧迫。经济全球化在给中国参与国际经济往来带来机遇的同时，也对中华民族的经济发展提出了严峻挑战。随着近年来劳动力、土地、资金等要素成本不断上升，我国传统出口竞争优势弱化。出口企业转型调整仍处于关键时期，成本压力、竞争压力加大，微利甚至无利的考验仍然较为严峻。同时发达国家也在着力推动产业回归和贸易区域化，提升国际市场份额难度加大。在"再工业化"政策和"页岩气革命"的推动下，美国制造业竞争力在一定程度上得以恢复，产业向外转移步伐放缓，部分产业出现回流。我国在美国进口市场占比经过10年的持续增长，进一步拓展难度很大。此外美国正在主导覆盖广、标准高的跨太平洋伙伴关系协定（TPP）、跨大西洋贸易与投资伙伴协定（TTIP）、服务贸易协定（TISA）三大谈判，试图重构国际贸易投资新规则，中国被排除在这三大协定的谈判之外，新的贸易隐性壁垒和后发劣势对中国已造成严重挑战。

在经济全球化的背景下，民族贸易得到了繁荣发展的更加广阔的平台，我国民族地区也迎来了发展的机遇与挑战。全国有30多个民族跨境而居，其中绝大多数分布于民族地区。跨境民族虽分属不同国家，但他们"同宗同源"，有相近的风俗习惯，语言和宗教信仰相同，相互之间具有人文、历史、习俗和血缘等方面千丝万缕的联系。不仅如此，许多相邻的国家与中国还有相近的国情。例如，蒙古等国家都是转轨国家，与中国国情相近，技术水平相适应，近年来彼此之间扩大经济技术交流的要求和发展趋势日益明显。中东地区和中国宁夏、新疆、甘肃、青海等省区有着共同的伊斯兰教信仰，充分利用中国的穆斯林优势，完全可能在伊斯兰文化圈各国拓展广阔的国际市场。南亚及东南亚各国受佛教文化的影响甚深，与中国青藏高原有着共同的文化背景，易于沟通。从开放和发展的角度来说，这种海外联系具有其他因素无法比拟的优势。① 然而，民族地区在经济全球化的背景下，面临经济现代化转型带来的挑战。随着区域间贸易壁垒的减少，要素流动将会更加顺畅，民族地区拥有大范围、宽领域配置要素的机遇，同时也面临着自身优势要素被其他地区抽走、流失的挑战。由于民族地区与贸易往来地区经济结构趋同，合作潜力也受到较大限制。趋同的经济结构决定了趋同的外贸结构，民族地区的边境贸易扩大难度加大。农业方面，除粮食以外，许多农产品相互竞争，难以互为补充；工业方面，结构大致相同，彼此难通有无；自然资源的开发利用方面，主要体现在石油、煤炭等资源贸易。民族地区在对外贸易中仍以出口初级产品和进口制成品为主，与相邻国家生产和出口的产品相似，即使贸易合作失去意义，也会由于产品雷同需要在国际市场上竞争。民族地区背靠亚洲贫困带，经济社会发展的地缘环境比较恶劣，是亚洲政治、军事和文化冲突多发地带，影响了民族地区与周边国家经济交往的稳定性和持续性。

现代化的一个重要内容就是城市化。城市化是人口向城市集中，从农业社会进入工业社会、从乡村生活方式转入城市生活方式的过程。城市化是工业化的产物和要求，是工业生产所引发的生活方式的变化，以工业化为基础，是工业化引发的社会关系的进一步变革。中国长期以来走的是工业和农业、城市和乡村分离的工业化与城市化道路。国家在集中各种资源加快发展工业的同时，对人口的城乡流动进行严格控制，通过户籍制度把绝大多数人口束缚在农村和农业，从而最大限度地降低了工业化的成本，而让农民承担了主要的工业化成本，出现了严重的城乡"二元结构"。党的十八大明确提出统筹城乡发展的战略方针，在新的历史条件下我国城市化得到了健康发展。随着经济快速发展和农业劳动生产率不断提高，大量农村劳动力从土地中解放出来，转入城市。截至2012年末，我国农民工总量达到2.63亿人，大量农民工实现非农就业，提高了农民收入水平，使农民从工业化、城市化发展中分享到更多收益。2000—2010年间，农民家庭经营纯收入占比下降15.4个百分点，工资性收入占比上升9.9个百分点。2013年，外出农民工人均月收入水平为2609元，农村居民人均纯收入实际增长9.3%，连续四年

---

① 刘永佶：《中国少数民族经济学》（第三次修订版），中国经济出版社2013年版，第435页。

超过城镇居民收入增幅,城乡居民收入之比由 2009 年的 3.3∶1 逐年下降至 3.03∶1。[①]

随着我国城市化的快速发展,也出现了一些不容忽视的城乡矛盾。2012 年我国城镇化率按常住人口统计为 52.6%,如以户籍人口统计只有 35.3%。被纳入城镇常住人口统计的 2.63 亿农民工及其家属在就业、教育、医疗卫生、社会保障、保障性住房等方面与城镇户籍居民相差甚远,社会不公平问题突出。截至 2012 年,农民工参加城镇职工养老、工伤、医疗、失业和生育五项基本社会保险的比例仅为 14.3%、24.0%、16.9%、8.4% 和 6.1%,参保率仍较低。农民工基本不能享受廉租房和经济适用房,也没有住房公积金制度,超过一半的农民工在外租房或住在工地、工棚等生产经营场所。青壮年农民大量外出打工造成农村"空心化"日益严重,目前农村主要以留守老人、留守妇女和留守儿童"三留人员"为主,影响农业生产和三代农民生活质量。此外,部分地方在城市化进程中对农村发展和农民权益重视不够。农村和小城镇发展仍远落后于大中城市,二元结构导致的城乡差别在某些方面不仅没有缩小,反而继续扩大。一方面,部分地方对农村发展和农民利益重视不够、投入不足,公共政策向农村地区特别是艰苦、偏远和老少边穷地区倾斜不够,资源要素在城乡之间没有均衡配置和平等交换,基本公共服务水平在城乡间差距较大,导致人口过度向大城市集中,在一定程度上强化了城乡二元化格局,加剧了城乡之间、地区之间发展不平衡。另一方面,农村集体土地权利制度和征收征用制度不够明晰,一些地方强征农民土地,低征高卖,以地生财,严重侵犯农民土地和财产权益,农民意见很大。很多失地农民面临就业困难,加之社会保障体系不健全,引发大量征地纠纷和土地信访问题,影响社会和谐稳定。农村集体建设用地在流转过程中存在的问题比较突出。农村宅基地和集体建设用地无法跨区域流动,闲置浪费,土地利用效率不高。农民进城后在城市和农村"两头占地"现象普遍存在,导致城乡建设用地出现"双增长"。2000—2010 年,我国农村常住人口减少 1.37 亿人,但农村宅基地和建设用地却从 2.17 亿亩上升到 2.21 亿亩,净增 400 多万亩。有些

[①] 国家统计局编:《中国统计年鉴·2001》,中国统计出版社 2011 年版;国家统计局编:《中国统计年鉴·2012》,中国统计出版社 2012 年版。

地方还出现农田大面积抛荒。

市场化改革也是民族地区发展方式转型的一个重要社会条件。改革开放以来，由于我国经济基础较为薄弱，经济增长动力不足，政府在经济发展过程中一直发挥牵头带动作用，这在一定程度上对经济增长做出了贡献，政府主导型经济一度是中国经济增长的重要因素，政府主导资源配置的一个重要特征是由政府决定企业该做什么、能做什么，许多事情需要政府许可才能做，由此压抑了市场的活力。长期以来，我国政府在市场经济中存在很多"越位"、"缺位"、"错位"的问题，这种违反市场规律的行为使经济发展出现诸多问题，对于经济未来健康、可持续增长形成制约。

少数民族地区由于经济自主发展能力不强，国家为支持少数民族经济发展和保证民族关系稳定团结，更加注重运用行政力量扶持少数民族经济和管理经济事务，由此导致民族地区政府对经济的控制力度比全国更为强烈。市场化改革要求市场在资源配置中发挥决定性作用，不能采取行政性的、自上而下的方式。由于民族地区生产力水平低下，市场经济的培育还不够健全和完善，因此，政府要致力于充分发挥市场各类经济主体的积极性、主动性，为市场各类主体创造一个有利于平等竞争的市场环境，并通过公共权力的透明运作，使市场主体能够依据政策信息自主决策。民族地区政府在招商引资、布局项目时发挥着对经济的控制作用和主导作用，具有现实意义，因为许多市场行为追求的只是短期利益，并不考虑民族地区的长远发展。

民族地区政府要发挥主导作用绝不意味着政府可以包办经济发展的一切，如果不能充分发挥市场资源的决定性作用，将影响民族地区走自主发展的道路。改革开放后东部地区开始进行市场化改革时，西部民族地区却仍然保持原有的经济体制，经济的市场化程度仍然较低，政府的行政控制能力较强。竞争性地方政府驱动的经济增长方式，使得嵌入型发展方式得以延续，既是市场经济不发达的产物，又阻碍了市场发育。

工业化是中国实现现代化的重要内容和途径，也是现代化的物质基础，体现为分工深化和生产力发展的人类进步历程。在向新型工业化转型的过程中，要充分把握国企与私企的矛盾。目前在中国经济的所有制结构中，国企约占30%，私企约占40%，外企约占30%。尽管20世纪90年代开始的国企改革使国企份额大幅下降，依然存在的国企在国民经济中的份额只有30%，但国企在行业内多数居于领先地位，加上丢掉了过去长期背负的"人多债重"的包袱，具有较强的技术实力和组织力，大型国企尤其是央企融资能力强，可以吸引私企进行合作。私企的运行机制相比国企更加市场化、运营成本较低。国企和私企合作发展，对双方不仅有一般的产供销合作意义，而且有战略意义。然而国企和私企存在着不平等，比如在资源分配方面，国有企业的土地供应是无偿划拨的，政府投资和银行借贷向国企倾斜，私营企业则要出钱购买各种资源，且贷款更难。提到国企和私企的关系，不得不提"国进民退"或"国退民进"现象。近年来，许多地方政府出现了"傍央企"的现象，都直接或间接地挤占了私营经济发展的空间。

西部民族地区国企大多为资源型企业，投资巨大，发展迅速，为当地经济发展起到了一定的带动作用，但相对国企的规模和优势对于其他产业和企业的辐射带动作用还显不足。由于经济社会等各方面条件制约，民族地区的许多私企在市场占有率、资产拥有量、品牌效应、薪资水平、工作条件和员工职业生涯规划、福利待遇等方面都无法与国有大企业相匹敌，私营经济发展滞后，产业层次较低，竞争力相对较弱，高素质人才匮乏，既招不来，又留不住。西部地区私企自主创新体系尚未形成，研发投入普遍较低，大多数企业没有专门的产品技术研发机构，缺少自主知识产权的高新技术成果，缺乏自主知名品牌，企业创新能力不强。再加上与大型企业相比，私企的发展基础薄弱，产品稳定性差，私企短期行为严重，对长远发展战略不够重视，导致其资信度等级相对较低，很难获得银行贷款。

第二章 民族地区内生型经济发展方式转变目标的确定

"全国一盘棋"是中华民族建构共同经济利益的原则,也是国内"各民族的最高利益"[①],这一原则,并未否定国内各少数民族利益,而是后者的实现方式。单一制国家在中央统一领导下实行民族区域自治制度,正是这两个利益关系的制度形式。不同民族有自己的共同经济生活和民族经济利益,各地区也有着不同于全国的地方利益,如何处理好民族地区经济利益与全国经济利益的关系以及民族经济利益与民族地区经济利益的关系是当前亟须解决的理论问题和现实问题。民族地区的各民族有着发展本地经济和社会的迫切愿望,产生了"两个积极性"[②]中的民族地方积极性。在社会转型条件下实现民族地区内生型经济发展方式转变,正是满足各民族人民实现自主发展的客观要求,也是实现各民族经济发展权的体现。与嵌入型发展方式下民族地区经济服从于全国需要的定位不同,内生型发展是以民族地区各民族尤其是自治的少数民族为主体,以追求作为中华民族整体利益一部分的这一主体利益为目的,以这一主体为动力的发展方式。

一 内生型经济发展方式的内涵及特点

(一) 内生型经济发展方式的内涵

民族地区经济发展问题,涉及国家与民族、中央与地方、经济增长

---

① 《中央民族工作会议暨国务院第六次全国民族团结进步表彰大会在北京举行》,《人民日报》2014年9月30日。
② 毛泽东:《论十大关系》,载《毛泽东文集》第七卷,人民出版社1999年版,第31页。

与生态保护、民族传统性与社会现代性等多重矛盾，归根结底是中华民族与各支民族的经济利益关系问题，是该地区少数民族尤其作为自治主体的少数民族实现自身发展权、表达本民族利益诉求的问题。在嵌入型发展观、发展方式和发展机制下，民族地区的嵌入经济不是源于少数民族自身发展的需要，而是服从于全国经济发展的需要，为全国的经济发展提供原料、供应资源，对于民族地区的投资也主要集中于资源开采、冶金等重化工业领域，少数民族所期望的地方、民族、生态和文化权益与实得的权益之间的反差较大。在社会转型期，要通过更新发展观念、转变发展方式、创新发展机制来重新确立发展的内涵。民族地区应确立内生型经济发展方式，发展的主体、发展的目的和动力、发展的根据都应源自民族地区内部。

中国的经济总量已经位居世界第二，经济增速引领全球，在经济发展的转型期，应当看到民族地区经济发展的不平衡性，更加注重民族地区经济发展，使各族人民共享经济发展成果，共享改革红利。实现中华民族的伟大复兴，必须坚持"全国一盘棋"的观念，这是国内各民族最高利益原则，在市场化、工业化、城市化和全球化的今天，坚持这个最高利益原则，还遇到了许多新的国内外条件，产生了许多需要处理的新矛盾。其中之一，就是要更多考虑依靠少数民族自身的发展需求、少数民族自身的力量来发展经济，实现国家整体发展战略与少数民族内生发展的统一。内生型发展主要依靠自治地方的主体民族，以区外支援为辅，形成内部自我积累，发展战略要更多地满足民族地区自身发展的要求，在各族劳动者素质技能的提高和发挥的基础上，实现创新驱动的可持续发展。

内生型经济发展方式首先要明确经济发展的主体性，要在民族劳动者社会主体地位的确立和素质技能的提高与发挥的基础上，校正内外因的辩证关系，在继续加大支援力度的同时，更多考虑依靠少数民族自身的力量来发展经济。

从中央与民族地方经济发展关系来看，要发挥中央和地方两个积极性，尤其要在巩固中央统一领导的前提下，扩大民族自治地方的权力，发挥民族自治地方的积极性。

从东西部经济发展关系来看，东部地区对西部民族地区有很多的经济援助，但是民族地区自身的积极性和活力没有得到充分激发。在经济发展的产业选择、推动手段上，民族地区需要从自身实际出发，更多考虑经济的内生增长，建立起自我发展能力。

从汉族与少数民族经济发展关系来看，少数民族与汉族的经济利益一荣俱荣、一损俱损。要正确认识当代民族经济关系的发展，形成中华民族的大局意识和整体观念，深化各民族对中华民族整体利益一致性的认同感。在提升民族间经济关系和交往规模与层次的过程中培育经济的整体性和一致性，为汉族和少数民族利益的平等实现提供可靠保证，从而促进双方经济的共同发展。在市场化条件下，少数民族与汉族之间的经济联系日益密切，各民族在经济交往中，使人、财、物在不同民族内部得到优化配置，并使汉族和少数民族实现互利共赢。

从中国与外部经济发展的关系来看，民族地区是中国经济与世界经济联系的重要通道，要充分发挥区位、资源优势，充分把握与边境国家的经济合作关系，以国际市场为导向，通过开发和利用本地区资源建立具有民族地区特色的经济合作与发展模式，全面提高民族地区经济的对外发展和竞争能力。

从城乡经济发展来看，缩小城乡差距、解决城乡二元结构问题，必须坚持以人为本的城市化。走统筹城乡、协调发展的路子，不能以损害农民利益，削弱农业和农村发展为代价实现城市化。

从政府与市场的关系来看，民族地区市场培育还不够健全和完善，内生型经济发展方式需要以市场化为导向，建立市场经济理念。要充分发挥市场在资源配置中的决定性作用，就要改变政府主导型的增长方式，要在市场的主导下更好地发挥政府的有效作用，全面激发市场活力，培育公平可持续的内生增长动力。

从国企与私企的关系来看，要利用国有经济的主导作用推动非公有制经济的发展，实现"国民共进"。国企与私企各有优势，合作是国企和私企经营和发展的最佳选择，有利于共同长远发展，同时有利于国家转变发展方式、实现产业结构升级。内生型经济发展发式能有效实现民族地区资源利用效率与农牧业共进、投资拉动与消费拉动共进、国企与小微企业共进、新型工业化与生态环境保护共进、区域经济与民族经济共进的民族地区全面、协调和可持续增长。

内生型经济发展方式对于解决民族经济与区域经济发展的不均衡问题、少数民族发展与中华民族统一问题、"发展悖论"和"资源诅咒"

难题等具有重要的理论意义。而近年频发的"藏独"、"疆独"、"打砸"等事件都是上述理论问题在现实中的反映。因此，内生型经济发展方式还具有重大的现实意义，是民族地区劳动者社会主体地位确立与素质技能提升的内在要求，是民族地区积极利用区外支援的前提条件，是民族地区实现创新驱动式发展的必然选择，也是民族地区实现可持续增长的根本保证。区外"输血式"扶贫不能代替民族地区自身的"造血式"发展，民族地区经济的持续、稳定、长期增长，不能单纯依靠优惠政策的安排与人、财、物等实物性援助，外来援助要通过民族地区各民族主体起作用，必须依赖于该地区内在的发展动力和能力，根据民族地区发展的实际需要开展形式多样的项目建设，强化民族地区自我发展的"造血"功能，走内生型经济发展道路。

（二）内生型经济发展方式的特点

1. 以民族地区各民族劳动者为发展主体

在民族地区经济发展问题的探讨中，很多学者认为，决定或制约民族地区经济发展的因素是自然资源、资金、技术、政府、劳动力、市场以及区位等，劳动力的所有者即劳动者被当作"人力资源"，与其他生产要素并列。似乎只要让包括劳动力在内的这些生产要素共同发挥作用，就能促使民族地区 GDP 增长和财政收入增加，从而实现民族地区的经济发展。[①]

这种忽视或否定劳动者经济主体地位的观点在国内外很普遍，是斯密创立的资本主义经济学和教条化了的苏联社会主义政治经济学教科书的基本经济理念的影响和表现。斯密的名著《国民财富的性质和原因的研究》提出了"经济人"的理念，人和物是同一的，人生目的在于占有并享有物，并以所占有物的数量来确定人的地位和价值。"经济人"的观念将人物化，从而使劳动这一人的基本活动异化，进而劳动者被视为"物质生产的要素"和"人力资本"。苏联的政治经济学教科书延续了 18 世纪机械唯物主义的观点，将人视为物的一部分，人在经济中的作用就在于与物结成生产力，人的价值也在于遵从物质规律而发展生产力。

[①] 廖乐焕、孙丹：《论少数民族地区县域经济发展的主体和主题》，《中央民族大学学报》（哲学社会科学版）2009 年第 6 期。

忽视和否认劳动者作为民族地区经济发展主体的观点，从长远看，将对民族地区经济发展带来了不利影响。嵌入型经济发展方式就是以中央政府作为发展的主体，虽然可以在短期内集中力量、汇集资源，带动民族地区经济增长水平的提高，但民族地区各民族劳动者在经济生活中的主动性、积极性和创造性没有发挥出来，成为被动接受政府领导、组织的对象。此外，民族地区劳动者的非主体性造成民族地区经济发展与少数民族经济发展的脱节甚至对立，从事民族地区主导产业的往往是当地占人口少数的汉族，少数民族被边缘化。①

从劳动者的角度出发，经济是人的经济，不是物的经济，经济是人类所特有的本质性活动。人的本质，就是对人的存在与社会活动各要素的内在联系的规定。② 经济的主体只能是人而不是物，劳动和劳动者既不是"生产要素"更不是"资源"，经济发展的目的在于发展人，而不是占有物，对物的占有只是发展人的手段。社会主义经济优越于资本主义经济的重要一点就在于社会主义使人成为经济的主体，经济是人的经济这一命题得以确立，并成为经济生活的主导意识。

我国社会主义制度的确立，使劳动者在社会主义经济中的主体地位在制度和法律上得以确立。在少数民族地区的社会主义经济建设实践中，民族地区各民族劳动者的主体地位也得以确立。但各民族劳动者的经济主体意识还不够自觉，内生型经济发展方式迫切需要进一步明确与加强劳动者的主体意识。民族地区各民族劳动者主体意识的确立包括三个环节：一是阶级意识，即认识到自己是社会主义劳动者的一部分，进而认识到自己的阶级利益以及所处的社会地位。二是民族意识，即明确自己的民族属性以及本民族的发展程度和总体利益。三是发展意识，即主动参与到民族地区经济发展中，将自己的利益与本民族乃至中华民族的发展有机统一起来。③

内生型经济发展方式要求民族地区各民族劳动者作为发展主体，在一定的社会关系中，发挥自己的素质技能，促进社会生产能力的增长和

---

① 龙远蔚：《中国少数民族经济研究导论》，民族出版社 2004 年版，第 137—140 页。
② 刘永佶：《劳动社会主义》，中国经济出版社 2003 年版，第 10 页。
③ 王玉芬：《内生拓展——中国少数民族经济发展的理念、根据、条件、战略》，中央民族大学出版社 2006 年版，第 198 页。

提升。因此，劳动者是主体，社会生产力及其他相关方面是主体发展的结果和表现。只有主体自身素质技能的提高，才能带动社会生产力等各因素的增长，脱离劳动者自身解放和自由发展的生产力提升，既不可能实现，也毫无意义。内生型经济发展方式的确立，也要遵循社会经济发展的一般规律，在明确民族地区各民族劳动者主体地位的基础上，有效提高劳动者的素质技能，并形成包括生产力在内的各种因素的增强和提升。

从根本上说，只有明确和确立民族地区各民族劳动者在经济发展中的主体地位，民族地区内生型经济发展方式才能真正确立，民族地区经济才能获得更好的发展，也才能真正实现民族地区经济与少数民族经济的有机统一。

2. 以区外援助为辅

民族地区内生型经济发展方式既要突出各民族劳动者的经济主地位，又离不开区外的经济援助。这种援助不仅包括资金支持，还包括技术、设备尤其是人才的引进，更重要的是依靠区外对本地区少数民族劳动者素质技能的培训。在今后相当长的一段时期内，民族地区经济发展仍将需要中央政府的投资支持。推动民族地区长远发展的关键在于政府政策。由于多重因素的制约，民族地区仅仅依靠自身的力量，很难实现从高增长低效益到高增长高效益的转变，因而在发展方式转变中必须依靠国家的长期援助。坚持推进包括广大民族地区在内的西部大开发政策，是中央政府的责任所在。

长期以来，民族地区消费拉动不足、经济增长过度依赖投资拉动较为突出。嵌入型发展方式下由政府发动工业化，以政府投资作为工业化的主导力量，投资依赖型经济特征显著。以广西为例，近年来，广西经济增长仍过于依赖投资拉动，消费增长比较缓慢。2012年投资率比2010年提高2个百分点，消费率下降1.6个百分点，全区固定资产投资已突破1.2万亿元，相当于GDP的97%，比2010年又上升了15个百分点，长期过度依赖投资拉动的经济增长方式难以持续。[①] 大规模投资拉动的资源型产业不能有效扩大消费需求，不能使消费成为拉动经济增长的动力，民族地区消费增长动力不足，迫切需要转为内生型的经济

---

① 国家统计局编：《中国统计提要（2009）》、《中国统计提要（2013）》。

自主发展方式。

内生型经济发展方式以区外援助为辅,中央政府投资方向和重点从竞争性产业、营利性行业转向使广大民族地区劳动者优先受益的公共服务,从资源开发和资本密集型产业转向劳动者素质技能的提高和社会资本的开发,从使少数人受益转向惠及多数人,以区外援助激发民族地区的自我发展动力和能力。

民族地区内生型经济发展方式的确立是一项复杂的系统工程,涉及政治、经济、文化的全面发展。民族地区各民族劳动者是民族地区经济发展和经济建设的主体,主体性的发挥有利于实现经济方式的转变。同时,在民族地区的发展和建设中中央政府引导作用的发挥也很重要,外部因素通过内在机制发挥作用往往可以起到事半功倍的效果。

3. 以本地区经济发展需要为出发点

在嵌入式经济发展方式下,民族地区形成了以区外国有企业为载体的资源型经济和以区内少数民族劳动者为主体的本原经济,资源型经济面向全国市场尤其是东部市场,与本原经济基本脱节,由此只能使得民族地区成为东部地区的原料产地,利润和资源都流向了企业和其他地区,当地少数民族劳动者不仅得不到发展,反而被破坏了环境、掠夺了资源。

内生型经济发展方式要考虑全国经济整体发展的需要,但最关键的是要以本地区经济发展的需要为出发点,兼顾其他地区的发展要求,在总体平衡的基础上突出本地经济发展的重点需要。内生型经济发展方式可以通过改变当地少数民族劳动者生产方式充分挖掘民族地区内需的巨大潜力,为民族地区经济发展开辟出广阔的发展空间。内生型经济发展方式下投资与消费的关系将得以理顺。民族地区为实现加速发展,通过投资拉动经济增长可以理解,但为实现经济的可持续增长,必须将投资增长的速度适时降下来,保证投资更多地投向民生和社会事业,尤其是教育培训事业,以提高少数民族劳动者素质技能,适应工业化生产方式,培育内生能力。优化投资结构,降低对高耗能、高污染产业的投资比例,推进投资转型,把扩大投资与增加少数民族就业、改善民生有机地结合起来,实现投资与消费的良性互动,才能有效地拉动需求和经济增长。

内生型经济发展方式下民族地区城乡居民收入将不断提高,基本公共服务体系和社会保障体系将不断完善，各民族消费预期稳定，消费对经济增长的拉动作用进一步增强。城市化质量的提高可为扩大消费和投资需求提供强大持久的动力。在实现现代化的进程中，工业化必然带来城市化，城市化又将推动消费性服务业和生产性服务业的快速发展。由于民族地区城市化水平与工业化水平相比仍明显滞后，城市化速度与质量不协调，严重制约了消费与投资的提高，影响了产业结构的升级，也不利于区域经济协调发展。提高城市化建设质量，将为扩大消费和投资需求提供动力，各民族的消费水平将稳步增加，城镇的基础设施建设、公共服务建设等方面的投资需求也将得到进一步释放。

4. 民族区域经济与民族经济有机统一

民族区域经济与民族经济之间存在区别，但二者又有着密切的联系。一般情况下，如果各民族经济共同繁荣，由各民族经济交织而成的民族区域经济自然也就能获得发展。同时，民族区域经济的迅速发展又为该地区所有民族经济的繁荣创造了地域性的有利条件，形成民族经济发展的区位优势，带动民族经济发展。

长期以来，由于奉行嵌入型发展方式，民族地区经济发展的内生能力弱，当地少数民族长期停留在自给自足的小农经济、小牧经济甚至更为落后的生产方式下。而由区外植入的面向市场的工业经济与当地少数民族的本原经济基本无涉，使得区域经济繁荣与少数民族经济落后长期并行。内生型经济发展方式就是要在加快少数民族地区经济发展的同时，关照居住在同一地区的不同民族的发展，使各民族共享经济社会发展的利益，在民族区域经济繁荣的基础上促进民族经济发展，实现民族区域经济和民族经济协调发展。

以全国和地方的区域发展战略取代民族经济发展战略已经造成少数民族经济发展的滞后，新型工业化道路必须是各民族共同参与的发展道路，不单纯是一个区域经济发展的道路。内生型经济发展方式要求制定专门的民族经济发展战略，加大对少数民族的支持力度，在民族经济方面的投资增速快于全国平均水平，保障区域经济发展中的民族经济发展利益。利用民族区域经济取得的成就来促进民族经济发展，利用区域经济项目建设改造民族经济传统产业，培养少数民族技术人才，加快少数民族能力建设，提高民族经济自我发展能力和要素动员能力。

内生型经济发展方式下少数民族劳动者需要接受素质技能培训，在工业化的过程中，推动民族经济工业化的实现，在城市化的进程中，推进民族群体的城市化，民族劳动者逐步适应工业化和城市化建设。提高少数民族自我发展能力，主要渠道是发展各级各类教育。教育在民族地区社会转型和提高少数民族自我发展能力方面发挥着重要作用，是提高民族可持续增长能力的关键，具体包括学校教育和职业技能培训。要充分发挥民族院校的作用，高度重视多种语言教育，消除民族交往的语言障碍。

通过教育和培训提高少数民族的科学文化素质，提高劳动技能，适应现代社会分工和发展的需要，提高就业竞争力，尽快实现由农牧民向现代产业工人的身份转变。工业生产不同于分散的农牧业生产，它对严格纪律、分工协作、精确生产、契约意识等，都有更严格的要求，在少数民族地区企业的招工中，一些企业不太愿意招收当地的员工，一个很重要的原因就是当地少数民族时间观念、责任意识、契约意识不强。在工业化的过程中，少数民族不仅要提高职业技能，更要转变传统观念。民族地区项目建设尽量多聘用少数民族劳动者，保证项目中吸收的少数民族劳动者的比例不低于当地少数民族所占的比重，接受过现代教育的大中专毕业生要在民族经济发展中发挥作用，培养少数民族自己的技术人员、工程建设人员、财务人员和管理人员。城市民族工作的改进可以加强对进城务工经商少数民族流动人员的服务和管理，支持他们创业发展，帮助他们顺利融入城市生活。

二 内生型经济发展方式目标确定的原则和依据

随着社会转型，在市场化、工业化、城市化和全球化的交互作用下，民族地区嵌入型的经济发展方式已越来越不适应经济发展的需要，内生型经济发展方式应运而生。内生型经济发展方式目标的确定集中在两个方面：一是以满足当地少数民族自身需要为经济发展目标；二是培育和提高当地少数民族劳动者发展能力尤其是工业化素质技能。内生型经济发展方式以民族地区各民族劳动者为经济和社会的主体，以区外嵌入的援助为发展的条件，区外援助通过内生能力的增强发挥作用，民族地区各民族共同参与经济建设、共享经济发展利益、实现经济发展权,最终实现民族地区可持续发展。

(一) 内生型经济发展方式目标确定的原则

1. 经济发展主体性原则

少数民族是中国共产党承认并以法律、政策确定的社会范畴,是新政权建立和巩固的重要环节。少数民族的存在和发展,与其他民族一样,都以经济为基础。经济落后的民族地区对经济快速发展的愿望更加强烈,促进少数民族和民族地区经济发展,对于少数民族至关重要,更是关乎整个中华民族的存亡和振兴。从社会经济发展的一般过程来看,发展是主体在主义的指导下,针对发展的主题内容所进行的社会变革过程,发展的目的要有利于劳动者的解放和自由,发展的结果要体现为生产力等指标。经济发展的主体是劳动者,脱离劳动者,自身解放与自由的生产力提升就无从谈起。民族地区经济发展也要明确主体性,只有明确了劳动者作为经济发展的主体,才能有效提高劳动者的素质技能,从而促进生产力的提升。

各少数民族经济发展程度有所不同,少数民族和民族地区的经济发展水平在中华民族总体经济中相对落后。民族地区经济的落后,集中体现在各民族劳动者的社会地位和素质技能较低上。民族地区和少数民族的经济发展要体现主体性原则,即提高并发挥各民族劳动者的素质技能,确立和保证各民族劳动者的社会主体地位。民族地区的经济发展,需要通过各民族劳动者的素质技能的提高来实现。劳动者的素质技能包括身体素质、技能素质和文化精神素质三个方面。从身体素质来看,我国少数民族人口大多生活于偏远地区,自然环境艰苦,经济发展落后,医疗卫生条件较差,身体素质一般比全国平均水平要低;从技能素质来看,由于民族地区人口受教育程度普遍偏低,文化程度导致技能结构不合理,往往是普通型人才较多,专业型人才、懂经济管理和新型知识的人才较少;从文化精神素质来看,少数民族劳动者长期形成的风俗习惯、社会心理、价值观念等文化精神方面存在与现代工业化、城市化要求的自主、积极、合作、竞争等价值观不相适应的地方。由于少数民族劳动者素质技能有待提高,不能有效促进经济社会发展,并在部分地区陷入"低产出—低收入—低消费—低教育—低效率—低产出"的恶性循环,只能在低水平上实现社会再生产过程。只有确定劳动者的主体地位，提高各民族劳动者的素质技能，并以劳动者的社会主体地位的确立为依据，才能有效促进民族地区经济的发展。

确立各民族劳动者的社会主体地位，是提高劳动者素质技能的重要前提和保障。劳动者的社会地位是其素质技能的社会形式，二者具有辩证统一的关系。劳动者的素质技能总要与一定的社会地位相适应，劳动者素质技能的提高必然要求提升其社会地位。同样地，劳动者社会地位的提升也会促进其素质技能的提高，并带动社会生产力的发展。我国《宪法》规定了包括少数民族和汉族在内的56个民族的劳动者都是中华民族的权利主体，平等享有政治经济权利。少数民族劳动者成为社会主体，消除了少数民族劳动者与汉族劳动者在社会形态上的差异，社会主体地位的确立，为民族经济的独立存在和平等发展提供了必要的社会条件。民族区域自治进一步明确了少数民族经济权利，特别是保证了自治地方主体民族的主体经济权利。社会主体地位的确立为民族劳动者个体的自由发展提供了必要的前提和保障，促进了劳动者个体素质技能的提高，个体的自由发展促进了民族经济总体的发展，民族经济总体的发展又营造更有利的社会环境，进一步促进民族劳动者的全面发展。作为民族地区经济发展主体的各民族的劳动者，其素质技能的提升和社会主体地位的确立，能够发挥民族经济发展的内在动力与潜力，实现民族经济的自主发展和良性循环，有力促进民族地区乃至整个国家经济的发展。

2. 地区之间合理分工原则

内外因之间的辩证关系简单来讲就是"外因是变化的条件，内因是变化的根据，外因通过内因而起作用"。对于内外因在事物发展过程中的地位和作用要全面把握，防止片面性。内因和外因在事物的发展过程中是相辅相成、相互制约的，二者都是事物变化的必要条件，共同构成事物发展的源泉和动力。内因所起的根据作用并不排斥外因所起的条件作用；同样，外因所起的条件作用也不否定内因所起的根据作用。如果只看到一面而否定另一面，把内外因完全割裂开来，就会陷入形而上学的片面性。

在中国经济发展的转型期，为实现中华民族的伟大复兴，必须坚持"全国一盘棋"的方针，同时，也应当看到民族地区经济发展的不平衡，更加注重民族地区经济发展，更多考虑依靠少数民族自身的力量来发展经济，使国民经济整体利益与民族地区自主、内生发展有机统一，实现各族人民共享经济发展成果和改革红利。经济发展的主体要依靠民族地区的少数民族；发展所需的资金既要有区外支援，又要依靠内部自我积累；发展的根据既要考虑国民经济整体发展的需要，又要更多地满足民族地区自身发展的要求；发展的目标主要是实现民族地区民族劳动者素质技能的提高和发挥，与社会主体地位的确立与实现；发展方式是在积极利用区外支援的条件下实现创新驱动可持续增长。东中部地区根据自身实际，积极鼓励、支持和引导各方面力量参与和支持西部民族地区发展，为西部民族地区经济社会发展注入强大能量，经济社会发展水平明显提升；西部民族地区在区外援助下的自我发展，也将为全国经济开辟出更为广阔的发展空间。

在民族地区经济发展中要充分发挥内外因的共同作用，并着力发挥内因的根据作用。民族地区既要依赖于中央的政策支持、资金援助及东部地区的对口支援，又要立足于自力更生、艰苦奋斗；既要从区外引入大量优秀的经营管理人才，又要立足于本地人才的培养和劳动者素质技能的提高；既要为全国经济发展提供资源，又要考虑民族地区资源的集约化利用和可持续增长；既要从区外引进先进经验和高新技术，又要发展当地特色优势产业；既要承接东部产业转移，又要立足于自我优势的相应发挥。内外因的共同作用能够有力促进民族地区经济发展，最终还是要发挥内因的决定作用。民族地区特色优势产业的发展壮大，将会增强民族地区的自我发展能力。发展特色优势产业是民族地区加快发展的重要途径。民族地区要建设一批高标准的国家能源基地、资源精深加工基地、装备制造业基地，优先开发水、风、光等可再生能源，有选择地发展新能源、新材料、节能环保、生物医药等战略性新兴产业，坚持走新型工业化道路。加大民族地区矿产资源勘探力度，加强有色金属等资源的综合利用，形成一批深加工产业基地。大力发展特色农牧业，加快转变畜牧业生产方式，着力发展龙头企业，因地制宜发展玉米、马铃薯、棉花、糖料、牛羊肉等特色农牧产品，建设绿色有机食品生产基地，形成一批具有民族特色的农牧业品牌。打造一批国际知名的旅游景区和旅游线路，建设具有民族特色的文化旅游产业。大力发展满足少数民族生产生活特殊需要的特色产业。

3. 可持续增长原则

作为嵌入经济的现代工业多数是以国家财政直接投资、以大型国有企业直接实施的方式进行的，从人员到设备都是从东部地区整体植入民族地区，当地的劳动者在这些现代工业企业中的就业比重非常低。正是这一点使得民族地区的经济发展缺乏核心推动力即劳动者素质技能的提高与发挥，只能跟在发达地区之后，成为东部发达地区的能源、原料产地和商品市场，自身发展动力不足。由于嵌入经济从区外来到区外去的特点，伴随着严重的高耗能、高污染现象，嵌入经济带走了利润和资源，留下的除了交给政府的财政收入，就是当地环境的破坏和资源的枯竭。

民族地区以过度消耗能源和资源、损害生态环境为代价的粗放型增长方式，不可避免地要遇到资源环境的不可持续供给的极限。民族地区生态环境脆弱，对人口和经济活动的承载能力有限，环境破坏后的修复难度大、时间长。经济发展依赖的资源型产业生产方式粗放，对环境造成的影响日益严重，必须对已经破坏的生态环境及时"亡羊补牢"。要将传统的高污染、高消耗、低效率、依靠自然资源、依靠生产要素数量扩张型的粗放型发展，转变为依靠科技进步和劳动者素质技能提高的清洁生产型、循环经济型的集约型发展，促进民族地区加快转变经济发展方式，实现可持续增长。

可持续增长的核心是发展，要在资源可持续利用和环境保护的前提下，实现民族地区的加速发展。民族地区经济发展落后，可持续增长能力不强，要以节能减排、自主创新促进民族地区调整经济结构、转变发展方式。在国际上资源稀缺性加剧、资源产品价格不断攀升和国内经济重工业化趋势明显、资源需求快速增长的背景下，资源密集型产业在相当长的一段时间内，作为民族地区最成熟、经营方式相对先进、技术含量相对较高的工业部门，仍将是民族地区产业发展的重要内容，资源开发的社会价值和经济价值不断提升，提高资源型产业的发展质量尤为重要。对于高耗能、高排放企业，要加快节能减排和技术改造，促进落后产能退出，按照谁污染、谁治理，谁投资、谁受益的原则，促使企业开展污染治理、生态恢复和环境保护。可利用民族地区风能、太阳能资源优势，积极发展可再生能源，发展清洁高载能产业、资源节约型产业和环境友好型产业，把民族地区建成战略性新兴产业基地。对于产业转移，民族地区在承接国内外产业转移过程中要做到科学有序，把承接产业转移与调整自身产业结构、建立现代产业体系结合起来，同时严把生态环境保护关，防止落后和过剩产能向西部民族地区转移。对于节能环保产业，要推广使用节能环保新技术、新工艺和新产品，推进矿产资源、水资源等的循环利用和垃圾资源化利用。对于新型工业化道路，在经济转型期，民族地区要实现可持续增长，必须要充分考虑环境的承载能力和资源的集约高效开发，保证经济发展不以牺牲生态环境为代价，坚持走资源集约利用、环境污染小、经济效益好的集约高效的新型工业化道路。对于民族特色产业的发展，民族地区特色食品、服饰、工艺品等，有其独特的文化内涵和使用价值，以此为基础的旅游业发展也独具特色。民族传统特色经济是人类经济活动与环境和谐适应的结果，保护和传承这些传统特色经济，不仅有利于增加少数民族收入，而且环境友好型的特色产业有利于少数民族地区的可持续增长。

可持续增长在关注发展的同时，还要正确处理好开发利用和保护的关系。逐步建立健全森林、草原、湿地、流域等方面生态补偿机制，加大对生态环境保护的投入，加大生态移民工作力度。如鄂尔多斯生态经济模式是用产业化的方式将"富起来"与"绿起来"相结合，呼伦贝尔的生态经济模式是"美丽+富饶"。经济越发展，越要重视资源的可持续利用，越要重视生态环境的保护和建设。要坚决纠正"先污染、后治理"的错误做法，发展低碳经济，走可持续发展道路。

（二）内生型经济发展方式目标确定的依据

1. 少数民族共享经济发展利益的需要

社会文明进步的表现之一就是社会成员对社会发展成果的共同占有，社会经济的充分发展激发了人们提高自身生活质量和维护自身利益的要求，全体社会成员要共享社会共同利益，共享社会发展成果。利益共享包括经济利益共享、政治利益共享、文化利益共享等，利益共享是政府依据公正的价值理念，通过利益群体间的协商与合作，对社会共同利益进行分配的制度安排，是化解社会矛盾和冲突、平衡社会利益结构、保证社会公平正义、保障社会共同利益创造者共享社会发展成果的现实要求，是构建和谐社会的价值定位和机制保障。[1]

少数民族利益共享是在特定的历史阶段，参与社会发展的民族地区各民族不同利益主体对社会共同利益的分享，是实现社会公正和社会和谐的应有理念和实现方式。其实质就是在承认和尊重各个民族利益主体

---

[1] 何影：《利益共享的政治学解析》，《学习与探索》2010年第4期。

利益享有权利的基础上，社会共同利益公平地惠及各少数民族利益主体，从而推动社会公正目标的实现。贯穿其中的核心就是让民族地区各民族共享社会发展的存量利益和增量利益。

内生型经济发展方式是少数民族实现利益共享的可行渠道。传统的嵌入型经济发展方式，无论是在"计划经济"时代由中央政府统一指令计划的"抽血"与"输血"并存的"换血模式"，还是20世纪80年代以来以地方政府为主导的投资体系对民族地区的"抽血"扩大、"输血"减少的模式，甚至西部大开发战略实施以来，中央政府对民族地区转移支付增加的"输血"模式，都是以不改变当地少数民族的生产方式为前提的，民族经济与区域经济的不均衡成为嵌入式经济发展方式的必然结果，当地少数民族长期处于贫困状态。要切实改变这种状态，实现少数民族的利益共享，必须形成内生型的经济发展方式。

少数民族利益共享反过来又会促进内生型经济发展方式的形成，实现民族地区经济的长远发展。各民族共享经济发展利益能够激发劳动者在发展经济中的积极性和创造性，提高经济效率。共享经济发展利益不是要吃大锅饭，一刀切，激发各民族劳动者的劳动积极性需要合理的利益差距，过大的利益差距则会降低人民的劳动积极性和创造热情，只能激发高额利益获得者的积极性和创造热情。民族地区的经济发展正如做大蛋糕，如果忽略在蛋糕制作过程中对蛋糕制作人的公平待遇，就可能没等蛋糕做大，制作人就不想再参与蛋糕的制作，甚至采取激进的办法破坏蛋糕的制作。

民族地区各民族劳动者的积极性源于公平享有社会利益，"人不仅仅是要靠面包生活的。无论人的物质生活被提高到何种水平，也无法治愈他在精神上对社会公平的需要"[①]。各民族劳动者之间享有的社会价值和资源越公平，付出与获得越一致，继续创造社会价值和资源的积极性就越高，也就越有助于经济发展。反之，各民族劳动者创造社会价值和资源的积极性也就越低。

民族地区各民族经济发展利益共享能有效协调社会各方利益冲突，为民族地区内生型经济发展方式转变提供稳定的经济环境。没有社会公平作为保障的经济发展只能是少数人经济收益的增长，大多数人的经济

---

① ［英］汤因比：《文明经受着考验》，浙江人民出版社1988年版，第23页。

收益并不会得到提高，受益的少数人会借助现有的经济实力强占更多的社会财富，导致社会公平进一步缺失，影响社会秩序的稳定。混乱的社会秩序无法保障生产的持续与稳定，民族地区的可持续发展也就无从谈起。民族地区各民族劳动者能否公正地获得社会资源关系到社会活动的总体效率，共享经济发展利益将最终有助于经济发展方式的转变。①

2. 少数民族实现经济发展权的需要

少数民族经济发展权是指少数民族自主选择经济发展方式、参与经济发展进程、享受经济发展成果以及缩小与主体民族之间经济差距的权利总和。发展权最早出现在国际领域，是发展中国家针对不合理的国际经济旧秩序提出的，是主张发展中国家的权利的。将发展权引入一国内部后，与发展上处于弱势地位的少数民族联系起来，就有了少数民族经济发展权的问题。

选择经济发展方式的权利是少数民族经济发展权中的首要权利，是权利实现的逻辑起点。民族地区各民族都有根据不同情况选择不同经济发展方式的权利。如果少数民族在经济发展方式上是由于国家经济结构不合理造成了被动选择，那么民族经济将很难取得较快发展。内生型经济发展方式的转变将有助于民族地区各民族根据自身发展的需要，提高自我发展的能力，改善生产生活条件。

参与经济发展进程的权利是民族地区各民族享有参与经济发展决策、经济发展事务等方面的权利，是少数民族经济发展权实现的重要保障，参与的过程是权益诉求的重要表达过程。参与经济发展进程的权利与民族地区各民族的利益休戚相关，对民族地区内生型经济发展方式的转变具有重要作用，尤其是民族地区的经济资源开发更需要各民族的充分有效的参与。

享受经济发展成果的权利是少数民族经济发展权的目的，也是民族地区内生型经济发展方式转变的落脚点。少数民族享受经济发展权，最终必须是各民族劳动者集体和个人都能充分享受到经济发展的成果。对各民族劳动者整体而言，享受经济发展成果体现为使经济总量的增加、基础设施的改善、公共卫生和基本医疗的提高、清洁水供应得到改善等

---

① 王维杰：《构建和谐社会的两个维度：经济发展与利益共享的辩证思考》，《学术交流》2011年第8期。

经济利益的满足。对各民族劳动者个体而言，体现为生活水平的提高、生活条件的改善、就业机会的增加、就业领域的拓宽、就业选择度的加大、劳动技能的提高等经济利益的满足。

经济发展差距的缩小是检验少数民族经济发展权是否实现的重要标准。少数民族经济的发展，不仅体现为经济总量的绝对增长，而且体现为与多数民族相比的经济的相对发展。各民族的共同繁荣是解决我国民族问题的根本立场和奋斗目标，是少数民族经济发展权的重要内容，也是内生型经济发展方式的题中应有之义。[①]

3. 解决嵌入型发展方式内在矛盾的需要

民族地区嵌入型经济发展方式尤为重视缩小与东部地区的经济发展差距，但对少数民族自身发展的问题重视不够，民族地区经济发展过程中往往只注重发展资源密集型产业和资本密集型产业，重视区位优势地区的发展、忽视偏远落后地区的发展，重视政府指令计划、忽视市场导向，重视"硬环境"建设、忽视"软环境"建设，重视资源开发、忽视环境保护，重视经济发展、忽视社会公平等社会发展问题。

嵌入型经济发展方式只能从外部发挥作用，不利于调动民族地区各民族劳动者的生产积极性，易滋生民族地区"等、靠、要"的惰性思想，过于依赖中央政府的"输血"机制。民族地区的经济发展自我动力不足，往往区外支持力度大一些，经济发展就快一些，区外支持力度一旦减弱，不仅民族地区经济发展会受影响，社会不稳定因素也会冒头。

民族地区内生型经济发展方式有利于解决上述矛盾，变区外推动发展为民族地区主动发展，变"等、靠、要"的思想为积极主动进取的精神，变依赖区外"输血"为增强内部"造血"机制，变要我发展为我要发展。

充分利用民族地区自身发展的资源优势，以资源型产业作为经济发展、实现工业化的主导力量，这是市场化条件下经济发展的必然趋势。民族地区传统的生产方式为农牧业，本来农业可以为工业发展提供原料，工业则可以为农业发展提供装备，工农业发展完全有可能相互促

---

① 翟东堂：《我国民族经济发展权若干问题探讨》，《云南大学学报》（法学版）2012年第3期。

进，但是，民族地区嵌入型发展方式造成工业与农牧业发生脱离，成为经济社会发展中存在的突出问题。内生型发展方式要改变民族地区主导产业粗放式的资源开发模式，发展清洁能源与节能环保产业、现代商贸与物流产业、旅游服务产业和文化创意产业、新能源、新材料、生物医药等战略性新兴产业。工业结构从资源型工业向加工制造业、从传统工业向新型工业延伸，可在产业转化中带动民族地区经济结构转型升级。现代农牧业要突破单家独户的小农经济、小牧经济，走向规模化、特色化的产业。如青海循化撒拉族自治县的建新村，坚持自力更生，寻找和大力发展地方特色优势产业。村里主攻辣椒、薄皮核桃、牛羊养殖业三大产业，通过帮扶，一大批撒拉族群众从高原、大山走出来，在北京、上海、广州等发达地区的大城市创业，外出务工人员占全村人口的比例接近40%。

  内生型经济发展方式有利于转变民族地区对大型国有企业带动当地GDP增长的过度依赖，为小微企业发展创造更加广阔的发展空间。内生型发展方式中，围绕资源型产业培育和发展一批民族地区本地的专业化水平高、配套能力强的小微企业，促进小微企业参与大企业的生产链条，通过开展技术合作，建立配套协作关系，从而发挥资源型主导产业的辐射带动作用，形成主导产业对民族地区经济的真正推动。内生型发展注重对农牧业传统生产方式的改变，实现规模化生产经营，对农牧产品加工企业进行扶持，依托农牧业资源发展特色农牧产品。发展农牧业产业化配套服务企业，促进涉农小微企业生产加工的蓬勃发展，以多元化的产业促进就业增加，使农牧民转换为现代产业工人，以生产方式的现代化带动农牧民生活方式的城市化。内生型发展方式在企业组织形式上必然重视小微企业，以基础设施投入和功能完善的经济技术开发区建设，发挥小微企业的集聚效应。民族地区发展小微企业对于扩大内需、增加就业岗位和维护社会和谐稳定具有重要作用，同时还有利于遏制垄断，维护市场竞争。

4. 化区外援助为内在动力以提高外援效果的需要

  民族地区自我发展能力对经济发展起决定性作用，民族地区经济发展缓慢的主要障碍就在于经济自我发展能力不强，转变经济发展方式，实现经济内生发展，离不开外部的资金、技术、教育、医疗等援助，更需要将区外援助转化为内在动力进而提高区外援助实际效果，从而形成民族地区内生发展的良性循环。

内生型经济发展方式可以促进民族地区长期的传统思维方式转变,通过干部人才的挂职培训和学习交流,培养民族地区本地人才。优秀人才的援助为民族地区注入先进的知识、技术、发展理念和改革经验,促进民族地区干部群众观念更新转化,优化干部队伍结构,提升民族地区劳动力素质技能,促进民族地区科学技术发展,为培养民族地区自我发展能力奠定先进思想基础,提供人才和技术保障。

内生型经济发展方式有利于民族地区物质资本的积累,化区外物质资金援助为民族地区内部要素聚集能力。物质资本积累是民族地区加快发展的前提,积累数量的多少和速度的快慢是制约民族地区自我发展能力提升的关键因素。区外援助通过发展各种项目,从工业、农业、科技等领域改善民族地区生产生活条件,提高投资效率,增强民族地区社会生产力,民族地区的内生发展必然会因此吸引更多的要素,积累更多的资本,促进经济的更快发展。

三 内生型经济发展方式目标确定的理论与现实意义

民族地区经济的持续、稳定、长期发展,必须依赖该地区内在的发展动力和能力,依据民族地区发展的实际需要开展形式多样的开发,强化民族地区自我发展的"造血"功能,走上自力更生的经济发展道路,实现内生型经济发展方式转变。内生型经济发展方式的确立,是民族劳动者社会主体地位确立与素质技能提升的内在要求,是民族地区积极利用区外支援的前提条件,是民族地区实现创新驱动式发展的必然选择,也是民族地区实现可持续增长的根本保证。

(一) 理论意义

1. 有利于确定民族地区经济社会发展战略

经济社会发展战略是一个地区在较长时期内解决经济社会发展中存在的主要矛盾所要达到的目标,以及为实现这一目标而制定的战略原则、战略重点、战略步骤、战略部署和战略措施的统称。根本性、全局性和长期性是战略的三个本质属性。①

民族地区内生型经济发展方式的确立，是在对嵌入型经济发展方式扬弃的基础上形成的。嵌入型发展的经济主体并非当地主体民族，而是由中央政府主导，主要依靠汉族及大型国企等外来组织机构；而内生型发展的经济主体为民族地区的主体民族，是具有阶级意识、民族意识和发展意识的各民族劳动者，能够主动参与到民族地区经济发展中，谋取本民族与中华民族发展的有机统一。嵌入型发展的资金主要来自中央直接提供的大量财政资金、对口支援省市提供的扶持资金和国企的资金投入；而内生型发展的资金既要有区外支援，又要依靠民族地区内部自我积累。嵌入型发展的根据主要是考虑国民经济整体发展的需要，较少考虑民族地区自身发展的需要；而内生型发展的根据则既要考虑国民经济整体发展的需要，又要更多地满足民族地区自身发展的需要。嵌入型发展的目标主要是追求民族地区 GDP 和财政收入的高增长；而内生型发展的目标主要是实现民族地区民族劳动者素质技能的提高和发挥。嵌入型发展方式是主要依赖资源开发和基础设施建设的高投入、高耗能、高污染的粗放型发展模式；而内生型发展方式是在积极利用区外支援的条件下实现创新驱动可持续增长。因此，发展的主体、发展所需资金来源、发展的根据、发展目标的选择，都应源自民族地区内部，由少数民族主动选择发展方式，这是制定民族地区经济社会发展战略的一个新的方向。

嵌入型经济发展方式下，民族地区经济发展战略的选择往往忽视民族地区自身的经济发展特点，以实现工业总产值最快增长为目标，以期带动其他部门的发展。民族地区为追求经济利益最大化，地方政府普遍争上大项目，着重开发国家急需而本地富集的资源，以发展资源密集型产业加快自身经济规模的扩张，易出现重复引进、重复建设以及与东部地区经济结构不断趋同的倾向。嵌入式的经济发展方式虽然有助于民族地区加快工业化进程，初步改变民族地区长期以传统单一农牧业为主的产业结构，增强经济发展实力，但这样的经济发展战略会因忽视生态环境的保护、经济效益的提高和劳动者素质技能的提高而难以持续。此

---

① 杨思远：《鄂温克族自治旗经济社会生态发展战略》，中国经济出版社 2013 年版，第 45 页。

外，嵌入型经济发展战略始终带有强烈的行政干预和政府行为色彩，在社会转型中，不能再用政府代替市场，用政府行为代替经济行为。

内生型经济发展方式下，民族地区经济发展战略的选择以该地区各民族利益的谋取为动力，以各民族的实际需要为目标，但并不是要与国家整体需要相对立，而是要在体现全国整体利益的国家宏观经济发展战略的统一规划下，形成具有民族特色、能够带动少数民族自身变革与繁荣发展的民族地区经济发展战略，充分体现少数民族的经济自治权、自主权和发展权。民族地区内生的经济发展战略，建立在重新审视该地区照搬或模仿东部地区发展战略的传统追赶模式，反思以往资源开发导向型传统工业化战略以及长期采取以粮食生产为主导的传统农业生存战略后果的基础之上，重新界定和选择民族地区主导产业的发展方向，进一步调整和完善民族经济政策，加快促进少数民族的自身开放、自我发展变革与繁荣进步，切实缩小民族地区与全国平均水平乃至东部发达地区的经济发展差距。[①]

2. 有助于解决民族地区"发展悖论"和"资源诅咒"等难题

西方经济学认为欠发达地区存在"发展悖论"难题，少数民族地区经济的不发展固然会使当地人不满，但发展同样会使他们不安。发展就会有外来的投资者，不但占用农地、草场、矿山、林木和淡水资源，建立经济开发区和自然保护区，还会污染环境，要求移民搬迁，限制当地人对原有生活资源的使用和控制能力。发展会使当地人收入水平有所提高，但同时也会带来物价上涨，使当地人感觉相对贫困。发展还会因受教育程度、语言文化、职业技能不同而产生工作岗位、就业机会和收入水平甚至居住区环境上的民族差距。发展通常还会带来毒品、性病等公共卫生问题，使当地人感到自己被动受害。快速转型期形成的新的利益格局和发展差距，会在当地各民族中产生失落感和不满。如此实现的发展并不是真正的发展，真正的发展以劳动者素质技能和社会地位的提高为标志，但上述的区域经济增长非但没有改变少数民族的传统生产方式，也没有提高少数民族劳动者的素质技能，反倒拉大了同一地区不同民族、不同经济体的差距。这种区域经济与民族经济发展的失衡是嵌入

---

① 温军：《中国少数民族地区经济发展战略的选择》，《中央民族大学学报》（哲学社会科学版）2002 年第 2 期。

型经济发展方式的必然，但这种"发展悖论"并非不能解决，而是需要"内生式"这一正确的发展方式，即依靠少数民族劳动者素质技能的提高与发挥，改变与落后素质技能相伴随的传统生产方式下的本原经济，使得民族地区经济实现向现代生产方式和生活方式的转型。

发展是民族地区的内在需求，也是多元民族文化繁荣的前提，要解决"发展悖论"就要培育内生型的经济发展方式。要促进民族地区当地劳动者适应工业化和城市化，提高少数民族自我发展能力，提高民族地区可持续增长能力，发展各级各类教育和职业技能培训。教育和培训能够提高少数民族的科学文化素质，提高劳动技能，适应现代社会分工和发展的需要，提高就业竞争力，尽快实现由农牧民向现代产业工人的转变。民族地区经济发展的主体是各民族的劳动者，劳动者素质技能的提升和社会主体地位的确立，能够发挥出民族经济发展的内在动力，实现民族经济的自主发展和良性发展，有力促进民族地区乃至全国经济的发展。

丰富的资源、能源是一个国家或地区发展工业生产方式的必要条件。早期的工业化国家，如英国、德国、美国的工业化都离不开丰富的煤炭、铁矿以及石油资源。但随着经济交往和国际分工的扩大，对一个地区的资源开发不再是为满足本地区的需要，而是成为其他地区的资源、能源供应地，这在一些生产方式落后的地区尤其明显，因为传统的自给性生产方式并不需要太多的能源资源。如果资源开发的资金也来自区外，那么，从资源到利润都不再属于本地区，"富饶的贫困"由此产生。因此，民族地区丰富的资源环境可能是经济发展的诅咒而不是福祉。"资源诅咒"这一世界性的普遍难题，在我国民族地区也不同程度地存在。民族地区资源型产业是快速工业化的主要支撑力量，但资本和劳动力在利润的驱动下会过度流入资源型产业，导致原本畸形的产业结构进一步扭曲，一旦原材料市场价格波动，资源丰裕地区将会陷入困境。而且这种过分依赖资源开采和粗加工的工业化模式，对地区经济的带动作用非常有限，民族地区工业化造成了严重的环境污染和生态平衡的破坏，实现经济发展方式转变是民族地区实现可持续增长的根本保证。在内生型经济发展方式下，控制环境污染，减少碳排放，不是简单地控制和放慢工业化，可持续增长的核心是发展，要在资源可持续利用和环境保护的前提下，依靠科技创新发展绿色技术，开发低碳、清洁能源技术。既要对传统产业改造升级，又要培育新兴产业，以尽可能少的资源消耗和尽可能小的环境污染，实现民族地区经济发展方式转变。这种转变仍然需要区外的资金、技术、人才的支持，但将会改变嵌入式发展方式对本就落后的民族地区少数民族在市场化进程中的损害，因此，内生型经济发展方式是解决资源难题，实现民族地区新型工业化的内在条件。

3. 有益于对民族经济和民族区域经济在理论上的重新界定

民族区域经济与民族经济是有区别的，但以往理论界往往忽略二者的区别，将促进民族地区经济发展等同于民族经济发展，这在政策上有更明显的体现。"西部大开发战略"、"三线建设"等政策性开发战略的出发点都是促进民族区域经济发展，缩小民族区域经济差距，但由于对民族经济与区域经济的差异缺乏足够的认识，形成了嵌入型经济发展方式。结果确实带来了民族地区经济的飞速增长，但民族地区少数民族的生产方式并没有改变，本原经济与嵌入经济在同一地区的二元对立，使得区域经济与民族经济发展日益不平衡。造成这一现象的根本原因在于，急速工业化的过程和路径并不是少数民族主动选择的结果，有太多强大外力的作用。这种强力作用主要表现为：民族区域经济的快速增长或者是通过国有大型企业推动资源型工矿业发展来带动，或者是以中央直接提供大量的财政拨款和进行基础设施建设为引擎来带动，或者二者结合；而以传统农牧业为基础的少数民族经济并没有真正发展和活跃起来，更缺少经济增长点。只有在民族区域经济发展的基础上推动民族经济的繁荣，才能避免民族经济矛盾的激化。[1]

内生型经济发展方式的提出从理论上重新界定了民族经济与民族区域经济的差异，也以此解释了在民族地区经济飞速增长的情况下，民族问题频发的根源，为促进民族团结、维护祖国统一提供了经济上的保障。内生型经济发展方式是解决民族经济与民族区域经济失衡的现实选择。

（二）现实意义

1. 有利于少数民族劳动者社会主体地位的确立与素质技能的提升

民族地区各民族劳动者作为经济的主体，决定了民族地区经济的发

---

[1] 杨思远：《论民族经济与民族区域经济的协调发展》，《学习论坛》2012年第10期。

展就是为了实现各民族劳动者的全面自由发展。各民族劳动者社会主体地位的确立和素质技能的提高就是劳动者全面发展的基本体现，在从传统农牧业生产、生活方式向现代工业生产、生活方式的转化过程中，也必然要求改变以往的嵌入式经济发展方式，走内生型的经济发展道路。

在社会转型期，如果不重视提高劳动者的社会地位和素质技能，只是把劳动者看成廉价劳动力，不仅不能促进民族地区经济发展，反而会使民族劳动者社会地位和素质技能更为低下；不能有效促进经济社会发展，只能在低水平上实现社会再生产。民族地区嵌入型发展中，在过度强调生产力发展的同时却忽视了民族地区劳动者的主体性，少数民族劳动者素质技能得不到根本提高，在经济现代化的转型中参与程度低，成果享受少。民族地区经济发展不能以区外力量的推动来代替来自少数民族劳动者素质技能提高的自身发展，需要借助区外经济的援助支持民族地区发展的内在潜力和内生动力。

以往的嵌入型经济发展方式虽也关注少数民族的经济权益，但这种经济权益的保障只能依靠中央财政的转移支付，给予少数民族以直接的货币补贴或社会福利。这种嵌入型经济虽然能在一定程度上改善少数民族劳动者的生产生活状况，但在劳动者自身并未改变生产方式的前提下，这种外在的援助并不能带来根本的帮助，传统自给式生产方式中的少数民族，一旦不能及时获得货币补贴，就随时有返贫的危险，而一些停留在传统生产方式中得不到充足货币补贴的少数民族劳动者，则必然陷入贫困。

少数民族传统生产方式的改变是民族地区发展的方向，其中，劳动者素质技能的提高是前提，而只有内生型的经济发展方式才能实现劳动者素质技能的提高和少数民族自身生产方式的转变。所谓内生，就是依靠少数民族劳动者素质技能的提高与发挥实现发展。内生型经济发展方式的确立以经济发展主体性为原则，明确了民族地区经济发展的主体是各民族的劳动者，劳动者自身具有参与区域经济建设的内在动力和共享区域经济发展成果的内在要求。内生的经济发展为劳动者提供了施展才华的舞台，劳动者的素质技能随之得到提高，其社会主体地位也得到确立。提高了素质技能和社会地位的各民族劳动者会继续选择内生型的经济发展道路，而内生型的经济发展方式将进一步促进民族劳动者社会主体地位确立和素质技能的提高。

2. 有利于民族地区积极而有效地利用区外支援

民族地区经济发展整体水平仍然滞后，与全国特别是发达地区的发展差距仍然存在，而且相对差距也在扩大。民族地区有着要求经济和社会加快发展的迫切愿望，在社会转型条件下实现民族地区内生型经济发展方式转变，是满足各族人民发展的客观要求，也是民族地区积极利用区外支援的前提条件。民族地区经济发展受制于地理区位影响，自我发展能力不足是大部分少数民族普遍存在的现象，这种自我发展能力的不足进一步加大了自然地理条件的约束，形成一种相互制约的关系。

民族地区要发展经济，主要应依靠民族劳动者实现自主发展，同时也要积极利用区外支援，以弥补民族地区自我发展能力的不足。从区外投入看，民族地区工业化基本属于政府发动的工业化，政府通过财政转移支付对民族地区进行工业化投资及城市基础设施建设。内生型经济发展方式将会更加有效利用政府投入，重点考虑民族地区关切，把钱花在刀刃上。从对口支援看，东部15个省市对口帮扶西部10个省区，中央各部门对口帮扶贫困地区，有关省区市还结成了良好的扶贫协作关系，有力地推动了民族地区开发建设。内生型经济发展方式将充分利用对口支援的有利政策，实现民族地区经济快速发展。从引进人才看，从区外引入大量优秀的经营管理人才，可以满足民族地区在社会转型过程中对人才的需要，促进经济发展，内生型经济发展方式更加注重立足于本地人才的培养和劳动者素质技能的提高，通过教育培训以及外来人才带动，促进当地民族素质技能提升。从对外开放看，民族地区地域辽阔、战略资源丰富、市场潜力巨大，在我国对外开放总体格局中占有重要地位，是支撑我国未来发展的战略资源接续地，同时又是抵御敌对势力西化、分化，维护国家安全的战略前沿。内生型经济发展方式能够加快民族地区经济社会发展，对于维护民族团结、社会稳定、边防巩固，实现国家长治久安，意义重大、影响深远。

3. 有利于民族地区实现创新驱动式发展

在现有的资源容量难以支撑民族地区乃至全国经济的持续增长的情况下，内生型经济发展方式有利于民族地区选择创新驱动式发展道路，也是实现跨越式发展的必然要求。嵌入式发展方式下民族地区主要依靠物质要素投入带动经济增长，高投入、高消耗、高污染、低效率的问题突出，煤电、煤化工、石油化工等高耗水产业增长过快，在资源和环境的约束下已经不可持续，实现创新驱动的经济发展战略是实现民族地区经济可持续增长的必然要求。民族地区产业结构处于较低水平，缺乏国际竞争力，必须提高产业创新能力。产业结构的优化升级要有创新的新兴产业来带动。单纯实施跟随战略已不能满足现实需要，应依靠科技和产业创新，发展战略性新兴产业，促进新兴产业按照市场规律健康发展。内生型经济发展方式有助于提升民族地区产业结构优化升级，改变以往发展中存在的资源消耗多、环境污染重的问题，在走新型工业化道路的过程中，实现资源由高消耗向高效率转变、生产由粗加工向精加工转变、产品由低端向高端转变，降低发展的环境代价，提高民族地区经济发展的质量和效益。内生型经济发展方式有助于增强民族地区自主创新能力，实现经济增长由主要依靠资源消耗转变为主要依靠科技创新，通过提高劳动者素质技能来推动民族地区创新驱动式发展。

4. 有利于民族地区实现可持续增长

我国是统一的多民族国家，少数民族人口一亿多，民族自治地方占国土总面积的64%，西部和边疆绝大多数地区都是少数民族聚居区。这一基本国情决定了少数民族和民族地区的发展在我国经济社会发展全局中占有极其重要的地位。民族地区内生型经济发展方式，既有利于实现全国社会稳定、民族团结和边疆安全，也有利于改善全国生态环境、实现创新驱动可持续增长。

可持续增长的实质是实现人口、资源、环境的协调发展，核心是在可持续利用资源和保护环境的前提下的快速发展。长期以来，民族地区以资源型高耗能产业为主导的经济发展方式，产业结构偏重，资源消耗量大且经济效益低下，造成了资源的极大浪费和生态环境的巨大破坏。片面追求经济增长，忽视生态环境保护，对民族地区的可持续增长构成严重威胁。内生型经济发展方式有助于民族地区转变单纯追求GDP增长的片面观点，逐步解决收入分配不公、贫富两极分化、资源破坏、环境恶化等问题。内生型经济发展方式有助于实现资源的粗放式使用向集约化使用转变，统筹人与自然的关系，走科技含量高、经济效益好、资源消耗低、环境污染小、劳动者素质技能得到提高的发展道路。以信息化带动工业化、以工业化促进信息化的新型工业化道路，更加注重资源节约和环境保护、发挥人力资源作用、管理创新与技术进步，可以实现转型发展、绿色发展，使民族地区工业化在发展中升级，在升级中发展，在保护中开发、在开发中保护，寓资源开发于生态建设中，融产业发展于生态建设中，利用开发来促进保护，利用工业化来促进生态环境建设。经济越发展，越要重视资源的可持续利用，越要重视生态环境的保护和建设。内生型经济发展方式有助于民族地区纠正"先污染、后治理"的错误做法，发展低碳经济，走人口、资源、环境与经济社会和谐发展和可持续增长道路。

第三章 市场化与民族地区内生型发展方式

生产方式决定交换方式，自给自足的小农生产方式决定了整个社会以产品经济为主导，商品经济只限于剩余产品，市场发育程度自然比较低；随着分工的扩展，以分工为基础的商品经济社会的市场化程度也随之加深。在传统的农业社会中，虽然中国占主导地位的生产方式是自给自足的小农经济，但也出现了士、农、工、商的基本分工，每个行业内部的分工逐渐细化。集权官僚制建基于分散的个体小农经济，官僚阶级将"重农抑商"作为中国传统农业社会的主要国策。因此，商品经济虽有发展，市场化却始终徘徊不前。

新中国成立以来，工业化开始起步，工业体系初步建立。这种工业化生产方式及该生产方式下的分工是在行政集权体制主导下进行的，"计划经济"成为这个时代的选择。虽然生产方式发生了变化，分工有了进展，但市场化程度仍然很低。20世纪80年代以来，中国社会主义市场经济体制逐渐建立起来，市场规模逐渐扩大、市场规则逐渐健全、宏观调控不断完善，市场机制在资源配置中的决定性作用日益显著地发挥出来，我国市场化程度不断加深。国务院发展研究中心从总体上描绘了中国自20世纪80年代以来逐渐完善的市场体系结构（见图3-1）。

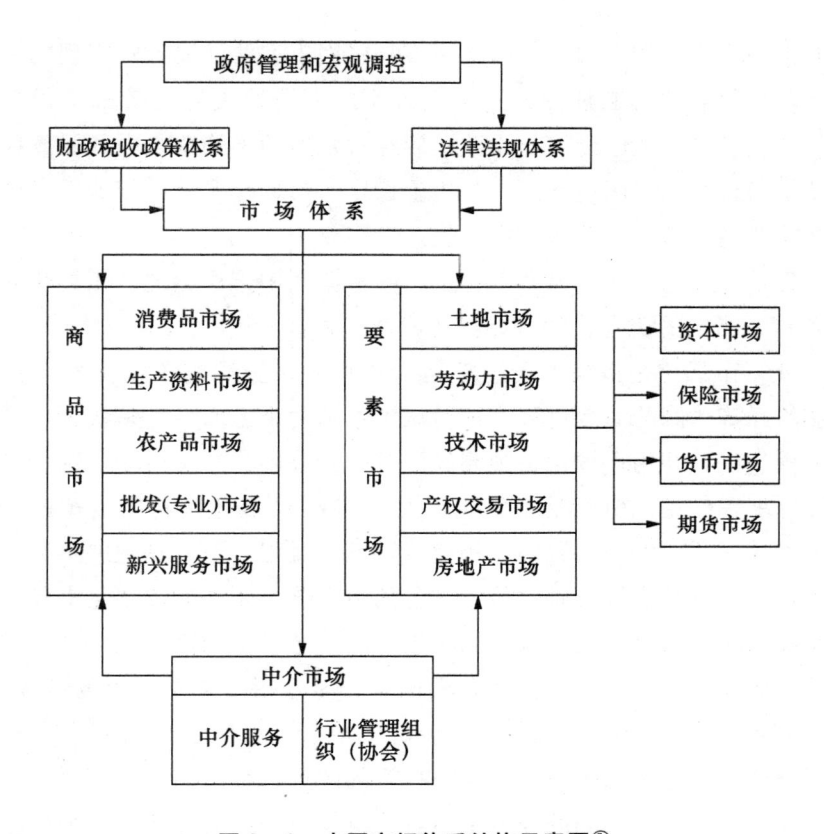

图 3-1 中国市场体系结构示意图①

一 市场化对民族地区发展方式转型目标的要求

随着社会主义市场经济体制的建立和完善,市场化对民族地区发展方式的转型提出了新的要求。各少数民族是中华民族整体中不可或缺的成员,民族地区是全国不可分割的组成部分,民族地区的经济在整个国民经济体系中不可或缺,市场经济的发展要求将民族地区纳入全国统一

---

① 任兴洲:《建立市场体系——30 年市场化改革进程》,中国发展出版社 2008 年版,第 4 页。

的大市场,这在新中国成立以来一直是以嵌入型的发展方式实现的。随着市场化程度的不断加深,这种嵌入型的经济发展方式带来了很多问题,造成了民族地区经济与少数民族经济发展的不均衡,由此民族冲突频发,以致影响我国民族团结与边疆稳定,市场化要求民族地区发展方式必须转型,从嵌入型转向内生型。

关于市场化概念,根据李克强和韩琳在《中国民族地区市场化问题研究》一书中的研究,学术界存在三种理解:

(1)市场化是指在社会经济运行过程中,资源配置发挥作用持续增加的经济体制的演变过程。这种认识包括两个方面:一是认为市场化是一个过程,并用市场化来观测经济转轨的程度;二是市场机制所起到的资源配置作用,也就是市场化程度。(2)市场化是特指改革或者转轨国家的资源由计划配置向市场经济转型的过程。前者是发展意义上的市场化,后者是改革或者转轨意义上的市场化。我国的市场化进程,既有发展意义上的市场化成分,同时也有改革意义上的市场化含义。国际上进行比较时,论及改革或者转轨国家,多是指改革意义上的市场化。(3)市场化是指经济自由化,即经济决策、资源配置的权利和方式由政府逐渐转移到市场手中,即经济投资的决策、资源的流向不再是政府的事,而是由各个不同的经济主体自行决策,不同的经济主体则根据自身的利益最大化目标来选择资源的使用权和配置权,也就是由市场这一价格机制来决定资源的流向。①

市场化程度是指市场在社会经济资源配置中所起的作用程度,即市场化程度应包括三方面内容:一是市场化广度;二是市场化深度;三是市场化基础。市场化广度是指社会经济资源的定价机制,其中包括商品的定价机制和生产要素的定价机制,也就是社会经济资源的价格是由市场决定,还是由政府或某些组织垄断定价。市场化深度是指商品和生产要素中市场定价机制的结构关系,或者进一步而言,是指生产要素资源的市场定价机制构成状况。因为,在现代社会经济发展中,生产要素的配置直接影响商品的生产数量和效率,影响商品市场的供求关系和价格的形成,生产要素价格形成机制如果不合理,生产要素缺乏流动性,生

---

① 李克强、韩琳:《中国民族地区市场化问题研究》,中央民族大学出版社2006年版,第3页。

产要素市场优化功能不健全，商品的生产数量就难以根据价格信号进行灵活调整，商品市场无法达到均衡，由此，就会影响整个社会经济的增长。市场化基础是指市场在配置资源中的制度安排、市场体系以及市场主体的情况。[1]

我国经过三十多年市场化实践，商品市场化起步较早而且也较彻底，表现为绝大部分商品的价格由市场供求关系决定，商品市场体系建设也较为完善。相比较而言，生产要素市场发育相对滞后，市场化基础即市场在资源配置中的制度、规则等还不完善。民族地区市场化程度与全国发达地区相比存在较大差距，尤其是生产要素市场更不完善，市场化程度更低。

我国市场化程度存在着地区性差异，一般认为东部地区的市场化程度高于西部民族地区，东部地区人们的思想意识、行为观念体现了市场化思维，市场机制发展相对充分，市场在资源配置中起着重大的作用。而在西部民族地区，前市场性质的资源配置方式依然起着很大的作用。

对于市场，马克思在论及商品资本时对市场做出了如下定义："市场是流通领域本身的总表现，不同于生产领域，因而是这样一个流通领域的总表现，在这个领域中发生 $W'—G—W$，并且商品所有者（在这里资本家是商品的卖者）和货币所有者（买者）表现为该市场的主体；但是进入流通领域的，不仅有作为资本家进行购买的资本家，而且还有为个人消费而购买商品的买者。因为对同一个人来说，买和卖在时间上和空间上不可能同时发生，所以，完成 $W'—G$ 行为的市场的空间规定性，即实现商品资本的市场的空间规定性，可能不同于完成 $G—W$ 行为的市场，即不同于使货币再转化为生产条件的市场，也不同于使货币转化为个人消费资料的市场。在这方面，市场表现为许多的市场（$W'—G$ 行为和 $G—W$ 行为，可能在不同的市场上完成）。但是，每一个市场包含着商品的卖者和商品的买者，所以对资本运动的整个周期来说，市场既包括使资本作为商品资本出售的市场，也包括使资本作为货币资本进行购买的市场。"[2] 依据马克思的看法，市场是流通领域的总表现，而

---

[1] 李克强、韩琳：《中国民族地区市场化问题研究》，中央民族大学出版社2006年版，第26—27页。
[2] 《马克思恩格斯全集》（第四十九卷），人民出版社1982年版，第309页。

"流通"的概念不过是人类一般的交换行为在资本循环和周转中的具体化。简而言之,市场就是以货币为媒介的商品交换关系。马克思揭示了资本主义经济中商品市场和货币市场并存的结构。

按照市场的定义,市场化无非是这种商品交换关系在空间上的扩大:"市场可以代表圆周或弧线的大小,如果把产地算作中心,其半径就不断延长,例如市场从最近点开始,直至世界市场的最远点结束。"[①]市场化既是商品经济的深化,又是市场经济的普及,因此,有必要对商品经济和市场经济作出说明。

市场经济是在商品交换市场发达的基础上进而形成生产要素市场的社会经济形态。按此逻辑,可以将社会经济发展的形态划分为产品经济、商品经济和市场经济三种形态。钱津将这三种社会形态称作自然经济、商品经济和市场经济。"自然经济的特征是不存在市场交易关系,劳动者的生产资料是自有的,劳动者生产出来的劳动成果是自用的。商品经济的特征是存在一种市场交易关系,即劳动成果的市场交换关系,在某种意义上说,这种社会经济形态中生产劳动成果的个人或组织的生产资料也是自有的,只是他们的劳动成果除了自用以外还有一部分是用于交换的,或是全部劳动成果都是用于交换的。市场经济的特征是存在两种市场交易关系,即比商品经济多出了一个生产要素市场,这是市场经济与商品经济相比的根本不同之处,也是市场发展的结果。"[②]

市场化是市场关系的拓展和深化,是市场经济关系的发展,因此,市场化必然表现出比简单的商品化更为复杂的市场交易关系。"在商品经济中,市场交易关系只表示市场交换关系,所谓的市场关系实则就是交换关系,除此之外,再无其他。在市场经济中,市场交易关系则分为两种:一是市场交换关系,二是市场契约关系。这种市场契约关系不存在于劳动成果交换市场,只存在于生产要素市场。在生产要素市场,人们之间的交易不是交换关系,而是契约关系。生产要素市场包括:土地及其他矿产资源市场、资本市场、劳动力市场。由于生产要素的配组已经高度资本化,所以,在发达市场经济中,土地及其他矿产资源市场已

[①] 《马克思恩格斯全集》(第四十九卷),人民出版社1982年版,第328—329页。
[②] 钱津:《政府是市场不可或缺的主体》,载《首都经济学家》(第四辑),经济科学出版社2014年版,第168—169页。

经为资本市场所涵盖,生产要素的配组仅仅限于资本市场和劳动市场的运作。在资本与资本之间、劳动力与劳动力之间、资本与劳动力之间,它们的市场关系就表现为契约关系而不是交换关系。"① 照此推论,市场化是商品经济发展为市场经济并逐渐深化契约关系的过程,市场化程度的加深必然伴随着生产要素市场契约关系的深化。

但是,一个社会的性质是由主要矛盾的主要方面来决定的,工业化生产方式之前,虽有商品经济成分,但商品经济是处于从属地位的。只有到了工业生产方式下,人类才真正步入商品经济社会,因此,我们认为,工业生产方式之前人类处于产品经济时代,工业化生产方式的产生使得人类进入商品经济时代,市场经济并未脱离商品经济时代,市场化只是商品经济关系不断深化的过程。其中,"资本雇佣劳动制度是商品经济和公民社会的初级阶段,它较封建领主制和集权官僚制的优势,就在于以个体人的人身权、所有权、公民权为依据,遵循自由、平等、等价交换的原则,促进劳动者素质技能的提高,并由此而发展生产力。但资本对劳动的统治又制约了劳动者素质技能的提高,资本依等价交换原则购买作为商品的劳动力使用权后对劳动力的超强度、延时限的使用,创造了归资本所有者占有的超过劳动力使用权价格的剩余价值,这是对等价交换原则的否定,并由此阻抑生产力发展。资本雇佣劳动制的矛盾势必导致劳动者争取平等和自由,争取劳动所创造的全部价值都属于劳动者,由此形成社会主义理论和运动,建立社会主义公有制和民主制。这是对资本雇佣劳动制的否定,也是商品经济和公民社会的高级阶段"②。而这才是发展的本质所在。

发展是人类社会亘古不变的主题。"一个民族要生存繁衍,就必须发展,停止发展的民族,迟早会走向消亡,发展的过程是不断选择和扬弃的过程。发展不仅包括经济发展,而且包括社会进步和文化繁荣……按照世界各国民族发展的一般趋势和规律,民族发展的近期目标是实现民族现代化。"③ 经济发展是民族发展的基础和动力,现代化表现在经

---

① 钱津:《政府是市场不可或缺的主体》,载《首都经济学家》(第四辑),经济科学出版社 2014 年版,第 169 页。
② 刘永佶:《农民权利论》,中国经济出版社 2007 年版,引言第 1—2 页。
③ 刘永佶:《中华民族经济发展论》,中国经济出版社 2008 年版,第 387 页。

济上就是工业化，因此所谓经济发展方式就是工业化的程度和方式。一个地区的经济发展方式可以分为嵌入型发展方式和内生型发展方式两种类型。所谓嵌入型发展方式，是指发展的主体、发展所需动力、发展的根据、发展目标的选择主要来自区外，而非源自区内，即由国家投资或地方政府招商引资在本地区建立的第一产业、第二产业、第三产业等国有经济、混合经济、私营经济，并由此壮大该地区经济实力的发展方式。所谓内生型发展方式，是指发展的主体、发展所需动力、发展的根据、发展目标的选择都主要来自区内，而非源自区外，即由本地方政府投资或本区域内自行建立的第一产业、第二产业、第三产业等国有经济、混合经济、私营经济，并由此壮大该地区经济实力的发展方式。

市场化与经济发展方式有着十分密切的关系，主要表现在两个方面：

其一，不同的经济发展方式决定市场化的不同程度。马克思曾在《资本论》和《剩余价值理论》中指出，市场化的扩张程度是由生产的社会分工的深度决定的：由于社会分工，这些商品的市场会扩大；生产劳动的分工，使它们各自的产品互相变成商品，互相成为等价物，使它们互相成为市场。[①] 从某种意义上说，分工无非是并存劳动，即表现在不同种类的产品（或者更确切地说，商品）中的不同种类的劳动的并存。在资本主义的意义上，分工就是生产某种商品的特殊劳动分为一定数量的简单的、在不同工人之间分配而又相互联系的工序，它以行业划分这种社会内部即作坊外部的分工为前提。另外，作坊内部的分工又扩大了社会内部的分工。产品本身越片面，它所交换的商品越多样化，表现它的交换价值的使用价值的系列越大，它的市场越大，产品就越能在更充分的意义上作为商品来生产，它的交换价值就越不取决于它作为使用价值的直接存在，或者说，它的生产就越不取决于它的生产者对它的消费，越不取决于它作为它的生产者的使用价值的存在。情况越是这样，产品就越能作为商品来生产，因而也就越能大量地进行生产。[②]

其二，不同的经济发展方式对市场化的适应程度是不同的。从经济学理论的抽象层面来说，市场化条件下的经济发展方式必须转型。根据

---

① 马克思：《资本论》（第三卷），人民出版社2004年版，第718页。
② 《马克思恩格斯全集》（第二十六卷第Ⅲ册），人民出版社1974年版，第295—296页。

马克思主义经济学的基本原理，市场本质上是一种交换关系，但它不是一般的交换关系，而是一种特殊的交换关系，即商品—货币交换关系。在商品—货币交换关系中，根据商品具体的表现形式，市场还可以进一步具体分类为土地市场、劳动力市场、资本市场等各种市场。由于交换对消费的制约作用远远大于交换对生产的制约作用，因此，出现了一种值得我们特别注意的现象：市场化作为一种特殊交换关系在空间上的扩张，其对消费需求的影响是快于对生产领域的影响的。恰恰是这样一种生产和需求在市场化中的矛盾要求民族地区的经济发展方式必须转型。

嵌入型的经济发展方式使得民族地区形成了两个互补联系的经济体系，一是"嵌入经济"，即以追求利润为目的的现代工矿商贸业，这部分经济是资源型经济，面向市场，大部分以国有企业为载体，从普通劳动者到管理者，从资金、技术到设备，大都是从东部地区直接"植入"民族地区的，与当地少数民族联系甚少；二是"本原经济"，即当地少数民族传统的农牧业经济，这部分经济依赖传统生产方式进行，自给自足，是少数民族世代传承下来的经济形态，构成民族地区少数民族经济的主体形式。

"嵌入经济"面向市场，以市场为导向，市场化程度深，也更能适应市场化，但嵌入型的资源型经济却远远不能适应市场化的需求，出现了资源丰富地区反而越发贫困的现象。"本原经济"面向自己，以满足自身直接需求为目的，获得货币收入少，参与交换程度低，市场化程度不深，但市场化的扩展，却将以传统生产方式为基础的"本原经济"纳入市场交换中来，使得"本原经济"也需要货币在市场上购买一定的生产资料，以自给为目的的生产方式不能获得充足的用以购买生产资料的货币，由此造成长期贫困，因此"本原经济"远远不能适应市场化。

"嵌入型发展方式"中的"嵌入经济"由于缺乏内在推动力，最终将不能适应市场化的需求；嵌入型发展方式中的"本原经济"则受到"嵌入经济"的影响被纳入到市场中来，这种以自给为特征的"本原经济"又远远不能适应市场化的需要，因此，嵌入型生产方式对市场化的适应程度远远不足，"内生型发展方式"是市场化深入并适应市场化的唯一出路。

民族地区发展方式转型的一个目标就是要实现民族地区劳动者经济生活的普遍市场化。民族地区传统的"嵌入型发展方式"带来了民族地区市场化程度的加深，市场化的扩展使得民族地区经济尤其是少数民族经济被卷入市场交换中，原有"自给自足"的民族地区经济尤其是"本原经济"在市场化的冲击下，变成了"自给但不能自足"的经济，由此导致了少数民族的长期贫困，造成了民族地区经济与民族经济的失衡。因此，市场化程度的加深要求民族地区转变经济发展方式：由传统的"嵌入型发展方式"向"内生型发展方式"转变，实现民族地区劳动者经济生活的普遍市场化。

市场是以货币为媒介的商品交换关系，市场化是这种商品交换关系在空间上的扩大，经济生活的普遍市场化则要求经济生活的普遍商品化和普遍货币化。具体而言又可以分为两个方面：第一，生产的商品化，即破除自给性的小农经济，使劳动者的劳动产品提升为商品。第二，需求的货币化，即破除自足或半自足性的消费方式，使劳动者通过在市场上购买商品来满足自身的绝大部分需求。

消费方式的转变要依托生产方式的转变，因此民族地区劳动者经济生活的普遍市场化需要相应生产方式的变革，生产方式的变革又要依托相应生产关系的变革。因此，"从根本上改造以家庭为单位的自给性农牧业生产方式，代之以工业生产方式和市场化的农牧业生产方式，以合作社代替家庭作为基本经济组织"[1]，才能摆脱民族地区"本原经济"的"自给式生产方式"，从而在市场化的大背景下，走上自主性的经济发展道路。

杨思远在甘肃东乡族自治县调研中具体考察了咀头村生产方式变革的前景，他这样写道：

人的本质是社会关系的总和，人的发展建立在社会关系的丰富基础上。工业生产方式将大量劳动集中于某一种产品的生产，这是因为只有以一定的人口聚集和分工的发展，才能实现生产过程劳动操作的简单化，才能引入现代工业生产。这样一来，个体劳动者必然以结合劳动力的形式才能使生产实际进行。细致的分工使劳动者多样性需要只能通过交换才能满足。咀头村内部生产的自给性已经由于工业生产方式的引入而归于解体，这种分工和社会需要的发展在内部和外部必然引起交往的

---

[1] 杨思远：《中国少数民族生产方式研究》，新华出版社2013年版，第235页。

急剧扩大,东乡族语言必然产生新的发展动力,内部市场将逐步形成,外部市场的拓展将越来越远。市场和城市再也不是维持乡村内部自给但不能自足的经济生活的补充手段,而成为咀头村内部工业生产方式不可缺少的一部分,真正意义上的统筹城乡发展的时代才能到来。①

二 民族地区嵌入型发展方式不适应市场化

之所以会出现民族地区经济与少数民族经济之间发展的不均衡,是因为民族地区的现代经济是"嵌入型"的。新中国成立后,在中央政府政策支持下,先进的生产关系和生产力切入进了相对落后的民族地区,其自然历史过程中断,实现了跳跃式跨越。"在全国经济总的发展模式的支配下,西部民族地区相继建立了一系列现代工业企业,如轻工、煤炭、电力、化工、机械、建材、纺织、食品、服装加工等。这样,西部民族地区社会中既体现了新型社会机制和新经济形态的一面,又保留了原有社会经济机制的诸多形态,形成了一种特殊的双重二元结构。"②"在现代产业部门形成之前,西部民族地区在经济结构上呈现出一种混沌的二元经济结构。现代工业的出现,使西部民族地区经济社会中形成了两种不同的经济部门,一种是技术落后、生产效率低下、自我雇佣的传统经济部门,包括采集渔猎经济、畜牧经济和农业经济,分工与交换不发达;另一种是由国家移植的技术比较先进、生产效率比较高的现代大工业经济,而且这两种部门之间长期互不联系。这样一种二元经济结构是西部民族地区经济的典型特征,所谓'卫星已上天,老牛仍耕地'就是这种二元经济的形象写照。"③

二元经济在中国广泛存在,在西部民族地区更为明显,且有其显著特征。"民族地区经济发展的基本战略是跨越式战略和加速战略,即追求 GDP 和财政收入的快速增长。以内蒙古为例,草原畜牧业在严格控

---

① 杨思远:《中国少数民族生产方式研究》,新华出版社 2013 年版,第 235—236 页。
② 王玉芬等:《内生拓展》,中央民族大学出版社 2006 年版,第 126 页。
③ 同上。

制载畜量的条件下，只能退不能进，牲畜头数已经趋于饱和，而农业在退耕还草和退耕还林政策下，同样是只退不进的产业，至于林业也已经完成了从用材林向防护林和公益林，从采伐为主到管护为主的林业生产方式转型，农牧林业这些地上资源产业，均丧失了作为经济增长点的经济条件和政策条件。要迅速实现跨越，只有依赖地下矿产资源。一两个大型项目一旦落地，就可以在极短时间里实现 GDP 和财政收入的畸形增长。如果说，我国经济发展依靠资源开发、投资拉动的粗放型方式，那主要是由民族地区的跨越式战略造成的。煤电油气等地下资源产业同农牧林业地上资源产业的脱节，形成民族地区嵌入型工业化模式。国家主体民族所主导的工业化，同少数民族为生的传统产业的脱节表现为民族经济的相对贫困化。"①

在市场不发达的情况下，民族地区的相对落后在相对封闭的时代表现并不明显，并且民族经济的差距也主要在不同地区表现出来。随着市场化程度的加深，"民族差距同时扩展到同一个民族地区内部，因而使得这个差距特别刺目，民族经济矛盾表面化了"②。这种由大中型国有企业主导的以资源开发为主的嵌入型经济发展方式已经远远不能适应市场化的需求，只能使得民族地区内民族经济差距扩大，从而影响民族团结，近年来出现的"7·15"、"3·14"等事件都让这一点得到了印证：民族地区嵌入型发展方式不适应市场化。

1. 民族地区的嵌入经济是市场化经济

任何经济活动都是人的活动，是由特定区域内的特定民族共同体进行的。同一区域内可以有不同的民族，并且，不同民族在这个区域的总体经济活动中的参与程度是不同的，由此造成同一区域中的不同民族在区域经济发展过程中产生巨大差异。"如果说，在前资本主义时代，由于各民族的相对孤立与封闭，使民族经济发展差距在很大程度上同时表现为地域性差距的话，那么，世界资本主义体系的确立，既铺筑了各民族世界性交往的道路，同时又赋予这种交往以强烈的不平等性质，从而，各民族经济体与区域经济发展不同步的现象，以日益扩大的态势成

---

① 杨思远：《中国少数民族生产方式研究》，新华出版社 2013 年版，第 420 页。
② 同上书，第 425 页。

为世界资本主义经济体系的一个基本历史特征。"①

1994年,陈庆德在《中国少数民族经济开发概论》一书中就指出了民族经济与区域经济发展的不同步现象:"在历史上,澳洲的经济开发就把土著民族排除在发展进程之外;美国的西部开发也伴随着对印第安民族的杀戮和驱赶,在西部业已崛起的百年中,被排除在经济开发进程之外的各土著少数民族,至今仍未能从这巨大发展中获得相应利益……综观19—20世纪上半叶西方资本帝国主义对亚、非、拉的殖民侵略,固然可在地区性的统计资料上看到新式产业的兴建,工业产值的上升等,但在这些经济增长指标的后面,却是亚、非、拉各后发展民族付出的惨痛代价和主权沦丧,这种区域经济的增长,几乎未给世代生活在这块儿土地上的各少数民族带来任何实质性的利益,也几乎未触动这些民族原存的经济结构和社会组织,这些区域迅速资本主义化的经济增长和当地少数民族发展滞后的贫困状况形成强烈反差。"②

近代中国,外国资本也曾经在中国少数民族地区开创过近代工矿企业:如"新疆的塔城金矿、吉林的天宝山公利公司、贵州铜仁的英法水银公司"等。"日本在对中国东北的殖民侵略中,为了使该区域成为其在亚洲扩张的资源支撑地,曾在该区域大力推行工业化进程。1931—1945年,东北地区重要工矿业产品的生产总值增长4.5倍。"③ "到40年代中期,东北工业生产在中国主要工业产量中占了绝对比重:纸张70%、煤50%、生铁87.7%、钢材93%、水泥66%,发电量是关内总发电量的2.5倍,铁路分布密度是关内的4.6倍。在东北的社会总产值中,工矿业产值占59.3%,是近代中国工业产值超过农业产值唯一的一个地区。"④ 但这种工业化和经济增长是以民族压迫为基础的,中华民族不仅没有从中获利,反而招致灾难。"在哈尔滨,华人新设企业自1931年后日渐减少,到1936年完全告绝。"⑤ 中国各少数民族在这种殖民式的工业化进程中丝毫没有发展,"在东北世代生息的蒙古、达斡

---

① 陈庆德:《中国少数民族经济开发概论》,民族出版社1994年版,第49页。
② 同上。
③ 郑友揆:《中国的对外贸易和工业发展》,上海社会科学院出版社1984年版,第238页。
④ 孔经纬:《东北经济史》,四川人民出版社1986年版,第482—484页。
⑤ 同上书,第507页。

尔、鄂温克、鄂伦春、赫哲等民族，在此经济增长中并未使原存经济形态的落后面貌得到任何进展性变革反而使其经济生活水平持续下降，甚至使民族体的生存濒临灭绝边缘"[1]。

新中国成立后，工业化建设全面启动，并初步形成了完整的工业化体系，60多年的经济发展使得中国逐渐形成了由西向东递进的区域格局：

1953—1957年"一五"期间，地区之间统筹兼顾、全国经济均衡发展，5年中，全国基建投资588亿元，其中沿海地区占36.9%、中部地区占28.8%、西部占18%、不分地区的占16.3%，既有重点倾斜，又有地区间的总体协调。20世纪60年代中期至70年代中期，基于准备打仗的战略考虑，全国经济建设大幅度向西倾斜，形成了三线开发模式，"三五"期间976亿元基本建设投资中，沿海占26.9%、中部占29.8%、西部占34.9%、不分地区的占8.4%，进一步缩小了全国经济发展中的地区差距。70年代后半期开始，国家有限财力集中于东部地区，形成了所谓的梯度开发模式，这一倾斜发展持续贯穿了整个80年代，倾斜幅度超过了任何时期，在1981—1989年9000多亿元的基建投资中，东部占50.1%、中部占26.6%、西部占16.3%，投资的倾斜加上其他配套政策的倾斜使得东部工业总产值超速增长，并导致全国地区差距急剧拉大。[2]

相应地，市场化程度也呈现出多层格局。因为"我国的社会主义市场经济体制改革采取的也是'渐进式'改革，形成了在空间和时间上从经济特区到沿海开放城市、沿海经济开发区，再到沿边和沿江开放城市和内陆省会城市的渐进式格局。西部民族地区在市场化程度方面与东部地区存在较大差距。"[3]

我国的少数民族大多分布于西部地区，西部地区的落后与少数民族经济的落后重叠起来。为了促进西部民族地区经济的发展，缩小地区之间的经济差距，2000年12月印发了《国务院关于实施西部大开发若干政策措施的通知》（以下简称《通知》），《通知》指出"西部开发的政

---

[1] 陈庆德：《中国少数民族经济开发概论》，民族出版社1994年版，第51页。
[2] 同上书，第52—53页。
[3] 王玉芬等：《内生拓展》，中央民族大学出版社2006年版，第279页。

策适用范围,包括重庆市、四川省、贵州省、云南省、西藏自治区、陕西省、甘肃省、宁夏回族自治区、青海省、新疆维吾尔自治区、内蒙古自治区和广西壮族自治区"①。"在西部大开发战略的具体实施中,又将湖南省湘西土家族苗族自治州、湖北省恩施土家族苗族自治州、吉林省延边朝鲜族自治州列入其中。这样,中国西部地区由12个省(区、市)和3个自治州组成。这12个省(区、市)和3个自治州,几乎涵盖了中国西部绝大部分少数民族地区,西部大开发战略带动了西部民族地区经济的快速发展。"②

应当承认,西部大开发战略的实施促进了民族地区的经济发展,促进了少数民族经济的发展,也促进了民族地区的市场化进程。但是,经济发展中的各种模式,无论是倾斜发展还是均衡发展,都是以区域而非以民族为主体的,即使西部大开发战略把少数民族经济的发展作为理论依据之一,但仍是以区域作为发展的单位。"国家在各少数民族地区的大量资金投入和企业嵌入,与当地各少数民族经济活动关联甚少,相互隔离,自成体系,从而使这种区域经济的发展模式长期难以带动各少数民族自身结构的变革与发展。外面嵌入的经济力量的发展不仅同少数民族的自身发展没有直接的利益关系,而且在资源利用、基本生存空间的维护等方面,往往发生利益矛盾与摩擦。"③ 这一点随着民族地区市场化程度的加深表现得更加明显。

首先,国有大中型企业是市场主体。民族地区的经济开发主要以国家投资建设的一些大中型工业企业为组织形式,这些国有企业大都技术水平高、生产效率高,面向全国市场,尤其是东部地区,为全国尤其是东部地区开采资源、提供能源和原料,但与本地区的少数民族经济缺少互补联系。

在嵌入型经济发展方式下,民族地区的嵌入经济不是源于少数民族自身发展的需要,而是服从于全国经济发展的需要,为全国的经济发展提供原料、供应资源,对于民族地区的投资也主要集中于资源开采、冶金等重工业领域,国有大中型企业成为民族地区经济发展的主要实施

---

① 《国务院关于实施西部大开发若干政策措施的通知》(国发〔2000〕33号)。
② 王玉芬等:《内生拓展》,中央民族大学出版社2006年版,第126页。
③ 陈庆德:《中国少数民族经济开发概论》,民族出版社1994年版,第52—53页。

者。民族地区经济中，国有企业占有相当大的比重。民族地区的国有企业与其他地区的国有企业没有本质区别，只在特定的功能和生存环境上有些许特殊性，这些企业承担了稳定边疆、维护团结、协调民族关系的职责，甚至与国防建设有直接关系。

新中国成立以来，全国经济建设围绕工业化展开，民族地区的工业化也是这项任务的一部分。国有企业是政府实施工业化的主要载体，民族地区也是如此。"从'一五'开始，国家就重视内地钢铁等资源型工业的发展，国家对内地建设的投资逐渐增加。以内地建设的投资额占全国总投资的比重为例，继'二五'时期提高到53.7%以后，1963—1965年又上升到58%，包括民族地区在内的很多西部地区成为重工业基地。到20世纪60年代中期以后，三线建设中，投资向中西部地区极度倾斜，'三五'期间，全国基本建设投资总额中，沿海地区仅占30.9%，内地占53.5%，其中三线地区占41.1%，从1965年以后，国家在三线地区的投资总额高达2000亿元，占该时期投资总额的43.4%，施工建设的大中型项目占该时期国家总项目数的48%，国有企业是这些项目的载体。"[①] 20世纪80年代以来，中国提出要建立社会主义市场经济体制，实行以市场为导向的改革，逐渐将国有企业的功能定位为追求利润最大化目标，民族地区的国有企业也逐渐进入市场化改革的进程。

市场是政府、企业和个人相互作用的场所，是各参与主体权利关系的总和，离开三个参与主体的相互作用，市场便是一个完全抽象的概念。政府、企业和个人的权利关系及其实现，最终通过其各自在市场上的行为表现出来。民族地区市场的三个主体都是具有独立利益的权利主体，在民族地区经济发展水平总体不高的情况下，民族地区的市场主体呈现出一定的特殊性，政府利用其行政集权对企业和个人进行了过多的干预，由此导致民族地区所有权主体单一，国有企业比重过大。民族地区市场中的个人，尤其是落后地区的农牧民，自身素质技能较差，劳动技能低，无法有效参与到市场中来，他们只能从事低水平的重复性劳动，很多人还处在自给自足的状态下，这部分人属于被市场边缘化的主体。[②]

[①] 张春敏：《民族地区经济体制研究》，中国社会科学出版社2011年版，第162页。
[②] 同上书，第317—318页。

民族地区的国有企业作为民族地区现代企业的主体，虽然仍受到各级行政部门的干涉，但在本质上具有企业的性质，即面向市场、按市场规则配置资源。判断一个企业的市场化程度，要看企业生产要素的获取、产品的交易在多大程度上由市场提供和决定。国有企业在新中国成立之初承担了众多政治任务并由政府行政权力直接控制，国有企业的生产、销售、分配完全由国家控制和分配，企业没有经营自主权，更谈不上市场化。20世纪80年代以来，对国有企业的改革逐渐深化，从"放权让利"到"利改税"，从"承包制"再到"建立现代企业制度"，国有企业逐渐市场化，成为自主经营、自负盈亏的市场主体。

民族地区的国有企业也经历了同样的改革历程，"国有企业行为已基本市场化，企业自主决定生产经营活动，政府不再干预。国家对国有企业亏损的财政补贴已非常低。政府对国有企业的无偿划拨已经停止。国有企业生产经营所需的资金投入，主要通过自有资金、银行贷款、发行债券或上市融资获得。国有企业产品价格由企业根据生产成本和市场供求自主决定，价格的市场形成机制已基本形成。国有企业的生产经营也基本自行决定，生产经营所需的各种要素及其他商品和服务基本从市场选购，绝大部分竞争性的要素及其他商品和服务项目的价格已经放开，由市场来决定。国有企业的用人和工资决定也趋于市场化，由劳资双方自愿谈判解决。政府已基本退出对国有企业的直接行政控制，而转以经济手段和法律手段对国有企业实施间接调控，国有企业已基本上成为独立的市场主体"[①]。

其次，资源型经济是面向市场的。自然资源状况是民族经济发展的一个重要条件，在我国民族地区，自然资源是最具优势的经济要素。矿产、能源、水利、林业、农牧业、土特产、水产、旅游等资源都相当丰富。"在已探明的矿产中，钾盐储量占全国的95.9%，磷矿石储量占全国的40.7%，煤炭储量占全国的37.1%，新疆、内蒙古的煤炭资源量都超过5000亿吨，甘肃、宁夏、贵州都在1000亿吨以上。云南已探明的矿产有130余种，铅、锌储量居全国第一，锡储量居全国第二。广西已探明的矿产90余种，锰矿储量、产量、出口量均居全国之首。其他

---

① 李克强、韩琳：《中国民族地区市场化问题研究》，中央民族大学出版社2006年版，第135—139页。

如锰、铝、镁等矿产资源在民族地区均有丰富的储藏量。我国民族地区的水利资源蕴藏量占全国的66%。少数民族森林面积占全国的42.2%，森林蓄积量占全国的51.8%。全国五大牧区都在民族地区，民族自治地方的草原面积占全国的75.5%，牧区、半农半牧区草原面积占全国的75%。"①

　　丰富的资源使得一个民族或地区享有比资源匮乏地区更为有利的经济发展条件，但丰富的自然资源只能算作一种潜在优势，资源的丰富程度与当地的经济发展水平没有必然的对应关系，资源只有被开发利用才有价值，才能转化为生产生活资料，才能推动经济的发展。以我国民族地区为例，丰富的自然资源条件与少数民族地区经济的极端落后并存，"富饶的贫困"一直伴随着民族地区。随着中国工业化建设的推进，国家对能源的需求越来越大，甚至一度出现能源供应紧张的问题。我国大部分的能源资源，煤炭、石油、天然气、水能、风能、太阳能等能源资源蕴藏在民族地区，为此，国家兴修大型工程、组建大型国有企业开发利用这些能源，以保障东部沿海地区甚至全国的能源供应。丰富的资源条件外加当地少数民族落后的素质技能使得民族地区的现代经济主要是以国有企业为载体的能源开采、资源开发和加工等资源型经济。

　　资源型经济是以自然资源为主要生产要素，以资源型企业为主体的经济，民族地区的资源型经济主要是指以煤、石油、天然气等能源资源，以及铁、铜等矿产资源开发为主导的经济体系。工业化的起步和发展离不开自然资源尤其是能源资源，因此，丰富的矿产资源是一个民族或地区工业化和经济发展的必要条件。早期的工业化国家，如英国、德国、美国等工业化的进展和成功都离不开丰富的煤炭、铁矿以及石油资源，离不开对矿产资源的开发和利用，因此，资源型经济是现代经济体系的重要组成部分，是工业化起步的经济形式，是市场化扩展的重要领域，资源型经济是面向市场的。

　　随着工业化进程的不断加深，中国近年来对能源的需求迅速增加，"对主要能源产品的消费总量在1995—2005年十年间提高了36.3%。截至2005年，中国能源消费总量已经达到16亿吨标准油当量，使得中国成为在世界上仅次于美国的第二大能源消费国。在1995—2005年间，

---

① 王玉芬等：《内生拓展》，中央民族大学出版社2006年版，第5—8页。

中国丰富的煤炭资源禀赋使得对煤炭制品的消费在总的能源消费增长中的比例达到了70%（见图3-2），这主要是由发电的需求和工业生产的需求所推动的"[①]。为了满足不断增长的能源消费需求，中国加大了对能源生产的投资，在能源资源丰富的新疆、内蒙古、西藏等民族地区投资建设了一大批国有资源型企业，加大了对能源资源的开发和加工，增加能源产品的供给，以满足能源产品的需求。因此，无论是资源型经济还是资源型企业都是面向市场的，以消费为引导的。

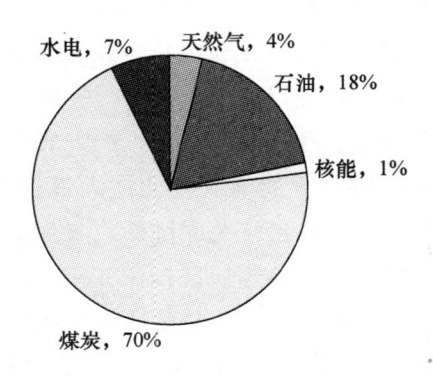

图3-2　主要能源产品在能源消费增长中所占的份额（1995—2005年）

对于一个孤立封闭的民族经济体来说，对资源的开发利用率越大，对经济发展的贡献就越大，就越能促进经济的发展。但在现代经济体系中，随着市场化程度的深化，各民族、各地区日益冲破本民族、本地区的界限，同世界发生越来越密切的联系。因此，一个地区、一个民族对其资源的开发并不单纯是为了满足本民族、本地区的需求，而是与其他地区、其他民族发生市场关系，资源的开发和利用是服从和服务于本民族、本地区之外的经济体的，这在当地生产方式落后的情况下尤其明显。

西部民族地区即是如此，民族地区的资源型经济是面向市场的，这个市场是全国乃至全世界，唯独不是本地区尤其是本地区的少数民族，因为当地少数民族仍处于落后的自给式的生产方式当中，离工业化生产

---

①　宋立刚：《中国市场化与经济增长》，社会科学文献出版社2007年版，第192—193页。

方式还很遥远，市场化程度也很低，对能源资源及产品的需求很少。一般来说，自然资源对经济发展具有很大的推动作用，早期的工业化国家英国、德国以及后来的美国都可以印证这一点。但自20世纪60年代开始，世界上资源丰富地区却出现很多的问题，如老工业区的衰落、"荷兰病"、"资源诅咒"[①]等"富饶的贫困"现象。我国西部民族地区的上述资源型经济问题十分突出，"地区资源开发了，经济发展了，但民族经济却少有起色"[②]。这在西部民族地区是普遍现象。

最后，中央财政以货币形式实行转移支付。民族地区生产方式落后，传统的农牧业仍然占据主要地位，由此造成民族地区财政收入少、支出大的矛盾，中央财政往往以货币形式实行转移支付，以解决这一矛盾。民族地区先天条件差、经济起步晚、生产方式落后；由资源开发形成的"嵌入经济"是东部地区的国有企业连人带设备整体"植入"民族地区的，与当地的少数民族经济关联度低，与基础性农牧业脱节；与"嵌入经济"产业链相关联的民族地区加工工业不成规模，效益低下；工业在民族地区仍占有很少的比重，传统的农牧业比重过大，这些原因使得民族地区的财政收入很少。与此相对应，民族地区基础设施落后、交通运输不发达；由于传统生产方式的延续使得民族地区贫困率居高不下，这些原因使得民族地区需要很大的财政支出。这种财政收入和支出不平衡的矛盾往往由中央政府通过转移支付的形式来解决。另外，由于民族地区在国家统一民族团结等政治上具有特殊性，民族地区的经济发展带有很强的政治任务性质，中央财政给予的财政拨款、直接投资等转移支付往往较大，而这些转移支付是以货币形式进入民族地区的，货币的大量投入增加了民族地区的消费需求，也在一定程度上促进了民族地区的市场化。

藏区经济是这种经济的典型，即依靠中央财政转移支付的经济发展。"改革开放后，卫藏和安多都经历了一个加速现代化的过程，外来的因素不断冲击和改变其面貌。藏人生活的世界也从传统走向现代，其中，市场化、工业化和城市化是三股持续的推动力。从一个相对封闭和

[①] 参见张复明、景普秋《资源型经济及其转型研究述评》，《中国社会科学》2006年第6期。

[②] 杨思远：《中国少数民族生产方式研究》，新华出版社2013年版，第424页。

传统的宗教社会、部族文化走向现代化的开放社会，从简单的农牧生活走向市场化、城市化的现代经济，从浓厚而热烈的宗教信仰生活到宗教感情受到现代性价值体系的叩问。客观来说，这个急速现代化的过程和它的路径并不是藏族主动选择的结果，有太多强大外力的作用。这种强大外力作用主要表现在西藏地区经济发展带有很强的政治任务性质，整个藏区政策的核心日益落到关注经济'发展'的逻辑上。这种'发展'是通过中央直接提供大量的财政拨款和进行基础设施建设为引擎来实现的，从西藏特别是拉萨地区经济结构的演变来看，快速的城镇化进程是直接依附于中央财政支持进行的。鉴于藏区的自然和社会条件，'植入'或'嵌入'的工业化进程都以失败告终。借助高福利和政府购买，拉萨形成了消费经济。虽然藏族在经济现代化进程中一直处于弱势地位，但以拉萨为核心的发达地区却在中央倾斜性扶持之下获得高福利、重点补贴。从20世纪90年代开始，对当地政府的高额财政支持、大量的基础设施建设投入以及给予城镇居民的高福利迅速改变了拉萨的面貌，也带动了整个商品经济的繁荣，拉萨固定居民的收入水平和消费水平甚至达到了北京、上海等发达地区的水平。"[1]

除此之外，受传统的自给式农牧经济方式的束缚，民族地区贫困率高、贫困度深、返贫率高，转移支付经常以货币的形式直接进入贫困者手中，货币的增加在一定程度上能够帮助农牧民解决自给但不能自足的矛盾，为经济生活的货币化、市场化提供了一定的条件。但由于传统的本原经济始终没有突破个体或家庭小生产方式，远远不能适应市场化的要求。

2. 民族地区的本原经济不能适应市场化

作为人类中人口最多的民族，中华民族的主干民族——汉族已有两千多年的民族史，它形成之前有文字记载和考古证明的部落联盟、部族、氏族联合体阶段还有三千多年，而原始的氏族阶段则更为久远。围绕汉民族这个主干，各部族联盟、部族、氏族联合体、氏族不断聚合，在大一统的政治制度下密切经济联系，共同的经济发展为中华民族形成和演进提供了基础，而中华民族的形成和演进也促进了各支民族经济的

---

[1] 杨思远：《中国少数民族生产方式研究》，新华出版社2013年版，第420—421页。

发展。① 以集权官僚制为制度前提的小农经济，体现了手工劳动时代最为先进的农业生产方式，它以汉族为中心，逐步扩散，融合了周边各部族联盟、部族、氏族，是中华民族统一和发展的基础。但集权官僚制及其小农经济的局限严重阻碍了农业生产方式向工业生产方式的转化，蒙古部族联盟和满洲部族联盟入主中原后对其制度传统的保守，加重了对生产方式转化的障碍。1840年已经工业化的英国资产阶级对清王朝的侵略，既是工业文明对农业文明的挑战，更是以工业为基础的民族对以农业为基础的民族的冲击。正是这个挑战与冲击，使全中国人第一次意识到自己是一个民族，在先进分子的启发和带动下，展开了以救亡、发展为主旨的民族自强统一的革命。② 周公旦强化了周部族联盟，秦嬴政和汉刘彻是汉族形成的关键，孙文提出了中华民族的概念，毛泽东则是中华民族统一的领导者。③

历代王朝都允许有旧的部族联盟、部族、氏族以其传统的制度形式存在，集权官僚——农民制以及由其控制或影响的封建领主——农奴制、奴隶制甚至原始公社始终在中国并存。新中国成立之后，毛泽东及其领导的中国共产党实现了中华民族的统一，这种实现民族统一的革命是在社会主义指导下进行的，革命胜利之后建立的新中国也不再允许旧有的封建领主制、奴隶制存在，中国原有的制度上落后的各少数民族与汉族共同进行了社会主义改造，进入了社会主义社会。"将解放前或中华民国之前仍保持其传统存在方式的各部族联盟、部族、氏族甚至家族，统一纳入中华民族，不论其人口多少、居住地域大小，统统以法律规定为民族，即统一的中华民族的支民族。以统一的社会主义制度，将这些解放前还处于部族联盟、部族、氏族阶段的人群，都上升为民族，并以法律规定保证其政治、经济权利，由此摆脱落后，与汉族一起进入现代化。"④

虽然各少数民族与汉族一同进入了社会主义制度，但必须看到历史上形成的延续至今的少数民族经济发展的差异是非常显著的。"中国历

---

① 刘永佶等：《中国少数民族经济学》，中国经济出版社2013年版，第42页。
② 同上书，第92页。
③ 同上书，第94页。
④ 同上书，第96页。

代集权官僚制王朝，只注重在政治上的大一统，不重视，也没有能力促进边疆地区少数民族部族经济、文化的发展，因此，出现了'一国两制'，甚至'一国三制'的情况。到新中国成立时，毛泽东所说的实行多种社会经济制度的少数民族经济仍广泛存在。大体来说，壮族、白族、羌族、布依族、回族、满族、土家族、朝鲜族等 30 多个少数民族，部分蒙古族、维吾尔族的人口，已经在明清时代就转化为集权官僚制，并实行和汉族一样的小农经济。而藏族、傣族、维吾尔族和蒙古族的一部分，400 多万人口，还保留着封建领主制。彝族、佤族、傈僳族等约 100 万人口，仍实行奴隶制。景颇族、独龙族、黎族、高山族等约 60 万人口，还保留在原始氏族制。新中国成立后，不同的社会经济制度在短期内被改造成为统一的社会主义制度这是一个历史的进步，但少数民族的生产力水平，却难以形成'一步跨千年'的飞跃。少数民族地区的经济基础十分薄弱，生产力水平低下，原始的、个体的、自然的小农（牧）经济铺天盖地。"①

生产方式是人类在特定地理环境和历史条件下发展起来的改造自然获取物质资料的方式，它是人改造自然能力的标志，也是拥有共同经济生活的民族得以形成和发展的物质基础；是人类在不同地域环境中谋取生活资料的方式，也是生产资料和劳动力的结合方式。一个民族的形成和发展，首先建立在民族生产方式的进步上。在古代，这种进步表现为农耕化，在近现代则表现为工业化。②

新中国成立之前，中国的民族地区基本上没有工业，虽然外国资本也曾经在民族地区开创过近代工矿企业，以日本在东北的殖民侵略最具代表性，但这种工业化是以民族压迫为基础的，中华民族不仅没有从中获利，反而招致灾难，当地的少数民族甚至面临灭绝的危险。新中国成立后，依靠国家财政和投资，大部分民族地区有了工业生产成分。但总的来说，民族地区的工业基本上是以采矿和农牧产品、林产品的加工等为主，并且，民族地区的工业大部分是由国有大中型企业实施的，经营管理者、工程技术人员以及普通从业人员也多是来自汉族地区的汉族人，民族地区的少数民族仍是以传统的农牧业为主要生产方式。

---

① 刘永佶等：《民族经济学》，中国经济出版社 2013 年版，第 399—400 页。
② 杨思远：《中国少数民族生产方式研究》，新华出版社 2013 年版，第 1 页。

生产方式决定交换方式，工业化要求精细的分工，分工的精细化为市场化的商品交换和生产要素的交易奠定了基础，因此，在工业化生产方式之下，一旦以指令性的计划控制整个生产、分配、消费的"计划经济"解体，以契约和交换为特征的市场化便会随之拓展和深化。但传统的以家庭为单位的个体农牧业生产方式却停留在自给式产品消费阶段，这种自给式的生活方式不能获得足够的作为交易媒介的货币，随着市场经济的普及，又不可避免地要从市场中购买生产资料，货币的缺乏与货币的需求成为传统农牧业不能解决的矛盾，随着市场化程度的加深，这个矛盾会日益突出。

总之，民族地区的"本原经济"与"嵌入经济"缺乏联系，仍停留在传统生产方式中，却又受到"嵌入经济"市场化的影响，使之远远不能适应市场化需要。这一矛盾表现在货币缺乏型贫困上。

首先，"本原经济"停留在自给性阶段，不能提供货币收入。中国各少数民族的经济制度在历史上长期落后并在新中国成立后实现了大幅度跨越，生产方式多元性特点突出，从采集渔猎到游牧生产，从农耕种植到工业制造，但总的来说，大都停留在传统的小农生产方式中，即以家庭为单位的自给性农牧业生产方式。

自给式的小农经济从秦国商鞅变法的"废封建，立郡县"便已形成，两千多年的集权官僚制一直以小农经济为经济基础，但土地兼并也越来越普遍。新中国成立后进行的土地改革通过均配土地占有权，使得小农经济重新建构起来。随后进行的社会主义改造将小农经济改造为社会主义性质的合作制，后来又演变为畸形的合作制——"集体制"。20世纪80年代以来的家庭联产承包责任制恢复了以家庭为单位的生产，全面重建了小农（牧）经济。

在现代市场经济条件下，分工和交换是必不可少的，每个人的生产都不是为了满足自己直接的需要，而是在社会分工中通过"为别人生产"来获得货币收入，从而满足自己的需要。然而，以传统手工劳动为基础，以家庭为生产单位的传统农牧业生产是自给性的生产，家庭的需要靠自给性生产满足。"完全自给性生产是不需要货币的，一个家庭自己一切需要都能通过自给性生产解决，货币又有何用呢？货币起源于商品生产与商品交换，货币的本质是充当一般等价物的特殊商品，货币的基本职能是衡量商品价值和充当商品交换的媒介，流通中所需要的货币量由待售商品的数量和价格决定。也就是说,货币的存在及其作用始终离不开商品,一种自给性生产方式下,其劳动产品不表现为商品,因而也就无须货币。对于从事自给性生产的经济体来说,其收入只表现为实物收入,而不会表现为货币收入。"①

由于一直延续至今的嵌入型经济发展方式,使得民族地区形成了"嵌入经济"与"本原经济"的对立,而"嵌入经济"基本与"本原经济"脱节存在,因此,民族地区的"本原经济"仍然停留在传统的生产方式下。这种传统的生产方式以自给性的,以满足自身直接需要而不是交换为目的,因此,停留在自给性阶段的"本原经济"并不能为劳动者提供货币收入。

其次,自给性生产却不能自足,市场化需求要求货币支出。中国两千多年的集权官僚制都是以自给自足的小农经济为基础的。在集权官僚制度下,国家以皇帝的名义控制全国的土地所有权,并将小块儿土地占有权分配给具有相对自由人身权的农民,这种小农经济在工业化生产方式之前能最大限度地发挥个体农民的主动性和积极性,使得中国在历史上长期领先于世界。虽然在工业化的冲击之下,传统的小农经济由于个体劳动技能的局限未能突破农业生产方式而使得中国衰落,但不得不承认,能够维持两千多年集权官僚制的小农经济是以自给自足为特征的。

如果传统的农牧业生产方式能够完全实现自给自足,那么即使货币收入为零,也"不等于实际生活水平低,因为实际生活水平不是以货币来衡量的,而是以消费的实物的使用价值决定的"。② 问题是,随着工业化生产方式的产生和市场化的扩展,传统的农牧业生产方式只能自给,却不能自足。

虽然民族地区的"本原经济"与"嵌入经济"关联甚少,仍保持传统的生产方式,但各个民族地区与全国一样,已经开始了从传统社会向现代社会的转型。"民族地区的经济生活正逐步被纳入到市场关系中,只是以家庭为单位的农牧业生产方式死死拖住了这一进程。尽管如此,农牧民再生产中的许多环节已经不可能脱离市场了。在吃的方面,歉收年不可避免要购入粮食,这需要货币支付。日常生活中的油盐酱醋

---

① 杨思远:《中国少数民族生产方式研究》,新华出版社2013年版,第182页。
② 同上。

毕竟不能仰赖自给，自古靠市场供应，没有货币收入是不行的。在穿的方面，家庭纺织缝纫手艺基本被现代纺织服装工业所取代，农牧民的衣着要靠市场购买。在喝的方面，民族地区大都完成了自来水工程，喝水要交费，同样离不开货币。在用的方面，用电、用汽油要花钱，农业生产上购买化肥、种子、农药要花钱，上学、看病、结婚用品及彩礼、丧葬等都需要货币。在住的方面，房屋修建、建筑材料都要支付不少的货币。在行的方面，摩托车、农用车的购买及维修都是不能自给的。择其要者，农牧民在子女上学、建房、结婚、治病、丧葬等劳动力再生产几个重要环节上都不能实现自给自足，需要仰赖市场供应。"[1]

作为自给但不能自足的小农经济构成的"本原经济"，货币缺乏型贫困是不能适应市场化的必然结果。自给却不能自足的结果就是贫困，这是民族地区的"本原经济"不能适应市场化的必然结果和突出表现。

"一方面，以手工劳动为基础的传统农牧业生产的农畜产品十分有限，且自给率高，商品率低，造成货币收入有限；另一方面，这种自给性生产不能自足，又产生了对市场的依赖和货币支付的需要。生产方式能够自给但却不能自足，对货币产生了需求但又不能提供足够货币收入，这一矛盾的结果就是贫困。"停留在传统生产方式又受到"嵌入经济"市场化影响的"本原经济"必然伴随着贫困。"这种贫困不是自给性产品消费意义上的贫困，而是在劳动力再生产的几个重要环节上严重缺乏货币购买力，从而形成在温饱两项之外一系列基本生活需要项目不能满足的贫困。这些贫困由于不能通过自给性生产加以消除，需要货币支付才能解决，所以这种贫困表现为货币收入上的贫困。"[2]

如果说一个孤立封闭的民族经济体尚能在传统的农牧业生产方式下生存繁衍、自给自足，那么，在现代经济体系当中，随着市场化程度的深化，民族地区的"本原经济"已经远远不能适应市场化需要，传统的以家庭为生产单位的小农（牧）经济在市场化过程中必然伴随着长久的"货币缺乏型贫困"。家庭联产承包责任制使得小农经济全面重建，自给性生产得以恢复和加强，"小块土地经营和各农户经济结构的同化限制了社会分工的发展，自给性生产成为必然，农畜产品商品率因

---

[1] 杨思远：《中国少数民族生产方式研究》，新华出版社2013年版，第183页。
[2] 同上书，第184页。

之保持在一个极低水准。以家庭为基本经济单位又降低了自足能力，集体制虽有许多缺陷，但集体内部的适当分工大大提高了一个集体内部的自足能力，公社的自足能力比大队强，大队又比生产队强，生产队比个体户强。"[1] 以家庭为生产单位，农牧民满足自身需要的能力下降，对市场的依赖性也随之加强，市场化的拓展要求民族地区的"本原经济"必须转型，否则只能陷入货币缺乏型贫困中不能自拔。

解决货币缺乏型贫困只能依赖嵌入方式。由于民族地区的"本原经济"仍停留在传统农牧业生产方式阶段，这种生产方式在市场化条件下必然形成自给而不能自足的货币缺乏性贫困，依赖"本原经济"自身是无法摆脱这种由生产方式自身决定的贫困的，只要传统的生产方式不改变，贫困的解决、货币的取得就只能依赖"嵌入经济"，包括中央财政的转移支付、农牧民的外出打工以及举债。

由于我国绝大部分民族地区是贫困地区，民族地区的稳定又关乎社会稳定、民族团结、国家统一和边疆巩固，因此政府在进行反贫困时尤其重视民族地区。从 20 世纪 80 年代开始，我国政府在实施反贫困的过程中对民族地区采取了一些有针对性的特殊扶贫政策。"主要有：（1）扶贫资金和物资的分配向民族地区倾斜。据统计，1996 年至 1998 年，国家向 257 个民族贫困县投入的扶贫资金占中央扶贫资金总额的 45%。（2）对民族地区安排专项扶贫资金。例如，从 1983 年到 2002 年，中央政府每年拨出 2 亿元专款用于甘肃和宁夏少数民族比较集中的'三西'（定西、河西和西海固）干旱地区的农业建设；从 1990 年起，国家还专门设立了'少数民族地区温饱基金'，重点扶持全国 143 个民族贫困县等。（3）积极开展同国际组织在民族地区扶贫开发的合作。1995—2002 年，世界银行在中国实施了三期扶贫项目，贷款规模总计 6.1 亿美元，覆盖了广西、内蒙古、宁夏及其他省区的 43 个民族贫困县。（4）组织东部省、市同民族地区开展扶贫协作。1996 年，中央政府决定组织 9 个沿海发达省、直辖市和 4 个计划单列市对口帮助西部 10 个贫困县、自治区，仅三年，实施合作项目就达 2074 个，投资近 40

---

[1] 杨思远：《中国少数民族生产方式研究》，新华出版社 2013 年版，第 185 页。

亿元。"① 通过社会救济式扶贫、区域开发式扶贫以及扶贫到户的个体开发式扶贫，政府的转移支付直接补充了民族贫困地区的货币收入，许多农牧民都能享受定期发放或一次性的货币补助，缓解了自给而不能自足的货币缺乏矛盾。

劳务输出，即农牧民外出打工是获得货币收入，缓解自给而不能自足矛盾的第二条渠道。家庭联产承包责任制的推行使得农牧民的劳动力从集体中释放出来，当他们所承包的土地不能满足他们劳动力的使用，而他们又在一定程度上面临货币缺乏型贫困时，他们就会外出寻找出卖自己劳动力的机会，于是形成了中国特有的"农民工"。农民工的身份与职业是分离的，由于户籍制度的限制，他们是具有农民身份的工人。"农民工的生产与生活也是分立的，他们的生产或出卖劳动力使用权在城镇，他们的生活却在农村。相应地，他们的活动主要在城镇，他们的家庭却还在农村。家庭联产承包责任制为农民工保留了养家糊口的条件，也束缚了他们举家迁入城市；城市生活水平与农民工收入水平的巨大差距也使得农民工不能转入城市生活。农民工出卖劳动力所得报酬之低，使他们绝对不可能靠这低微的收入搬迁到城市生活，但他们又必须外出打工，以挣取比没有外出多一些的货币，以维持其家庭在农村的生活。"② "农民工"作为一种双重的经济关系，能同时再生产出农民和工人两种生产关系。当然，随着时间的流逝，"第二代农民工"已成为农民工的主体，由于第一轮承包之后，"增人不增地、减人不减地"的原则使得第二代农民工不再像他们的父辈一样有足够的土地和宅基地，他们的受教育程度提高，吃的苦也较父辈少，他们也不像他们的父辈一样以种地为主业，甚至很多第二代农民工没有地可以种，也不会种地。因此，"农民工"的"代际再生产"已经不能维持这种双重的生产关系，"农民工"再生产出来的不再是"农民工"，而是工人。东部发达省份的"农民工"这种转变较为明显，但西部民族地区由于起步晚，游牧生产方式下的小牧经济能够比东部省份农耕生产方式下的小农经济接纳更多劳动力，人口又远远少于东部地区，剩余劳动力状况出现晚，牧民

---

① 张冬梅、陈颖：《少数民族经济发展中的财政政策》，中央民族大学出版社 2006 年版，第 272—273 页。

② 刘永佶：《农民权利论》，中国经济出版社 2007 年版，第 372—375 页。

转"牧民工"仍在继续。对于民族地区来说,外出务工仍然是解决传统农牧业生产方式下自给而不能自足的货币缺乏型贫困的重要途径。

如果政府为扶贫开发进行转移支付使农牧民获得的货币收入和农牧民外出务工所获得的货币收入,两种货币收入仍然不能满足货币需求,那么举债就成了一个重要方式。民族地区的信用类型可以分为三种:以互助性的无息信贷为内容的伊斯兰信用;有较高利息、需要一定信用或担保的农村信用合作社贷款;还有非法的高利贷形式在民族地区也很普遍。

上述三种货币收入:政府转移支付、外出务工收入和举债,都不是民族地区传统生产方式下的"本原经济"自身产生的,在传统生产方式不改变的前提下,这种"嵌入型"的货币收入并不能完全满足农民再生产所需的货币,货币缺乏型贫困并不能从根本上解决。

下面以甘肃省临夏回族自治州东乡族自治县汪集乡咀头村的调查情况为例,对民族地区"本原经济"不能适应市场化的论断加以详细论证。

咀头村的经济发展方式是一种典型的嵌入型发展方式,即该地区的经济存在"嵌入经济"与"本原经济"的二元结构。嵌入经济在咀头村主要表现为各级政府对村民的各种补贴以及村民外出务工所挣的钱,这些经济资源都是由区外直接"植入"或"嵌入"到咀头村的。"本原经济"则是咀头村村民按照本地长久以来的经济传统而发展起来的自给性农牧业生产。

咀头村村民经济生活在生产领域和消费需求领域的市场化程度是不一致的,前者远远低于后者。

在生产领域,自给性的农牧业生产在咀头村占据了主导地位,市场化的商业性畜牧业的地位极低。咀头村的生产方式是传统的农牧业。所谓"传统",就是指以手工劳动为基础,以经验为依靠。这种农牧业虽然已经将最终生产成果纳入目的性因果设定,因此较采集渔猎生产方式要先进得多,但是整个生产中,有目的性的劳动所起的作用还很微弱,这为自在因果性联系的作用预留了巨大空间。咀头村两种主要农作物小麦和洋芋品种的选择就是历史的产物,这两种作物即使在自在因果性发挥作用的时空内,也能较好地保持劳动目的性设定不至于全盘落空。干旱是自在因果性联系起作用对目的性设定构成的最大威胁,小麦和洋芋作为耐旱作物一方面适应了干旱，另一方面又最大限度地保存了人的劳动目的性。东乡族人发明了一个专门的词叫"雨水灌"，就是"风调雨顺"的意思。尽管小麦和洋芋耐旱，但旱情过于严重，仍然不会有收成，特别是播种和开花季节，若有雨水灌，则可多收三五斗。所以，与其说干旱造成贫困，不如说是靠天吃饭的农业生产造成贫困。贫困的根因不在天，而在人。牧业也是如此。咀头村养羊是真正的支柱产业，而且"东乡手抓"羊肉是驰名品牌。但制约养羊业的首要生产环节是繁殖，关键环节是饲料。由于贫困，多数农户买不起羊羔，要想多养，繁殖率必须提高。咀头村有三种羊：小尾寒羊、多胎羊和本地羊。小尾寒羊耐旱，育肥较快，但一胎只能生一只，且食量大、易生病，农民更喜欢养多胎羊，一胎可产两到三只。在对把子社牟耀祥家调查时了解到，他家2008年养的3只多胎羊，2009年下了8只小羊羔。和种麦子、洋芋一样，这里自在因果联系起决定作用。在整个饲养过程中，这种作用也存在，它对出栏时个体体重有重大影响，不过农民已经将劳动深深嵌入生产过程，在出栏前约1个月，加大喂饲洋芋，这是咀头村和东乡县特有的育肥方式。于是剩余洋芋成为关键问题，由于小块土地经营难以获得更多的剩余洋芋作为饲料，养羊规模受到限制，饲养的时间也受到限制。

在市场化的条件下，咀头村的牧业对农业具有一种补充作用。咀头村的农业主要从事两种作物的种植，一是小麦，二是洋芋。这两种作物实行轮种，如胡拉松社牟外力果家有7亩地，5亩小麦和2亩洋芋；上老庄社马万良家11亩地，6亩小麦和5亩洋芋；街道社牟占虎家4亩地，小麦和洋芋各种2亩；下老庄社马成表家6亩地，3亩麦子和3亩洋芋；马英家10亩地，7亩麦子和3亩洋芋；马麦志东家11亩地，5亩小麦和6亩洋芋，都是一年一轮。两种作物均为耐旱作物，但耐旱能力洋芋高于小麦，当严重干旱发生时，洋芋就是救命之物，洋芋实际对小麦构成一种补充，这种补充在解决吃饱问题上具有重要意义。在丰年，洋芋在补充口粮之外有余，可以直接出售一部分换取货币，也可以用作饲料喂牲畜。但这种补充仅限于自给性农业内部，在农业外部则形成商业性畜牧业的补充。

咀头村的畜牧业是以家庭为单位，以喂饲为主、放养为辅的圈养畜牧业，同甘南高寒草原放牧畜牧业有重大区别。东乡族和咀头村的畜牧业小部分是自给性的，主体部分为商业畜牧业。主要饲养的牲畜品种有小尾寒羊、多胎羊、本地羊、牛和驴，主要饲料为麦草和洋芋，麦草是一种将小麦秸秆铡成寸许，加水拌以麦麸而成的饲料，洋芋往往是挑选个头小的作饲料，大的供人食用。一般农户在每年春天购进羊羔或接羔，养到农历六七月出栏，具体出栏时间取决于三个因素：一是用钱的需要，二是市场行情，三是主要精饲料洋芋的剩余情况。在出栏前，咀头村农民一般要育肥，通过多喂洋芋催肥，咀头村畜牧业对农业的补充作用表现在：畜牧业填补了咀头村旱作农业中自然起作用的巨大时间，正如汉族家庭手工业填补了农闲时间一样；畜牧业的发展利用了自给性农业生产中形成的剩余农产品（麦草、麦麸和小个头的洋芋）；牲畜粪便为农业提供了有机肥和部分燃料；商业性畜牧业货币收入成为自给但不能自足的农民生产和再生产自身劳动力费用的一个重要来源。在咀头村调查中，常听到农民说，需要花钱时就卖一只羊，有时急等用钱，一只能卖400元的羊200多元也会出手。

咀头村虽不能说家家养羊，但养羊户是很普遍的，能占90%以上，所以，羊一般不会在农户之间出售（羊羔除外，那是作为劳动对象，不是作为最终产品交换的），而是卖给宾馆和饭店，也就是卖给那些脱离了农牧业生产的消费者，这一点在咀头村有重大经济意义。它表明，村里的畜牧业只有在满足社会需要的条件下，才能成为自给但不能自足的生产方式的一个货币收入来源，才能成为商业性的畜牧业。自给但不能自足的农牧业生产已经被部分地纳入市场，而成为半自给性生产。

然而商业性畜牧业的补充作用是有限的。以一只羊450元的高价计算，年均卖4只羊就是大卖家了，那也只能收入1800元，贴补家用也不够。下老庄社社长马成表说，他家7口人，每天日常需要货币开支平均在25—30元，年货币开支需要1万元。所以，卖羊收入不敷日常货币支出，充分证明咀头村的自给性农牧业生产对市场化的不适应。[①]

在咀头村村民的经济生活中，与上述生产领域市场化不足相对照的是消费领域的大面积市场化。

一般而言，人们满足自身的消费需求有两个方法：一个方法是用自

---

① 杨思远：《中国少数民族生产方式研究》，新华出版社2013年版，第181—182、187—188页。

己的直接劳动生产物来直接满足，如咀头村农民通过种植小麦、洋芋来满足自己的食物需要，这是一种典型的自给型的小农经济；另一种方法就是通过市场交换，使用自己的货币收入来换取自己需要消费的商品，从而满足自身的消费需求。

　　在吃的方面，歉收年不可避免地要购入粮食，这就需要货币支付。日常生活中的油盐酱醋毕竟不能仰赖自给，自古靠市场供应，没有货币收入是不行的。在穿的方面，家庭纺织缝纫手艺基本被现代纺织服装工业所取代，咀头村农民绝大部分衣着靠市场购买。在喝的方面，过去的饮用水是靠运水车从锁南坝镇（东乡县府所在地）购买，也有自己从山沟里用驴驮水，近年来，自来水工程基本完成，喝水交费，同样离不开货币；茶叶消费在东乡族的量很大，干旱寒冷的东乡不产茶叶，农民饮茶必须在市场购买，到过东乡的人会发现，东乡各类市场上茶叶的经销都是大宗商品。在用的方面，用电需要花钱，用汽油要花钱，农业生产上买化肥、种子、农药要花钱，上学要花钱，看病的医疗费，结婚用品以及彩礼，丧葬散给来宾的哈吉耶，捐给清真寺以及请阿訇的钱……这些都需要货币。在住的方面，房屋修建尽管有亲友帮工无须支付工钱，尽管有政府的危旧房改造项目和廉租房项目补贴，尽管部分建筑材料，如土坯砖、木料可以自给，但这些都不能将一栋房子盖起来，农民平均盖一栋房子仍需支付万元以上的货币，最低的也要支付7000—8000元。在行的方面，摩托车、农用车的购买及其维修等，都是农民不能自给的。

　　农民在子女上学、建房、结婚、治病、丧葬等劳动力再生产几个重要环节上都不能实现自给自足，需要仰赖市场供应。一方面，以手工劳动为基础的传统农牧业生产的农畜产品十分有限，且自给率高，商品率低，造成货币收入有限；另一方面，这种自给性生产不能自足，又产生了对市场的依赖和货币支付的需要。生产方式能够自给但却不能自足，对货币产生了需求但又不能提供足够货币收入，这一矛盾的结果就是贫困。咀头村，乃至整个东乡县农民的贫困，不是自给性产品消费意义上的贫困，而是在劳动力再生产的几个重要环节上严重缺乏货币购买力，从而造成在温饱两项之外一系列基本生活需要项目不能满足的贫困。这些贫困由于不能通过自给性生产加以解决，需要货币支付才能解决，所以这种贫困表现为货币收入上的贫困。①

咀头村这种货币缺乏型的贫困证明了嵌入型发展方式对市场化的适应程度是远远低于内生型发展方式的,因为"嵌入经济"与"本原经济"毫无关涉,根本不能解决后者对市场化的适应问题。这样一种生产和需求在市场化中的矛盾要求民族地区的经济发展方式必须转型。

3. 民族地区半市场化的嵌入型发展方式

嵌入型发展方式使得民族地区形成了两种截然不同的经济体系。一是传统的依赖个体小农生产的农牧业经济,这是民族地区的"本原经济";二是以追求利润为目的的现代工矿商贸业经济,这是民族地区的"嵌入经济"。市场作为以货币为媒介的交易关系,市场化的程度可以从货币职能的发挥程度来判断。从市场化的视角来看,民族地区这种"嵌入型发展方式"是半市场化的经济,因为"嵌入经济"为民族地区带来了货币收入,而"本原经济"则只能自给性生产却不能带来货币收入。

对于处在嵌入型经济发展方式的民族地区来说,市场化的核心问题是实现分散的个体小生产与工业化大生产的对接,但"煤电资源的开发主要依赖国有大型公司,在体制上除了项目落地审批与地方有一定联系外,在项目建设、企业规划和运营、产业链形成、职工招聘、产品销售、收入分配上基本与当地的少数民族无涉。由资源开发形成的民族地区支柱产业,同少数民族为主体的农牧业,没有产业链关系,资源型支柱产业的发展同基础性的农牧业脱节。仰赖中央财政支持的民族地区(以藏区为典型),重点发展以城市为中心的民族区域经济,以传统农牧业为基础的藏族经济并没有真正发展和活跃起来,国家在大政策上的倾斜和扶持并未普惠藏族主体,其中既有机会原因,又有技能问题"②。民族地区主要依靠大中型资源型国有企业和中央财政支持的工业化大生产根本不能以市场为媒介改变民族地区的个体小生产,以传统农牧业为基础的"本原经济"根本不可能实现与工业大生产的对接,这种发展方式对于促进少数民族经济发展的作用基本是失败的。

"嵌入经济"与本地少数民族劳动者无涉,基本是东部地区国有企

---

① 杨思远:《中国少数民族生产方式研究》,新华出版社2013年版,第184页。
② 同上书,第419—421页。

业和职工的移植和复制，缺乏核心推动力即劳动者素质技能的提高与发挥，因此，面临"资源型经济"的困境，亟须转型，否则将随着市场化程度的加深使得这些资源丰富的民族地区越发穷困。"本原经济"基本保持在传统的个体生产经营模式下，以自给而非交换为目的的生产碰上市场化的需求，使得民族地区的"本原经济"长期陷入自给而不能自足的货币缺乏型贫困当中，因此，"本原经济"更应该转型。综合起来说，民族地区"嵌入型经济发展方式"已经远远不能适应市场化的需要，"内生型经济发展方式"是民族地区市场化的必然选择。

三 民族地区内生型的市场化发展方式

"社会发展的原因，不是靠社会外部的地理、气候等条件，而是由于内部矛盾引起发展的。"[①] 嵌入型经济发展方式是一种外因决定论片面观点下的产物，片面强调外部对民族地区的支持，过分依赖外部力量的作用，甚至直接从外部将企业嵌入的方式都不能从根本上实现民族地区的经济发展。要想实现民族经济的真正发展，必须将引进的资金技术进行消化吸收创新，提高自力更生的能力，以劳动者素质技能的提高和发挥为目的，改变传统生产方式，"内生为主，自强拓展"，逐渐形成和完善内生型的市场化发展方式。

"内因是事物变化发展的根本原因，外因是事物变化发展的重要条件。强调少数民族经济发展首先要研究解决其内部矛盾，但并不否定外因；在解决民族经济矛盾的过程中，必须充分利用外因、利用外部条件，以加速民族经济的发展。少数民族经济有许多优势条件，民族地区有广袤的土地、丰富的矿产能源、多样的生物资源和旅游资源。但这种优势只是处于一种潜在的状态，并不构成现实的优势。在现代市场经济条件下，真正的优势是把资本、技术、资源与市场组合起来形成优势。怎样使内部优势条件发挥作用，就是利用外因的问题，就是怎样使外因通过内因起作用，把民族经济潜在的优势转化成现实的优势。"[②] 而这

[①] 毛泽东：《毛泽东选集》（第一卷），人民出版社1969年版，第276页。
[②] 王玉芬等：《内生拓展》，中央民族大学出版社2006年版，第157—158页。

正是内生型的市场化发展方式的要点。

1. 第一产业：农业、畜牧业

"农民，是中国历史特殊性和先进性、保守性的集合。迄今为止，农民问题仍是中国的根本问题。中国农民问题的重要，不仅在于其人数众多，更在于农民的社会存在，其生产和生活方式的落后，其素质技能与现代工业文明的不适应，都严重制约着其自身的发展和中华民族的进步。"[1] 家庭联产承包责任制的推行使得传统农民的生产和生活方式得以重建，个体小农（牧）的生产和生活与工业化、市场化完全不能适应。种植和养殖，历来是农业经济的两大支柱，在中国少数民族经济中，畜牧业的生产一直占据着不可忽视的地位。少数民族经济发展的关键在于农业、畜牧业的发展，这一发展的实现就是转变传统的以个体家庭为基本生产单位的自给性小农（牧）经济为商品化、专业化、现代化的农牧业。

首先，变自给性农牧业生产为面向市场的商品型农牧业生产。工业生产方式使得人类社会进入了一个新的时代——商品经济和公民社会时代，"商品经济是对其前产品经济的否定。其要点，一是生产品和生产者本人的消费分开，生产者生产某种产品，目的并不是直接消费其效用，而是创造价值，以与其他产品交换，取得货币，进而购买自己需要的产品，由此产品变为商品；二是行业分化和生产分工的专业化，生产不以直接消费为目的，而以交换为目的，由此促使产业分化，特别是工业的形成和行业的不断分化，并引起分工的细化，只要是能够用于交换，取得价值的行业，都会逐步出现，而生产者也由此分工并专门从事某一专业工种；三是在商品交换中密切了人与人之间的交往，人类总体性越来越突出，而个体人的权力和利益也日益明确，社会成了人们以商品交换为纽带的共同生存、矛盾、发展的大'市场'；四是参与交换的主体权利是平等的，交易是自由的；五是商品的价值由劳动决定，交换实行等价原则；六是要求并促进劳动者素质技能的提高，由此增强劳动者的主体意识和权利意识"[2]。在当前条件下，市场化正是商品经济关系不断普及和深化的过程，在嵌入型经济发展方式下，民族地区的本原

---

[1] 刘永佶：《农民权利论》，中国经济出版社2007年版，引言第1页。

[2] 同上书，引言第2—3页。

经济多为自给性的农牧业，在随着商品经济关系即市场化向民族地区的扩展，这种自给性的传统生产方式必会造成自给而不能自足的货币缺乏型贫困，因此，市场化的拓展首先就要求民族地区的第一产业即农业、畜牧业适应商品经济时代的需要，改变自给性生产，变自给性生产为面向市场的生产。

其次，用工业化生产方式改造传统小农（牧）经济。改变自给性生产的前提是变传统的小农经济生产方式为工业化生产方式。"作为生产方式的变革过程，工业化是生产方式由农业向工业的转变过程，是人类劳动的又一次质的飞跃，是劳动者素质技能的提升。工业化是以工业技术对生产的改造和更新，包括旧有的农业、畜牧业生产中应用工业技术，进而改变其权利结构和经营管理，进而改变人的生活方式和社会关系。"[1] 如果仍然坚持以传统的小农（牧）经济维持简单再生产，现代的农牧民必将被工业化趋势所淘汰。作为现代社会的农牧民，其根本利益不是维持自身的社会存在，而是以工业技术改变生产和生活方式，在提高自身素质技能的同时，改变自己的社会存在。因此，民族地区以及少数民族的发展不在于给少数人"先富"的特权，却让大多数农牧民停留在小农（牧）经济当中自生自灭，也不是消灭农牧业，而是要让仍生存于农村或牧区的农牧民能够运用现代工业所提供的技术与工具，形成工业化生产方式，享受工业化带来的成果，进入城市化的生活。

最后，实现农牧业生产的机械化、科学化。用工业生产方式取代传统生产方式，表现为用工业技术改造传统农牧业，实现农牧业生产的机械化、科学化。"根据生产技术的特点，农业可以分为原始农业、古代农业、近代农业和现代农业。原始农业大体上指石器时代的农业。古代农业大体相当于奴隶制到封建领主农奴制、集权官僚农民制的农业，特征有四：一为以人、畜力为主要动力；二是以传统的生产经验积累为农业技术的主要内容；三是在经济形态上处于自给自足状态；四是大多数人口从事农业生产。近代农业大体上是指19世纪中叶至20世纪40年代一些经济发达国家的农业，其基本特征是，半机械化和机械化的农机具在农业生产中占据统治地位，其他各种农用生产资料在农业生产中的应用日益增多，农业技术开始采用近代自然科学的成果，农业生产由自

---

[1] 刘永佶等：《民族经济学》，中国经济出版社2013年版，第318—319页。

给自足为主转化为商品化、社会化的生产，农业的发展速度大为加快，而农业产值与农民数量在国民经济和总就业人数中的比重开始下降。现代农业是指'二战'以来发达国家的农业，普遍采用现代化成果来装备农业，以机械化作业代替手工操作并广泛使用化工产品和大型农业设施，用现代科学技术改造和发展农业，用现代经济、管理科学来经营和管理农业。"[1]

畜牧业技术，是畜牧业发展水平的标志，也是一个国家技术总体发达程度的重要标志，主要包括畜禽品种选育、饲料、草原、畜禽疫病防治、畜产品加工等几个方面。中国少数民族传统的畜牧业，以天然草场为基础的畜牧养殖和游牧生产，与人口、动物存栏数、自然条件有着密切关系，并受它们的直接影响。由于对自然的依赖性比较大，传统的牧业生产比较脆弱，极易受到自然灾害的侵袭。现代畜牧业可以理解为用现代科学技术和现代工业装备畜牧业，用现代经济管理科学来管理畜牧业。依据先进的生物遗传学原理，运用先进的家畜育种繁育技术、饲养管理技术、种植饲养饲料技术、先进的兽医防病灭病技术、先进的肉乳皮毛等畜产品加工技术，在现代基础设施建设的保障下，服务到位的营销网络和健全的法制管理体系的支撑下，在现代经济管理科学的管理和指导下，实现畜牧业生产的科学现代化。[2]

我国少数民族的农业生产方式落后，多处于古代农业阶段，农业生产技术与汉族地区的精耕细作也有很大的差距，甚至有些地方仍然保留着刀耕火种的原始农业生产方式。民族地区的畜牧业生产，由于受到少数民族牧民素质技能和自然条件的限制，也基本上处于经验统领技术的状态。家庭联产承包责任制的推行，土地和草原、牲畜资源都分包到户，民族地区的农民和牧民都退回到了以分散和个体生产为特征的小农（牧）生产方式中，这在很大程度上阻碍了农牧业的规模化和机械化，个体农牧民很难做到引进技术和技术创新，人的目的性仍然极大地受限于自然因果性，工业生产方式为自然对人劳动限制的降低提供了前提，实现农牧业生产的机械化、科学化是农牧民降低自然因果性限制、突破经验式生产，从而减少自然灾害威胁、适应市场化需求的必然选择。

---

[1] 王玉芬等：《内生拓展》，中央民族大学出版社2006年版，第361页。
[2] 同上书，第368—369页。

2. 第二产业：资源型产业

我国民族地区有着丰富的自然资源，新疆、西藏、内蒙古、云南、青海等西部民族省区蕴藏着大量的煤、石油、天然气等能源矿产，铁、铜、铅、锌等金属矿产量多类广，也蕴藏了全国大部分的云母、芒硝等非金属矿产资源。基于这种得天独厚的自然资源条件，我国以中央政府为主导，以国有大中型企业为载体，对民族地区的自然资源进行了大力开发，在民族地区形成了一大批资源型产业。这种由民族地区外部的力量发动和实施的工业化，作为"嵌入经济"，虽然为民族地区带来了资金、技术、人才、设备等生产条件，但也带来了很多负面的影响，比如，缺乏内部发展动力，对外依赖性强；"嵌入经济"与"本原经济"并行无涉，资金、技术密集型的资源型企业无法吸纳本地劳动者，不能带动当地产业发展；重工业密集而消费品工业滞缓等。上述嵌入型经济发展方式在当前民族问题日益突出的今天已经暴露出越来越多的危害，民族地区的资源型产业作为"嵌入经济"的方式亟须改变。

首先，吸纳民族地区劳动者参与现代工业生产。作为"嵌入经济"的现代工业多是以国家财政直接投资、以大型国有企业直接实施的方式进行的，从人到设备都是从东部地区整体"植入"民族地区的，当地的劳动者在这些现代工业企业中的就业比重非常小，正是这一点使得民族地区的经济发展缺乏核心推动力即劳动者素质技能的提高与发挥，只能跟在发达地区之后，成为东部发达地区的能源、原料产地和商品市场，自身发展动力不足，这是民族地区资源型经济出现"富饶的贫困"现象的根源所在。

民族地区当地的劳动者无法参与现代工业生产有历史的原因，民族地区的少数民族在新中国成立之前发展水平低，都处于前资本主义阶段，大部分仍处于封建领主制甚至奴隶制、原始公社阶段，落后的社会形态伴随着少数民族劳动者素质技能的低下，而工业化对劳动者素质技能的要求与传统农牧业有质的区别。"一种新的生产方式对劳动者提出的新要求，往往首先引起原有劳动者内部的分化，并通过在原有劳动者内部进行挑选来满足；然后是在新生产方式中不断强化定型，并依赖新的生产方式再生产出来和发展起来。"[①] 因此，由国家资本和国有企业

---

① 杨思远：《中国农民工的政治经济学考察》，中国经济出版社2005年版，第136页。

嵌入到民族地区的资源型企业，最初选择了原本就具备相应的工业化素质技能的汉族地区劳动者，这些劳动者从东部地区调集而来而非从民族地区培训而来。"不同民族劳动者素质技能的高低成为他们进入工业生产方式先后的条件，正如今天农村具有一技之长的农民首先成为农民工一样。"[1] 因此，在工业化初建阶段，民族地区的少数民族劳动者很少参与现代工业生产，这样又反过来抑制了少数民族劳动者的素质技能向工业化所需的素质技能的转变和提升，从而影响少数民族劳动者在现代工业生产中参与程度和利益分配，造成同一地区内部不同民族之间差异巨大，矛盾突出。

要转变经济发展方式，形成内生型的市场化发展方式，必须转变上述连人带物的嵌入型发展方式，吸纳民族地区劳动者参与现代工业生产，从而提高少数民族劳动者适应工业化生产的能力，进而缩小少数民族劳动者与汉族劳动者素质技能的差距，摆脱对东部发达地区亦步亦趋的依附地位，形成以本地劳动者素质技能的提高和发挥为基础的内生型发展方式。

其次，发展战略新兴产业和现代制造业。嵌入型的资源型经济弊端凸显：区域经济与民族经济发展不均衡，以资源型的重工业为主导的工业化使得民族地区经济增长的持续动力不足，"资源诅咒"现象日益普遍，"等、靠、要"思想浓重等。随着社会主义市场经济体制的建立和市场化程度的加深，企业日益成为市场的主体，单纯依靠国家财政和外来企业进行的资源开发型经济不仅不能有效促进民族经济的发展，反而会使民族地区形成依附性的经济。经济的发展要靠自身主动性和主体性的发挥来推动，民族地区必须树立自主发展的理念，即根据其自身的优势选择适宜的产业，改变传统的重工业"一头独大"的状况，因人因地因时制宜，发展包括新能源、新材料等在内的战略新兴产业和现代制造业。

"少数民族地区普遍具有能源、生物、生态等方面的优势，完全可以在这些方面进行自主开发与生产。民族地区劳动者在改造传统产业，自主发展的同时要形成自己的龙头企业，比如，内蒙古自治区形成的鄂

---

[1] 刘永佶等：《中国少数民族经济发展研究》，中央民族大学出版社2006年版，第226页。

尔多斯、伊利、蒙牛等集团企业都影响并带动了许多当地其他企业为其提供原料，成为从属企业，形成巨大的产业链。在能源领域，除原来既有的向其他地区输送传统的能源，支持国家的经济建设外，还可以对石油、煤炭、天然气和盐进行更深层次的加工，从而提高其技术附加值。"[1] 只要民族地区集中财力、人力引进并消化、吸收、创新一定的技术和设备，培养自己的技术人员，就可以在当地加工和处理具有高附加值的产品，发展现代制造业。

能源危机、环境污染等问题催生了一个全新的产业，美国甚至将新能源作为其新的经济增长点，我国民族地区最不缺少的就是各种新能源。不仅不可再生的油气资源丰富，可再生的水能、风能、太阳能、地热等资源也异常丰富。这些清洁、环保、可再生的新能源为民族地区发展战略新兴产业提供了得天独厚的条件。只要民族地区劳动者树立自主发展意识，接受现代工业化的生产方式，这些有利的外因必将在内因的主导下形成新的经济发展道路。

在一些传统的工业领域，民族地区由于劳动者素质技能低下而形成了为发达地区提供原料和能源的地位并长期落后于东部地区的状态，但在一些新兴产业方面，民族地区和东部地区同处一个起跑线，甚至比东部地区更具优势。一些高新技术产业，如电子信息、航空航天、现代生物等都是发达国家长期以来保持领先的领域，在我国，西部地区的电子技术、航空航天技术都比较雄厚，比东部地区更具发展优势。因此，西部民族地区应该立足现有工业、技术基础，积极发展航空、信息等高科技产业。

最后，大力发展民族地区特色产业。特需商品和特种产品的存在为民族地区发展特色产业提供了前提。在历史发展过程中，由于各少数民族居住条件、宗教信仰、生产方式等不同，对某些特殊的商品具有特别的爱好，这些特别的商品就构成了少数民族的特需商品，如民族服饰靴帽、宗教用品、家用器皿等。"每个民族的特需商品都反映着本民族的社会生产方式、经济生活和风俗习惯等。比如，生产工具方面，蒙古、藏、哈萨克等主要从事畜牧业的民族普遍需要羊毛剪子、羊绒抓、挤牛奶器、打草机、猎枪、打狼夹等；民族服饰方面，不同民族妇女有着不

---

[1] 王玉芬等：《内生拓展》，中央民族大学出版社2006年版，第177—178页。

同的装饰和打扮,蒙古族要穿马靴,维吾尔族、蒙古族喜欢穿毡靴等;饮食方面,蒙古牧民以炒米、牛羊肉、乳制品为主食,藏族农牧民的主食是糌粑,酒和茶叶是大部分少数民族,特别是北方少数民族的特需品,维吾尔族人民的主食为馕,并喜欢食羊肉等;在居行方面,蒙古族、藏族牧民仍需帐篷或蒙古包;以畜牧为主的民族,马是主要交通工具,马鞍、马镫、马鞭等也是必需品等。国家为了保护和发展民族特需商品的生产和供应,采取了一系列的政策和措施:沟通商品流通渠道,建立商品生产基地;落实商品生产资金和原材料的供应;对生产民族特需商品的企业实行优惠政策,减免税收,低息贷款等。发展特需商品工业,既可以满足各族人民的特殊生产生活需要,又可以促进民族地区相关产业的发展。"①

由于各民族地区所处的特殊自然条件和独特的历史经验,民族地区具备很多汉族地区所不具备的拥有特殊经济价值、特殊风格的产品,如民族药、边销茶、民族工艺品、清真食品、乳制品、肉制品、地毯、皮革等。"少数民族地区的特种产品种类繁多,分布广泛,包括某些农、林、牧、副、渔产品,以及野生动植物和手工艺品。如,畜产品有内蒙古的三河牛、三河马,宁夏、内蒙古的滩羊、双峰骆驼,青海、西藏的牦牛等;林产品有西藏的云杉、冷杉,内蒙古大兴安岭的红松,贵州、云南、广西的油桐、油茶、漆树等;副产品有吉林延边的黑木耳,广西、贵州的香菇,内蒙古、宁夏、青海、甘肃、新疆草原上的发菜等;经济作物有新疆的长绒棉、啤酒花,青海的蚕豆,云南的紫胶、橡胶、胡椒、剑麻、滇红茶、滇绿茶、普洱茶等;瓜果有新疆吐鲁番的葡萄、哈密瓜、库尔勒香梨,内蒙古的黄金瓜,云南的大雪梨等;水产有内蒙古的黄河鲤鱼,赫哲族居住区的大马哈鱼,广西的合浦珍珠等;野生动物有新疆的野骆驼、高鼻羚羊,内蒙古大兴安岭的驼鹿、东北虎、丹顶鹤、紫貂、梅花鹿,西藏、青海的麝鹿,四川的大熊猫,云南的小熊猫等;药用植物有内蒙古的黄芪,宁夏的枸杞子、甘草,新疆、西藏的雪莲,青海、西藏、云南的藏红花、贝母、当归、虫草;云南的天麻、木香、半夏、三七,东北延边的人参等;手工艺品有西藏江孜的藏毯,新疆的花绸,贵州的刺绣、蜡染等。民族地区的特种产品基本上是立足于

---

① 黄万伦:《中国少数民族经济教程》,山西教育出版社1998年版,第280—283页。

各地区的特殊资源或特种加工技能而生产出来的产品,因而大多为市场短缺产品,具有广泛的市场前景和较强的竞争力,有些产品还有可能成为垄断产品,获得垄断利润,应该大力开发和利用,发展特色工业,如皮革工业、毛纺织工业、食品罐头工业、制药工业等。"①

3. 第三产业:旅游业、服务业

内生型的发展方式要求民族地区运用自身优势,发展优势产业,从而形成合理的产业格局。传统农牧业的改造,工业的优化调整都要求民族地区用内生型经济发展方式实现跨越式发展。第三产业作为新兴产业,民族地区比国内其他地区有着更大的优势。据统计,"1978年,我国民族地区第一产业、第二产业和第三产业间的产值比例关系是38.0:41.1:21.0,到2010年,三次产业间的产值比例关系变化为14.1:48.1:37.8,第一产业下降了23.8个百分点,第二产业增加了7.0个百分点,第三产业增加了16.8个百分点"②。对于第三产业来说,民族地区不是从落后中赶超,尤其是民族地区的旅游业,在民族地区比在其他地区甚至占有更高的比重,对此应该继续优化和提高第三产业的水平。

第三产业的范围很广,传统的第三产业部门主要是餐饮服务、流通部门,而现代第三产业包含了金融、保险、中介、物流、咨询等行业,这些行业与第一、第二产业紧密相关,是为第一、第二产业服务的部门。传统第三产业的繁荣主要与人们的收入水平有关,只有当人们的收入达到一定的水平,才会出现对丰富多彩和高质量生活的需要,家务劳动等才会社会化。现代第三产业是为第一、第二产业服务的,其发展与第一、第二产业之间应该保持一定的比例,发展滞后会成为第一、第二产业的制约"瓶颈",发展超前又会出现大的波动并对其他产业的发展产生副作用。因此,第三产业的发展应以收入水平和其他产业发展程度为标准,不宜盲目发展。③

首先,发展现代旅游业。在民族地区的第三产业中,旅游业是极具开发价值和开发前景的行业。独特的地域文化和民族风情是少数民族独

---

① 黄万伦:《中国少数民族经济教程》,山西教育出版社1998年版,第278—279页。
② 杨霞、单德朋:《转型期中国民族地区产业结构与就业结构演化实证研究》,《经济问题探索》2013年第2期。
③ 刘永佶等:《中国少数民族经济发展研究》,中央民族大学出版社2006年版,第404页。

有的文化资源，大自然的造化与民族文化的结合，使得少数民族地区旅游资源具有明显区别于其他地区的自然神韵和浓郁的地域风情。源远流长的民族文化，差异鲜明而又自成体系的风俗习惯，古朴自然而又充满灵性的民族艺术，风格迥异的民间建筑，千姿百态的自然风光，处处蕴含着发展少数民族经济的商机。因此，民族地区的资源开发绝不能只局限于传统的自然资源领域，文化领域的资源是少数民族地区更大的一笔财富，而且这笔财富富含生机、生生不息。①

随着人们收入水平的普遍提高和对民族文化认知的加深，民族地区的旅游收入大大增加。发展现代旅游业不仅需要民族地区开门迎客，而且需要旅游产业的规划和旅游景区的建设。在此基础上，利用民族地区的宗教、饮食、音乐、艺术等特色，开发周边产业，如民族特色服饰与食品的生产加工，旅游纪念品的研发和销售等，形成产业链，带动工业化。

其次，建立完善的现代物流业。流通部门作为第三产业的重要组成部分与一个地区经济发展的关系极为密切，不仅是经济发展的条件，而且是经济发展的一部分。在民族地区，物流产业不仅是第一产业、第二产业发展的纽带，更是旅游业发展的基本条件，作为一国国民经济中一个新兴的服务部门，物流业成为民族地区经济发展不可或缺的组成部分。

20世纪80年代以来的改革开放活跃了中国经济，伴随着工业、农业以及第三产业的蓬勃发展，国内商品流通和对外贸易不断扩大，经济的横向联合打破了部门、地区的界限，使物流业走向专业化、社会化，能够为社会经济发展提供更好的服务功能，再加之中国加快了交通运输等基础设施与服务的建设，中国物流业得到全面发展。民族地区物流业的发展落后于全国水平，其现代物流业发展仍处于起步阶段。主要表现在：西部地区企业对物流服务需求的认识不足，现代物流的观念尚未在工商企业中得到普及；物流服务水平低，提供物流服务的企业，绝大多数只能提供单项或分段的物流服务，不能利用运输网络优势，没有形成完整的物流供应链；市场机制不健全，竞争机制尚未形成。现代物流业

---

① 刘永佶等：《中国少数民族经济发展研究》，中央民族大学出版社2006年版，第404页。

在区域经济发展中发挥着重要的推动作用。顺畅的物流活动可以降低经济运行成本,从而推动区域经济增长方式转变;同时,现代物流业作为资本密集型产业与知识密集型产业的融合,还能够形成新兴的产业形态,从而助力区域产业结构的优化升级。因此,现代物流业与区域经济的发展密切相关,大力发展现代物流业是推动区域经济发展、产业结构优化的重要途径。①

再次,发展现代商贸、边贸,扩大与全国、国际间的经济交往。现代经济是一种开放型的经济,市场化的发展要求打破封闭状态,扩大商品流通和生产要素的流动,"现代商品经济本质上是一种开放的经济体系,只有跨越地方市场的狭小局限,在同外部不断的物质、能量、信息交换中,才能源源不断地汲取生存的营养,并实现推动社会经济变革的功能。这就决定了对外贸易在民族地区商品经济发展和市场化过程中的重要地位"②。

我国边境民族地区自古以来就是对外交往的重要渠道,西北的"丝绸之路",西南的"蜀身毒道"都是沟通中国与世界的重要通道。近代之后,中国经济发展的阶梯层次逐渐形成,东部口岸城市成为发展的先锋地带。新中国成立之后,尤其是改革开放以来,中国经济的发展仍然遵循从东南沿海口岸向内地辐射的模式,西部民族地区沦为经济死角、交通末端。"其他少数民族地区由于地理环境阻隔,语言交流不便,宗教和文化习俗不同等因素的制约,长期以来与外界交流较少,处于封闭和半封闭状态。这种封闭性使得人们的思想和价值观保留在世代承袭的几百年前的状态。商品经济观念和市场意识落后使大多数民族地区失去了经济和社会发展的原动力。市场经济要求打破封闭,密切交往,使劳动力以及各种生产资料流动起来,实现民族地区经济发展和劳动者素质技能的提高。"③

对于民族地区来说,既要向国内其他地区开放又要向国际开放。在嵌入型经济发展方式之下,民族地区向国内其他地区的开放都是被动

---

① 范晓林:《中国西部地区现代物流业发展研究》,博士学位论文,中央民族大学,2011年。
② 陈庆德:《中国少数民族经济开发概论》,民族出版社1994年版,第178页。
③ 王玉芬等:《内生拓展》,中央民族大学出版社2006年版,第420页。

的、适应性的，不仅没能成功将本民族经济从传统的生产方式转变为面向市场的工业化生产方式，而且受到嵌入经济带来的市场化的冲击使得依赖本原经济的少数民族陷入货币缺乏型贫困，造成民族经济与区域经济的失衡。因此，民族地区要立足自身，在开放中提升自身。边境贸易对民族地区尤其是边疆少数民族来说就有了特殊的意义。

边境贸易不仅是我国边疆各少数民族对外联系、融入市场化的重要手段，而且是民族地区超越以往国内由东南沿海经济中心向西部民族地区单区辐射扩散的经济格局的重要条件。边境贸易能够有效地推动民族地区商品经济、商品贸易的发展，吸引国内其他地区资金投资，是内地企业对外开放的重要桥梁。"一带一路"尤其是"丝绸之路经济带"的提出，对于发挥西部民族地区的边境贸易优势，使边疆民族地区成为对外开放的新兴经济中心是难得的机遇。民族地区应抓住机遇，与中央政府协同做好规划和基础设施建设，努力使本地区成为新的开放前沿和经济增长极，并带动本地区本原经济的转型。

最后，提供金融服务和金融支持。第三产业不仅包括传统的服务业、旅游业，金融、信息等行业正在成为国民经济发展的关键行业。"金融是个行业，它虽不是主干行业，但在现代经济结构及运行机制中的作用却是相当突出的。"[1] 内生型的市场化经济发展方式离不开市场化的资源配置，"金融作为现代经济的核心，它所提供的市场金融机制有助于增强西部地区资金分配的经济性和资金使用的效益性，最大限度地促进西部经济造血机制的建立，提高西部经济的自增长能力。"[2] 在内生型的经济发展方式中，金融是属于第三产业即服务业中的一个特殊行业，其基本是银行，证券和保险业则是银行职能的重要补充。银行为民众和企业提供储蓄和短期借贷服务，为企业间结算和个人间的货币汇兑提供服务，对于民族地区劳动者个人和企业获得生产所需货币必不可少。证券市场可以为民族地区国有企业和新兴企业提供投融资渠道。保险则可以为企业和个人提供失业、工伤、医疗、财产等保险服务，为少数民族劳动者突破生计型或自给性农业提供安全感。总之，"以金融

---

[1] 刘永佶：《中国经济矛盾论》，中国经济出版社2004年版，第433页。
[2] 谢丽霜：《西部开发中的金融支持与金融发展》，博士学位论文，中央民族大学，2003年。

业来理顺、调控货币的流通、存储和信贷、投资、债务等环节,是内生型经济结构及其法制主导式运行机制的体现和实现"。①

4. 内生型发展方式能够提高市场化程度

在嵌入型经济发展方式之下,民族地区的嵌入经济从改革开放之前的政府计划调节转变为市场化运作方式,成为民族地区的市场化经济成分;而本原经济自始至终都处于传统的生产方式之中,不仅自身没有实现市场化,而且也不能适应市场化的扩展。因此,这种嵌入型经济发展方式必须由内生型发展方式所取代。

内生型经济发展方式强调从民族地区内部,尤其是民族地区劳动者自身生产方式的转变出发,通过劳动者素质技能的提高和发挥实现经济的发展。农业、畜牧业作为民族地区尤其是当地少数民族劳动者的主要产业,其由自给性小农(牧)经济向面向市场、分工协作的工业化生产方式转变,不仅能为农牧民提供货币收入,而且能进一步扩大货币需求。当自给性生产进行了市场化转变之后,用于交换的商品型供给会随之扩大,由此增加农牧民的货币收入。货币收入的增加和自给性生产的减少会同时扩大农牧民的市场需求,第一产业的市场化程度便会随之增加。

第一产业市场化程度的提高,扩大了农牧民的商品交换,也扩大了农牧民的市场交流,农牧民商品经济意识提高,相应的素质技能随之提高,当地少数民族劳动者更加有利于适应工业化生产方式,融入工业化企业当中就业,进一步提高了货币收入和商品需求,当地劳动者更能适应市场化,也进一步提高了市场化程度。劳动者素质技能的转变和提升,为民族地区资源型产业的转型升级及其他新兴产业发展提供了劳动力和人才力量,拥有工业化素质技能的劳动者加上民族地区特有的自然风光、民族文化等特色条件,民族地区第三产业尤其是旅游业必能随之发展。总之,只有内生型的经济发展方式才能使民族地区提高市场化程度,适应市场化发展。

---

① 刘永佶:《中国经济矛盾论》,中国经济出版社 2004 年版,第 621 页。

四　内生型的市场化发展方式形成的路径

新中国成立之初，全国都实行以指令性的计划控制整个生产、分配、消费的计划经济，无论是民族地区还是其他地区，都是以国家财政直接干预为特征的经济发展模式，民族地区作为全国经济体系当中的一个环节，由国家投资获取全国工业化和经济发展所需的原材料和能源，并将在此基础上获得的收益以转移支付的形式补贴给民族地区，这种模式实际上是"抽血"与"输血"并存的"换血模式"。此时的民族地区被国家投资统一计划和调节，在全国市场都未开发的情况下，这种嵌入型经济发展方式带来的利益分配不均衡尚未突出地表现出来。20世纪80年代以来，由高度集中的中央集权直接管控各地区、各部门的投资体系被以地方政府为主导的投资体系所取代，对民族地区的"抽血"在扩大，而"输血"则相对减少，民族地区资源开发中的利益分配不均衡日益突出。西部大开发战略实施以来，中央政府对民族地区的转移支付增加，"输血"增加。但这种"输血"仍是以不改变当地少数民族的生产方式为前提，区域经济发展和民族经济落后成为这种发展方式的结果，随着以契约和交换为特征的市场化程度加深，这种民族经济与区域经济的不均衡更加突出，当地少数民族长期陷入贫困状态。要切实改变这种状态，适应市场化发展，形成内生型的经济发展方式，必须首先改造传统的自给性小农（牧）生产方式。"长期经济发展战役是胜是败，关键在于农业部门。"[①]

1. 改造小农（牧）经济

少数民族经济发展的根本在于劳动者素质技能的提升，即从传统农牧业生产方式向工业化生产方式的转变。对于农牧业占主体产业的少数民族经济来说，发展的关键就在于农牧业的发展，就在于实现从传统的自给自足的小农经济向专业化、市场化的现代农业转变。农牧业部门绝不仅仅是向工业部门提供廉价劳动力和食品的辅助部门，而是整个国民

[①] 纲纳·缪尔达尔：《经济学》，转引自迈克尔·P. 托达罗《经济发展与第三世界》，中国经济出版社1992年版，第259页。

经济发展的动力,没有农业的发展,工业的发展是不能持续的。问题的关键是农业的发展到底是何种含义,又如何才能实现农业的发展。

美国发展经济学家托达罗通过实证分析发展中国家的农业发展状况,将农业的发展分为三个阶段:具有巨大风险、不确定性的生计型农业;经济作物与维持生计的农作物交叉进行的混合型农业;专业化、现代化、商品化的农业。具体见表3-1。

表 3-1　　　　　农场演化的三个阶段的不同特征①

特征	生计型	混合型	专业型
产出组成	一种占优势的主要农作物和多种辅助作物	多样化	一种主要的经济作物和多种辅助作物
生产目的	供给家庭	供给家庭和市场	仅供市场
劳动时间	季节性	全年	季节性
资本投入	低	中	高
货币收入	低	中	高
收入保障	低	高	中(受价格波动影响)
收入实物率	高	约一半	低
农场主的专有技能	专业化	多样化	专业化
对支持制度②的依赖	不依赖	部分依赖	完全依赖

我国大部分地区尤其是西部民族地区的农牧业仍停留在第一阶段,即以维持自身生存为直接生产目的的生计型或自给性农业。这种以家庭为基本生产单位的农牧业随着20世纪70年代末家庭联产承包责任制的推行而重建起来。自给性的小农(牧)生产对自然条件依赖性强,充满了不确定性和风险,因此,能够维持生存是小农经济的主要目标。这样,农牧民生产的目的不是获得更多的货币收入,而是尽可能多地获得维持家庭生活需要的实物最大化。这种维持生计的压力使得农牧民不敢

---

① 迈克尔·P. 托达罗:《经济发展与第三世界》,中国经济出版社1992年版,第289页。

② 除非政府的支持制度能够为农牧业生产者提供必要的刺激、经济机会和增加必需的投入,否则农业发展的全面收益不可能实现(迈克尔·P. 托达罗:《经济发展与第三世界》,中国经济出版社1992年版,第294页)。

冒风险去改进技术，"没有有效的社会安全感，他们的每一项决策和行动都直接基于为实际生存而斗争。维持生计决定了他们的生活观念，他们的农业技术受到他们的维持生计的思想观念和货币收入水平的限制：人力和畜力而不是机械化的设备，粪便而不是化学肥料，传统作物和种子而不是实验性的耕种"[1]。这种自给性小农经济的生产方式以及与其伴随的维持生计的思想观念，使得民族地区的农牧业陷入"低收入—低投入—低产量—低收入"的贫困循环当中。要想改变这种生产方式，改变农牧民的生产观念，必须有相应的政策和制度支持，探索多种实现途径，目前取得比较广泛认可的途径有合作化、资本化以及股份合作制等形式。杨思远根据土地家庭承包政策长期不动摇的条件和河套平原的村庄调查提出了"中农化"的路径。[2]

内蒙古自治区巴彦淖尔市五原县隆兴昌镇浩丰村小农经济的演化出现了既不同于合作化、资本化又不同于小规模经营的新动向，即"中农化"。小农之小主要是指以农户为单位，占有土地面积少，经营规模小。中农化则强调在土地家庭承包不动摇的前提下农户经营的土地规模或是养殖规模扩大的趋势和过程。中农化的重点不在"中农"的确切规模，而在"化"字，在于以家庭为单位经营的土地面积和养殖、种植规模的扩大。土地家庭承包为中农化的开启，提供了起点和条件，农村家庭人口变化和小农经济分化则促进了这一进程。

为避免小农经济破产，学界提出的替代方案是走规模经营道路。但无论是通过合作化道路，组建合作农场，还是通过土地流转和资本下乡，组建资本制农场，其共同点在于，动摇了农户作为农村经济细胞组织的地位，合作制农场和资本制农场都是不同于农户的经济组织。这两种替代方案忽视了这样两个现实条件：第一，与党和国家现行的农村政策不相符。在现阶段，党在农村政策的核心是坚持土地家庭承包长期不动摇，实行第二轮土地承包后，承包期限更加延长了，至少 30 年不动摇。只要土地家庭承包政策不变，农户作为基本经营和核算单位的地位

---

[1] 迈克尔·P. 托达罗：《经济发展与第三世界》，中国经济出版社 1992 年版，第 269 页。
[2] 有关"中农化"论点，详见杨思远《河套平原小农经济的中农化趋势》，内部资料 2014 年。

就不可能动摇。第二，承包后的农民不愿失去赖以维生的土地，无论是把土地交给合作社，还是交给农业资本家。限于这两个条件，合作化和资本化作为理论替代方案，在现实中受挫。

中农化趋势则适应了上述两个条件。首先，它坚持了以农户为基本经营单位没有动摇；其次它没有停留于小规模经营，而是在土地适当集中的条件下，扩大经营规模，实现从小农向中农的转变。所以，中农化是以土地家庭承包为起点又不满足于家庭小块土地经营这一现实矛盾推动的。但是，要实现土地向种植和养殖大户集中，需要很多条件，中国农村经济变革，恰恰为此做了较为充分的准备。

按理说，由于"增人不增地"，户均土地随着子女独立门户和承包地在家庭内部的析分，只能越来越小，小农经济应当呈现"微型化"趋势。但事实并非如此，大量劳动力转移到非农产业，以及进城务工经商减少了土地压力。城镇化成为促进小农经济中农化的重要因素。城镇化通过农民工形式将农村劳动力转移到非农产业，避免了家庭承包地析分。另外，家庭人口的自然减少是"中农化"的促进因素。女孩较多的家庭，在"减人不减地"政策下，出嫁后使得娘家较多的承包地保留下来；老人过世，也可以导致和女孩出嫁同样的结果。有一定积累的家庭通过扩大种植、养殖规模也是中农化的重要途径。

中农化的结果是小农经济逐步成为具有规模经营的家庭农场。这一转变既坚持了农户对土地的承包经营权，同时也接纳了土地流转这一影响制度演化的新因素，将党和政府在农村长期不动摇的土地承包政策的原则性，与土地流转带来的对城镇化、工业化和市场化相适应的灵活性结合起来，是城乡经济综合演化的产物。

中农经济不是资本主义性质的经济，它没有出现制度化的雇工现象，但家庭农场以获取货币性收入为目标，逐步取代过去以自给性生产为目标。小农经济是自给性生产，由于自给不能自足，小农会出售一部分剩余农产品，但那只是对自给性生产的一种补充。浩丰村中农化的家庭农场基本上面向市场经营，以获取货币性收入为主要目的。货币性收入和利润是不同的概念，利润说到底来自雇工剩余劳动创造的剩余价值，家庭农场的货币性收入实际是农民劳动创造的价值，它不是雇佣劳动的产物，而是农民自主劳动在市场经济条件下的价值创造。因此，中农化的家庭农场不是资本主义性质的农场。

中农化的家庭农场也不是合作性质的农场。中农手里的土地有三类：承包地、垦荒地和租入地。前两类都是中农自己拥有经营权的土地，垦荒地的所有权属于集体，但农民垦荒劳动以及后来长期经营中投入的劳动改良了土地，它的占有权和经营权长期归垦荒户，是合理的，但现在缺乏相应的法律规定。租地关系具有资本关系的性质。但这种资本关系属于家庭农场外部关系，不是内部关系，内部不存在雇佣关系。租地关系既不是合作性质的劳动关系，也不是入股性质的股份关系。

集体所有制经济采取土地包产到户的经营体制，可以视作集体所有制的一种实现形式，中农化是土地包产到户经营体制演化的产物，因此，中农的家庭农场仍然可以视作集体经济的一种新的实现形式。

中农化是城镇化的一个附带现象，但这种附带现象不是完全被动的，它对农村经济产生了一系列重要影响。首先，家庭农场经营规模的扩大。经营规模的扩大无疑增强了家庭农场抵御自然风险和市场风险的能力。其次，中农化促进了农业机械化。早在20世纪我国农村合作化初期，毛泽东就提出"先合作化，后机械化"的主张，现在看来先中农化也能促进机械化。实际上，无论是合作化还是中农化，都能提高土地经营规模，这是机械化的前提。再次，中农化是农民收入的重要增长点。在小农经济基础上，农村居民增加收入的主要渠道来自小农经济外部，例如从事非农产业和外出务工，从小农家庭经济内部似乎找不到收入的增长点，中农化解决了这个问题，它通过种植业和养殖业规模的扩大实现农民增收。最后，中农化提高了农畜产品的商品率，开辟了农民货币增收新渠道，化解了货币缺乏型贫困。[①]

"中农化"无疑是在家庭承包经营政策背景下，适应市场化经营、转变生产方式、实现农业生产机械化的最好出路。

其次是合作化。小农经济不仅是一种生产方式，还是一种经济关系。"中农化"能够促进生产力的发展，实现农业生产的机械化，但忽视了生产关系的变革。小农经济是与集权官僚制相适应的生产关系，是小农意识的经济基础，而这种经济关系和小农意识对于农村基层民主制的实施乃至中国民主制的实现都是不利的。因此，改造小农经济，不仅要注重用机械化、工业化技术改造传统农牧业，这一点"中农化"也

---

① 杨思远：《河套平原小农经济的中农化趋势》，内部资料，2014年。

可以实现;更重要的是,要在生产关系上改造小农经济。而生产关系的改造,需要以合作制为主,以资本制为补充。

对"由于历史原因,少数民族劳动者所受的压迫比汉族劳动者更重,特别是那些仍处于封建领主制和奴隶制下的少数民族劳动者,他们几乎没有人身权,更没有对自己劳动力和生产资料的所有权,其劳动和生活完全受控于统治阶级。也正因如此,少数民族劳动者的素质技能也相对低下,他们的生产方式和生产技术,有的还停留在游牧和刀耕火种的水平。少数民族经济的落后是明显的,如果任由资本统治和扩展,那么,如此低下的生产力和落后的生产关系,很容易被资本统治的工业化冲垮,资本主义的残酷竞争,势必会消灭少数民族经济,一旦经济被消灭,那么其民族存在的基础也就消失,其后果是不堪设想的。北美洲印第安人的悲惨命运就充分说明了这一点"[①]。于是,合作制就成为改造小农经济的首要选择,合作制可以从生产力和生产关系两个方面改造小农经济,对于实现工业化、社会主义公有制和民主制,发展和完善社会主义都是有利的。

合作制包括两个要点,一是"合",二是"作",即个体权利集合起来共同劳作,所以,合作制的实现就在于劳动力和生产资料的个人所有权集合、派生并掌控集体占有权。因此,合作制可以产生"集体力",节约生产资料,增加积累,扩大投资,从而提供生产技术、应用机械化作业,实现农业生产的工业化。中国有过合作化的实践,即从1955年开始的合作化运动,但到1957年开始的初级合作社向高级合作社的转变以及1958年将高级合作社转变为人民公社,中国短暂的合作制就被集体制取代了。集体制是畸形的合作制。[②]

但即使是畸形的合作制——人民公社阶段,中国在农村的试验也取得了不可小视的成就:"第一,它具有积极使用失业的劳动力来改善土壤、兴建堤坝、兴修水利和公路以及更集约地耕种现存土地的能力,因此,中国的粮食增速非常快,在几年时间便超过了粮食生产的自给自足;第二,它具有使农业到林业、渔业和小工业的农村经济活动多样化

---

① 王玉芬等:《内生拓展》,中央民族大学出版社2006年版,第4页。
② "集体制是畸形的合作制"论点,详见刘永佶《农民权利论》,中国经济出版社2007年版。

的能力；第三，它具有通过把 15%—20% 的公社收入转化成积累基金的制度来促使农村资本形成和工业化的能力，这些基金被用于改进公社生产率方面的投资，尤其是建筑物形式和机械化的农业设备投资；第四，它为所有的社员提供基本的社会服务，特别是教育和卫生方面；第五，它与其他大多数国家计划不同，强调分散的农村计划，强调对本地资源最大限度地开发以满足本地需求，强调广大群众参与计划制订的过程。"① 但集体制毕竟否认了劳动者的个人所有权，劳动者丧失了自由，也丧失了积极性，矛盾日益显露和突出。到了 20 世纪 70 年代末，集体制已经不能维持，改革势在必行，但改革的方向却是退回到了"包产到户"的小农经济。

然而，"小农经济的单家独户经营不可能形成集体的力量去改天换地，向农业生产的广度和深度进军，集体生产力是合作社和集体经济的重要优势；其次，小农永远安于农业生产，破产的或连简单再生产也难以为继的农民，有可能出卖劳动力，但大多数小农固守在一小块儿土地上，不可能产生向现代工业生产方式转变的动力和条件，相反，合作社或集体'社员'却有这种可能；再次，单个小农之间不发生社会联系，自给自足，人的社会性得不到充分发展，狭隘、孤立、封闭和愚昧与其说是小农的缺点，不如说是自给自足经济下小农生存的思想条件；最后，孤立小农的对面必然是行政集权，而合作经济才能真正走向社会主义生产关系，铲除人受人支配的制度基础，实现人的自由发展。小农经济的重建只能导致中国经济的古代化，而不能导致中国经济现代化。"②

"合作制取代集体制，合作经济的复兴，在今天的中国，不仅是可能的，而且是有充分条件的。"③ 要在生产关系和生产方式两方面根本改造小农经济，必须支持和鼓励合作制，即农民以劳动力所有权、土地占有权和生产资料所有权为依据的"自由联合体"，促进农牧民从传统生产方式向工业生产方式的转化，增强话语权，适应市场化。

再次是资本化。民族地区乃至现代中国农牧民的发展就在于摆脱个

---

① 迈克尔·P. 托达罗：《经济发展与第三世界》，中国经济出版社 1992 年版，第 295—300 页。
② 杨思远：《中国少数民族生产方式研究》，新华出版社 2013 年版，第 405 页。
③ 刘永佶：《中国经济矛盾论》，中国经济出版社 2004 年版，第 296 页。

体劳动的小农（牧）经济，转向以工业生产方式为基础的社会化商品经济。"中农化"在不改变生产关系的前提下，为农牧业生产的机械化、工业技术化和城市化提供了道路，"合作制"则是社会主义中国农业发展的根本路径。但在当前的社会主义初级阶段，仍允许一部分私人资本存在，而私人资本发展的必要性首先就体现在对小农经济的改造上，因此，改造小农经济的另一种选择就是接纳资本制。私有资本作为公有制经济的必要补充，在改造小农经济、实现民族地区的工业化方面有其历史作用。

私有资本对小农经济的改造首先体现在吸纳剩余劳动力就业，为农牧业剩余劳动力提供货币工资上；其次，小农经济被改造为"资本化"的经济关系，农牧业生产关系资本化。这种农牧业生产关系的资本化在民族地区也有了现实存在。锡林郭勒盟东乌珠穆沁旗道特淖尔镇巴音图嘎嘎查从草场承包到草场整合，可以视作是小农经济关系资本化的一个缩影。

草场承包后，游牧方式难以为继，游牧改为定牧，造成了草场退化。草场载畜量下降的同时，牲畜品质也在下降。同时，草场承包后家庭经营的小农（牧）经济既抵御不了自然灾害，也抵御不了市场风险，牧民出现严重的贫富分化。在这种背景下，东乌旗旗委和旗政府总结经验，在坚持家庭联产承包基本经营体制不变的基础上，积极推进草场整合，"整合草场、整合畜种、整合设施、整合劳力"。草场整合的形式有家庭牧场、合作牧场和股份牧场，其中家庭牧场已经带有明显的资本关系性质。"家庭牧场内部，牧民个人劳动力所有权与承包草场使用权的结合只限于整合户，被整合户的这一结合形式陷于解体，劳动力和生产资料分离，被整合户牧民只能出卖劳动力，于是出现了初步的劳动雇佣关系。随着家庭牧场的进一步发展，一方面，牧场规模扩大，整合户有能力也有必要雇工；另一方面，被整合牧民增多，丧失草场短期使用权的人数增加，出卖劳动力的人数也将随之增加。承包牧户向资本性质的家庭牧场转变已经通过草场整合开辟了道路"[①]。

这种草场整合过程中的资本化还是农牧民自发的经济行为。由于少数民族地区，尤其是当地少数民族资本积累有限，而区外私人资本则较

---

① 杨思远：《中国少数民族生产方式研究》，新华出版社2013年版，第69页。

为发达，一旦政策允许，区外的私有资本对于民族地区小农经济的资本化改造将更为广泛。小农经济关系的资本化，对于扩大生产规模、突破小农生产关系、实现农牧业生产机械化有一定的意义，但必须规范私有资本，以保障劳动者的权利和地位作为前提。

最后是合作股份化与股份合作化。除了合作化、资本化、中农化，合作股份化与股份合作化也是当前条件下，改造小农（牧）经济为商品经济，以工业化生产技术和经营管理改造传统农牧业生产方式，适应市场化的必要形式。"合作股份制，是合作制的一种特殊形式，其中合作制的成分占主要方面，股份制的成分是其辅助方面。合作股份制并不是资本雇佣劳动制，其参加者的劳动力占有权不等于雇佣劳动者出卖劳动力的劳动力使用权，不是按劳动力使用权价格来支付工资后，余者为剩余价值，再由资本按股分红。但也不是与纯合作制一样，对生活资料进行按劳分配，并按一定比例提取公积金和公益金。股份合作制与合作股份制不同的是，其权利关系主体是股份资本的所有权及其派生的占有权，以合作制形式加入的则主要是劳动力所有权派生并联合的占有权。在这种情况下，外来资本控股，合作制成为股份制的附属。"[①]

股份合作制变为资本雇佣劳动制的可能性较大，因为资本控股；而合作股份制则应逐渐过渡为合作制。不论何种方式，都是当前经济条件下的可能选择，对于改造小农经济都有其作用，关键在于明确权利关系。

2. 政府政策的支持

培育民族地区内生型的市场化发展方式离不开政府政策的支持，正如嵌入型的经济发展方式也是政府政策的结果一样。民族地区劳动者素质技能低，资金积累有限，没有能力突破小农经济生产方式，没有能力依靠当前实力改造第一产业，优化第二产业，发展第三产业，从而形成内生型市场化发展方式。在这种情况下，如果任由市场调节，那么原本就落后的少数民族经济必将被资本统治的工业化冲垮，甚至消灭少数民族经济，消灭少数民族存在的基础。因此，在当前，民族地区内生型市场化发展方式必须由政府培育、有合理的政策支持。首先，要明确区域经济与民族经济的关系，在区域经济繁荣的基础上促进民族经济的发展

---

① 刘永佶：《农民权利论》，中国经济出版社2007年版，引言、第464—469页。

是根本。为此,就要在民族区域自治制度的基础上进一步明确少数民族的经济发展权,国家和各级政府对于民族地区的资金投入、项目建设要使当地少数民族成为主体,使经济成果在分配上惠及少数民族群体。其次,还要制定专门的民族经济发展规划,绝不能以全国和地方的区域发展战略代替民族经济发展战略。

在此基础上,以市场化思维设计和完善西部民族地区和少数民族经济发展政策。以往的西部经济开发和发展政策有两点主要错误倾向:一是区域经济和民族经济不加区分;二是缺乏市场化思维,过多依赖政府的干预尤其是中央政府的直接投资和转移支付。市场化的政策要求政府在对民族地区的经济进行干预时,尽可能地将外部推动力转变为内在动力。培育内生型的市场化发展方式关键在于落实民族自治地方政府的自治权和经济发展权,以促进民族地区自我发展的内在化、市场化动力。

民族地区内生型经济发展方式的形成还要以民族区域经济的成就促进民族经济发展,具体来说,"一是通过立法规定少数民族区域经济项目中,吸收少数民族劳动者的比例不得低于自治地方主体民族所占的比重;二是从少数民族地区获得的税收必须做到'取之于民族,用之于民族';三是利用区域经济项目建设改造民族经济传统产业;四是利用区域经济项目建设有意识地培养少数民族技术经济人才;五是在民族地区将民族经济发展规划置于区域经济规划之上,让后者为前者服务,等等"①。

3. 培训高素质技能的劳动者

劳动者素质技能包括身体素质、技术素质和文化精神素质三个层面,其中身体素质是基础,技术素质是主体,文化精神素质是主导。民族地区劳动者的素质技能与民族经济的发展是相伴随的,民族地区的经济发展方式和经济发展状况决定了民族地区劳动者的素质技能状况,劳动者的素质技能又反过来作用于民族经济的发展。总的来说,我国民族地区劳动者尤其是当地的少数民族劳动者的素质技能普遍较低,不仅文化精神素质亟待提高,小农意识甚至更为保守的意识影响了少数民族劳动者的进取精神;而且,少数民族长久所持的落后生产方式下形成的技能素质也无法满足工业化和市场化趋势下民族经济发展的要求;甚至,

---

① 杨思远:《中国少数民族生产方式研究》,新华出版社2013年版,第428页。

由于恶劣的自然环境，营养、医疗卫生条件等的欠缺，少数民族劳动者的身体素质也低于全国平均水平。

劳动者是经济发展的主体，民族地区的劳动者是民族地区经济发展的主体，民族地区的落后根本在于劳动者素质技能低下。嵌入型的经济发展方式并未涉及少数民族劳动者素质技能的提高，反而以财政补贴、专项扶贫等直接注入资金的方式使得少数民族劳动者停留并保持在原有的传统生产方式之中，素质技能也停留在传统生产所需要的手工劳动、经验总结等与农耕化相适应的阶段，甚至更为原始的游牧和刀耕火种的水平。随着指令性计划经济体制的解体和市场化程度的深化，少数民族劳动者素质技能必须得到提高，由此才能适应工业化生产方式，适应市场化发展方式。而原本就落后的少数民族劳动者并没有能力提高自身素质技能，当前，劳动者素质技能的提高需要专门的机构或企业进行培训。

首先，必须加强民族地区的教育事业，提升少数民族劳动者的基本素质。"对于促进少数民族劳动者适应工业化和城市化的教育，要坚持从青少年做起，新一代劳动者受传统生产方式影响小。一定要让那些接受过现代教育的大中专毕业生在民族经济发展中发挥作用，充分发挥民族院校的作用，高度重视多种语言教育，消除民族交往的语言障碍。"[1]基础教育的主体是政府，中央政府和地方政府都应该承担起发展基础教育的责任，培养稳定的师资队伍，保证基础教育的经费来源。

其次，强化现代职业培训，提高少数民族劳动者的技能素质。少数民族劳动者除具备一定的基本素质之外，还应该掌握必要的职业技术。"职业技术培训的主要目的是使人掌握一门马上能够应用的实用技术，最大特点就是实用性。经过职业培训的劳动者，多数将在企业就业，现代职业技术培训的主体应该是企业，为此，政府应当为民族地区开展职业技术培训妥善地提供培训费用。"[2]而经过职业培训的少数民族劳动者进入企业就业才能真正提高他们的素质技能，传统的嵌入型经济能够吸纳的少数民族劳动者很少，这在一定程度上导致了民族地区本原经济与嵌入经济的脱节，为此，民族地区的项目建设要尽量多地使用少数民

---

[1] 杨思远：《中国少数民族生产方式研究》，新华出版社2013年版，第428页。
[2] 王玉芬等：《内生拓展》，中央民族大学出版社2006年版，第242—249页。

族劳动者，为他们素质技能的发挥提供场所。

最后，培养高层次经营管理人才。嵌入型经济发展方式将国有企业的资金、技术、设备、管理人才甚至普通工人都整体植入民族地区，但这些被植入的人才大部分又回到了东部地区。民族地区要培育内生型的市场化经济发展方式，必须有为本民族、本地区利益服务的高层次经营管理人才。为此，必须创造条件吸引东部地区人才长期居住和发展，并努力培养少数民族自己的人才。中央政府和地方政府都要创造条件，"真诚地帮助少数民族培养自己的技术人员、工程建设人员、财务人员、管理队伍和各类经济技术人才"[1]，为民族地区的内生型发展提供核心动力。

---

[1] 杨思远：《中国少数民族生产方式研究》，新华出版社2013年版，第428页。

第四章　工业化与民族地区内生型发展方式

工业化通常被定义为工业（特别是其中的制造业）或第二产业产值（或收入）在国民生产总值（或国民收入）中比重不断上升的过程，以及工业就业人数在总就业人数中比重不断上升的过程。工业发展是工业化的显著特征之一，但工业化并不能狭隘地仅仅理解为工业发展。因为工业化是现代化的核心内容，是传统农业社会向现代工业社会转变的过程。我国民族地区以嵌入型发展方式取得了工业化的重大成就，但也带来了这种发展方式特有的问题，提升民族地区的工业化水准，必须转变发展方式，走内生型发展道路。

一　民族地区工业化形成背景与进程

工业化是人类通向现代文明的必由之路，是经济发展不可逾越的阶段。在普遍意义上，一个地区的工业化水平也是这个地区经济社会发展所处阶段的核心标志，不同的国家和地区其工业化水平是不相同的。工业化的实现也是民族地区面临的艰巨历史性任务。民族地区工业化既是整个中国工业化的重要组成部分，又具有自己鲜明的特点。

中国真正意义上的工业化是从1949年开始的，经历了三个大的时期：计划经济条件下的初步形成时期，改革开放条件下的动态调整时期，以及市场经济条件下的迅速提高时期。民族地区的工业化建设首先是服从于国家大局，并在国家不同时期工业化战略部署和指引下起步、形成和发展。

1. 计划经济条件下民族地区的初期工业化（1949—1978）

第二次世界大战后，中国在摆脱帝国主义列强近百年的奴役瓜分的殖民统治同时，面临着东方"冷战"对峙的挑战，在特定的封闭状态下开始了独立自主地步入现代化进程。我国是发展中国家，新中国成立后现代化起步的条件是半殖民地半封建的经济基础（许多西部民族地区连这样的基础尚不具备），国内经济不发达，外部又处在帝国主义封锁之下，直到 20 世纪 60 年代初期，都面临着极大的战争威胁。作为独立的主权国家必然产生迅速发展经济的巨大压力，而在新中国成立之初，工业化唯一能够借鉴和参考的是苏联的社会主义工业化理论。该理论是以列宁和斯大林在十月革命成功后，为快速完成苏联工业化任务而提出的思想和政策，由于后来的社会主义革命基本上都发生在经济落后的国家，无产阶级掌握政权后普遍面临着工业化的任务，因此以生产资料优先增长为基础的优先发展重工业理论就成为社会主义国家的共识。从 1953 年 "一五" 计划开始，我国开始了大规模的工业化建设。借鉴苏联工业化的成功经验，我国采取了重工业优先发展战略，以计划经济为工业化的体制支撑。国家不仅是工业化的发动者和承担者，而且掌控了企业和资源，有计划按比例地调配生产，片面强调优先发展重工业，实施"重、轻、农"的经济发展顺序，同时将工业化看成是城市的工业化，这个时期，工业成为国民经济的主导，工业化在一个相对封闭的国际环境中进行。这一时期的工业化建设使工业成为国民经济的主导，其巨大成就表现为一个独立的比较完整的工业体系的建立，但也导致了"重工业重，轻工业轻，农业基础薄弱"的结构性缺陷。

民族地区工业化的兴起首先是服从于国家全局战略的需要，从落后的自然经济直接过渡到更为高级的经济阶段。民族地区工业化进程起始于 20 世纪 50 年代，这也是民族地区从传统社会向现代化社会转型的起始点。但是，民族地区的工业化基于国家的区域产业发展战略和国防安全的考虑，一开始就表现出与其他地区迥异的特征。在美苏两大阵营"冷战"的国际背景下，新中国成立以后到 1978 年改革开放以前，国家安全问题一直是个大问题，我国的经济建设在相当大的程度上受到"备战"的影响，因此加快建立独立的工业体系和为"备战"而调整工业布局就成为工业建设的重要目标。从中国着手制订第一个五年计划时起，"备战"就成为工业发展规划的重要考量，当时的工业投资结构和区域布局，即反映了优先发展重工业（包括国防工业）和向内地倾斜。以后的工业投资也基本上延续了这一政策，即一是重工业和国防工业在整个工业发展中具有突出地位；二是在工业布局方面，更注重向战略后方的工业投资，特别是第三个五年计划和第四个五年计划时期。

因此，客观地说，民族地区工业化的起步，更多的是服从于国家当时的大局，是出于国家安全与"备战"的需要，其意义是深远与重大的，也是当时国家的应有选择，这就强化了民族地区工业的发展，为民族地区建立了前所未有的工业体系，更推进了民族地区经济社会的向前发展。特别是"三线"建设，国家通过直接投资、政策倾斜等方式，在少数民族地区展开了大规模的工业化建设。"三线"建设时期，西南的云、贵、川和西北的陕、甘、宁成为我国民族地区中投资强度最大的地区。工矿企业和科研机构的建立，技术设备的搬迁，技术人员的扩大充实了民族地区工业化力量。这个时期，大多数少数民族地区的县市逐步建立起一定数量的、各具特色的机械化、半机械化的工业企业。

20世纪六七十年代，国家在西南、西北实施国防工业的"三线"建设。20世纪60年代中期，中央从"备战"出发，将全国划分为一线、二线和三线地区，集中力量在"三线"地区建设一个打不烂、打不乱的战略大后方。出于国防安全战略考虑，在内陆纵深腹地，特别是西南、西北地区，有计划、分步骤、大规模地展开了军工、电子、机械、化工、船舶、航天、航空、钢铁、有色金属、电力、煤炭、公路、铁路等国防科技工业、军民两用工业及能源、原材料和交通基础设施建设，而川陕黔三省成为投资强度最高的地区。与此同时，国家从东部沿海和东北、华北内迁380个项目，投资1300亿元，进一步加强了民族地区工业经济的实力，并为民族地区的进一步发展提供了相当重要的基础条件。

2. 改革开放后的发展阶段（1979—1998）

这一时期，我国的工业化建设进入了一个新的阶段，对工业化战略进行了重大调整。我国采取了"加速东部沿海地带发展，带动内地发展"的非均衡发展战略。从"六五"、"七五"到20世纪90年代，我国的经济建设重点从西部转移到了东部沿海地区。全国经济结构失衡的状况在不断调整中趋于均衡，资源配置方式由单纯的计划手段转向计划与市场相结合，由封闭经济开始走向开放经济。开始在市场化进程中推进工业化建设。这一时期，需求导向型的工业化战略得以确立，以消费结构的升级推动产业结构高度化方向发展工业化思路逐步清晰，并贯穿于此后的工业化进程中，一改国防工业布局战略的思路。城乡工业结合互动，工业化和城市化的互动机制初步形成。这一时期，工业化建设取得很大成绩，但也出现了新问题和矛盾。在结构方面，由于加工业的超高速发展，出现了能源、交通、原材料等领域的紧缺，基础工业和基础设施成为制约国民经济发展的瓶颈。另外，原来在计划经济体制下长期存在的外延扩大再生产方式没有根本改变，导致能源利用率低、环境污染严重，生态和资源问题日益突出。这一时期也是我国新型工业化道路探索与形成时期。1992 年，确立了社会主义市场经济体制的发展目标，在市场导向下，工业化建设迅速推进，开始向着以下方向发展：一是通过信息化带动工业化来实现工业化的跨越式发展；二是市场在工业化中的作用日益增强；三是强调经济增长方式由粗放型向集约型的转变，注重通过技术进步、循环经济等手段来实现转变经济增长方式。这一时期，我国民族地区的经济增长远远慢于东部沿海地区，东西部差距逐年拉大，但在改革开放形势的推动下，民族地区工业化开始向纵向发展，其特征是民族地区资源工业开发和民族地区军用工业的民用化得到发展，另外也促进了边境地区的中小型企业的发展。

  首先，民族地区资源工业开发得到进一步发展。民族地区的能源、原材料基础和机械加工工业得到加强，尤其是长江上游民族地区、川滇黔交界地区、鲁桥—克拉玛依地区、宁夏灵武地区的工业发展较快。"六五"时期，我国在西北民族地区重点扩张了宁夏的石嘴山、石炭井煤田；西南民族地区扩大对六盘水煤田的开发，并相应配置了矿区电站。"七五"、"八五"时期开发了西和内蒙古接壤的神（木）府（谷）与东胜煤矿以及与之配套的电站；同时，加大了民族地区的水能开发力度，黄河上游的龙羊峡、李家峡，长江干支流、红水河和澜沧江的鲁布革、天生桥、二滩等水利枢纽先后开工，均在 20 世纪 90 年代中后期建成，有力地支撑了我国民族地区经济的增长。与水电站建设相伴，民族地区的有色金属与稀有金属得到了进一步开发。贵州、青海、甘肃的铝工业，甘肃的镍和铂族元素，云南的锡业和铜业，青海、甘肃、川滇接壤地区铅锌矿开采和冶炼都得到了长足发展。随着勘探技术提高，勘探范围扩大，寻找石油等战略资源转向西部。新疆和陕甘宁地区石油、天然气勘探发现大储量油气田，扩建了准噶尔、延长、柴达木和长庆老油田的同时，新开发了远景储量可观的塔里木、吐哈和陕甘宁的油气田，改扩建了兰州炼油厂、兰州化学工业公司，先后又新建了乌鲁木齐石化总厂、独山子乙烯工程、宁夏炼油厂、宁夏化工厂等，对新疆、宁夏产业结构调整、升级与关联带动，发挥了重要作用。同时，四川气田的探明储量也在大幅度提高，从而带动了四川民族地区的结构调整。

其次，伴随着改革开放，民族地区原军用工业民营化开始发展。民族地区"三线"建设项目制造业在总体发展目标与定位、产业结构和产品结构、布局结构与企业管理体制均有根本性的调整，老工业基地得到改造。按照国家"调整、改造、发挥作用"的方针，从"七五"计划开始，对121个"三线"单位采取搬迁或迁并至邻近的大中城市。其中不少单位在迁建后根据市场导向与自身技术特长开发新产品，取得了长足的发展。有的调整建制，组建大型企业集团。通过对"三线"企业进行产品与组织结构调整并进行转轨改制，使"三线"企业在国家大规模西部开发中发挥了重要作用。大批军工企业利用国防科技优势开发民用产品，在研制生产重大技术装备、重点工程配套设备、替代进口的关键零部件和耐用消费品上都取得了不菲的业绩。

由于在"三线"建设期间，国家为保证西部地区工业化发展，十分重视西部地区的科研力量，相继在西部地区建成骨干企业和科研单位3000多个，形成45个重大科研基地和30个科研核心城市，这些科研力量成为民族地区在这一时期的工业化发展的重要动力与要素。由于民族地区实际上已经具有明显地方优势、专业比较优势、研究与开发能力较强的科研、设计生产体系，形成了一支较有实力的科研队伍；具有一批专业化程度高、外辐射能力强的行业，不少领域的技术水平甚至在国内领先，这一时期民族地区也发展了一批高新技术产业，如核工业、机械工业、化工工业、电子工业、航天航空工业、通信设备制造、自动控制设备制造、激光技术等。

最后，随着我国改革开放的梯次推进，1992年中央决定进一步开放伊宁、瑞丽等13个陆地边境口岸城市，批准建立边境经济合作区。这使长期地处国内运输和市场网络末梢的沿边一跃成为对外开放的前沿。边境贸易、边境旅游、边境运输、多种类型的对外经济技术合作吸引了国内各地特别是东南沿海地区资金大量涌入，一批直接服务于上述领域的中小型工业企业也应运而生。①

总体而言,民族地区的工业化从一开始就没有按照工业化进程的一般次序发展,并且带有明显的"赶超"和"跨越"特征。然而,客观地说,如果没有任何外力的冲击和嵌入,仅靠西部民族地区自身,是不可能自发地迅速走上工业化道路的,并且至今其绝大部分地区生产力还将处于极端落后的境地。对在工业化大潮中落后的民族来说,积极主动调整和完善其工业结构,努力将自身的资源优势转化为经济优势,是其必然选择和发展趋势。

3. 西部大开发时期（1998年至今）

针对改革开放后东西部之间差距日益拉大的趋势,中央和国务院在世纪之交提出了西部大开发战略。该战略将西部民族地区的工业化带入新一轮的快速发展时期。在此期间,国家对西部民族地区加大了投资。"十五"期间,中央财政对西部民族地区的转移支付和其他预算内财政性投入总量逐年增加,累计约达7212亿元；国家长期建设国债累计约2758亿元,占全国同期国债的43%左右；中央预算内建设资金累计投入约393亿元；公路、铁路、三峡、民航和水利五种国家专项基金累计投入约1934亿元,占同期全国的53%。② 国家的大量投入和大力支持使西部民族地区的工业建设和经济建设取得了一定的成效。世纪之交的西部大开发战略与"一五"、"二五"、"三五"五年规划所着重的西部民族地区资源开发和新工业基地建设不同,主要着眼于长期以来制约西部民族地区的最薄弱环节,即基础设施和生态环境建设,因而总体来说,西部大开发的工程由于主要集中于基础设施项目,生产类项目偏少,致使民族地区工业结构没有得到相应调整,没有走出西部开发资源、东部加工制造的分工格局和发展模式,导致西部民族地区的工业竞争力没有明显改善,东西部差距还有进一步拉大的趋势。③

新中国成立以来,我国工业化经历了从计划型到市场型、从封闭型

---

① 曹海英:《中国西部民族地区新型工业化——价值取向、实现机制、发展路径》,中国经济出版社2010年版,第91页。

② 袁宏明、王金祥:《畅谈西部大开发"十一五规划"》,《中国投资》2007年第3期。

③ 曹海英:《中国西部民族地区新型工业化——价值取向、实现机制、发展路径》,中国经济出版社2010年版,第94—95页。

到开放型工业化的转变,目前正在经历从传统型到新型工业的转变。而民族地区的工业化由于起步晚,并且起步于外力的"嵌入"而非自身积累,在工业化进程中显示出的独特性和非普遍性,对民族地区经济的发展产生了重要的深远影响,即民族地区形成了典型的二元经济结构。今天,民族地区经济结构调整的过程也就是工业化不断深入的过程,如何促进民族地区工业由"嵌入型"向"内生型"转变,是民族地区经济结构调整的核心问题,也是这一地区工业化的道路选择问题。

二 民族地区嵌入型工业化的特点

工业化是指传统的农业社会向现代工业社会转变的过程,也是人类将自然资源转化为社会财富和财富快速积累的过程,是人类发展历史不可逾越的阶段。工业化的过程是制造业加工不断提高的过程,也是生产方式、生产工具不断演进的过程,是工业结构乃至整个经济结构不断转换的过程。民族地区的现代工业起步于新中国成立之后,其最重要的特点不是产生于自身积累即以农业为基础的工业发展,而是出于外力的推动,带有明显的"嵌入"特征,在一定程度上脱离了民族地区产业发展的实际,今天,民族地区经济的发展,无不受到这种"嵌入"型工业的影响。

1. 起点低,基础弱,跨越大

从世界历史上看,18世纪英国产业革命以前的社会经济史都属于工业化以前的阶段。从我国历史看,新中国成立前基本处于这一阶段,近代一百多年中,工业化始终未能取得实质性进展。一代又一代中国人民富国强的工业化梦想,在帝国主义、封建主义、官僚资本主义三座大山的压迫下最终都归于破灭。民族地区的情况更为典型。虽然第一次世界大战期间,由于帝国主义战争需要,民族地区的有色金属开采业有了一定发展。从19世纪80年代后期,民族资本企业开始在民族地区陆续出现,但多数为采矿业。民族地区近代工业企业最早是1875年福建巡抚刘铭传在台湾北部高山族聚居的鸡笼(今基隆)煤矿。这种在民族地区官办或官商合办的资本主义工业,此后主要有1881—1882年在内蒙古喀喇沁的平原铜矿、三山银矿；1886年在贵州的表溪铁矿；1890年在吉林的天宝山银矿。20世纪初新疆出现的喀什金矿、拜城铜矿和独山子石油矿等；广西贵县天平寨银矿、三岔银矿、梧州炼锑厂、南丹锡矿、贺县煤矿；云南的蒙自锡矿、襄充铜矿、文山等地锑矿、东川铜锌铅矿；贵州的铜仁锑矿和甘肃炼铜厂等。与此同时，民族地区也出现了一些火柴厂、面粉厂、制革厂等日用加工工业。① 可以说，在第一次世界大战结束前，中国的民族资本主义工业仅出现过短暂的发展高潮，民族地区的机器生产也有了初步的发展。但很快，在帝国主义的军事侵略和商品挤压下大量民族工业归于破产。这些企业同清政府洋务派当时在内地办的其他企业一样，因资金短缺、技术落后、人才匮乏、管理混乱，特别是战后矿产品价格下跌，最终以倒闭而告终。"实业救国"虽然脱离了中国当时社会发展的历史条件而未能成功，但它是一代中国人为实现工业化梦想的一次勇敢尝试，同样也是民族地区工业化史上的重要一步。

　　由于新中国成立前我国少数民族处于前资本主义的各个社会发展阶段，落后的社会制度束缚了生产力的发展。旧中国的少数民族地区生产力水平非常低下，产业结构是一个农（牧）业经济占绝对地位而工业特别是重工业十分落后的畸形结构，工业发展十分落后。与此同时，民族经济和文化也落后，政治地位更是低下，是被剥削和被压迫的民族。从总体上看，民族地区国民经济基本上仍停留在工业化以前的阶段。民族地区由于民族压迫与阶级压迫等历史原因，以及自然与地理环境的影响，民族工业极不发达，仅有的一点工业还具有明显的倚外性；而且设备破坏严重，部门残缺不全。大部分少数民族地区直到解放时还没有建立起自己的工业，现代工业也几乎空白，更谈不上现代重工业。有些地区甚至没有发达的手工业，可以说，新中国成立前民族地区基本上是落后、单一的农牧业经济，工业极端落后。到1949年，中国机器大工业的产值仅占工农业总产值的17%；在工业总产值中，重工业产值仅占26.4%。② 而民族地区的全部工业总产值仅为5.4亿元，占同期全国工

---

① 黄健英等：《少数民族经济发展战略》，中央民族大学出版社1994年版，第31—32页。
② 汪海波主编：《新中国工业经济史》，经济管理出版社1986年版，第18页。

业总产值的 3.9%，占同期民族地区工农业总产值的 14.8%。当时，能够称得上现代工业的企业不过几百家。到 1952 年，民族地区全民所有制独立核算工业企业固定资产原值也仅为 15 亿元左右，只占同期全国工业固定资产原值的约 10%。同期主要工业品产量为：生铁 0.9 万吨、原煤 178 万吨、原油 5.2 万吨、发电量 8100 万千瓦小时、木材 233 万立方米、纱 3500 万米、卷烟 2.5 万箱。人均占有量更是少得可怜。① 历史地看，中国历史遗留的东部（一般为汉民族居住区）经济发展水平高，西部（多为少数民族聚居区）经济发展水平低的落差，到近代以降越发严重。新中国成立前，仅有的现代工业主要集中在东北和东部沿海少数大城市，内地极为稀疏，广袤的西部地区几乎是空白。由于工业落后，造成其生产力不发展，生产资料和生活资源极其贫乏，有些少数民族甚至长期过着刀耕火种、人背马驮的艰苦生活。

工业是国民经济的领导成分，只有工业发展了，才能促进各项经济事业的发展；只有工业发展了，才能为农业和其他经济部门实现机械化半机械化、自动化半自动化提供条件；只有工业发展了，才能产生对农产工业原料、劳动力和基本农产品需求，促进农业的发展。可见，发展工业将直接关系到少数民族地区农业和国民经济其他部门的发展，意义重大。新中国成立后，贯彻民族政策，实现民族平等，中央政府开始促进民族地区现代工业的建立。按照重、轻、农次序，有计划地发展少数民族地区工业，是极其必要的。因为只有发展少数民族工业，才能加速民族地区经济文化建设，才能逐步消除历史上遗留下来的事实上的民族不平等。

从 20 世纪 50 年代开始，国家就在内蒙古包头建设了少数民族地区第一个大型的钢铁联合企业。在 20 世纪 60 年代"三线"建设时期，政府投入 1000 多亿元资金在大陆腹心地区展开大会战，在中国近现代史乃至中华民族的历史上，应该都称得上是浩大工程。与此同时，先后在宁夏、青海、云南、贵州以及湘西、鄂西等民族地区建设了一大批包括冶金、机械、军工、煤炭、电力等部门在内的大中型企业。截至 1965 年，全国工业总产值 63% 仍集中在东部沿海 11 个省、市、区（不

---

① 黄健英等：《少数民族经济发展战略》，中央民族大学出版社 1994 年版，第 32 页。

包括台湾省，下同），三线11个省、区只占18%。①进入20世纪70年代，从自然禀赋来看，民族地区是水利、矿产资源、生物资源、旅游资源等自然资源富集区，国家在鄂西和川滇黔交界建设了湖北十堰第二汽车制造厂、贵州铝厂和若干天然气化肥厂。通过几个五年计划的大规模工业建设，民族地区已逐步建立起煤炭、钢铁、石油、天然气、有色金属、机械、汽车、电子、兵器、电力、化工、建材、纺织、食品、皮毛制品、造纸、森工、医药、服装以及民族特种产品和特需商品等在内的一系列工业部门。

伴随着新中国的成立和社会主义工业化的进步，民族地区逐步告别了传统的民族隔绝状态，形成了与历史上任何时期均有所区别的经济运行机制。历经65年变迁与发展，民族地区经济（特别是民族地区工业）已成为我国国民经济发展不可缺少的重要组成部分。在新中国成立60年之际，五大自治区中，内蒙古自治区国内生产总值（GDP）由1949年的7.08亿元跃升至2008年的7761.8亿元；宁夏由1958年自治区成立时的3.29亿元增加到2008年的1098.5亿元；西藏由1965年自治区成立时的3.27亿元增至2008年的395.91亿元，增长65倍；新疆由1955年自治区成立时的12亿元增长到2008年的4203亿元；广西由1958年自治区成立时的146亿元增至7172亿元。②截至2013年内蒙古GDP达到16832.38亿元，宁夏达到2565.06亿元，西藏达到807.67亿元，新疆达到8510亿元，广西达到16832.38亿元。③在60多年的发展中，各民族自治区都采取了一系列有力措施推动经济发展、社会进步、文化繁荣，使各自治区发生了翻天覆地的历史变化，实现了从落后走向进步、从封闭走向开放、从贫穷走向富裕的历史性跨越，就西部地区"十一五"时期看，三次产业结构已调整至13.1∶50.0∶36.9，民族地区自我发展能力显著增强。

---

① 马泉山：《再谈三线建设的评价问题》，《当代中国史研究》2011年第6期。
② 数据来自《中国民族区域自治60年取得巨大成就五大自治区经济飞跃发展》，央视网，2009年9月2日。
③ 数据来自2013年五大自治区统计公报。

表 4–1   "十一五"西部地区主要指标实现情况

指标	2005 年 西部	2005 年 全国	2010 年 西部	2010 年 全国	"十一五"年均增长（%）西部	"十一五"年均增长（%）全国
年末总人口（万人）	35914	130756	36069	134091	0.1	0.5
地区生产总值（亿元）	34086	184937	81409	401202	13.6	11.2
地方财政收入（亿元）	2465	15101	7873	40613	26.1	21.9
进出口贸易总额（亿美元）	451	14219	1284	29740	23.3	15.9
全社会固定资产投资（亿元）	17645	88774	61892	278122	28.5	25.7

资料来源：国家发展和改革委员会：《西部大开发"十二五"规划》，《中国经济导报》2012 年 2 月 21 日。

2. 工业化进程特殊，意义重大

美国著名区域经济学家埃德加·胡佛（Hover）和约瑟夫·费雪（Fisher）1949 年在《区域经济增长研究》一文中认为，区域发展的一般进程都存在着"标准阶段次序"，一是自给自足经济阶段。在这一阶段，区域产业几乎为农业，区域人口绝大部分为农业人口。二是乡村工业兴起阶段。随着交通运输的日益发展，贸易往来和专业化生产也在区域中发展起来，乡村工业及其相关产业随之产生。由于乡村工业生产所需的原材料、市场和劳动力全部来源于农业区域和农村人口，因此，乡村工业的分布与农业人口的分布直接相关。三是农业生产结构转移阶段。随着区域间贸易的日益扩大，区域产业开始趋向于由原来粗放的畜牧业转向发展集约型系统农作物产品，如种植水果、生产日用农产品和发展蔬菜农场等。四是工业化阶段。由于人口的增加以及农业生产和采掘工业生产效益的下降，迫使区域不得不谋求工业化，发展制造业。区域工业化前期主要以农、林、矿产加工业为主，如食品加工业、木材加工业、纺织工业等。后期则以炼钢、石油炼制业、金属材料加工、化学制造业、建材工业等为主。由于矿业和制造业的兴起，工业逐渐代替农业成为新的主导产业部门。五是服务业阶段。这是区域经济发展的最后一个阶段，在这一阶段，区域实现了为出口服务的第三产业专业化生产,大量输出资本、技术以及专业性服务,服务业占据主导地位。[①] 假如以这种"标准阶段次序"划分,新中国成立后的民族地区的工业化至少超越了三个阶段,直接从自给自足的农业阶段跨越到了第四阶段的工业化阶段。民族地区工业化进程具有明显的特殊性并且意义重大。

特殊性之一:民族地区工业化的兴起首先是服从于国家全局战略需要,从落后的自然经济直接过渡到重化工业时代。出于国防安全和"备战"的需要,优先发展包括国防工业在内的重化工业。特别是"三线"建设,国家通过直接投资、政策倾斜等方式,在少数民族地区展开了大规模的工业化建设。工矿企业和科研机构的建立,技术设备的搬迁,技术人员的扩大充实了民族地区工业化力量。民族地区逐步建立起一系列大型材料工业和重型加工工业企业和工业基地。

特殊性之二:民族地区工业具有同质特征,几乎都是以资源导向为主。这首先取决于民族行政区域的明显的同质区特征。即一是都处于中国边疆地区或内陆省份的边缘地区;二是从自然禀赋来看,民族地区是水利、矿产资源、生物资源、旅游资源等自然资源富集的区域;三是从经济发展和社会发展程度来看,都处于较低水平的发展阶段,与中国内地有不小的差距,特别是与沿海地区差距更为明显;四是从制度特征来看,民族地区的正式制度安排基本相同,在非正式制度安排上,都还保留着自然经济的烙印。上述特征明显,归根结底体现为二元经济结构突出,工业化水平低,市场经济落后。

由于民族地区在新中国成立以前都还处于不同程度的自然经济状态,主要依靠自然资源,特别是农林牧渔业资源取得基本的生存条件,因此,民族地区居民经济活动的空间指向主要是"资源指向型",而这种"资源指向型"又主要集中在大农业范畴。又由于山川阻隔,民族地区农业资源是以星星点点的形式分散于广大的国土面积上,这在根本上造成了民族地区居民长期以来的散居状态。民族地区经济活动长期以来都呈现离散型分布,经济活动被隔离成许多联系很小的小单元,空间结构的演进过程也是长期停滞,形成了民族地区空间结构上的低度均衡状态。自给自足的自然经济特征,商品交易频率和规模都非常有限,便

---

① 庄万禄主编:《中国少数民族经济研究论纲》,民族出版社2013年版,第146—147页。

于市场交易的集镇也难以独立存在并发展。如果没有任何外力的推动，打破民族地区的这种自然经济形态依然困难重重，更遑论发展现代工业。

从自然禀赋来看，民族地区是水利、矿产资源、生物资源等自然资源富集区域，发展资源导向型工业几乎成了国家战略考虑和所有民族地区在工业化进程中的首要选择。因此，我们对民族地区工业化的研究几乎可以忽略区域内部的差异性而把民族地区作为一个整体对象加以考察。这种研究的价值也正好将民族地区的工业化与我国其他地区工业化的差别性和特殊性呈现出来。资源型主导产业结构的形成正是资源富集区的必然选择。

特殊性之三：民族地区共同面临着从传统向现代的经济社会转型，工业化结构亟待调整。社会经济发展的不同阶段，具有不同的经济发展主题和任务。处于前工业社会经济体的主要任务是提高劳动效率；处于工业社会的经济体的主要任务是原材料供给与产品市场拓展；而处于后工业社会经济体的主要任务是产业结构升级、经济结构转型以及可持续增长。

从一般意义上说，经济发展是具有阶段性的，其规律总是从低级阶段向高级阶段依次递进的，赶超或者跨越式发展，只是在特殊条件下出现。我国民族地区的工业化建设，从其发展的一开始就没有按照工业化进程的一般次序发展，而带有明显的"赶超"和"跨越"。从社会形态发展史来看，少数民族地区社会制度在新中国成立时远远落后于全国水平，在新中国成立后短期内就齐步进入社会主义社会。这说明，一个民族或一个地区社会制度可以跨越，但生产力水平是难以跨越的。今天，在整个中国都走向现代化、全球化的时代，所有地区都面临着从传统走向现代的经济社会转型，民族地区的转型要比我国其他区域的情况更复杂、更困难。

从少数民族地区生产力发展的实际水平来看，生产力具有"三元"结构的特征——原始生产力、近代生产力、少量现代生产力，[①] 从总体上处于生产力水平的低级层次上。民族地区的工业化始于落后的生产力和不发达的商品经济。大力发展商品经济仍是现阶段民族地区的发展主

---

① 庄万禄主编：《中国少数民族经济研究论纲》，民族出版社2013年版，第41—42页。

题，是民族地区生产力发展不可逾越的阶段。商品经济的充分发展是少数民族地区摆脱自给自足的自然经济束缚，大力发展社会生产力的唯一途径。对在商品经济和工业化大潮中落后的民族来说，积极主动调整和完善其工业结构，努力将自身的资源优势转化为经济优势，是其必然选择和发展趋势。

3. 外部推动，计划性特征明显，适应市场困难

民族地区的现代工业建设始于20世纪50年代，以苏联工业化模式为蓝本，以计划经济为体制支撑。直到现在民族地区工业体系的主体仍是国家逐年投资形成，这种鲜明的计划经济色彩也决定了民族地区工业化主要取决于国家的区域产业政策和战略考虑，并带有强烈的计划性和外部嵌入性。

民族地区的现代工业成就几乎都是我国各个"五年"计划的产物。1953年，我国实施的第一个五年计划明确指出：在全国各地区适当分布工业的生产力，使工业接近原料、燃料产区和消费地区，并适合于巩固国防的条件，来逐渐地改变这种不合理的布局，提高落后地区的经济水平。1956年，毛泽东的《论十大关系》指出："我国全部轻工业和重工业的70%在沿海，只有30%在内地，这是历史上形成的一种不合理的状况。沿海的工业基地必须充分利用，但是，为了平衡工业发展布局，内地工业必须大力发展。"根据上述工业化发展思路，我国在以后的各个"五年"规划中都强调了推动和发展民族地区的工业。特别是"一五"、"二五"和"三线"建设时期，我国在民族地区布局了一大批项目，成了老工业基地、国防工业企业、科研院所。特别是"三线"建设时期，通过新建、迁建和改扩建等方式，国家在"三线"地区相继建成了近2000个大中型企业和科研单位，形成了15个大型生产科研基地和30个新型工业城市，建成了以国防和机械工业为主体的庞大工业体系。以后的工业投资也基本上是延续了这个政策，即一是重工业和国防工业在整个工业发展中具有突出地位；二是在工业布局方面，更注重向战略后方的工业投资，特别是第三个五年计划和第四个五年计划时期。在几个重要的"五年"规划下，民族地区兴建成的一批工业区在经济建设中发挥了重要作用。

呼包工业区，是内蒙古工业最集中的地方，以钢铁、稀土、机械、轻纺为主。包头市是全国重要的钢铁生产基地。

北疆工业区，在新疆占有举足轻重的地位。克拉玛依是以石油开采和加工为主的工业城市，石河子、奎屯市以轻工、造纸、食品工业为主，哈密是西北较大的煤炭工业基地。

桂中工业区，是少数民族地区唯一以轻工业为主的轻型工业区。主要建立了卷烟厂、糖厂、纺织厂、食品加工厂和机械厂等。

西南中部工业区，是西南第二个重要工业区，以煤、钢铁、钒钛、铜、铅、锌、铝、磷为主的采掘工业和原材料工业比较发达。大型钢材、铜、钒钛、磷矿石、飞机制造、电子产品都具有全国性意义。

黄河上游工业区，甘肃、青海、宁夏三省区的主要工业都集中在这个地方，原材料工业和加工工业都比较发达。工业中心有兰州、天水、银川、西宁、吴忠、金昌、刘家峡、龙羊峡、青铜峡等。工业结构以重工业为主体，铜、铅、锌、镍、稀土、炼铝等多种金属工业发展很快，材料试验机、机床、石油机械制造业、石油化工是这个工业区的优势。

鄂西工业区，现已成为我国汽车制造工业的第二大生产基地，汽车和水电都具有全国意义。

自新中国成立以来，国家把在西部民族地区的投资重点一直放在重工业上，重工业中又以采掘工业为主，从而形成了以重工业为主的工业体系。这些工业几乎完全是计划经济和"备战"的产物，一直在国家指令性计划体制下运转。

由于市场化的改革，民族地区的工业化受到一定冲击，国家对民族地区投资力度下降，使依靠国家建立起来的工业经济体系的运行开始出现迟滞现象。在西部大开发战略实施后，民族地区的工业化进程又开始提速，并取得相当的成就。但习惯于在高度集中的计划经济体制下运行，民族地区的工业企业在激烈的市场竞争中，很难做到自负盈亏，自我发展。这些国有工业企业面临诸多困难，对市场的适应性差，反过来也将影响到民族地区的工业化进程。

4. 工业化中的"嵌入型"特点

民族地区嵌入型工业化的形成是我国计划经济条件下均衡发展战略的特殊产物，是靠高度集中的计划体制，强行嵌入了一个符合全局发展模式需要的先进的现代化城市工业，这种独特的工业结构一开始就带有明显的嵌入性质，并形成其自身运行的特点，可以概括为嵌入型的发展方式。

一是嵌入企业的职责和目标一般不把地方经济发展的需要考虑在内，而是直接向所属上级机关负责，执行上级机关所下达的计划指标。因此，企业运行以所属系统的利益为中心，企业利益与地方经济利益之间呈现了明显的二元倾向。企业根据上级机关的计划指标完成定额、调拨产品、上缴税利、分配工资、实现职工福利、解决就业等目标。显然，企业利益的形成、分配只与所属上级机关发生直接关系。对于一个嵌入的企业来说，地方经济的发展与企业利益无关。同样，地方政府对嵌入企业的经营状况也无须过问，地方经济计划无须把嵌入企业列入其中。企业的嵌入状态和利益主体的多元倾向，使得嵌入企业与地方经济之间形成了鲜明的利益对比。如民族地区的工业企业之间因管理体制上管辖关系不同而矛盾重重，中央直属企业、自治区直属企业、地市属企业号称"三大块"，"三大块"之间或据"天时"，或据"地利"，或据"人和"，互相牵制，工业建设的整体效应至今难以形成。

二是"封闭型"的嵌入企业其经营和发展自成体系，企业与地方较少往来。嵌入企业基本包括两大类：一类是"封闭型"的嵌入企业主要由国防工业转为民用工业的企业，以西南地区的"三线"企业最为典型，此类企业多属冶金、机械、电子等工业类型，产品销售和原材料供应面向国内外的广阔市场，不受所在地方市场局限。另一类是"开放型"的嵌入企业主要是直接从事当地自然资源开发利用的企业，包括矿藏开发加工、水电站建设、农垦企业、森工企业以及自然保护区等。上级机关通过企业支配所在区域资源，开发利用当地有利可图的自然资源，并根据国家计划进行调拨，一般是以初级产品的形态流向东部地区工业相对发达的城市。特别是第一类原先在荒无人烟、自然环境极其闭塞的地方建设起来的企业，从一开始便按照"小而全"的社会模式进行规划，除了企业的生产系统外，还设计了社会服务保障体系、生活福利保障体系等。由于自然环境的隔离，企业经济活动与地方经济活动一直保持着相互封闭的状态，嵌入企业的经济活动和利益运行完全孤立于地方经济之外。嵌入企业的资源开发利用相对独立，与当地村寨之间几乎没有任何经济联系。

三是"嵌入型"企业的经济利益独立或相对独立。由于"嵌入型"企业可分为两种类型，其经济利益在与地方的关系上也呈现出一些差异，但总体与地方关系松散，利益运行相对封闭，几乎处于"井水不犯河水"的状态。第一类是在封闭的社会环境下各自构造自身的利益，企业经济活动与地方经济活动处于隔离状态。即使两大利益主体的运行在市场、空间、资源利用等方面上略有交织，利益单元之间不可避免地发生社会关联，利益形成及结构的消长关系也仍然不明显，利益矛盾尚未充分萌发。[1] 但是，由于嵌入企业与上级机关保持了较为密切的利益关系，得到上级机关的直接投资，资金、技术装备比地方雄厚，而企业对地方经济发展所承担的义务又极少，企业资金、技术优势未能充分发挥对地方经济发展的积极影响，这样企业与地方的利益反差便逐渐形成。因此，"封闭型"的嵌入企业与地方经济之间相互无涉的利益关系，在开放进程中受到冲击，两大利益主体的交织加深，若企业利益运行仍持嵌入状态，则企业与地方利益关系的心态反差所形成的心理芥蒂便可能逐渐孕育为直接的利益冲突。

第二类是"开放型"的嵌入企业与地方经济之间的利益结构呈现出一种既相对独立，又相互交叉，此消彼长的割裂状态。两大利益主体的运行以争夺资源、争夺基本生存空间为背景，形成矛盾。企业凭借资金、技术优势和国家赋予的特殊权利在与地方争夺资源时占有利地位，而地方则凭借地利、人和、悠久的民族传统及乡规民约与之抗衡。双方各持一理，互不相让，经济利益各自紧缩，形成极为显著的利益隔离。企业利益的形成引起地方反感，甚至遭到抵制。企业的经济技术优势不仅没能助地方经济一臂之力，反而成为与地方争夺利益的外来力量，两股力量互相削弱。如由资源利用和争夺引起的冲突、维护基本生存空间的冲突等，有时甚至激化到对抗的程度。如国家在民族地区利用水力资源兴建的水电站，往往都涉及征地、搬迁与补偿问题，这些问题如果解决不好，必然导致嵌入企业与当地居民的利益冲突。当然也有嵌入型企业很好地处理了征地带来的诸多问题。如西部民族地区首座核电站防城港核电项目位于广西防城港市港口区光坡镇红沙村，是中国西部大开发的重点工程，也是中国西部民族地区开工建设的首座核电站。工程建设期间，光坡镇有2000余村民因为项目征地而整体搬迁。为感谢村民们对防城港核电项目建设的大力支持与配合，同时改善厂址所在地居民的

---

[1] 王文长：《中国经济发展的B面——经济发展与民族利益的整合》，民族出版社1997年版，第107页。

就业问题,广西防城港核电公司的其中9家参建单位,与光坡镇政府携手举办了一次大型联合现场招聘会,联合向防城港核电项目建设中的失地农民及搬迁户,提供143个非专业、非技术类工作岗位。希望通过这种方式,为项目所在地居民提供就业机会。作为此次现场招聘会提供工作岗位最多的单位,广东大亚湾核电服务(集团)有限公司防城港分公司,针对农民们的学历和技能,共拿出包括服务员、保安、保洁等后勤保障岗位在内的30多个工种,并针对不同岗位需要进行岗前培训,同时还将与防城港市相关部门建立联系渠道,逐步解决失地农民的就业问题。此次招聘活动带动了更多大型企业开展专场招聘会,为项目所在地的失地农民和搬迁户提供更多改善生活及就业机会,以承担造福地方的社会责任。①

总之,这两种类型的"嵌入型"企业,与地方经济的关系在经济利益上都存在一定矛盾。封闭型的嵌入企业虽然暂时与地方经济的社会关联较少,但这一现象本身就已经表明企业发展几乎不能为促进地方经济发展作出贡献;而随着封闭状态的逐渐打破,企业利益实现超出原来的空间,与地方利益的运行势必发生摩擦,利益矛盾也由潜在状态显现出来。

三 民族地区嵌入型发展方式对工业化的制约

民族地区的工业化在市场化改革中经历了一个曲折的发展过程。一方面,"嵌入型"发展方式使民族地区建立了前所未有的工业发展基础,与基础产业相比,工业化超前;另一方面,这些以资源导向为主的重化工业对民族地区的掠夺性开发,又使民族地区脆弱的生态环境遭到破坏,并脱离民族地区本原经济基础,产业化、商品化、市场化水平都十分低下,使民族地区形成十分严重的二元经济结构,"嵌入型"工业还成为民族地区改革开放后市场经济发展的阻碍,直接影响到民族地区产业结构调整和区域经济的布局。

---

① 参见冯抒敏《中国西部民族地区首座核电站失地农民圆"就业梦"》,中国新闻网,2012年6月29日。

1. 重化工业独大，产业结构畸形

新中国成立之初，国家由于"备战"以及在短时间内缩小西部民族地区与东部沿海地区经济差距的需要，采取了均衡发展战略。在缺乏足够基础条件（足够的产业基础条件、足够的市场条件、足够数量素质较高的技术和管理人才以及缺乏训练有素且操作熟练的产业工人队伍等）并无法形成一般工业化起步所需投资的客观条件下，我国民族地区不得不选择嵌入型发展模式。与这种模式相适应，同时又受制于资金的极度匮乏和市场的不发育，我国不得不选择能够"集中动员资源，事先通过计划安排，事后予以统一调整"的"中央集权式"计划体制。其根本目的是力争尽快建立一个真正独立和基本完整的工业体系。当时，国家有重点地把工业投资向西部民族地区转移，目的也很明确，既可疏散沿海工业免受可能的战争威胁，同时也可在短时期内缩小东西部地区的经济发展差距。只是由于民族地区这种嵌入型工业化发展道路，使得嵌入经济与地方经济的前向和后向关联度非常薄弱，无法发挥出工业对民族地区实际的产业带动作用，对区域经济成长的作用也并不明显，对当地居民收入水平和生活质量改善的影响也十分有限。

首先是这种重型化的工业结构导致了产业结构的失衡。民族地区的工业化是在计划经济体制和国家区域经济发展政策和产业政策的规制下发展起来的，部署在民族地区的工业部门主要是国防工业、原材料工业、能源工业及农牧产品初级加工业，就工业化的目的而言，主要是保证东部工业获得充足而廉价的能源、原材料和初级产品，形成东部地区负责加工制造，西部地区提供原料动力的工业分工格局。民族地区工业化在这种满足全国需要的垂直分工格局中的基础工业角色，在一定程度上符合东部地区与西部民族地区在资源禀赋、经济基础、技术进步等方面的差异性特点和互补性要求，但却导致了西部民族地区工业与当地本原经济发展脱节，带来了"轻工业过轻、重工业过重"的不合理工业结构，造成了西部民族地区工业化缺乏资本、技术、人才和知识的积累，以及投入产出过分依赖区外要素的被动局面。

其次是嵌入型的工业使民族地区面临着不利的工业结构。处于民族地区主导地位的产业、行业和产品在整个民族经济中的成长性差、需求弹性低、关联度小、效益不高。这表现在：一是资源产品和初级产品工业在民族地区工业中占据主导地位。二是重工业比重较大，重工业中又以能源、原材料工业为主，制造业则以初级产品加工为主。民族地区各省、区每年向东部输送的主要产品有：木材、煤炭、电能、建材、基础化工原料、原毛、皮革、烟叶等。以木材为例，众所周知，青藏高原的生态环境是脆弱的，但在计划经济体制下，许多地区都形成了严重的"木头财政"，依靠木材加工为主的产业使青藏高原的许多地区被"剃成秃头"。比较典型的有四川阿坝藏族羌族自治州，在新中国成立后的四五十年内，其经济发展的主要手段都靠砍伐森林，作为20世纪70年代西南地区第二大林区的九寨沟县当然也一直持续着"木头财政"，木材税收占全县财政收入的80%以上。[1] 这种掠夺性的经济行为一直持续到国家实施森林保护法之前，其实，伐木破坏了当地宝贵的森林资源，对当地农牧民增收致富也没有起到立竿见影的作用。这种情况在民族地区或多或少，或轻或重都有所体现。三是工业技术装备水平低，高新技术产业化水平低。民族地区的高新技术虽然有所发展，但其产值在国民生产总值的比例低，整个工业的技术装备水平与国际比较停留在20世纪80年代。因此，民族地区的工业总体上表现出技术含量低、附加值低和消费弹性低的特征。

改革开放后，虽然西部民族地区的轻工业有了一定的发展，但是轻工业产品仍多以农产品为原料，附加值低，在工业经济中比重较低，因此，轻重工业比例不协调的状况并没有得到改善。1978年以来，西部民族地区与全国相比，其重工业占工业总产值的比重一直高于全国平均水平。其中，1978年高6.66个百分点，1980年高5.39个百分点，1990年高5.86个百分点，1993年高9.21个百分点，2001年高6.22个百分点，[2] 2006年高5.68个百分点。西部民族地区的工业基本上都属于重型原料工业，在地区工业中占比很高。1965—1975年三线地区特别是其中8个重点，该占比在工业基建投资中高达95%左右。[3] 这种情况虽然在市场经济条件下有所改变，但从速度上看，轻工业的增长速度还是要略低于重工业的发展。

---

[1] 侯青伶：《阿坝州九寨沟县60年巨变："木头财政"成功转型为"旅游财政"》，四川新闻网，2013年9月10日。
[2] 洪名勇、董藩：《西部地区重工业发展构想》，《民族研究》2003年第4期。
[3] 马泉山：《再谈三线建设的评价问题》，《当代中国史研究》2011年第6期。

表4-2 2013年民族八省区工业增长情况

省区	全年规模以上工业增加值（亿元）	比上年增长（%）	重工业增长（%）	轻工业增长（%）
内蒙古	7944.4	11.3	12.2	11.3
广西	5749.65	11.4	13.5	11.7
宁夏	944.50	12.0	12.1	15.2
西藏	61.16	12.2	14.5	7.5
新疆	2895.95	12.9	12.7	19.2
云南	3767.58	12.0	16.3	7.4
贵州	2686.52	13.1	—	—
青海	1019.70	12.6	11.9	19.5

资料来源：根据2014年各省区国民经济和社会发展统计公报整理。

再次是重工业与其他产业的关联度低，难以互补发展。西部民族地区这种重型化的工业结构导致了产业结构的失衡。一方面是因为集中于上游产品和初加工工业的重工业产业关联效应较弱，对其他产业增长的拉动作用不强；另一方面是因为西部民族地区的重工业布局与居民生活密切联系的消费需求相关程度较低，从而使其增长空间相对狭小。在产业结构失衡的情况下，羸弱的农业已不堪支撑相对庞大的工业体系的重荷，薄弱的轻工业也不能在消费品消费方面为重工业进一步拓展空间；而重工业在失去农业、轻工业支持的同时也难以推动农业、轻工业的发展。如云南2013年，全年全部工业实现增加值3767.58亿元，比上年增长12.0%；其中，规模以上工业增加值3470.66亿元，增长12.3%。在规模以上工业中，轻工业增加值1528.14亿元，增长7.4%；重工业实现工业增加值1942.53亿元，增长16.3%。全年规模以上工业中，烟草制品业增加值1076.53亿元，比上年增长3.9%；电力生产和供应业增加值425.32亿元，增长23.6%。六大高耗能行业增加值1289.97亿元，比上年增长15.9%；其中，化学原料及化学制品制造业增长2.6%，非金属矿物制品业增长20.5%，电力热力的生产和供应业增长23.6%，黑色金属冶炼及压延加工业增长14.6%，有色金属冶炼及压延加工业增长15.2%，石油加工炼焦及核燃料加工业增长11.6%。① 直到现在，云南省工业的重化程度比较重，而具有资源优势的轻工业还没有引起应有的重视。

最后是重工业布局的增长空间狭小。由于我国在新中国成立初期实行的是重工业优先发展战略，再加上西部民族地区本身又具有自然资源丰富的特点，所以在改革开放前30年的时间里，西部民族地区工业化建设走的是一条由投资需求带动的以重工业为主的增长道路，形成了其工业结构的重型化，西部民族地区也因此过早地进入重化工业阶段。同时，由于西部民族地区的重工业又以采掘业和原材料工业占较大比重，上游产业和初加工工业占有较大份额，深加工工业所占份额较小。因此，西部民族地区的重型化工业结构又表现出初级型特征，附加效益较低。以广西壮族自治区2013年为例，全年规模以上工业中，农副食品加工业增加值比上年增长12.9%；通用设备制造业增长9.0%；专用设备制造业增长6.3%；电气机械及器材制造业增长17.3%；汽车制造业增长9.8%；非金属矿物制品业增长13.5%；化学原料及化学制品制造业增长10.8%；有色金属冶炼及压延加工业增长10.8%；黑色金属冶炼及压延加工业增长19.7%；电力、热力生产和供应业增长5.0%；石油加工、炼焦及核燃料加工业下降6.3%。从利润实现情况看，该区2013年规模以上工业企业利润总额为874.0亿元，比上年增长4.3%，其中轻工业324.31亿元，增长2.9%，重工业539.69亿元，增长22.4%。农副食品加工业实现利润102.28亿元，比上年下降1.9%；汽车制造业实现利润79.48亿元，增长16.3%；非金属矿物制品业实现利润113.36亿元，增长32.3%；电力热力行业实现利润46.17亿元，增长18.3%；专用设备制造业实现利润21.16亿元，下降9.6%；有色金属冶炼及压延加工业利润亏损3.59亿元，由上年盈利转亏损；化学原料及化学制品制造业实现利润56.72亿元，增长16.2%；黑色金属冶炼业实现利润51.97亿元，增长104.5%。② 这种增长结构明显不符合广西的实际情况，广西所有的民族文化产品、旅游产品加工及丰富的农副产品加工业等轻工业的资源优势没有得到有效利用。

---

① 《云南统计公报 2013》。
② 《广西统计公报 2013》。

2. 形成典型的二元经济结构，不利于工业化发展

面对区域发展差异，中央政府采取的办法不仅避免东西部地区的差距拉大的危险，而且发达地区和落后地区还合力推进国家工业化。就实施重工业化优先发展战略的实际效果而言，广大西部民族地区无疑是直接受益者，但与此同时，也促成了民族地区独特的二元经济结构的形成，使民族经济发展很难摆脱这一结构的影响。民族地区二元经济结构，即一方面是具有"战略"性质的重工业特征，另一方面是几乎没有被打破的自给自足的自然经济形态。同一般意义的城乡二元经济结构的形成相比，它没有经历商品货币关系的较成熟发育阶段。

第一，这种嵌入型工业对民族地区自身经济体系没有起到促进作用。"嵌入型"工业的发展在塑造民族地区的现代工业基本框架的同时，不仅是一般意义上的城乡之间和工农之间的分离，而且还表现为现代工业与传统工业、中央企业与地方企业、国防工业与民用工业共存的独特的双层二元结构。[①] 其独特之处就在于它没有商品货币关系发育的市场基础，是在超越民族地区发展阶段和发展水平基础上实现的，是外部嵌入型和缺乏内在积累的机制，它不是自我发育选择的结果，而是靠计划体制的垂直地域分工体系实现的。在传统发展战略下，民族地区以自然资源开发和原材料初级加工为主的重化工业对资本、人才、技术和装备水平的要求都比较高，这些生产要素是相对落后的民族地区根本无法提供的。因此，民族地区由外来生产要素整合发展起来的重化工业本身与当地农牧业或具有民族特色的轻工业都没有多少直接联系，最后导致民族地区不能为这种嵌入型的现代工业提供支撑，反过来，这种嵌入型的现代工业与民族地区的农牧业和传统工业也缺乏联系，更谈不上带动作用。

第二，这些嵌入型工业没有真正改善民族地区欠发达形象。在一个国家的内部，欠发达地区具有区域性。在我国，欠发达地区主要集中在西部自然条件极端恶劣的地区，我国民族地区和欠发达地区在区域空间上存在着很大重叠性。从全国范围看，欠发达地区不一定是民族地区，但绝大多数民族地区都属于欠发达地区。欠发达地区的一般特征是：

---

① 曹海英：《中国西部民族地区新型工业化——价值取向、实现机制、发展路径》，中国经济出版社2010年版，第98—99页。

（1）穷。低下的生活水平，人均收入不到 300 美元。（2）识字率低。只有 1/4 的人识字，其余 3/4 都是文盲。（3）生产力水平低。大部分劳动力在农村，只有少数从事工厂和服务业的工作。（4）科学技术落后。耕作方法和工具很原始，对农业生产和初级产品的高度依赖。毫无疑问，这些欠发达的特征在西部民族地区无一例外地存在。但是由于民族地区工业化的起步，并不是产生于其内在动力和要求，这种嵌入型工业不仅没有较好地改变民族地区欠发达特征，相反在一定程度上成为其工业化发展的阻碍。其结果是，嵌入型工业使民族地区既存在着以电子通信及信息设备制造业，特别是能矿化工为代表的现代工业，同时又存在着增长速度较慢、加工层次低的传统工业，二者不仅在生产规模、技术装备、管理方式、人才素质上反差较大、对比强烈，而且不能相互渗透、融合，不能形成相互促进的区域经济体系，并脱离民族地区基础产业体系，不能带动民族地区农牧业经济发展。

第三，这种嵌入型工业的建设虽然也刺激了民族地区许多中小企业的发展，城市建设和社会服务体系也初具规模，但一批大型工业的企业设计仍然显示出小社会的特征，无论是产品生产、销售，还是职工生活服务都自成体系，与地方很少联系，中央直属企业与地方企业之间联系很脆弱。更为严重的是这些嵌入型企业并没有对世居于此的农牧民的生活产生触动，中央直属企业的工业增长与当地居民的就业和收入没有多少直接关系，反而使民族地区城乡差距日益拉大，民族地区的欠发达形象并没有因为这种工业的"嵌入"而得到真正改善。由此造成民族地区城市经济、产品技术扩散上的困难，使城市经济与农村经济完全相脱离。而城乡经济的脱节，必然使非农产业发展迟滞，导致民族地区农村劳动力的转移更加困难，从而使已形成的二元经济不断以扩大的规模再生产出来，而农村传统的封闭的自循环运行特点，又加固了二元经济结构的封闭性。这种封闭性的二元经济结构，不但难以促进当地生产力的发展，反而要求传统经济为现代经济作出贡献和牺牲，农产品价格的"剪刀差"，大面积土地特别是农田的征用，工业污染，生态环境的恶化，都不能不形成对传统经济的一种威胁。而当地本原经济的损失又不能从城市工业经济的发展中得到补偿，这就自然会引起两者之间利益矛盾与冲突。

第四，嵌入型工业竞争力难以增强。新中国成立以后，民族地区经济活动的空间集聚演进过程才算真正开始。如"嵌入型"工业发展也使民族地区催生了一批资源型工业城市，但城市的聚集效应多于扩散效应，导致城乡差距日益扩大，致使城市和农村发展脱节。由于二元经济结构使民族地区在工业内缺乏必要的横向分工协作，外部推动形成的现代工业也难以打破原来封闭的传统工业格局，而且不能带动区内各产业共同发展，更无法形成发展条件，从而制约了民族地区工业竞争力的提高。另外，由于民族地区的城市工业经济和农村传统经济并存，二者基本处于隔绝状态，除了商品交换以外，很少甚至不存在资金、技术、人力等方面的交流和联系，两部分经济各自有自己的经济活动方式和途径，使民族地区二元经济结构呈现明显的封闭性。西部民族地区城市经济的建设多是原材料工业、重工业和"三线"国防工业，这些工业企业多由中央直接投资和直接管辖，产品大多远销外地，有的企业甚至原料也来自外地，其生产基本与本地区的其他经济活动无关。而民族地区的农村较之于东部更处于后进的位置，人们的商品经济观念淡薄，长期从事于传统的农业生产，禁锢在小农经济的狭小圈子里。

相互封闭的二元经济结构反过来不仅制约现代工业的良性发展，同时使民族地区农村的落后状况得不到改善。由于"嵌入型"工业脱离民族地区的实际，特别是脱离民族地区的农业和传统产业，因而，民族地区的农业与传统产业事实上不能成为现代工业的基础并起到积累的作用，同时，也不能为现代工业的发展提供足够的资金和劳动力。1940年，英国经济学家科林·克拉克（C. G. Clark）在其著作《经济进步的条件》中，对三次产业作了详细的划分，并总结了伴随经济发展的产业结构演变规律。克拉克研究了劳动力在三次产业之间的转换规律，他通过对主要发达国家劳动力转移的实证分析得出结论：随着经济发展和人均国民收入的提高，制造业比农业，进而商业比制造业能够获得更多的收入，这种收入的差异会促使劳动力由低收入部门向高收入部门转移；劳动力首先由第一产业向第二产业转移，进而再向第三产业转移。而民族地区的二元经济结构使农业劳动力几乎是很难由第一产业向第二产业进行转移的，就像四川这样的人口大省，外出农民工长途跋涉到珠江三角洲和长江三角洲寻找机会的原因，因为本地的二三产业对于农村剩余劳动力缺乏吸纳能力。

大量的研究表明，在工业化过程中，工业部门之间的结构变动，具有明显的阶段性和规律性。一般是从轻工业起步，随着工业化的推进，开始向以基础工业为主的重工业转移，即进入原料工业及燃料动力工业为重心的发展阶段；然后在基础工业发展的基础上，重心又向加工制造工业转移，这个规律无论是在轻工业还是在重工业中都同样发生，这意味着工业加工程度不断深化，产品附加值不断提高。而民族地区的嵌入型工业产品的附加值十分低下，且很难得到提升。因此，可以说，民族地区的这种嵌入型工业发展只能说作为时代的产物为当时的"备战"需要和整个国民经济的建设做出了很大的贡献，但没有真正改善民族地区的产业结构，相反，这种嵌入型工业对后来民族地区经济结构的调整产生了很大的负面影响。在民族地区还没有得到真正有序发展的时候，又直接参与到市场经济的竞争中，市场经济的趋利性强化了民族地区经济二元结构性特征。长期以来，这种二元经济结构使少数民族地区失去了依托现代工业发展自己的机会，同时，也加快了这个体系自身的宏观效益和微观效益的损失。

3. 国有工业比例高，运行机制不灵活，发展困难

民族地区工业所有制结构最突出的特点是国有经济的比重过大，而非公有制经济的比重太小，导致非公有制工业发展缓慢。这种被过分拔高的所有制结构既不适应于民族地区生产力的发展要求，也很难与市场有效融合。在嵌入型工业经济内部，由于生产结构的不合理和社会基础结构的不完善，经济网络残缺，造成生产成本高，产前、产后的成本费用多，社会负担重，导致经济效益差。从而使嵌入企业更加丧失了经营上的独立性，而不得不更为依附于高度集中的计划经济体制，对行政机构的依赖性不是更小了，而是更大了，甚至成为其生存须臾不可缺少的因素。

首先，作为国家进行经济布局战略性转移和调整而进入少数民族地区的国有制企业，一般规模较大，并在国民经济和产业系统中占据重要地位。国家为了加强对这些企业的领导，基本上采取了中央有关部委直辖管理的办法。也就是说，现代化企业是以中央有关部委的"条"的角色进入少数民族地区的"块"上的，其企业经济活动由中央有关部委直接组织和管理，相对独立于少数民族地区的"块"管理。这样，现代化企业进入少数民族地区所呈现的状态便存在两种可能：既可能比较符合国有企业所期望的理想目标，现代化企业的进入为地方带来利

益；也可能远离企业所期望的理想目标，企业进入不仅很少为地方带来利益，甚至在某种程度上损害了地方利益。当嵌入型企业与地方经济发展的利益相脱节时，二者之间相对独立，各成体系。嵌入企业的基本特征是，企业的经济活动与所嵌入地区的经济活动缺少关联，企业与地方之间各自构造利益，各成体系，相互隔离。

其次，在高度集权的计划管理体制下，民族地区经济建设资金来源于国家投资，建设步骤乃至项目的安排、实施，产品的分配调拨都由国家决定，生产能力的扩大主要不是靠自身积累，而是靠外部的嵌入，经济建设过程中"外嵌入—外控制"的方式压抑了企业的自我增值、积累和发展的动机。长期以来民族地区国有企业都必须依靠国家财政补贴才能维持简单再生产，扩大再生产则又要依靠财政基建投资，而中央投资的来源又是东部地区提供的积累。自20世纪50年代至70年代，国家投资基本上都体现了这种发展意向，经济布局侧重内陆地区。从"一五"到"四五"，内陆地区投资比重一直大于沿海地区，内陆与沿海的情况是："一五"是1:0.87，"二五"是1:0.79，"三五"是1:0.46，"四五"是1:0.74。[①] 国家在人口和工业基础上的追加在这几个时期倾向于内陆地区。正是在国家投资的带动下，形成了这一时期工业生产力较大规模的西移，在内地重点建设了以包钢、攀钢等为中心的一批新的工业基地，在西南、西北和三门峡等地建设了一批以钢铁、有色金属、石油、大型水电站为中心的新基地，建成西南地区铁路干线网，以西南地区及鄂西、湘西为重点建设了一批三线工业。使这些民族地区国有工业（全民所有制工业）固定资产及主要工业品产量在全国所占比重有了较大的提高，使部分工业产品，如煤、电、原油、化肥、水泥等的产量甚至超过沿海地区，这种投入也奠定了民族地区工业国有经济的强大基础，但总体上都是围绕东部地区服务的产业格局。这种格局一方面奠定了西部国有工业企业的功能主要是服务于东部加工工业，不计自身效益的运行；重工业比重大，资金有机构成高，难以形成对当地农业剩余劳动力的吸纳，甚至"三线"建设的客观结果也使民族地区形成以原材料工业为主，并且形成原材料东运的格局，东部地区则在西部民族地区所提供的原材料基础上形成以加工业制造为主的工业发展模式，而又

---

① 孙敬之：《中国经济地理概论》，商务出版社1983年版，第94页。

进一步形成东部地区加工品西运的基本格局,这充分体现和说明了西部民族地区的"嵌入型"工业并没有在这些地区生根发芽,反而形成了"西部挖树,东部开花"的结果。另一方面,由于这些企业财政资金去向与当地财政均无力支持民族地区当地加工工业的发展,从而不能形成与其配套协作的产业群和较完善的经济社会基础设施,而外部经营环境差,又反过来制约国有企业效益的提高与自身发展。"中央政府从中央财政的整体利益考虑,不得不努力保证主要财赋来源——东部地区经济和财政收入的持续增长,对能源、原材料及初级产品的生产执行指令性计划。因此,以原材料工业为主的西部地区的资源要素的流动和利益实现,事实上受着较充分的计划调节。国家计划调配的价格机制客观上强化着东西分异的格局。"[1]

最后,市场经济条件下,民族地区国有企业与市场严重脱节。随着我国市场经济的建立和不断完善,这些国有企业越来越表现出它们所具有的"传统特色","三线"企业、军工企业居多,产品老化、产品结构与发达市场经济条件下的市场需求严重脱节,产品市场占有率极低,产品品种单一、质量不高、更新换代缓慢,导致多数产品的市场竞争力脆弱,产品大量积压,严重制约了国有企业的生存和发展。

一是民族地区国有企业缺乏现代市场经济发展所需的区位优势。民族地区的地理环境差,交通运输、能源等基础设施落后、信息闭塞,投资配套设施不齐全,企业投资成本(如运输成本等)极大。而大量的国有企业特别是"三线"建设时期建立的大型国有企业,大多数分散在交通不便的高山峻岭之中,"山、散、洞"的特点已完全不适应现代市场经济的要求。相对于东部地区而言,处于西部民族地区的国有企业很难获得现代市场经济发展所必需的资金、人才、技术、信息等生产要素。

二是由于民族地区商品经济欠发达,自然经济、产品经济的传统思想观念至今在民族地区国有企业中具有较深的烙印,表现在具体运行中就是缺乏市场经济的竞争意识、平等意识和效率意识,忽视诚信、公平原则,存在重义轻商,"均贫富"的观念和行为,具有体制成本高办事

---

[1] 王文长:《中国经济发展的 B 面——经济发展与民族利益的整合》,民族出版社 1997 年版,第 58 页。

效率低的风险"陷阱"。尽管民族地区改革开放已30多年了,这些问题依然没有得到完全的解决和根本性突破。目前,在我国经济总体上已由计划经济时代的卖方市场转变为买方市场,市场竞争十分激烈的条件下,民族地区传统机制下的国有企业的生存和发展面临着巨大挑战。而随着我国社会主义市场经济体制的日益发展成熟,政府对民族地区国有企业的扶持力度也将相对下降。在市场经济条件下,经济发展必须贯彻市场经济"平等、竞争、效率"的原则,民族地区的国有企业面临全方位改革,否则也会面临被市场经济淘汰的危险。

4. 陷入"资源诅咒"效应

长期以来,西部民族地区都处于"资源产地、能源原材料基地"的地位,资源开采出来输往东部,由东部进行加工制造,制成成品再销往西部民族地区。虽然在改革开放后这种状况得到了一定变化,民族地区已经开始发展一些资源深加工项目和高科技产业。但迄今为止,西部民族地区的能矿资源在全国经济的战略地位,不仅没有降低反而随着全国资源与环境的紧约束而趋向于进一步加强。如作为国家西部大开发标志性工程的"西气东输"、"西电东送"以及交通干线建设,已经并将继续源源不断地把西部民族地区的能矿资源开发出来,输往全国各地。从总体上来看,民族地区自然资源丰富,但是自然资源优势并没有给民族地区以及少数民族带来经济繁荣,甚至,随着民族地区自然资源的广泛开发,许多少数民族的经济增长速度减缓,民族地区的自然优势并没有转化为民族经济发展优势,民族地区存在"资源诅咒"现象。

"资源诅咒"是发展经济学中的一个著名命题,是20世纪末发展经济学的一个重要发现。理论上,自然资源是经济发展的物质基础,具有较高自然资源禀赋的国家通常蕴含了更大的发展潜力和较高的经济增长速度。然而,20世纪末期,学者们发现自然资源禀赋与经济增长存在负相关关系,也即丰裕的自然资源在长期对经济有较强的抑制作用,出现资源富裕的国家或者地区增长速度要慢于资源贫乏的国家。这一现象被部分学者称为"资源诅咒"。民族地区是这种现象的突出反映。

首先,西部民族地区在这种纵向资源配置和垂直区际分工格局下扮演着"奉献者"的角色,在对国家经济作出贡献的同时自身却付出了很大的代价。这种代价不仅表现在减少了大量不可再生资源,污染破坏了本地生存环境,削弱了可持续增长能力;而且表现在相当一部分地区并未因资源开发得到相应的实惠,如在一些天然气的气源地,当地老百姓却用不上这种清洁、低廉的燃料,当地要发展下游加工业却得不到充足的原料保障,但目前还未能建立对西部资源地应有的补偿机制。[1] 据学者温军1999年的研究成果显示,民族地区的工业产业构成中,资源密集型工业比重占到66.7%(非资源密集型工业产出仅为33.3%),远远高于东部和全国平均水平。其中,西藏的资源密集型工业占工业比重最高,达到93.3%;另外,其他民族聚居地区的资源型工业比重也相当高,新疆为85.7%,青海为85.2%,云南为82.6%,内蒙古为73.7%,贵州为73%,宁夏为71.9%,广西为66.9%,甘肃为58.4%。[2] 以内蒙古为例,2012年,该区累计完成工业投资5959.83亿元,占全区工业固定资产投资比重的92.97%,其六大特色产业(包括能源、农畜产品、化工、冶金建材、机械装备、高新技术)中涉及资源开发的比重达76.65%,[3] 呈现出典型的资源密集型产业结构特征。这种结构特征既是民族地区资源禀赋的必然要求,同时,这种单纯的资源导向又使得民族地区工业化存在对资源过度依赖的明显缺陷,并导致了工业部门结构失调。

其次,在市场经济条件下,随着东部地区产业结构调整,民族地区成为东部地区和世界高耗能产业的转移地,如江苏、浙江、广东等省份的许多高消耗高污染企业纷纷到民族地区落户,而民族地区为实现经济快速发展,往往有急功近利、盲目招商引资等短视行为,甚至还有民族地区把降低环保要求,当作招商引资的优惠条件之一,使得民族地区引进东部以及国外资金的过程,同时也成为引进污染、破坏生态环境的过程。如最近遭到多家媒体报道的腾格里沙漠遭污染的情况就是一个典型。随着我国工业西迁,高耗能、高污染的工业企业纷纷落户沙漠无人区,厂家以为在沙漠中排污的行为不太容易被人发现,大肆向沙漠腹地排放工业污水,导致沙漠受到严重污染,不仅破坏了当地居民的生存环

---

[1] 戚本超、景体华:《中国区域经济发展报告》(2007—2008),社会科学文献出版社2007年版,第4页。
[2] 温军:《民族与发展——新的现代化追赶战略》,清华大学出版社2004年版。
[3] 根据内蒙古自治区人民政府网站2013年1月25日发布的《2012年内蒙古六大优势特色产业投资保持稳步增长》一文数据整理而得。

境,更使本来就很恶劣的自然环境遭到更为严重的破坏。事实上,沙漠地区生态脆弱,污染物难以降解,污染物得不到彻底降解,必然要通过水、气扩散转移,造成更大范围的污染。也就是说,如果下渗,就污染地下水;进入大气,就形成大气污染物;黏附在沙土中,就造成土壤污染。据科学分析,沙子粒径大、间隙大,污水一旦下渗,很快就能到达地下水层,污染极其宝贵的地下水和地下湖泊等。如果将干涸的废物直接埋在沙漠里,一旦降雨,这些废物也将迅速溶出污染物,然后随雨水下渗进而影响地下水。从物质不灭角度看,投入的原料不可能全部转化为产品,必然会有一些污染物产生并排放,只不过是以不同的形态存在罢了。如将废水、废气中的污染物转化成固体后,采取相对安全的方式堆存或填埋,则可以避免污染。如果在污染物形态转变过程中,不采取有效的防治措施,新的环境污染问题将在不知不觉中发生,成为"毒沙子"或"对更大范围的环境产生难以预料的危害"。[①] 大气污染影响的不仅是排放的区域。近年来,北京的空气质量每况愈下,北京与天津、河北、山西、内蒙古、山东、宁夏等省市区实施了大气联防联控,可见大气污染会对很大范围内的其他地区造成影响。那些目光短浅的厂家和当地有关部门并不清楚,从生态学角度,腾格里沙漠具有非常独特的特性,有许多国家级重点保护植物是远古活化石,很多品种在世界上独一无二。腾格里沙漠中埋藏着生物进化和演化的秘密,沙漠中分布着数百个存留数千万年的原生态湖泊,大部分为第三纪残留湖,其中月亮湖一半是淡水湖,湖水存留千百万年至今清澈见底,是中国乃至全球的纯生态自然资源,这样的生态环境遭到破坏贻害无穷。值得注意的是,一些民族地区急于求成,企图依靠这些高污染高耗能企业带动当地经济发展,特别是作为利益关联方的政府相关部门为取得政绩,很容易对一些企业的排污行为视而不见,导致相关监管缺位。

最后,粗放经营,使资源利用率低,资源浪费严重。目前,民族地区基本处于工业化初期和中期阶段,民族地区生态环境的恶化,其中一个原因是长期以来产业结构以能源和原材料为主的初级产品,如煤炭、电力、天然气、石油化工、有色金属、盐化工和磷化工等产品,这些产业大都是高污染型产业,附加值低,以及由于生产技术和工艺水平的限

---

① 《专家称沙漠地区地下水污染后几无恢复可能》,《科技日报》2014年9月23日。

制，民族地区生态日趋恶化。另外一个原因是民族地区粗放型生产方式，使得资源利用率低，严重浪费了资源。从国外理论研究来看，影响经济发展的因素不仅有自然禀赋，还包括区域发展观、人力资本状况、科技水平、区位条件、历史文化传统、国家经济发展政策等原因。部分学者认为人力资本和教育投入不足、收入分配不平等、寻租和腐败等是自然资源制约经济发展的传导机制。然而从民族地区的视角看，自然资源制约民族地区经济发展最主要的原因是嵌入型工业发展的结果。我们认为在计划经济体制下，嵌入型工业是时代的产物，历史在为民族地区经济发展的进程做出贡献的同时，也付出许多难以逆转的代价，使这种"资源诅咒"效应很难在短期得到解决。而在市场经济条件下，民族地区并没有因为经济结构的转型使这种"资源诅咒"效应得到缓解，相反在一定程度上更趋严重。最为典型的莫过于发轫于21世纪初的鄂尔多斯，这个"沙漠明珠"仅用8年的时间就使GDP增长了13倍，创造出草原奇迹。然而这种奇迹是靠掠夺开发自然资源所获得的，因此也必然陷入"资源诅咒"效应。不管曾经是发达的羊绒产业还是后来达到疯狂的"黑金之城"，都是以绝对的资源掠夺实现了一时的繁荣或表面的兴盛。当其能源产业发展抑制了其他产业的发展的时候，一旦资源枯竭，最后必然出现大量失业，经济长期低迷。从20世纪末开始，鄂尔多斯的煤炭行业开始快速发展，并带动了地区性工资水平的提高，直接导致该市支柱产业羊绒行业受到挤压，大量熟练工流失到工资水平较高的煤炭行业。同时，作为劳动力替代，来自外地的羊绒业新员工在生产经验和生产效率上明显不足，影响了产品的质量和企业的生产效率。鄂尔多斯近几年一直大力发展的服务业也都属于生产型服务业，它们围绕煤炭、化工等高利润行业转，而分散、盈利少的生活型服务业却发育不良。鄂尔多斯最后印证了"工业化是生态的天然敌人"的"资源诅咒"。

目前，民族地区的城市大多为资源型重化工业城市，面临着严重的工业污染，单位工业附加值产出的各类污染强度都大大高于全国平均水平，因环境污染造成的经济损失巨大。这表明在长期以来形成的国内分工格局中民族地区的嵌入型工业，极易造成严重的大气污染、水体污染和固体废弃物污染，从而形成了"资源高消耗、污染高排放"的传统结构。由于大部分工业都集中在少数民族中心城市，污染排放十分集中，使得工业中心城市往往都是工业环境污染源。如鄂尔多斯官方相关网站上，并未公布老式集装站的具体数量，但鄂尔多斯市煤炭局公布的官方数据显示，2013年，鄂尔多斯市煤炭企业共生产销售原煤57616万吨。按照5%的比例，保守估计，每年至少有近千万吨煤尘飘向天空。① 再以煤炭为例，近年来，山西能源结构转型，其煤炭霸主地位已被内蒙古取代。这个地下埋藏着广袤黑金的省份，满布煤炭集装站。其中多数还保留着原始技术——煤炭露天存放，由铲车运送到火车上。一处处粉尘污染，聚沙成塔，汇成黑尘暴，借季风扑向华北平原。在距离北京700余公里的内蒙古鄂尔多斯，2014年3月，当地开展了煤炭扬尘整治。然而，据调查，在当地多家老式煤炭集装站的污染情况依旧严重，每运输一吨煤炭，大约有5%的煤粉流失到空气中。按该比例计算，该市每年煤炭扬尘超过千万吨。

由于资源导向型工业这一模式缺乏对自然的关照，不利于生态环境建设和资源的永续利用。从可持续增长角度看，民族地区资源型重工业化道路还将受到生态环境的约束，目前，大量水电工程的上马、矿产资源的大肆开采和冶炼已经对生态环境造成了很大的负面影响。尽管民族地区有着丰富的、优质的自然资源，但由于粗放型经营和过度开发，使得民族地区自然资源整体在恶化，并呈现新的特点，主要表现在以下几个方面：

一是森林和草原生态系统失衡。由于草场退化，湿地萎缩，生态失衡给高原鼠无节制繁殖提供了"温床"，高原鼠啃吃草根、消耗牧草、破坏土层结构。

二是土地沙化日趋严重。民族地区沙化土地面积大，分布广，治理难度大。"沙漠几乎是无人区，沙漠排污暂时看起来对当地居民的健康危害不大。但沙漠地区极其缺水，生态系统非常脆弱，对环境特别是地下水造成污染后，几乎没有恢复的可能性。"2014年9月18日，中国环境科学研究院研究员乔琦在接受《科技日报》记者专访时说。

三是生物多样性受到破坏。目前民族地区不少珍稀濒危物种分布区已经很狭窄，其生存环境已受到严重破坏，甚至面临灭绝的危险。民族地区对自然资源的不合理开发改变了生态平衡，使许多生物物种生存环

---

① 搜狐公益：《鄂尔多斯扬尘污染调查：开往天空的煤车》，2014年4月9日。

境受到严重威胁。

四是水资源污染和短缺。民族地区由于生活废水、工业废水、农业污水等排放，使得民族地区水资源受到污染，造成民族地区水量减少、水位下降、水资源污染以及植被枯死、草场退化、土地沙化等生态恶化问题。另外，民族地区还存在着水生态平衡失调问题。新疆、宁夏等民族地区是我国的干旱和半干旱地区，自然降雨量小，常年缺水。近些年来，由于生态破坏，民族地区江河断流、湖泊枯竭等现象频现。

四 民族地区内生型工业化道路

民族地区由于自身社会历史和自然地理及经济背景等诸多原因，长期以来累积的贫困，是无法依靠自身的力量摆脱低水平的均衡"陷阱"的。低水平的均衡"陷阱"就像地球引力场，物体没有积累到足够的动能就无法摆脱它的引力而进入到高层空间中去。民族地区的经济社会发展也是这样，它必须累积到一定程度才能实现这种突破。到目前为止，民族地区自身累积能力极其有限，缺乏一个能够完成这种累积过程所需要的内在动力机制，而这个动力机制就是依靠内在力量，实现分工内生演进，并由此推动市场的发育和专业化生产水平的提高，从而实现结构向更高层次变迁。这里所讲的"内生型"工业发展方式主要是指，民族地区应该根据自身的资源特点、产业基础和力量，在新的时代背景下，合理配置各种有益的生产要素，力争建立和发展符合自身资源优势、产业优势，并具有时代特点和民族地区特点的民族工业体系。

当前民族地区要立足比较优势，提高民族地区的自我发展能力。由此，要促进工业产业结构调整，转变增长方式，提高竞争能力，加强政府引导和政策支持，吸引产业资本和先进技术，促进资源优势转化为产业优势和经济优势，逐步形成若干特色资源加工基地和优势产业发展基地。特别是在新一轮的西部大开发时期，为了寻求更为有利的生产经营地，抢占市场制高点，吸引产业资本和先进技术以创造后发优势，并通过产业结构的优化来逐步获取竞争优势，从而提高自身的内生发展能力。

1. 变"嵌入"为"内生"——对"三线"建设工业进行改造

一是军用工业的民用化。贵州航天风华精密设备有限公司（国营3531厂）是隶属于中国航天科工集团〇六一基地的国家大一类军工骨干企业、航天型号产品总装研制生产单位，是贵州省高新技术企业，国家火炬计划高新技术企业。公司长期致力于航天产品等高新技术产品生产制造，有航天产品、大型放疗设备、大型铝、镁合金铸件等高科技产品的研制、开发、加工生产。专业设施齐全，装备先进，拥有各类机械设备1100多台/套，仪器仪表及各种检测试验设备500多台/套。具有完善的科研生产和销售、技术服务体系。具有机械加工、有色金属铸造、焊接、钣金、冲压、铆接、热表处理、涂装、电气制造、总装、总测、总调等专业技术以及理化试验、环境试验、无损检测及计量检测等先进检测手段，具备完整的设计、开发、生产、制造及技术服务体系，具有较强的综合实力。2012年3月20日，贵州航天风华与深圳市广晟德科技发展有限公司成功签约。由于该公司对深圳广晟德的技术、品质、服务完全认同，最终签订了几条航天军工设备的总装线。军工生产带动了民用工业发展。40多年来，贵州航天风华圆满完成了多个航天型号产品的研制批产及专项生产任务，为国防现代化建设和国民经济发展做出了重大贡献，具有重要战略地位。这样的军工企业，一旦发挥带动作用，对于内生型发展方式的形成无疑具有无可替代的作用。

二是对"三线"建设项目制造业的发展目标与定位、产业结构和产品结构、布局结构的改造。如贵州是我国航空工业的重要聚集地之一，不但有飞机制造企业，还有航空发动机企业和一大批的专业化厂家和配套企业，贵州航空厂所曾提供了我国二代主战飞机的所有发动机，保卫国家领空30年。在工业基础落后的大西南贵州山区，仅仅依靠省内的配套也足以研制生产出先进的战机。在"三线"建设之前，贵州基本谈不上现代工业。贵州三线军工企业包括航天、电子系统在内，全部企业的年产值曾一度占据贵州全省总产值的38%。贵州航空企业作为我国航空工业的主力军之一，研制生产过涡喷13、歼教7等大量二代主战航空装备。如今在贵州还有5万余名航空工业职工，数十家企业分布于贵阳、平坝、安顺、遵义等地，依然是当地经济发展的主力，极大地带动了区域内的各类配套企业、生产服务型和生活服务型企业发展。① 发展好三线军工企业，有助于中西部地区的工业化和城镇化。虽然一些三线军工企业近年来持续迁往大中城市，但大部分还是在原地继续发展，国家过去在三线地区建设起来的基础不应该被放弃。面对国内外复杂的安全形势，我国不可能削弱而是要加快推进军队和国防建设，因此，许多三线军工企业至今都还承担很多重要武器装备的研制生产任务，发展三线军工企业有很强的现实意义。随着贵安新区建设，贵州将在高端装备制造业中重点发展航空工业，也必将会对贵州的经济发展起到强力助推作用。

三是调整建制，组建大型企业集团。通过对"三线"企业进行产品与组织结构调整并进行转轨改制，使"三线"企业在国家大规模西部开发中发挥了重要作用。如攀枝花钢铁（集团）公司（以下简称攀钢）在自主创新过程中，其工业获得跨越式发展。攀钢是国务院国有资产监督管理委员会直接管理的中央企业。几十年来，攀钢依托攀西地区丰富的钒钛磁铁矿资源优势，依靠自主创新推动钢铁钒钛产业跨越式发展，积极审慎实施资本运营，拥有新钢钒、攀渝钛业、长城股份三家上市公司。目前，攀钢已发展成为我国民族地区最大的钢铁生产基地，中国最大的铁路用钢生产基地、品种结构最齐全的无缝钢管生产基地、最大的钛原料生产基地和唯一的氯化法钛白生产基地，是中国最大的钒制品生产基地及世界第二大产钒企业。

2. 加强"内生型"特色产业发展——促进资源优势变经济优势

民族地区拥有丰富的能源、资源优势，具有极强的经济发展的资源基础，但是自然资源并不是经济增长的充要条件，只有合理利用管理自然资源才能起到支持经济增长的作用。这里所讲的内生型发展方式主要是指，民族地区应该根据自身的基础和力量，在新的时代背景下，合理配置各种有益的生产要素，力争建立和发展符合自身资源优势、产业优势，并具有时代特点和民族地区特点的民族工业体系。过去，由于保护不足，开放过度，使优良资源受到极大的破坏，生态环境日益恶化。为了实现民族地区可持续增长，民族地区应结合自己的优势资源，发展优势低碳产业，发展具有优势的农畜产品加工产业、矿产品加工产业、旅

---

① 《重振三线军工企业　助力贵州经济发展》，中国青年网，2013年3月12日。

游产业、中医药产业和水电产业。学者温军指出,"少数民族聚居地区产业结构和产品结构的调整,应由重点开发能源、矿产资源、森林资源转向对农牧业资源的开发和利用;由以采掘、原材料为主的重工业化模式转向特色化、民族化、本土化为主的轻工业模式……主导产业选择的基本原则应当是优先发展劳动密集型产业,积极发展知识密集型产业,有选择地发展资本密集型产业,谨慎发展资源密集型产业"[1]。

民族地区工业发展应该本着"富民为本、投资于人民"的宗旨,应充分发挥本区矿产、草原等资源优势,努力开发本区煤炭、石油、水力等能源资源,提高资源的加工程度,合理发展有色金属工业和石油化工工业等重化工工业,加快发展重大装备制造等高新技术产业。同时围绕清洁无污染的生态环境资源、农畜土特产品资源、高原特色动植物资源及传统民族文化资源,充分发挥其传统文化技术优势、民族特色产品优势,重点发展具有高附加值的无污染特色农畜土特产品加工工业、传统民族手工业、民族医药加工业、民族文化产业、民族旅游产品加工业以及具有本身发展优势和基础的轻纺工业、食品工业和饲料工业等劳动密集型产业,缓解"经济二元结构"的矛盾,全方位促进民族地区产业结构及其空间布局的优化。

矿产品加工产业。民族地区要发挥矿产资源优势,要鼓励和引导民族地区资源就地加工转化。以现有企业为基础,加快建设冶炼基地,积极培育龙头企业,按照国家产业政策、产业准入条件和相关规划,上规模、上水平,进一步扩大生产规模,延伸产业链,另外,抓好资源综合利用和新技术、新产品研发,在钒、钛、金、银等伴生贵金属的综合回收、稀土单一金属的分离等方面有新的突破。

旅游业配套产品加工业。旅游业不但污染少,而且具有很强的关联带动作用。开发民族地区的旅游资源,重要的是要注重旅游商品系列化的开发,在旅游产业化链条上做文章。生产能反映民族地区景点特色的、具有纪念意义的商品,如藏刀、特色食品、民族手工艺品等旅游商品。

中医药产业。民族地区有着丰富的中医药资源,但是由于民族地区

---

[1] 温军:《民族与发展——新的现代化追赶战略》,清华大学出版社2004年版,第189页。

的药品深加工能力有限，许多名贵药材都是以原料的形式被沿海及内地的一些药品加工企业廉价收购，民族地区并没有从输出药材方面得到太多的实惠，却成了沿海地区药品加工企业的原材料供应基地。所以，民族地区要加强药材资源基地建设，并以企业为主体，逐步形成医药研究开发体系，鼓励企业开发中药资源为原料的中药产品，另外，还应通过有效的营销手段，加强对驰名品牌的宣传，扩大产品的知名度。

可再生能源开发产业。利用民族地区丰富的水能、地热能、风能、太阳能等资源，是未来能源发展的方向，是实现可再生能源的途径。西南民族地区有丰富的水能资源，该地区应利用水电资源优势，并将其培育成为特色产业。甘肃、内蒙古的大风成了祸害，通过建立风电基地也可变害为宝。充分开发新疆、西藏丰富的太阳能、地热能资源。目前存在的问题是，可再生能源成本比较高，如太阳能基本是一元多一度电，比煤电高得多，但随着它的技术提高和规模扩大，成本有可能降低。

在新一轮工业化过程中，既要注重发挥民族地区能源、矿产、生物等资源优势，更要注重发挥区域优势，以市场为导向，鼓励和支持高新技术产业、新兴产业、先进制造业、劳动密集型产业和产业转移重大项目在民族地区落地。支持国内外大企业集团或跨国公司，通过收购、参股等形式进行企业兼并重组，提高产业集中度，推进省属国有企业股权多元化、资产证券化、管理信息化、经营市场化、业务全球化。

3. 从粗放到集约——走"内生型"的新型工业化道路

针对民族地区实际，不能把现代化等同于工业化，更不能把民族地区工业化简单理解为资源导向型的工业化，而应该发展以内生型为主导的新型工业化道路。从工业化发展评价看，我国民族地区仍然处于工业化发展的初级阶段，无论是从发展速度还是发展总量看，都同我国其他地区存在一定差距，并且这种差距有逐渐拉大的趋势。要加速民族地区工业化，必然不能照搬传统工业化道路。要实现民族地区工业化跨越式发展，在总结世界各国工业化和中国传统工业化的经验教训的基础上，克服传统工业化道路的弱点和弊端，走新型工业化道路。

一是树立新型的生态环境观和民族文化观，重视科学技术运用。民族地区工业化要树立新型的生态环境观和民族文化观，遵循可持续增长、保护生物多样性和尊重文化多样性的理念，要充分重视科学技术和信息化在民族地区新型工业化中的重要作用。如西藏尼木县吞巴乡是藏文字创始人、藏香创始人、佛教传播者吞弥·桑布扎的故乡,该乡历来有藏香、尼纸、雕刻并称为"尼木三绝",这里还是西藏传统水磨藏香制作生产地,其藏香制作工艺已经被列为国家非物质文化遗产。改革开放后,该乡秉承传统的"圣人·圣水·圣香"优势,使藏香业得到了可持续增长。现在这里已不仅是地区民族手工艺聚集地,还被开发打造成了重要的文化旅游景观,这里的水磨长廊景观已是西藏拉日铁路线上重要的旅游景点之一,景区所在地完整地保存着吞弥·桑布扎故居、经堂、吞巴庄园等古建筑,该乡成为西藏重要的民族手工业加文化旅游业共同发展的成功案例。

二是注重作为现代经济最重要推动力的技术进步。技术决定着一个后发经济体的赶超成败。作为后发经济体,民族地区面临两个层面的技术缺口。第一是从全球视角看,民族地区与国际技术前沿间存在的缺口;第二是从国内看,民族地区与国内发达地区间存在的技术缺口。因此,在新形势下,民族地区要实现经济赶超,必须要缩小与国际国内技术前沿的技术缺口,首先实现技术赶超。制约民族地区缩小技术缺口的因素有很多,诸如民族地区教育发展不足、人力资本短缺、"后发诅咒"、体制与机制、金融约束等。[1]

三是转变经济增长方式,切实提高产业发展的质量。民族地区资源密集型重工业存在着种种缺陷,但它不仅是民族地区最成熟的经济部门,也是民族地区生产方式相对先进、技术含量相对较高的工业部门,还是民族地区产业体系的重要特色,因此,促进资源密集型重工业及其产业结构升级是实现民族地区经济协调发展的重要途径。首先要优化民族地区传统工业结构。强调努力从粗放发展走向集约发展为主的新型工业发展。其次要调整民族地区工业化的引导力量。要加大工业结构调整力度,积极发展高新技术产业,加强传统产业技术改造,用高新技术武装和改造传统产业。

根据民族地区内部经济发展和外部经济发展,民族地区已经具备了走新型工业化道路的基本条件:一是改革开放以来,民族地区经济发展为新型工业化道路提供了物质条件;二是民族地区工业结构稳步调整为

---

[1] 郑长德主编:《中国少数民族地区经济报告》(2013),中国经济出版社2013年版,第126页。

新型工业化道路提供了能力条件;三是我国科技和经济发展的趋势为新型工业化道路创造了外部条件。

4. 走内生型循环经济之路——实现可持续增长

针对传统工业化面临的可持续增长的挑战,生态文明建设要求发展"生态可持续性工业",即由传统工业文明发展模式向可持续增长模式转变,发展循环经济是生态文明建设的实现途径。循环是对物质闭环流动型经济、资源循环的简称,是以资源的高效利用和循环利用为目的,以"减量化、再利用、循环化"为原则,以物质闭路循环和能量梯次使用为特征,按照自然生态系统中物质的"资源—产品—再生资源"方式和能量流动方式运行的经济模式。它要求人类在社会中自觉遵守和应用生态规律,通过资源高效利用和循环利用,实现污染的低排放甚至零排放,实现经济发展和环境保护的"双赢"。[①]

随着民族地区工业化进程的推进,民族地区工业化过程所引发的环境问题日益凸显,再加上经济、科技和历史等多方面的原因,污染问题并没有得到很好解决,同时工业结构不尽合理,经济增长主要依靠粗放式的外延扩张,电石、铁合金、焦炭等行业普遍存在规模小、集中度低、产品单一、设备陈旧,给生态环境带来了许多不良影响。民族地区自身生态环境非常脆弱,这种发展模式不仅直接导致投入产出水平和经济效益低下,而且造成资源浪费、环境污染和生态破坏,经济增长代价高昂,严重制约着经济的可持续增长。

循环经济所倡导的新理念符合民族地区经济结构调整的原则。民族地区工业结构调整要以提高经济效益为中心,围绕增加品种、改善质量、节能降耗、防治污染和提高劳动生产率,鼓励采用高新技术和先进适用技术改造传统产业,带动产业结构优化升级。循环经济的发展模式为民族地区工业结构调整、发展特色优势产业提供了有效的途径。民族地区可以按照循环经济的"减量化、再利用、再循环"原则,密切结合民族地区资源特点,以市场为导向,积极发展能源、矿业、机械、旅游、特色农业、中药材加工等优势产业。优化产业结构,大力发展特色产业,促进资源优势向产业优势、经济优势转化,才能够增强民族地区自我发展能力,构建人与自然和谐的生态系统,实现民族地区经济的内

[①] 李忠斌编著:《民族经济学》,当代中国出版社2012年版,第71页。

生可持续增长。

内蒙古永业集团是民族地区循环经济发展的一个典型。创立于1994年的永业集团，短短20年已经发展为集生命素、生物工程、沙草产业、种植业、医药、文化、旅游开发及贸易等于一体、资产百亿元的高科技产业集群。永业集团从2000年开始实践由钱学森提出的第六次产业革命理论以及沙草产业理论，进入荒漠化治理领域，在内蒙古阿拉善开始了50万亩沙地治理实践。并将"第六次产业革命"的卓越构想科学地转化为企业可持续增长战略，将"沙地增绿、资源增值、农牧民增收、企业增效、地方增税"，作为永业循环经济的新路。一方面在前端带领广大牧民治理沙漠；另一方面在终端帮助农牧民打造出可盈利的商业模式，实现沙产业发展可持续性，通过沙漠治理，环境得到改善，更重要的是做到了变废为宝，促进了人类健康。永业人通过科学化手段，开发沙漠作物，实现沙漠治理与财富创造，实现了沙漠增值、企业增效、政府增税。2009年永业国际在纳斯达克成功转板并公开发行，包括瑞银、高盛、三菱、老虎基金等主流资本注入，永业的投资价值获得美国主流投资界认可。企业在其中充分发挥市场营销、资源整合以及资本市场聚合作用，推动整个产业发展，走出了一条沙漠增绿、牧民增收、企业增效、资源增值、地方增税变沙漠为药谷的综合发展道路。目前永业公司已建成亚洲最大的腐植酸生产基地，以风化煤腐植酸为原料开发了黄腐酸提取技术，并在此基础上开发了永业生命素叶系列、种宝生种系列、强根宝根系列、腐植酸复混肥土系列、冲施肥系列等40余种肥料，以及包括各类黄腐植酸类饲料产品10余种，同时永业也成功完成了将腐植酸钠列入饲料原料目录的申报，为腐植酸资源的有效利用开辟了新的途径，也为畜牧业抗生素替代利用和健康养殖做出了贡献。

5. "无工不富"——推动"内生型"农村工业化发展

由于我国是在传统农业部门没有得到根本改造时提前发动工业化的，民族地区传统工业化忽视了工业对农业的带动，民族地区在新时期应该把农村的工业化和对农业的工业化改造作为民族地区新型工业化不可缺少的内容。

民族地区农业的特殊性及重要性不仅仅在于它在民族地区产业构成中的比重和其对该地区国内生产总值增量的贡献，还在于它在民族地区工业化中的特殊重要性。有利于充分利用民族地区农业资源和产品，强化农业和工业间的产业互动，实现工业和农业的共同协调发展。

第一，工业化是民族地区农牧业现代化改造的有效途径。我国民族地区具有其他地区不具备的农畜产品优势，如新疆长绒棉、西藏牦牛肉和青稞酒、宁夏枸杞、内蒙古的牛羊肉和奶制品，以及民族地区特有优质精油和无公害蔬菜等，这些资源优势与其他发达地区的产品相比，具有一定地域垄断性，避开了在传统工业产品上的激烈竞争，从而有着较好的市场前景以及较高的收入效应和就业效应。通过大力发展农畜产品加工业，并逐步将其培育成民族地区的支柱产业，可以改变长期以来民族地区以种植业为主的局面，发挥农畜产品优势，形成具有民族地区特色的农村加工业。

第二，农牧业的现代化应是以工业化为目的的现代化改造。由于生产方式的变革会引起农牧业生产链条的延伸，从而接通和扩大农牧业与工业的内在联系。近几年来，民族地区乳业的高速发展就是一个明显的例子。民族地区乳业产业化发展不仅大大提高了乳业的生产效率和产量，提高了牧民的收入，更诞生了内蒙古蒙牛集团和伊利集团这两个以乳制品加工闻名全国的企业巨舰。其实，不仅仅是乳业，在民族地区，很多具有比较优势的农牧业产品都具有产业化的条件，都能够为民族地区的以优势农牧产品的加工和深加工为特色的民族消费品工业提供巨大的原料支持，而民族消费品工业的发展也必然会提升对这些农牧产品的需求，为农牧业的发展提供更广阔的市场空间。

第三，发挥乡镇工业的积极作用。乡镇工业是我国公有制农业经济发展的主要成果，这些工业的劳动力和原料，主要来自农业，所生产的农用生产资料和部分日用消费品，直接为农业生产和农民生活服务。它们大多自己经销产品，这样，乡镇企业就涉及农、工、商和产、供、销的各个方面和各个环节。今后，乡镇工业仍将是民族地区农村工业化的主要力量和依托，是农村工业化走内生型发展道路的重要源泉。

第四，发展农村工业是提高少数民族劳动力素质的有效途径。民族地区的重工业为主导的工业化模式的后果体现了工业与农业缺乏整体关联，工业发展并没有带来农业繁荣，同时能源矿山工业和军工企业因其资金、技术对劳动的高替代性阻滞了对农业剩余劳动力的吸纳，因此，长期以来，民族地区的工业化并没有真正解决民族地区农业剩余劳动力的就业问题，我国农村的大部分贫困人口仍然集中在少数民族地区。民族地区农村工业化是解决农村剩余劳动力的重要途径，而其中最为重要的是工业为农村剩余劳动力的转换提供了机遇，由于参与到农村工业化中，许多少数民族农民就必然能够学到技能，提高素质，降低文盲率，加强民族地区不同层次的教育的普及率。工业化对农业的改造，主要是生产技术的改造，实际上根本还在于对劳动者素质技能的提升。

6. 政府的特殊作为——"小政府，大市场"

由于民族地区经济结构演进过程中的内在动力机制不足，自演化能力很弱，因此，在民族地区未来的工业化进程中，政府还将发挥特殊的地位与作用。政府在民族地区工业结构调整中的作用主要通过财政和制度供给（包括区域经济政策）两个渠道来实现。

一是政府还将在民族地区工业化过程中发挥重要的引导作用。新中国成立后，民族地区工业化实践的每一次变革，都是政府推动的结果。尽管由政府推动的这种结构调整存在这样和那样的缺陷，但它对民族地区经济社会面貌的改变居功至伟。当前，由于民族地区经济结构自演化能力的缺失决定了现阶段民族地区经济结构调整的主要力量还是政府。政府仍然是民族地区经济结构演进的主导力量。特别是在民族地区国有企业改革中，促进国有企业政企分离、转换机制迫在眉睫，也势在必行。对于民族地区工业化发展，各地政府要给予正确引导和服务。如基础设施的建设、政策引导等，为这些产业发展营造良好氛围，通过民族地区特色产业和优势产业的形成，必将使民族地区的优势得到充分发挥，经济实现可持续增长，并在政策上形成有效的工业节能降耗激励约束机制。积极稳妥推进资源配置和价格改革，完善有利于工业节能的财税、金融、价格、准入等政策措施。

二是建立生态补偿机制。民族地区大多属于生态脆弱区。在加快民族地区工业化进程中国家应加快建立生态补偿机制。根据开发者付费、受益者补偿、破坏者赔偿的原则，从国家、区域、产业三个层面，通过财政转移支付、项目支持等措施，对民族地区给予合理补偿。

三是市场机制的完善。民族地区在逐步完善工业化的过程中其工业发展绝不是孤立进行的，而总是与完善的市场体系及制度相辅相成并以此为依托。因此，促进民族地区分工的发展，完善市场建设，是政府在民族地区经济结构调整中应该承担的主要工作，政府主导的结构调整核心就是要加快建立以资本市场、技术市场和信息市场为重点，包括劳动力市场、房地产市场在内的要素市场，努力完善工业产品销售市场，保持现货交易、互为储存的工业市场体系；利用现代化的通信技术和通信设施，积极开展与工业化相关商品的通信交易，从而使民族地区获得自我演进的动力机制。

四是加大财政扶持和对口支援力度的必要性。民族地区财政困境最突出地表现为收支缺口的不断增大。一般而言，财政支出的结构主要取决于区域经济发展所处的阶段，并根据一定时期的发展战略和政策目标以及经济形势发展变化的需要灵活调整。在市场经济条件下，一般应按"公共财政"的支出来改善社会福利、促进社会人文发展，向社会提供均等化的公共服务是财政支出的重点内容。国家实施西部大开发战略以来，对民族地区给予了大量的人力、物力、财力帮助，还通过对口支援，加大了对民族地区的"输血"力度，但这种"输血"的目的最终是提高"造血"能力，只是对于民族地区来说，真正提高"造血"能力还有待于国家财政扶持和对口支援更加有针对性地发挥作用。

五是促进区域经济合作。民族地区在区域经济合作中的地位越来越重要，越来越引人注目。首先，在民族经济的开发过程中，民族地区各省、自治区间的合作。民族地区各种资源都十分丰富，仅仅依靠民族地区自我能力来开发尚不现实，需要区域间的多方合作。特别是东西部合作，可以实现优势互补，使资源得到优化配置和合理使用，这也是国民经济协调发展的重要一环。其次，民族地区与外国区域合作的对接。民族地区经济具有重要的地缘优势，与众多周边国家和地区接壤，而这些国家和地区又大多处于不同的经济区域和区域集团。如西南民族地区参与的以东盟国家为主体的澜沧江、湄公河次区域经济合作区。目前这些区域的经贸合作和文化技术交流业已起步，并将成为民族地区有效参与国际分工合作的不容低估的经济增长极，合理高效地利用外资、技术，是促进民族地区工业化的有效途径。

第五章　城市化与民族地区内生型发展方式

随着国际国内环境的发展变化,我国面临加快转变经济发展方式的重大使命,为推进经济社会发展与资源环境可持续地良性循环、财富增长与民生需求的均衡协调,科学发展要求全面、协调与可持续。城市化作为工业化的必然趋势,已经成为各国各地区必经的历史过程。党的十八报告提出要推动工业化和城市化良性互动、城市化和农业现代化相互协调,促进工业化、信息化、城市化、农业现代化同步发展;十八届三中全会提出要完善城市化健康发展体制。城市化对扩大内需、缓解产能过剩和调和社会矛盾等具有重要意义。在未来5—10年乃至更长时间,新型城市化将成为促进民族地区甚至我国经济发展的重要抓手,然而民族地区嵌入型经济发展方式对城市化起到制约作用,因此,推进民族地区城市化必须走内生型发展道路。

一　城市化的一般趋势

城市化,或称城镇化,是当今世界社会经济发展的重要现象。国际学术界对城市化的主要提法是人口向城市集中的过程。通常因人口计算简单易行、用一定可比的城市人口占地区总人口的百分比这一指标衡量城市化水平,为相关各学科普遍接受。根据各学科对城市化的不同解释角度,城市化含义基本归结为城市文明对农村影响的传播过程,包括两层含义:一方面是城市人口占全社会人口比例提高的过程,即人口集中的过程,包括集中点的增加和集中点的扩大;另一方面是全社会人口接受城市文化的过程。美国学者弗里德曼将城市化过程区分为城市化Ⅰ和城市化Ⅱ,前者包括人口和非农业活动在不同规模城市环境中的地域集中过程、非城市型景观转化为城市型景观的地域推进过程，即物化了的或实体化的过程；后者包括城市文化、城市生活方式和价值观在农村的地域扩散过程，即抽象的、精神上的过程。

就相对静止的角度而言，如果纯粹是由农村到城市这两种状态的转变，而不考虑两种状态本身，那么就把城市化发展仅仅局限于由农村到城市的转变过程是可以的；但是，就动态发展的角度而言，城市化不仅包括人口、生产方式、生活方式、地域景观等由农村到城市的转变过程，而且还包括城市本身的发展过程。这种城市本身的发展过程，贯穿于城市化整个过程，并在城市化率达到一定水平之后；城市完善与功能转型开始逐渐取代人口转移成为城市化最主要的表现形式。发达国家的经验表明，伴随着经济发展，城市在不断向更高水平演进，尤其是在高度信息化，服务业十分发达的经济中，城市化发展更加突出地表现在城市职能的转变、基础设施的完善、功能的增强等方面。从我国的现实情况来看，城市化发展需要完成统筹劳动力转移的市民化和增强城市功能双重任务。

国际上多数国家的城市化进程一般都经历如下三个阶段：

一是工业革命前期。早期形成的城市受生产力水平制约，满足城市居民需求的农副产品数量极其有限，因此城市发展受到限制，工业革命前期的城市数目少、规模小，城市人口相对比重低，主要分布在灌溉发达、利于农业生产或便于向周围征收农产品的地带。这一时期的城市主要为行政、宗教、军事或手工业中心，这个阶段延续时间最长，城市人口增长相对缓慢，直到19世纪初叶，世界城市人口数量仅占总人口数量的3%。

二是工业社会时期。自19世纪中叶开始，城市发展进入较快时期，在工业革命的快速发展过程中，工业化带动城市化是一个重要特点，欧美国家城市数目与规模都快速增长，到19世纪中后期，英国城市化率已经达到50%；到19世纪末20世纪初，英国城市化率超过70%，成为世界上第一个城市化国家。

三是当代世界的城市化。随着亚非国家城市化的兴起，世界城市体系的出现是近代城市化的第三个阶段。第二次世界大战后，城市化开始形成世界规模，从20世纪50年代到70年代初期，资本主义国家经济增长较快，殖民地半殖民地国家取得政治独立以后，经济社会各方面均有一定发展，大大加速了世界城市化的进程。在 1950—1980 年的 30 年中，世界城市人口的比重由 28.4% 上升到 39.1%，发展中国家已经构成当今世界城市化的主体。

根据发达国家的城市化经历，一个国家或地区的城市化过程大致呈一条拉平的"S"形曲线。当人口城市化水平达到 30% 左右时，进入快速发展阶段，达到 70% 左右时，进入相对稳定阶段。发达国家的城市化规律如下：首先，集中趋向的城市化阶段。该阶段城市化的主要特征是，中心城市人口和经济迅速增长，特别是市中心城区形成高度集聚。其次，郊区城市化阶段。这个时期城市化的特征是，在工商业继续向城市特别是大城市中心集中的同时，郊区人口增长超过了中心市区。再次，逆城市化阶段。在郊区城市化继续发展的同时，中心市区显现衰落景象，出现人口净减少。最后，再城市化阶段。中心市区经济复兴，人口出现重新回升。

中国城市化有其自身特点。自新中国成立至改革开放初期，中国城市化进程相对缓慢，远远滞后于世界平均水平。自 1978 年起，中国开始实行改革开放，城市产业结构得到重大调整，制造业规模持续快速增长，服务业以及科技、教育、文化等事业发展迅速，极大地推动了城市的发展，中国城市化也进入了快速推进时期。不仅城市的数量增多，而且城市现代化水平和居民素质与生活方式也有了巨大变化。我国城市化基本是"自上而下"式推进的，城市化机制还不健全，城市化进程大致经历了以下四个阶段：

一是 1978—1984 年，改革开放初始阶段。城乡经济复苏，城市化与城市发展开始呈现活力，"自下而上"的城市化得到加强。

二是 1984—1991 年，改革开放起步阶段。经济体制出现了结构性变化，由于市场调节作用的渗入，城市发展对国家投资的依赖逐步减弱，城市发展日趋多元化。

三是 1992—2012 年，改革深化发展阶段。党的十四大确立建立市场经济体制的总目标及基本框架。城市作为区域经济社会发展的中心，其地位与作用得到空前重视，城市化与城市发展异常活跃。各地区、各层次的中心城市得到不同程度的发展，城市发展不仅数量增多，而且整体素质也在不断提高。20 世纪 90 年代是我国设市城市数量增加最多、城市化水平提高幅度最大、城市化发展最迅猛的时期。该时期我国城市化的主要特点有：城市化的重心在东部，并已开始向中、西部推进；区域发展对城市化的作用逐步加强；影响城市化与城市发展的决定性因素是投资；城市产业结构在整体上仍以第二产业为主导；区域间城市化水平出现阶段性差异；城市中流动人口和暂住人口迅猛增多；城市空间拓展速度较快。

四是2012年党的十八大召开之后，我国进入全面深化改革阶段。适应经济发展新常态的需要，明确将城市化作为经济社会发展的重要目标，为此，从市场体系、政府职能、财政金融、户籍制度、土地制度、城市体制、文化体制、公共服务体系、民生保障体系、社会治理体系和生态文明体系全方位深化改革，以解决农民工市民化为重点，促进城市化健康发展。

中国城市化速度快，"九五"、"十五"和"十一五"时期，中国城市化率分别年均提高1.44、1.35和1.34个百分点，远远高于世界同期0.36、0.4和0.4个百分点的平均水平。改革开放30多年来，中国走过了其他国家60年甚至需要更长时间才能实现的城市化历程。20世纪90年代中后期以来，中国城市化快速推进。2011年中国城市化率达到51.27%，已经接近52.1%的世界平均水平；到2012年中国城市化率达到52.57%，基本等同于世界平均水平。

世界城市化发展的基本趋势是人口和产业活动向中间层次的城市集中，一般趋势表现为两方面：一是大城市的人口和产业向郊区转移，即所谓的郊区化；二是农村和小城市的人口和生产要素继续向更大规模的城市主要是中等规模的城市和大城市郊区集中。

大城市的人口与产业郊区化是一种由上向下分散的方向，或称为大城市向外扩散的方向，这种扩散也可能扩散到小城市去。实践表明，只有向具有一定规模的城市扩散，才能解决大城市向外扩散的需要，同时也只有具有一定规模的接受扩散的城市，才能保证人口和产业不再回流。郊区化主要发生在经济较为发达的特大城市以及大城市规模以上城市的周围，即城市化的郊区化发展方向不仅与城市化本身整体水平有关，而且与经济发展水平以及城市自身规模有关。国际一般趋势表明，只有当经济发展达到一定水平时，特大城市以及大城市规模以上的城市周围才有可能出现以"富人"外迁和大量工业企业外移为标志的人口与产业郊区化现象。

世界城市化进程表明：城市化过程始终受到集聚和分散两个相反力量的影响。城市化初期以集聚的极化作用为主，向外分散作用则处于次要地位；然而，随着城市化的不断发展，在技术和空间环境容量等各种因素作用下，集聚作用会由强变弱，分散作用由弱变强。一般而言，当城市化率达到50%时，城市的分散作用逐渐超越集聚作用，会出现城市人口向城外流出的现象，这种城市人口外迁当然主要是流向离城市中心地区不太远且生态环境相对较好的郊区（大都市地区的中小城市或卫星城）。有学者将这种城市人口外迁现象称为"反城市化"或"逆向城市化"，世界上最早发生城市郊区化的大城市是英国的伦敦。

农村的人口和产业趋向更大规模的城市，是一种由下向上集中的城市化趋势，是城市化的传统演变方向。尽管西方发达国家城市化水平已经很高，多数国家均已超过70%，但是并不意味着城市化进程已接近尾声；反而，西方发达国家人口迁移总体趋势仍会由农村转向城市，只是人口迁移不再更多地向特大城市或大城市的市中心，而是向特大城市或大城市的郊区，或由小城市向规模更大一些的城市，主要是中等规模的城市转移。

城市化的另一个发展趋势就是小城市人口向中等城市的转移，主要包括两方面：一是随着农业科技水平与集约化水平不断提高，单个家庭农场的平均经营规模不断扩大，一般的小城市已经难以满足不断扩大规模的农业对产前、产中和产后的各种农业物资和资金条件的要求，以及市场、技术、信息等方面服务的需求。农民更多地倾向规模更大的城市，来满足这些需求，因此，农村人口更多地向更大规模的城市集中。二是一些小城市自身不断发展，规模不断扩大形成中等规模的城市。一般而言，城市本身也有一个不断发展的动态过程，大城市由中等城市演变而来，而中等城市又由小城市发展而来。随着经济社会不断发展，城市平均人口规模也在不断提高。在一个城市体系中，有一些处于中间层次的城市虽然在数量上比小城市少，但是由于具有较好区位条件，在城市竞争中能够争取到更多的各种经济要素流入，从而能够较快成长起来。

与发达国家相比，中国城市化空间依旧较大。我国30余年的城市化进程走完了英国200年、美国100年和日本50年的道路，具体数据见图5-1。然而，与发达国家平均80%的水平相比仍有很大差距。与此同时，我国城市化快速发展过程中也出现了人口城市化不完全，土地城市化高于人口城市化，存在发展方式粗放与区域发展不协调等一系列问题。

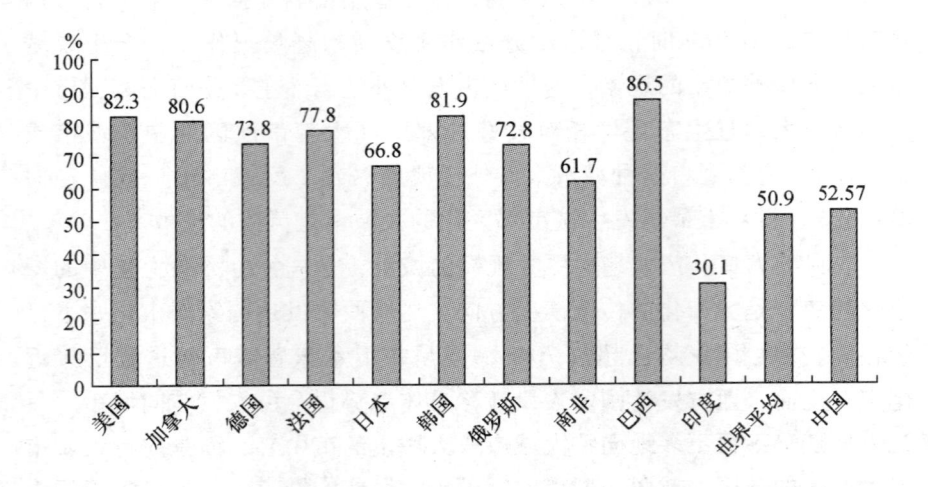

图 5-1 中外城市化率比较

各国城市化率：美国 82.3%、加拿大 80.6%、德国 73.8%、法国 77.8%、日本 66.8%、韩国 81.9%、俄罗斯 72.8%、南非 61.7%、巴西 86.5%、印度 30.1%、世界平均 50.9%、中国 52.57%。

资料来源：国家统计局，其中，我国数据为2012年数，别国或地区为2010年数。

按照《全国城市体系规划（2006—2020）》规划目标，到2020年我国城市化率平均每年提升0.8—1个百分点为宜，2020年我国城市化水平将达到56%—58%；到2030年、2040年和2050年中国城市化率分别为69.5%、78.1%和84.97%。[①] 可见，我国城市化无论是"量"上，还是"质"上都有很大的提升空间。

近些年来我国民族地区城市化快速推进。这里仍以城市人口占总人口比重衡量城市化，民族八省区城市化率自2000年均逐年快速提高，到2012年民族八省区城市化率分别为：内蒙古为57.74%、广西为43.53%、贵州为36.41%、云南为39.31%、西藏为22.75%、青海为47.44%、宁夏为50.67%、新疆为43.98%。诚然，除内蒙古外，其余省区均低于全国平均水平。可见，民族八省区间城市化水平也存在一定差异。

---

① 高春亮、魏后凯：《中国城市化趋势预测研究》，《当代经济科学》2013年第4期。

内蒙古自治区城市化水平最高，远远超过了民族地区的平均水平，也超过全国平均水平。自推进城市化战略以来，内蒙古建设了以呼和浩特、包头为中心的西部城市群，建设了以赤峰、通辽为中心的中部城市群，建设了以呼伦贝尔、乌兰浩特为中心的东部城市群，并且不断向周边的中小城市发展。2012 年，内蒙古自治区进一步加强城市规划和管理，组织实施《呼包鄂城市群规划》、《乌海及周边地区城市规划》和《锡林郭勒南部区域中心城市建设规划》。推动有条件的城市把有稳定职业和收入的农业转移人口及其子女转变为城市居民，并纳入城市社会保障、医疗卫生、文化教育、住房保障等公共服务体系。西藏自治区的城市化率最低，2002 年为 19.8%，2005 年为 20.85%，2010 年为 22.67%，到 2012 年基本没有变化，处于城市化的初期。2006 年青藏铁路全线通车，青藏铁路格尔木至拉萨 1142 公里的铁路线增设的车站，推动了西藏城市化的发展，但程度有限。《西藏自治区"十二五"时期住房和城乡建设发展规划》将在"十二五"期间加大西藏城市基础设施投资力度，城市化率将达到 30%。其他民族地区在民族八省区中处于中间水平，云南、贵州城市化水平相当低，新疆和广西也不算高。民族地区既要加快城市化，又要把握好城市化速度，提升城市化质量，防止城市化过快发展，超越经济社会发展阶段、城市吸纳能力和资源环境承载力。

二 民族地区城市化的特点

就城市的起源而言，城市的形成具有"中心"的性质，是乡村的中心，各国各民族本应没有差异。但是由于各民族的历史传统、生存环境、文化习俗及制度体制的不同，各国各民族具体的城市化道路也不尽相同。

欧洲的城市发展道路自中世纪随着商人群体的壮大和独立，走上了不同于古典城市的新途径，商人聚集区成了永久的交易地点，并在其间经营，建立内部规范，实行商人自治。这一聚集区具备吸引、发展工商业的各种特权和利益，获得城市特许权，人们在城市社区中取得市民身份意味着取得自由权。① 商人社区的成长和自治能力的增强，逐渐形成商业城市的自治力量。商业自治城市的成长逐渐改变着以往的城乡一体化结构。新城市在经济上独立，在政治上自治，如果将欧洲商业自治城市的成长视为城市化的起点，这一起点恰恰是从城乡分离开始的，城市乡村关系呈现从一体结构到二元结构再到一体化的曲折演化过程，这是一个缓慢展开的自然历史过程。

中国的城市乡村关系在古代和近代总体上是一元结构的贯通、流动。城市是中央集权管理体系的节点，没有形成相对自主独立的地位和社会阶层。城市商业中心纳入中央集权的郡县体制之中，工商业行会呈现的是宗法制度的关系和特点。工商业首先是为皇权服务的，受皇权的直接干预。国家的干预使官商、官营手工业成为城市的经济主体，并塑造着以政府和军队为核心内容的消费结构——政治中心奢侈需求带动的消费。城市周围的农村是国家兵源、赋税的基本来源，这种状态弥漫在悠久历史过程的城乡关系之中。直到1950年新户籍管理方式的推行，才改变了传统的城乡一体结构，人口通过户籍管理固定在居住地，形成了人口的行政管辖属地化和城乡区别。当代中国以此为出发点，先稳定城市人口，再在推进工业化的进程中推进城市化。

中国与欧洲的城乡关系不同。欧洲的城乡关系是随着中世纪商人独立社区、商业自治城市的成长而分化的，经济中心是城市演进的主角，在其后八百年的发展过程中，从商业城市到工业城市再到现代城市，经济特征一直处于核心地位，② 而且正是这一经济特征成为城乡关系演进调适的关键力量。中国的城乡关系一体化格局历史悠久且一贯，城市是作为城乡一体化社会中的管理环节出现的，城市从京城到郡县扮演着分层管理的角色。城市工商业从来就没有成长为摆脱皇权控制的独立力量，也不存在城市商团对抗庄园主的城市联盟及自治运动。当代的中国城市由古代城市自然演进而来，直接从政治城市演化为现代综合城市，并体制性地形成城乡二元结构。

---

① 刘易斯·芒福德：《城市发展史》，宋俊玲、倪文彦译，中国建筑工业出版社2008年版，第280页。
② 詹姆斯·E. 万斯：《延伸的城市——西方文明中的城市形态学》，凌霓、潘荣译，中国建筑工业出版社2007年版，第108页。

中国与欧洲的城市化基础不同。欧洲的城市化在工商业自成长的基础上，建构自治、自由、契约的秩序，凭自我成长的实力开启重商主义时代，终结城乡对立，推进工业化；这一过程逐渐形成，经济发展能量的集聚并形成的工业技术革命把城市化推到一个新高度和演进的新起点。城市化在经济社会的整体发展过程中是持续地、内在地形成城市文明的规范。中国则是在农业社会自我调适形成巨大农业人口规模的情况下推进城市化，一方面，工商业城市的发育迟缓，城市经济基础薄弱，城市自立、规范的内在能力不足，从制度建设到文化、实业根基都有待适应现代城市文明的新方式；另一方面，农业人口规模巨大，人地关系紧张，农业、农村存在着大量的过剩人口有待转移到工商业领域和城市。城市作为政治、经济、文化中心以及经济社会发展的增长中心，与人口规模巨大的农村形成鲜明的对比。

中国与欧洲的城市化方式不同。欧洲的城市化以商业城市的成长为起点，游离于村堡贵族权力中心之外的商业城市是平民自由的城市，是农奴摆脱庄园主奴役获得自由和平民身份的转换站。商业城市以工商业的发展为基础，自发地、持续地形成经济实力及法律理念对社会经济关系的影响和对乡村传统规范的取代。城市化的列车从社会权力的边缘地带发出；城市化的动力来自民间。中国的城市化是国家主导推进的，原先作为大一统社会管理体系节点的城市，在行政中心基础上进一步扩张为经济、交通和文化中心，通过发展工商业推动资源配置向城市集聚，急速地建设自成体系的城市经济，在城市成长的过程中与农村经济分离。城乡户籍、身份管理成为国家自上而下安排城市化的重要工作，从形成城乡分离到重新促进城乡一体化，既表现为经济发展过程，也表现为政治关系的调整过程。

中国民族地区城市化的特点。[1] 作为一个复杂的社会经济的转型过程，民族地区城市化包括人口流动、地域景观、经济领域、社会文化等人类活动的集中，是一项复杂的系统工程。

首先，民族地区城市化体现了地理区位的特殊性。民族地区地理区

---

[1] 张冬梅：《中国民族地区经济政策的演变与调整》，中国经济出版社 2010 年版，第 10—19 页。

位相当复杂，可以用位置偏远、地貌复杂、气候多样来概括。①

民族地区位置偏远。由于种种原因，我国大部分少数民族居住在偏远地区，多属内陆边疆。在我国21000多公里的陆地边境线上，由南向北就有广西、云南、西藏、新疆、甘肃、内蒙古、黑龙江、吉林、辽宁9个省、区，41个市、州，128个县（旗），分别与越南、老挝、缅甸、印度、不丹、尼泊尔、巴基斯坦、阿富汗、塔吉克斯坦、吉尔吉斯斯坦、哈萨克斯坦、俄罗斯、蒙古、朝鲜等国家接壤。其余相当一部分也靠近边境地区，大部分分布在交通不便的深山老林里或广阔无垠的草原上。

民族地区地貌复杂。民族地区的地貌十分复杂，既有冰雪覆盖的高山，也有低湿泥泞的沼泽；既有巍峨雄壮的高原，也有一望无际的戈壁沙漠。但是，大部分地区属于高原、高山火山间盆地、沙漠、戈壁滩等恶劣的自然地理类型。青藏高原、云贵高原、黄土高原、内蒙古高原均为民族地区。另外，新疆境内，阿尔泰山、天山、昆仑山三个高大山脉把它们的中间地带分隔为两个巨大的内陆盆地，即塔里木盆地与准噶尔盆地。中南、东南等地的民族地区多属山区。

民族地区气候多样。民族地区跨纬度有50多度，由北向南依次经寒温带、温带、暖温带、北亚热带、中亚热带、南亚热带、热带等温度带，气候复杂多样，主要为寒冷干燥。东北部林海雪原长冬无夏，春秋相连；内蒙古等北方地区是典型的季风气候，冬季盛行大陆极地气团，寒冷干燥；广大西北干旱、半干旱地区为内陆气候，降水稀少，一般年降水量在400毫米以下，有些地区仅数十毫米；新疆地区不仅干燥少雨，沙漠密布，而且温度受高纬度和地势高差的双重影响，春冬季节十分寒冷；青藏高原属高寒气候区，不利于农业发展，其北部和西部大部分地区，没有稳定的无霜期；云、贵和川西地区，地处高原，山谷纵横，高山严寒。

民族地区空间分布的这种状态事实上蕴含着民族关系的历史背景，也是民族史的基本事实之一。力量相对弱小的民族在力量相对强大的民族的挤压下，向边远、险恶环境迁移，形成维持民族生存的自给自足的封闭式生产方式。历史形成的民族分布的既成事实是：在中国大陆由西

---

① 千里原：《民族工作大全》，中国经济出版社1994年版，第418—419页。

向东倾斜的三个地理阶坎中，汉族主要聚居在地势平缓的东南部地区，其他各少数民族主要聚居在山地、丘陵、高原地区。民族分布的历史地理确立了汉族在农耕社会中的优势地位，少数民族则相对地在农耕社会中处于劣势地位，这是在农业社会中汉族与少数民族经济生活的差距基础。① 民族地区城市化在特殊的自然地理环境中推进，是生产要素在城市和乡村之间配置、经济要素和经济活动向城市聚集、社会结构和价值观念发生改变的过程。

其次，民族地区城市化体现了民族文化的特殊性。在民族语言文字方面，《中华人民共和国宪法》第四条规定："各族人民都有使用和发展自己的语言文字的自由。"②《中华人民共和国民族区域自治法》第二十二条规定：国家保障各民族使用和发展本民族语言文字的自由，扶持少数民族语言文字的规范化、标准化和信息处理工作；推广使用全国通用的普通话和规范文字；鼓励民族自治地方各民族公民互相学习语言文字。③ 目前少数民族存在的文字有：蒙古、藏、维吾尔、哈萨克、朝鲜、傣族、景颇族、壮族、布依族、苗族、彝族、黎族、纳西族、傈僳族、哈尼族、佤族、侗族等。在广播、出版、教育等方面，中央人民广播电台除了用汉语广播外，还用蒙古、藏、维吾尔、哈萨克、朝鲜5种民族语言广播，一些民族地区采用当地通用的少数民族语言广播。④

少数民族的风俗习惯，是经过千百年历史发展而形成的，有悠久的历史根源，是本民族文化的一个重要组成部分；同时又是千百万人民群众所奉行的一种生活方式，与他们的饮食、服饰、居住、婚姻、丧葬、节庆、娱乐、礼仪、禁忌等诸多方面密切相关，具有民族性和群众性。首先，信仰伊斯兰教的回族、维吾尔族、哈萨克族、柯尔克孜族、塔吉克族、塔塔尔族、乌孜别克族、东乡族、撒拉、保安族等有自己的饮食习惯；藏族、蒙古族、哈萨克族等一些牧区的少数民族有穿长筒皮靴、毡靴的习惯；苗族、彝族、藏族的妇女有戴金、银饰品的习惯；保

---

① 王文长：《民族视角的经济研究》，中国经济出版社2008年版，第54—56页。
② 全国人民代表大会民族委员会：《中华人民共和国民族法律法规全书》，中国民主法制出版社2008年版，第3页。
③ 《国务院实施〈中华人民共和国民族区域自治法〉若干规定》，《人民日报》2005年5月27日。
④ 千里原：《民族工作大全》，中国经济出版社1994年版，第239页。

安族、藏族、蒙古族等群众喜爱佩戴银饰的吊刀等。其次如节假日，藏族、彝族等的过年，彝族的火把节，蒙古族的那达慕大会，信仰伊斯兰教的回族、维吾尔族的开斋节（肉孜节），傣族的泼水节。最后如丧葬，西藏的天葬，回族的土葬。云南省宁蒗族自治县永宁区曾存在过"走婚"制，彝族、景颇族等部分地区原来的婚姻制度中曾有"抢婚"制等。一方面，在少数民族的习俗中，有很大部分是本民族文化的优秀传统，具有民族性的精华，含有民族发展和斗争的历史、迁徙定居的地区、语言文字的变化、歌舞的内容和形式、丰富的民间传说等，这些优秀的文化反映了少数民族的智慧，构成一个民族共同文化上心理素质特点；另一方面，由于历史的影响，很多风俗习惯打上旧时代的烙印，不利于民族的发展和进步。[①]

我国各少数民族存在多种宗教信仰，主要包括：信仰藏传佛教的民族，有藏族、蒙古族、土族、裕固族、门巴族等；信仰小乘佛教的民族，有傣族、德昂族、阿昌族、布朗族等；信仰伊斯兰教的民族，有回族、维吾尔族、哈萨克族、柯尔克孜族、塔吉克族、塔塔尔族、乌孜别克族、东乡族、撒拉族、保安族等；俄罗斯族信仰东正教；傈僳族多信仰基督教；基督教在彝族、苗族及生活在川滇黔地区的一些民族中也有传播；满族、蒙古族、达斡尔族、鄂伦春族、赫哲族信仰萨满教；部分少数民族则保持着原始多神崇拜。[②] 宗教信仰对各族少数民族的经济生活具有深刻的影响，尤其是全民信教的一些民族，宗教信仰对社会成员的生产生活方式和行为方式的影响深刻而广泛，不仅影响到人民的行为方式，也影响到人们对物质资料的分配与消费的方式。

价值观是有别于事实判断和科学知识的另一类认识形式，是判断是非曲直、真善美与假恶丑的价值标准；是指人们在处理普遍性价值问题上，所持的立场、观点和态度的总和，而人们在价值追求目标上抱有怎样的信念、信仰、理想便构成了价值观所持有的内容。在一个人的生活中或其他社会存在中起着指导原则的作用。因此价值观是判断好坏的标准，也是指导人们行动的指南。价值观具有时代性、地区性、民族性等特点。少数民族价值观呈现出较为复杂的特点。在生产力发展水平的不

---

① 千里原：《民族工作大全》，中国经济出版社1994年版，第241页。
② 王文长：《民族视角的经济研究》，中国经济出版社2008年版，第61—62页。

同阶段，人们对同一事物的认识与评价是不同的，如对金钱的认同、对市场经济的认同、对开放的认同、对劳动力流动的认同、对收入差距的认同、对平均主义的认同等。

多民族共生、多宗教交汇、多语言共存、多文化交融，是民族地区城市化进程中的显著特征。城市化进程会推动人口高度聚集和利益的分化，如果人口结构、民族结构、宗教信仰结构不合理，或收入分配在民族间失衡，则很容易产生民族问题，处理不及时就可能引发社会矛盾。因此，民族地区城市化既具有一般城市化的特征，同时又体现出民族文化鲜明的特殊性，这是民族地区城市化过程中必须面对的新问题、新挑战。

再次，民族地区城市化体现了资源与产业的特殊性。我国民族地区土地总面积623.33万平方公里，占全国比重的63.89%；草原面积占全国比重的75.07%；牧区、半农半牧区草原面积占全国比重的75%；森林面积占全国比重的21.81%，森林蓄储量占全国比重的46.57%；水资源淡水面积占全国比重的24.50%，水利资源蓄藏量占全国比重的65.93%；主要矿产资源保有量有煤、铁矿石、磷矿石和钾盐等，分别占全国比重的37.1%、24.4%、40.7%和95.9%；[1] 其中内蒙古的地下矿产资源有60种以上，新疆的矿产资源有118种，宁夏的矿产资源有近50种，广西地下稀有金属藏有量列居全国前列，西藏的矿产资源有40余种。其他民族地区也有丰富的矿产资源，在金属矿中，黑色金属、有色金属、稀有金属、贵重金属、稀土金属、放射性金属等各类矿产品种多，储量大，品位高，分布广。另一特色资源是珍稀动植物资源。内蒙古因大兴安岭南区南北500多公里而享有"绿色宝库"美誉，是我国木材重要生产基地，内蒙古草原是天然牧场，河套平原是我国三大甜菜产区之一，还盛产土特产品、名贵药材、闻名全国的三河马等珍稀动物；新疆以农荒地1.4亿亩，野生植物569种，还有细毛羊等多种珍稀动物；宁夏有药用植物500余种，野生动物资源中有脊椎动物300余种，鸟类200余种，有46种是国家珍贵、稀有动物；广西有1800多种，沿海鱼产品很丰富，北部湾是著名的热带海洋渔场，海洋鱼类500

---

[1] 国家民族事务委员会经济发展司、国家统计局国民经济综合司：《中国民族统计年鉴2007》，民族出版社2008年版，第327页。

余种，经济价值较高的 30 余种；其他民族地区在林业方面、副产品方面、经济作物方面等均有丰富的民族特色产品与资源。① 还有待开发可再生能源，如风能、水能、电能、太阳能、地热能等。广西的多山多水地势有利于开发水力水电，现已经存在大型水电站及诸多小型水电站。

  民族地区蕴藏着丰富的地上、地下资源，这些资源是少数民族群众的宝贵财富。资源是民族地区产业的基础，决定民族地区生产生活方式。各民族的生产生活方式与各民族所处的生态环境有直接的关系，在自然环境对人的行为方式构成直接约束的民族地区，这一点表现尤为突出。如长期从事渔业的赫哲族，从事猎业的鄂伦春族、鄂温克族等；从事畜牧业的哈萨克族、柯尔克孜族、塔吉克族；擅长经商的回族、维吾尔族、乌孜别克族等。各民族发展到今天，生产生活方式不断变化，每一民族的具体成员表现为"主要从事"某些产业，如一些民族的部分成员富有经商传统，另一部分成员可能主要从事其他产业，如回族、维吾尔族；一些民族的部分成员主要从事畜牧业，而另一部分成员则可能主要从事种植业或手工业或商业等，如藏族、蒙古族、哈萨克族、柯尔克孜族、裕固族等；一些民族的生产生活方式随着社会经济的发展发生了较大的变化，如鄂伦春族、鄂温克等民族从传统的狩猎活动转向驯养、畜牧或种植业等生产活动；赫哲族、京族也逐渐改变传统的单一渔业。②

  民族地区的生产生活方式蕴含着一个民族对生存环境、资源条件认识、利用的知识结构，本质上是一种民族经验，在产业结构上留下了民族痕迹③。一个民族从事什么产业，形成何种产业结构，是对生存环境自然适应的结果，严格地说，无所谓选择。尽管这一过程民族行为受人的主观意识的支配，但是人的主观意识也是在对生存环境认识、适应的过程中形成的，是环境的产物。因此，民族地区生产生活方式并不是一种主观行为，必定与特定的生存环境相关联，是在特定经济环境条件下形成的。民族地区城市化要考虑产业支撑，否则大量农业转移人口的就

---

① 千里原：《民族工作大全》，中国经济出版社 1994 年版，第 419—421 页。
② 王文长：《民族视角的经济研究》，中国经济出版社 2008 年版，第 61 页。
③ 产业结构的民族痕迹是指在产业结构中留存着民族个性的特征，映衬着一个民族经济结构变迁的历史之影。产业结构的民族痕迹既是历史的，也是现实的。

业问题难以解决，是影响民族地区城市化质量及发展的关键问题。

最后，民族地区城市化体现了制度与体制的特殊性。在民族地区经济权利方面，《中华人民共和国宪法》第四条明确规定：国家保障各少数民族的合法权利和利益。[①] 笔者认为，这里的经济权利包括人力资本产权与物质资本产权。产权的权能结构包括所有权、占有权、使用权、处置权、控制权、收益权、转让权等，一般情况下，所有权是产权的基础，是其他权能实施的前提条件。诺思给产权的定义与德姆塞茨基本一致，即"产权本质上是一种排他性权利"[②]。阿尔钦把产权定义为："一个社会所强制实施的选择一种经济品使用的权利。"[③] 阿尔钦抓住了产权的一些本质特征，强调产权源于物品的稀缺性及产权的排他性。菲吕博腾和佩杰维奇认为："产权不是指人和物的关系，而是指由于物的存在及对它的使用所产生的人们之间的相互认可的行为关系。所以，产权安排规定了每个人在与其他人交往过程中必须遵守的行为准则，或者承担不遵守的成本，社会通行的产权制度则确立了每个成员相对于稀有资源使用时的地位及人与人之间的社会、经济关系。"[④] 民族地区经济发展依托于禀赋的资源条件，在很大程度上靠山吃山、靠水吃水成为多数民族地区经济发展的资源约束与发展模式。由于物质资本产权界定不明及少数民族人力资本价值所限，民族地区并不能从资源开发中获得应有的收益，很难在实践中保障少数民族的经济权利。

经济体制规范着经济运行过程和机制。民族经济体制是指民族经济（包括生产、分配、交换和流通）在所有权对占有权掌控的前提下，占有权行使者和机构的权限划分以及对经营权和使用权的管理方式与机构

[①] 全国人民代表大会民族委员会：《中华人民共和国民族法律法规全书》，中国民主法制出版社2008年版，第3页。

[②] Doughlass C. North, *Structure and Changes in Economic History*, New York: W. W. Norton & Company, Inc., 1981. 中文参见道格拉斯·C. 诺思《经济史中的结构和变迁》，陈郁等译，上海三联书店1991年版，第21页。

[③] Alchain, Arme A., Corporte Management and Property Rights, in H. Manne, ed. Economic Policy and the Regulation of Corporate Securities, Washington, D. C., American Enterprise Institute for Public Policy Research, Vol. 7, 1969, pp. 337 – 360. 中文参见阿尔钦《产权：一个经典注释》，载陈郁编译《财产权利和制度变迁》，上海三联书店1991年版，第166页。

[④] 菲吕博腾、佩杰维奇：《产权与经济理论：近期文献的一个综述》，载陈郁编译《财产权利和制度变迁》，上海三联书店1991年版，第204页。

设置的体系。① 同一民族国家内民族地区的经济体制，是在基本经济制度相同的条件下，从属于民族国家的经济体制。

民族区域自治制度是我们党解决中国民族问题的基本政策，是符合我国国情的一项基本政治制度。中国的民族区域自治，是在宪法体制内和国家统一领导下的行政自治，各民族地区的自治机关都是中央政府领导下的一级地方政权，都必须服从党和国家的总体方针政策。我国宪法和民族区域自治法，对民族地区自治机关拥有自治权的权责和适用范围作了明确的规定。概括起来主要有：立法权、变通执行权、语言文字权、培养干部权、公安权、经济权、外贸权、财政权、文化教育权、交流权等。充分保障民族地区依法行使自治权，要重点做好两方面的工作：一是上级国家机关要按照宪法和民族区域自治法的规定，采取切实有效的措施，尊重和帮助民族地区的自治机关自主地行使自治权利；二是民族地区的自治机关，既要保证党和国家的大政方针在本地区的贯彻执行，又要从当地的实际出发，增强自主意识，创造性地行使好宪法和民族区域自治法赋予的各项自治权利。

我国民族地区的市场化程度相对较低，至今仍存在自给自足和物物交换的少数民族。从资本主义发展的历程来看，市场化的基本前提是资源稀缺和不同产权主体的存在，而影响或决定市场化进程的力量是社会分工和生产力发展水平。一些民族在交换过程中呈现出古朴粗放的行为方式，正是这些行为未被精细计算的市场意识所洗礼。

社会主义民族经济体制从统制经济体制转轨到市场经济体制，不仅要求进行硬件建设，即建立新的制度、规则；更困难的是进行软件建设，形成或更新人们的观念或行为方式。交换行为与分工行为的精细必然在也只能在市场中培养。市场对民族行为的影响及导引力表现在：(1) 市场成为民族行为与生产生活方式的调适场，市场从以自发分工为起点的以物易物稀缺互补型到以自觉分工为特点的理性分工的比较优势型转换，同时把民族行为和生产生活方式从封闭型的资源约束状态转化为开放型的资源约束状态；(2) 市场促进了民族行为效率的自我认识和发现，市场把民族行为带到一个新的空间，行为效率在新的空间中进行比较，促使介入到市场的行为主体不得不重新反省自我，这种反省

---

① 刘永佶：《民族经济学》，中国经济出版社 2007 年版，第 131—132 页。

超越了民族意识与民族偏好；（3）市场是民族分工的结果，又是民族分工的起点和过程。我国的市场化起步较晚，还没有建立起完善的市场体系和健全的市场制度，市场规则还没有渗透到经济生活的各个领域，民族地区的市场化进程就更为逊色。透过市场的发育，可以看到民族经济的发展。在很长一个历史时期，生活在内陆山区、牧区、边疆地区的各民族，市场一直处于封闭的状态，经济生活自给自足；随着国力增强与对民族地区的大力投入，特别是交通、通信设施的建设，民族地区的市场化进程在逐步迈进。[1]

民族地区城市化的推进，要更加注重运用行政力量对民族地区进行行政管理和经济管理，因而在民族地区政治对经济的影响更加深远。民族地区城市化是基于特殊行政管理体制下的城市化，要充分考虑民族利益关系的城市化。从城市的起源来看，民族地区城市化存在相互独立的经济利益，在开放社会中是在竞争状态下进行的，民族经济的发展与利益的实现必须并已经融入开放的市场竞争过程中，相互依赖、相互约束使得资源配置过程更加复杂，对开放度较低的民族地区是一个严峻的考验。

基于上述民族地区城市化的特点，在理论和实践上要注重探索能够体现民族地区特色的新型城市化道路。党的十八大把城市化战略上升到了国家战略的层面，并赋予了城市化新的内涵。在2013年的中央经济工作会议上，提出走集约、智能、绿色、低碳的生态文明的城市化道路。民族地区有别于非民族地区，推进具有民族特色的新型城市化战略是走内生型发展道路的重要举措。"特色新型"城市化主要体现在：

"以人为本"的城市化。目前，我国的农业转移人口还无法享受到与城市居民相同的教育、医疗、住房、社会保障等公共服务。传统的城市化片面强调城市数量和规模扩张，忽视了城市最终要为"人"服务的本质。新型城市化要求从"人"的需求出发，重点提升城市公共服务水平，不断提高城市的文化品位，特别强调"农业转移人口市民化"。就民族地区而言，贯彻"以人为本"的理念，重在体现民族特色文化，尊重民族文化价值观。人自身是某种文化的载体，文化是城市化的灵魂。高水平的城市化应充分挖掘地方文化特质，尤其民族地区民族

---

[1] 王文长：《民族视角的经济研究》，中国经济出版社2008年版，第222—224页。

文化鲜明,打造富有地域文化特色的城市形象。各民族地区传承的历史与地域文化,赋予了自身与众不同的个性和魅力,要坚持"一个地方一种文化,一种文化一种特色"的思路,让深厚的文化内涵、鲜明的文化特色积淀成为亮丽的城市风景线。因此,要加强规划引导,因地制宜,注重展现民族地区城市特色。

"四化并举"的城市化。新型城市化本质上不仅仅是服务于工业化的城市化,而是超越了城市化本身,强调城市化、工业化、信息化和农业现代化的协同发展,走城市化引领、工业化主导、农业现代化筑基、信息化深度渗透的"产城融合"之路。民族地区城市化同样要求"四化并举",但是"四化"的标准与非民族地区有别。"中国民族地区的现代化发展道路选择,实际上是一个多民族国家的民族关系异质同构平衡发展的互动过程。"[1] 新中国成立以来民族地区经济发展的演进历程已经给我们带来深刻的教训,提醒我们必须重视民族地区富有价值的经济、社会和政治内涵。民族地区城市化发展需要基于民族现实条件与基础,尊重各民族立足于传统民族文化维系的经济结构、产业体系和多样化选择,而不是简单机械地抛弃或否定传统民族地区的"四化",这是加快民族地区城市化进程必须加以重视的方面。加快民族地区城市化不能单靠外援式推进,要调动各民族内在的积极性,让各民族地区城市化真正成为内源式的特色新型城市化,要靠民族传统体系与现代技术的相互结合。

"城乡互动"的城市化。新型城市化改变以往片面强调中心城市发展,高度重视县域、中心镇和农村的发展状况,通过实施城市群战略,充分发挥城乡各自的比较优势、促进城乡之间生产要素流动,走城市群、中小城市和乡村的协调发展之路。面对民族地区城市和乡村这两大空间载体,应当加强城乡互动,并逐步消除城乡差距。然而,城乡差距的缩小有赖于社会生产力的发展,不断改善城乡分离的空间结构状态。民族地区城市化更表现为农业转移人口转变为城市人口,甚至农牧民转变为城市人口,使得城市人口不断壮大,城市地域不断扩大,这本身就是缩小城乡差距,实现空间结构优化的途径之一。由于民族地区城乡差

---

[1] 胡鞍钢、温军:《中国民族地区现代化赶超:效应、特征、成因及后果》,《广西民族学院学报》2003年第1期。

距较大，要缩小差距协同推进民族地区城市化与城乡一体化，发展战略要与新农村建设相结合，要与国家城市化发展战略相适应。

"绿色低碳"的城市化。新型城市化改变以牺牲生态环境为代价的城市化，改变高消耗、高污染、模式粗放的城市化，是客观上具有可持续性的城市化道路；更加重视以生态保护为前提，坚定不移地走资源节约、环境友好的绿色道路。民族地区要求加快构建资源节约、环境友好的城市化模式，树立绿色、低碳发展理念，以节能减排为重点，增强危机意识，健全激励约束机制，才能更好地节约和管理资源，保护生态环境，进而提高生态文明；与区域发展总体战略与主体功能区战略相协调的城市化战略，要求民族地区重视资源环境保护。实施区域发展总体战略要求西部地区发挥生态安全屏障作用，加强生态环境保护；实施主体功能区战略要求对影响全局生态安全的重点生态功能区要限制开发，对依法设立的各级各类自然文化资源保护区和其他需要特殊保护的区域要禁止开发。民族地区大部分位于西部地区，且限制开发与禁止开发区域大多位于民族地区，因此民族地区的生态环境成为全国性公共产品，成为全国的生态屏障，民族地区肩负保护全国生态环境的重要使命，资源环境承载能力无疑成为城市化与经济发展方式转变的重要约束之一。

三　民族地区嵌入型经济发展方式对城市化的制约

一个民族在其经济生活中呈现出何种行为方式，根本上是自然选择的结果，而不是先知先觉地有计划地安排。[①] 在民族的生存发展过程中，民族行为的不断调整，都在于求得与当时各种约束相协调，由当时的环境约束条件引致的民族行为到现实的环境约束条件以及对历史结果的重新认识、评价，乃至民族行为的调整。对民族行为的经济分析与评价必须放在特定的环境约束下来进行，必须尊重各种约束条件去理解当时的民族行为。在特定环境约束条件下的民族行为本质是生存本能的反应，是长期积累的丰富经验并稳定化。这些经验对民族行为的取舍也蕴

---

① 王文长：《民族视角的经济研究》，中国经济出版社2008年版，第149—152页。

含着民族生存的经济理性，从经济学角度分析，就是节约成本，节约重新探索与积累的时间。任何民族行为都具有经济理性，因此从民族行为的选择中可以读到民族行为的环境条件约束和经济内涵。民族地区城市化要超越嵌入型发展方式的制约，走出具有民族特色之路面临着挑战。

1. 基于嵌入型经济发展方式的民族地区城市化存在路径依赖[①]

一个国家或一个地区的城市化发展道路，是经济社会发展的重要现象之一，其本质是一个技术变迁和制度变迁的过程。无论是技术变迁还是制度变迁，对民族地区而言路径依赖都是并存的。从整个社会的发展来看，社会的发展是基于历史传统演进的，在民族地区城市化方面同样也会表现显著。

从民族经济角度分析民族地区城市化路径依赖的存在——成本节约。诺思将前人关于技术演变过程中自我强化现象引入到制度变迁中，他认为，人们过去做出的选择决定了他们现在可能的选择。在制度变迁中，自我强化机制主要表现在两方面：一方面，设置一项制度需要大量的初始设置成本，因此初始制度的选择提供了强化现存制度的惯性，沿着原路径改革风险小，成本低。另一方面，通过适应制度而产生的组织与其他组织会逐渐产生协同效应，而且一项规则的产生将会导致其他规则以及一系列非正式规则的产生；随着一项制度的推行将减少这项制度的不确定性；适应制度的既得利益集团充分利用制度框架提供的获利机会巩固现存制度。

由于现实世界的复杂性和人类理性的有限性，人们在无法迅速准确地做出理性判断时，便会倾向于效仿前人的"先验"模式，即把某些历史遗产作为发展资源来利用，是因为它们对当事者而言具有相对成本优势，由此形成对这类资源的依赖。民族地区城市化进程总是带有行政干预的性质，特殊的要素禀赋结构，经济发展阶段滞后，地方政府大量介入微观经济活动，微观主体自主创新能力较弱等原因使得民族地区嵌入型经济发展方式难以摆脱"路径依赖"。经济发展方式选择要与地区生产力和社会经济发展阶段相适应，对于嵌入型经济发展方式的民族地区城市化而言，受制于现有的分工格局和要素禀赋条件，产业结构转换

---

① 张冬梅：《中国民族地区经济政策的演变与调整》，中国经济出版社2010年版，第115—117页。

能力较低，离开自身的优势，单方面强调城市化率这一数据指标，而不考虑民族地区城市化质量与效益，并不是经济发展的目标。因此，民族地区城市化更是经济发展的结果，而不是发展的目标。

从民族文化角度分析民族地区城市化路径依赖的存在——意识刚性。由于历史和现实原因，民族地区社会经济发展水平极其落后，使得科技、教育、人才等智力层面的文化因素缺乏存在和发展的基础，而智力层面文化因素的缺失反过来又限制了民族地区城市化的进程，而且二者之间的相互制约呈现出不断加剧的趋势。民族文化具有内生性和历史积淀性，其惯性往往一时难以改变，尤其是作为意识形态层次的文化观念，本身就常常滞后于社会变革，影响新的正式制度安排，使得新制度难以持续。一种无效的制度安排之所以得到维持的原因在于：统治者的偏好和有限理性、意识形态刚性、官僚政治、集团利益矛盾以及社会科学知识的局限。[①] 而属于嵌入型经济发展方式的民族地区城市化进程中，这五个方面因素都在起作用。首先是政府的有限理性及官僚科层，政府对计划型制度具有强烈的依赖性，这是因为政府官员也是理性的经济人，自身效用的最大化与公共选择的最优目标相结合，加之对市场经济的疑惑和经验不足，社会科学知识的局限等都强化了这种"路径依赖"。其次，传统体制长期运行所造就的既得利益集团，为了分享垄断权利和垄断资金，必然维护已有的制度安排。最后，制度变迁要求具有创新的思维与更强的学习能力的组织，在现有条件下在民族地区内部很难形成。所有这些构成了民族地区城市化发展的意识形态刚性。

从文化等非正式制度的层面认识民族地区城市化，是客观地面对民族地区城市化路径依赖的现实做法，既要尊重少数民族文化积淀，又要摆脱思维定式，必须通过内源式的渐进变迁实现民族地区城市化建设，解决民族地区城市化的路径依赖问题。制度经济学认为，由于传统经验"锁定"功能的生效，制度变迁是带有路径依赖性的。因此，在民族地区城市化设计发展方案时，必须考虑到制度的路径问题。但由于习俗等人类不可回避的"历史存留物"在构造现在的过程中根深蒂固，导致在制度变迁中，民族地区以及该地区的民族群体在很多方面都带有路径

[①] 林毅夫：《诱致性制度变迁与强制性制度变迁》，载盛洪编《现代制度经济学》（下卷），北京大学出版社2003年版，第268—270页。

依赖的色彩,因此,如何实现传统经验和现代科学的结合成为内生型发展方式解决民族地区城市化问题的关键。

2. 嵌入型经济发展方式对民族地区城市化的约束机制

民族地区的自然环境与社会环境构成了民族地区城市化的基础与约束机制,经济发展方式的形成受族群传统约束与政府嵌入制度约束。

民族地区城市化受族群传统约束。首先,是决定经济结构的资源对民族地区城市化的约束。民族地区城市化离不开资源基础,资源条件决定经济结构,经济结构约束民族地区城市化模式。由于民族地区的人力资本所限,这里的资源条件是指被认识并能被利用的现实资源;并且经济活动与生活越是直接依赖于自然资源,自然资源对城市化的约束在民族地区的表现就越为典型。因此,环境越是封闭,与外部社会的交流越少,对封闭环境内自然资源的依赖程度就越深,相应的资源条件对经济结构的约束就越强。城市化使得部分少数民族群众生存环境发生变化,资源要素的流动以及人们对资源认识的变化,也会改变人们对资源的利用结构,导致经济结构的调整变动。只有民族地区少数民族群众对资源条件认识和利用水平有了提高,才能促使经济结构向高度化调整,才能更有利于民族地区城市化,经济结构仍然是以资源结构为物质基础,民族行为也不能超越。

自然环境中的少数民族也成为经济结构的约束条件,具体环境中的民族行为也直接影响到民族经济结构,主要是指生存环境塑造的民族习惯,进而反映到经济行为方式决定民族行为,如哈尼族的梯田、蒙古族的牧区。由于历史的原因,这主要表现在民族关系对民族生存空间的影响上,如拥有迁徙史的民族,生存空间变动的原因除了自然灾害,多数属于民族关系。生存空间资源结构首先约束着某个民族可能获得的自然资源结构,如坝区、山地,获得的资源结构不同,民族经济行为方式不同,所导致的民族地区城市化模式也就不同;其次是民族生存空间具有封闭性,民族对外经济交流减少,其经济结构便必然呈现小而全的自给自足的封闭性状态。各民族在各自的产业结构选择中,一些民族与某些产业缔结了特殊的关系,这说明民族行为的产业偏好必定与特定的生存环境相关联,这里的偏好是被迫的偏好,实质是约束。[①] 民族地区城市

---

① 王文长:《民族视角的经济研究》,中国经济出版社2008年版,第201页。

化要充分尊重少数民族意愿,确定城市化的程度与规模。

其次,是决定经济结构的民族文化对民族地区城市化的约束。第一,民族文化决定民族偏好,提到少数民族,人们自然想到蒙古族草原的马奶酒、傣族的孔雀舞、回族的"花儿"、藏族的哈达,等等。少数民族的文化(以下简称民族文化)决定了他们特殊的偏好[①]。少数民族的偏好历来就有别于汉族,从生活起居的衣食住行到婚丧嫁娶,例如边销茶是少数民族群众的生活必需品。第二,民族偏好决定了价值判断,因此,不能简单评价少数民族的价值观,进而不能评价民族文化的先进与落后。第三,价值判断决定效用。第四,效用决定民族行为。现实的世界是开放的相互联系的世界,人们不可能不受周围环境的影响,民族地区城市化受民族文化内在与外在双重约束。城市化要解决从事农业的少数民族就业,被城市化改变了的民族地区经济结构要求少数民族群众就业观念的改变与就业能力的提高。

民族地区经济结构的功能效率最终取决于少数民族人力资本存量,具体表现为知识、能力及社会资本(包括价值观与信誉)等,具体生存环境中的人力资本构成技术层次的约束条件,所以适应民族地区城市化也就成为基本约束条件,必须是民族地区城市化发展实际所能接受,而非技术越先进、越现代化越好。必须充分认识少数民族生产力结构的历史基础、社会发育状况,探寻欲速而可达的城市化适用性方法与路径。

族群传统的经济结构对民族地区城市化发展的适用性不应表现为消极地迎合文化传统,而应是积极地化解文化传统中的惰性以适应发展的趋势。文化传统对经济结构的约束更为复杂,这是一种无形而又浑厚的力量,通过观念和生活方式影响经济活动;经济结构对文化的积极适应必须建立在民族自治的基础上,因为民族发展对经济结构的选择是民族自身的选择,建立在民族自觉基础上的观念和生活方式才可能恰当地理解民族文化资源的价值并使之适应现代经济的发展趋势,使经济结构在

---

① 这里的偏好是指实际偏好,一个人的实际偏好是"由其选择行为与语言表达所显示出来"的偏好;而知情偏好则被定义为"在他掌握并充分利用了所有相关信息的情况下他本应持有的假想偏好"。Harsany, J. C., "Utilities, Preferences, and Substantive Goods", *Soc. Choice Welfare*, No. 14, 1997, pp. 133 – 135. 知情偏好还有一个条件,即"我们的偏好应该是真实的而非虚假的偏好"。

适应文化传统的同时，也使文化传统成为有利于提高经济结构活力和效率的因素。实际上，只有真正把民族地区城市化发展路径与民族文化资源相结合为现实经济发展要素，包括适应现代市场需求的文化资源开发的产业发展、凭借民族本土知识建立起来适应现实需要的产业与制度结构等，才能充分体现民族地区城市化特色，民族地区城市化才能从实质上有效利用文化传统的约束为求发展的实用途径。

民族地区城市化受政府嵌入制度约束。我国各少数民族已经历史地营造了各自的制度环境，制度环境就是形成行为规范约束机制的社会基础和氛围。各少数民族的制度环境作为中国经济环境的一部分，既受中国总体经济制度的约束，又受本民族独特的历史、文化、现实等方面的影响。制度环境的变迁必然导致制度变迁，影响并决定民族地区城市化进程。

民族地区所面临的制度结构形式就会呈现出双重性或二元状态，即统一民族社区的制度结构包含两套规范机制，这种制度既包括政治、经济、法律规范、约束机制，也包括民间风俗、习惯、伦理规范、约束机制。[①] 与族群传统型的制度（如习惯、风俗、伦理等民间规范）约束机制相比，政府嵌入制度有别于在民族地区的社会发育、文化演进过程中自发形成、带有内部性延续特点的族群传统制度。政府嵌入制度为体制强制型的制度，如民族区域自治制度、法律体系、管理制度等。体制强制型的制度是由国家制度的性质、特征、内容决定的，其建设在总体上与全国的制度性质保持一致。

民族经济制度环境的变迁所呈现出的重要特点，就是外部环境的变化及外部力量的推动起着决定性的作用，这是政府嵌入制度变迁的结果。制度环境变迁应该是渐进式的过程，社会发展总体上是自然演进并逐渐积累，社会状态遵循新陈代谢的自然规律，人们的观念及行为方式在不知不觉中逐渐发生变化。相对而言，民族地区制度变迁具有突变式的特点，在自身内在机制积累不足的情况下发生转折，主要是由外部环境及外部力量推动所致。这种新体制带有外部性安排的特点，漫长的渐进过程由瞬间的剧烈变革所代替，但瞬间的急促行为根本不可能更替积淀的历史基础。因此，民族地区城市化进程要避免在民族地区产生一个

[①] 王文长：《民族视角的经济研究》，中国经济出版社2008年版，第171页。

嵌入的城市化体制，要建立一个完全融入民族文化传统的城市化建设机制。

体制对民族地区城市化的约束。新中国成立以来，我国经历了从计划经济到商品经济，再到市场经济的经济体制改革；由于各少数民族与民族地区经济社会发展存在诸多特殊矛盾，国家非常重视民族地区的经济体制改革及其特殊性。民族地区城市化战略规划要服从中央政府的全国城市化发展规划，无疑具体执行民族地区城市化规划的是民族地区政府，在大方向上中央与地方的利益一致。但是，必须承认，民族地区利益与民族地区政府利益是有区别的：前者是指民族地区所对应的行政区中各个主体包括个人、各部门、各单位的共同利益；后者是民族地区利益的最大主体。地方政府是地方共同利益的代表，政府行为属于政治行为；和经济领域一样，政治行为的主体本身也是经济人。公共选择学派认为，经济决策和政治决策都是以个人的成本收益估算为基础的；同时，政府行为由人决策和实施，政府的行为规则由人制定，而人是经济人，政府也是经济人。民族地区利益中包括的地方政府本身的利益，即政府人员的利益和政府机构的利益，它的实现程度和实现方式，对民族地区利益的影响客观存在。地方政府既是利益主体，又是调控主体，前者要接受中央宏观战略规划；后者应当在自己的区域里落实中央宏观战略。这就存在地方政府在追求自身利益最大化与中央政府进行博弈的问题。"上有政策，下有对策"集中反映了地方政府与中央政府的博弈行为，这种博弈反映在事前、事中与事后。确保中央扶持民族地区城市化战略的有效实施，要冲破体制约束，具体约束如下四方面：

第一，民族地区政府与"公共服务型"政府还有一定距离。因为政府既是"政治实体"又是"经济实体"的双重身份在民族地区表现更为显著；不仅要满足社会公众对公共消费的需要，还受国家委托履行经济实体的职能。因此，民族地区政府都运用手中掌握的政治资源与经济资源追求政府利益最大化，"诸侯经济"、"地方保护"、"政绩工程"的存在就不足为怪。在执行国家宏观战略规划中，民族地区政府在执行过程中变形、受阻乃至停滞等现象也不足为奇，进而导致城市化规划不能圆满实现。

第二，城市化战略规划方向偏离。民族地区政府实施国家城市化战略规划会存在表面执行而实际未执行，即民族地区政府在执行过程中只是被宣传一番，而未被转化为具体的可操作性措施。[①] 荷兰学者布雷塞斯称为"象征性合作"，即"地方政府假装合作，而实际上并未合作。在实际执行中，这种情况包括口头上支持国家战略规划，或以书面形式表态，但没有按照中央政府的期望做任何事情。一般情况下，如果中央政府限制地方政府的行为空间，而中央政府又无法检查时，民族地区政府多会采取象征性合作的方式；因为民族地区政府不愿意公开拒绝与中央政府合作"[②]。另一种情况更为严重，即战略规划执行背道而驰，亦即当所执行的政策对民族地区政府不利时，就在执行过程中搞替换战略，表面上与国家宏观战略规划一致，而实际上背离，这种"替换性执行"是利用国家资源反其道而行之。

第三，民族地区政府执行城市化战略规划内容失真。民族地区政府在实际执行城市化战略规划过程中变形、走样，甚至落空，失去其原有的真实性或其原有的真实性没有完全表现出来。首先表现为战略规划执行局部化，即民族地区政府在执行时根据自己的利益需求对国家原有的精神实质或部分内容任意取舍，有利的就贯彻执行，不利的则有意曲解乃至舍弃，致使国家战略规划的内容残缺不全，无法完整落到实处，甚至收到与初衷相悖的绩效。其次表现为战略规划执行扩大化，即民族地区政府在执行过程中为了个人利益或局部利益给所执行的国家宏观战略规划附加了一些国家政策目标所没有规定的不恰当内容，致使国家调控对象、范围、力度、目标超越原定的要求，影响了既定规划目标的有效实现。

第四，民族地区政府干部职责定位模糊。任何国家战略规划的执行都离不开民族地区政府的干部，干部的行为取决于干部素质与干部评价机制，干部评价机制是干部管理制度的核心内容。我国对干部管理制度改革后，国家在干部人事任免方面下放了部分权力，干部管理权限改为"下管一级"，这样就为地方在遵循国家干部政策的前提下，加大干部任用的自主性创造了条件。目前民族地区的干部管理制度对其下属所具

[①] 丁煌：《我国现阶段政策执行阻滞及其防治对策的制度分析》，《政治学研究》2002年第1期，第28—39页。

[②] H. 布雷塞斯：《政策效果解释的比较方法》，《国际社会科学杂志》（中文版）1987年第4卷第2期，第127页。

有的权威性更明显,而且管理因缺乏必要的民主参与使民族地区干部特别是基层官员实质上摆脱了社会压力的约束,容易导致国家城市化战略规划执行落空。此外,民族地区实施的干部管理制度包括一套涉及工作任务的分配、工作绩效的评价以及工作成绩的报酬等多项内容的管理规则,主要目的是改进地方党政部门的战略规划执行状况;就执行而言,最大弊端就在于它很容易导致民族地区干部对国家战略规划执行的阻滞行为。[①] 干部评价机制即对干部政绩的评价机制,对干部的行为具有重要的导向功能。政府干部职责的准确定位决定了民族地区干部的行为边界,因此只有转变政府职能,增强服务型政府意识,完善干部管理制度,才能提高民族地区政府的服务效率。

3. 民族地区嵌入型发展方式下城市化面临的主要矛盾

资源富集与生态脆弱的矛盾。民族地区蕴藏着丰富的自然资源,似乎主张民族地区走资源带动型城市化道路有科学依据。但民族地区许多地区的自然条件差,生态环境极其脆弱,水土流失和土地沙漠化相当严重,自然资源存储量大且开发利用成本高,可利用效率低,已经开发的工矿城市的资源产业大都停留在极为粗浅的水平,资源开发零散且规模较小;资源加工等级初级,附加值较低;能耗产业较多,污染较为严重,更值得关注的是民族地区城市化中面临着一个严重的自然资源瓶颈,即水资源匮乏。此外,民族地区还面临着生态环境约束,从发达国家或东部地区的成功经验看,区域生态效益与经济效益具有很强的互动联系,城市化水平高,经济持续、健康、稳定运行的地区,其生态效益往往也很好;而生态效益恶劣的地区,区域经济即使可能在短时间内获得发展,但最终也会受到生态效益的制约而遇到障碍。民族地区生态环境恶化,经济发展滞后,导致民族地区生态环境的外部性产权损害,这种互动作用的结果是导致民族地区聚集生态效益和聚集经济的恶性循环,对民族地区乃至全国的经济都产生了巨大的负面影响,也是持久影响民族地区城市化的问题之一。

资金不足与投入匮乏的矛盾。民族地区城市化中城市的拉力和农村的推力这两种重要力量同样不容忽视,必须强化这两种力量的作用。为

---

① 丁煌:《我国现阶段政策执行阻滞及其防治对策的制度分析》,《政治学研究》2002年第1期,第28—39页。

增强两种作用的综合效果,一方面,要大力改善民族地区内城市基础设施,提升城市综合功能,强化城市的聚集效益;另一方面,要大力推进民族地区农业现代化,使更多的农民能够离开农村步入城市,所有这些都离不开资金的推动作用。民族地区城市化必然面临大量资金投入问题。民族地区城市化中的两个重要资金流向分别为:一是城市基础设施建设投入,二是农业现代化投入。目前,民族地区基础设施建设投资不足,制约了民族地区经济的可持续发展及城市化进程。因此,不仅要考虑传统城市的基础设施建设的资金,还要考虑现代快速轨道交通、信息高速公路、智能化城市管理系统等新兴城市基础设施建设投入,并且新兴城市将需要更大量资金的投入;同时,农业现代化也需要大量的资金投入。理论与实践证明,一个地区的经济发展水平、城市化水平和农业投入水平三者之间存在较强的正相关关系。城市化的一个重要前提就是农业的快速、稳定、健康发展及农业容纳的劳动力不断减少。农业投入不足的地区,城市化动力结构必然呈现不健全态势,影响城市化进程。在民族地区农业基础地位比较脆弱的同时推行城市化战略,必须加大农业现代化投入,加强农业在整个经济中的基础地位。

人才流失与就业困难的矛盾。在当前的民族地区城市化进程中,由于产业结构调整与企业改革等原因,一方面,存在不断形成大量的城市失业人员;另一方面,民族地区严重的人才外流又无法提供足够的人才智力支持,从而形成了失业与人才缺乏同时并存的局面,极大阻碍了民族地区城市化的进程。在民族地区一些大城市中存在特殊的城市景观,即众多的失业人员流动于民族地区或非民族地区现代化的城市中。但是失业累积的同时,却存在众多高层次人才的短缺和高层管理、技术岗位的空缺,多年来民族地区并没有出台相应的政策解决人才流失问题。人才外流使高层次人才短缺,直接造成了经济发展没有后劲、企业经营效率不高、人们福利水平低及失业现象更为严峻;进而经济效益较低使得民族地区更无力提供优越的人才环境来吸引人才,这种恶性循环使民族地区城市化进程阻力重重。

制度与体制障碍。从"以人为本"的角度出发,民族地区城市化的中心同样也是要实现农村剩余劳动力的转移,但土地政策和户籍管理制度构成当前农村剩余劳动力顺利转移的重要制约。要进行有利于民族地区城市化的制度安排,制度创新性安排要走在前列。农业转移人口带来的劳动力供给、土地征用的低成本、基本公共服务的质量以及生态环境保护，是推动民族地区城市化要考虑的重要问题。民族地区未来特色新型城市化的推进必须从制度层面上进行顶层设计，竭力解决劳动力、土地、技术、管理等生产要素的长期供给瓶颈。然而，当务之急的核心问题就是对户籍及相关社会保障制度、土地及财税制度、投融资制度等进行改革。

其一是户籍管理制度。民族地区城市化中的户籍问题，本质上是依附在户籍管理制度上的各项社会保障，即户口"含金量"。因此，户籍管理制度改革的核心是让农业转移人口享受与城市居民相同的基本公共服务。同时，对暂未落户的农业转移人口，要从制度上促进整体福利的全方位覆盖，竭力解决他们的子女教育、公共卫生、保障住房等各方面的问题。长期来看，改革的趋向则是消除城乡差距实现城乡一体化，建立城乡统一的"居民"管理制度和全方位覆盖的基本公共服务体系。

其二是土地制度。现有的土地制度特别是土地征用制度，以及与其相联系的"土地财政"，是推进新型城市化建设的重要障碍。当前土地制度改革特别是土地征用制度改革，首要的任务就是对各类农村土地产权明晰，为确保农民的权利，提高农民在土地增值长期收益中的分配比例。与此同时，要尽快开征房产税、资源税、环境税、遗产税等，并把土地出让收入纳入公共财政预算，取消"土地财政"，实现财税制度改革。

其三是投融资体制。民族地区未来特色新型城市化资金需求庞大，仅仅依赖土地财政下的地方投融资机制是远远不够的，必须考虑多元化投融资渠道，鼓励符合条件的投融资政策与项目，如发行城市建设债券、信托计划、上市融资等形式募集资金，且快速在公共服务等领域明确建设标准，激励更多社会资金融入，形成多元化的投融资体制。

四 城市化要求民族地区走内生型发展道路

民族地区的新型城市化需要走内生型发展道路，坚持走城乡统筹、区域协调、功能完善、集约智能、绿色低碳的城市化发展道路；民族地区坚持走城市化与人口、资源、环境协调的内生型发展道路；加快城化发展进程，培育新的增长极的同时，注重科学把握民族地区城市化发展的规模、速度和节奏。

1. 走内生型发展道路要对民族地区经济发展水平理性定位

民族地区经济发展水平相对较低。

首先，民族地区经济增长速度继续保持快速增长，但人均地区生产总值较低。2001—2012年国内生产总值增长速度的横向比较，民族人均地区生产总值（GRP）增长速度为13.0%，高于全国平均水平10.10%。[①] 2012年与2011年增长速度横向排序，民族八省区GRP增长速度从高到低依次为：贵州13.60%、云南13.00%、青海12.30%、新疆12.00%、西藏11.80%、内蒙古11.50%、宁夏11.50%、广西11.30%；贵州增长速度与重庆相同并列全国第二位，民族地区增长速度最慢的广西位居全国第16位，说明民族地区GRP增长速度相对较快。从经济增长速度角度比较，民族地区与东部地区的差距趋于缩小；但超过西部增长速度12.48%的只有贵州和云南。[②] 必须看到，2012年与2011年纵向比较，仅有新疆与上年增长速度持平，其他省区的增速均呈现下降态势，其中内蒙古减速2.8个百分点，是民族地区下降最多的自治区，其他省区下降的百分点分别为：贵州1.4个、青海1.2个、广西1.0个、西藏0.9个、云南0.7个、宁夏0.6个。[③] 2012年，民族地区人均地区GRP是30863元/人，最高的省区是内蒙古为63886元/人，也只有内蒙古这一数据超过全国平均水平38420元/人，其他省区都低于全国平均水平，远低于东部地区57722元/人；超过西部地区的除内蒙古外，仅有新疆33796元/人、宁夏36394元/人和青海33181元/人刚好超过西部地区水平31357元/人。而广西27952元/人、贵州19710元/人、云南22195元/人与西藏22936元/人远低于西部地区水平。[④]

[①] 中华人民共和国统计局：《中国统计年鉴（2013）》，中国统计出版社2013年版，第5、13页。

[②] 数据来源于姚慧琴、徐璋勇《中国西部发展报告（2013）》，社会科学文献出版社2013年版，第5—7页。国内生产总值绝对数按现价计算，增长速度按不变价格计算；内蒙古数据修正，依据是中华人民共和国统计局《中国统计年鉴（2013）》，中国统计出版社2013年版，第56页。

[③] 中华人民共和国统计局：《中国统计年鉴（2013）》，中国统计出版社2013年版，第56页。

[④] 同上书，第18—19、32—33、57页。

其次，居民生活水平一定程度上有所提高但人均收入水平较低。民族地区居民收入水平在一定程度上有所提高。2012年数据显示，民族地区无论是农村家庭居民人均收入还是城镇居民人均可支配收入在增长率方面均高于全国平均水平，农村家庭居民人均收入全国水平实际增长10.7%；城镇居民人均可支配收入全国平均实际增长9.6%。[①] 新疆维吾尔自治区在城镇居民平均每人可支配收入增长率与农村居民家庭人均纯收入增长率两方面均呈现明显的增长态势，在全国31个省级数据中均列第一位，具体数据见表5-1。尤其是城镇居民平均每人可支配收入增长率，民族地区的西藏、青海在全国范围内分别位居第二位、第三位；而其他民族省区的农村居民家庭人均纯收入增长率与非民族地区相比并没有明显的大幅度提升。

表5-1　　　　　2011年与2012年民族地区人均收入　　　　单位：元

地区	2011年 城镇收入	2011年 农村收入	2012年 城镇收入	2012年 农村收入	增量 城镇收入	增量 农村收入	增长率（%）城镇收入	增长率（%）农村收入
贵州	16495.01	4145.35	18700.51	4753.00	2205.50	607.65	13.37	14.66
云南	18575.62	4721.99	21074.50	5416.54	2498.88	694.55	13.45	14.71
青海	15603.31	4608.46	17566.28	5364.38	1962.97	755.92	12.58	16.40
宁夏	17578.92	5409.95	19831.41	6180.32	2252.49	770.37	12.81	14.24
新疆	15513.62	5442.15	17920.68	6393.68	2407.06	951.53	15.52	17.48
内蒙古	20407.57	6641.56	23150.26	7611.31	2742.69	969.75	13.44	14.60
广西	18854.06	5231.33	21242.80	6007.55	2388.74	776.22	12.67	14.84
西藏	16195.56	4904.28	18028.32	5719.38	1832.76	815.10	11.32	16.62

注：表中的城镇收入是指城镇居民平均每人可支配收入；表中的农村收入是指农村居民家庭人均纯收入。

资料来源：中华人民共和国统计局：《中国统计年鉴（2012）》，中国统计出版社2012年版，表10-15与表10-22，第354、365页；中华人民共和国统计局：《中国统计年鉴（2013）》，中国统计出版社2013年版，表11-14与表11-21，第388、400页；经计算而得。

2012年全国农村居民人均纯收入7916.58元；民族八省区最高的是内蒙古农村居民人均纯收入7611.31元。西部地区农村居民人均纯收

[①] 数据来源于姚慧琴、徐璋勇《中国西部发展报告（2013）》，社会科学文献出版社2013年版，第21页；中华人民共和国2012年《国民经济与社会发展统计公报》。

入为6061.7元,超过这一数据的民族地区除内蒙古外只有宁夏6180.32元与新疆6393.68元,其他省区广西6007.55元、贵州4753.00元、云南5416.54元、青海5364.38元与西藏5719.38元远低于西部地区平均水平,更低于全国平均水平。[1] 再比较2012年城镇居民人均可支配收入,全国平均水平城镇居民人均可支配收入为24564.72元;民族八省区全部低于全国平均水平;西部地区平均水平是20567.4元;高于西部地区水平的民族省区有云南21074.50元、内蒙古23150.26元、广西21242.80元;其他省区贵州18700.51元、青海17566.28元、宁夏19831.41元、新疆17920.68元、西藏18028.32元均低于西部地区水平,更低于全国平均水平。[2]

再次,民族地区政府财政能力较弱。就民族地区财政能力而言,财政收支缺口较大,需要中央大力支持,并且显现出逐年增加的趋势。具体数据见表5-2。

表5-2　　　　　　　　2012年民族地区财政收支情况

地区	财政收入（亿元）	财政支出（亿元）	收支缺口（亿元）	收支缺口/财政支出（%）	人均预算收入（元/人）	人均预算支出（元/人）
地方合计	61078.29	107188.34	46110.05	43.02	4510.82	7916.19
贵州	1014.05	2755.68	1741.63	63.20	2910.55	7909.38
云南	1338.15	3572.66	2234.51	62.54	2872.18	7668.29
青海	186.42	1159.05	972.63	83.92	3252.38	20221.75
宁夏	263.96	864.36	600.40	69.46	4078.51	13355.61
新疆	908.97	2720.07	1811.10	66.58	4071.00	12182.42
内蒙古	1552.75	3425.99	1873.24	54.68	6236.30	13759.82
广西	1166.06	2985.23	1819.16	60.94	2490.52	6375.96
西藏	86.58	905.34	818.76	90.44	2814.60	29430.41

注:财政收入为地方本级收入。

资料来源:中华人民共和国统计局:《中国统计年鉴(2013)》,中国统计出版社2013年版,表9-5、表9-6,第98、333、335页;人均数据是由《中国统计年鉴(2013)》表3-5、表9-5、表9-6计算而得。

---

[1] 西部地区数据来自姚慧琴、徐璋勇《中国西部发展报告(2013)》,社会科学文献出版社2013年版,第21页;其他数据来自中华人民共和国统计局《中国统计年鉴(2013)》,中国统计出版社2013年版,第401页。

[2] 西部地区数据来自姚慧琴、徐璋勇《中国西部发展报告(2013)》,社会科学文献出版社2013年版,第21页;其他数据来自中华人民共和国统计局《中国统计年鉴(2013)》,社会科学文献出版社2013年版,第388页。

就地方本级人均财政收入而言，民族地区较低。2012 年，民族八省区平均水平为 2816 元/人，全国平均水平为 4510.82 元/人，除内蒙古高出这一数据外，其余省区均低于全国平均水平，最低为广西 2490.52 元/人。然而，民族八省区人均财政支出高于全国平均水平的有青海、宁夏、新疆、内蒙古与西藏，其中西藏为全国最高，达 29430.41 元/人。令人深思的是，一方面民族地区财政能力远不能满足自身需要，需要中央支持；另一方面民族地区公共服务成本很高，需要特殊考虑。

最后，民族地区开放程度较低。民族地区的特殊地理区位及特色产品，应该增大出口量，提升本地区的开放程度，并进而提高本地区经济实力。2012 年全国各地方进出口总额占 GDP 的百分比为 47.04%，而民族八省区进出口总额占本区 GRP 百分比最高的是西藏为 30.83%，其次为新疆 21.17%，其余省区较低，分别为内蒙古 4.48%、广西 14.28%、贵州 6.11%、云南 12.87%、青海 3.86%、宁夏 5.98%。民族八省区 GRP 总额占全国 GDP 的百分比为 11.28%，而八省区进出口总额占全国进出口总额的百分比仅为 2.60%，进口总额占比为 2.25%，出口总额占比为 2.90%；[1] 尽管相对于 2011 年略有提升[2]，但是民族地区的开放程度亟须加强。

民族地区发展与发达地区相比存在很多差距，如基础设施条件仍然薄弱，社会事业仍然亟待加强，生态环保形势仍然不容乐观，扶贫开发任务仍然艰巨，人才匮乏等问题仍然突出。

2. 城市化的速度规模与民族地区内生发展速度规模相适应

要认清民族地区城市化发展速度与规模现状。民族地区城市化率整体水平低于全国平均水平，但是仅就具体省区而言还略有差别。内蒙古在城市化率数据指标方面高于全国，城市化增长速度基本高于全国，其他地区就几乎低于全国平均水平。具体数据见表 5-3 与图 5-2。

---

[1] 中华人民共和国统计局：《中国统计年鉴（2013）》，中国统计出版社 2013 年版，第 241 页。

[2] 2011 年数据：民族八省区进出口总额所占百分比为 2.30%，进口所占百分比为 1.93%，出口总额占全国出口总额百分比为 2.63%。

表 5-3　　　　　2005—2012 年民族地区城市化率变化表　　　　　单位:%

地区	2005年	2006年	2007年	2008年	2009年	2010年	2011年	2012年
全国	42.99	44.34	45.89	46.99	48.34	49.95	51.27	52.57
贵州	26.87	27.46	28.24	29.11	29.89	33.81	34.96	36.41
云南	29.50	30.50	31.60	33.00	34.00	34.70	36.80	39.31
青海	39.25	39.26	40.07	40.86	41.90	44.72	46.22	47.44
宁夏	42.28	43.00	44.02	44.98	46.10	47.90	49.82	50.67
新疆	37.15	37.94	39.15	39.64	39.85	43.01	43.54	43.98
内蒙古	47.20	48.64	50.15	51.71	53.40	55.50	56.62	57.74
广西	33.62	34.64	36.24	38.16	39.20	40.00	41.80	43.53
西藏	20.85	21.13	21.50	21.90	22.30	22.67	22.71	22.75

资料来源:2010 年数据为当年人口普查数据推算数;其余年份数据为年度人口抽样调查推算数据,部分省份 2005—2009 年数据根据 2010 年普查数据进行了修订。

中华人民共和国统计局:《中国统计年鉴 2013》,中国统计出版社 2013 年版,第 99 页。

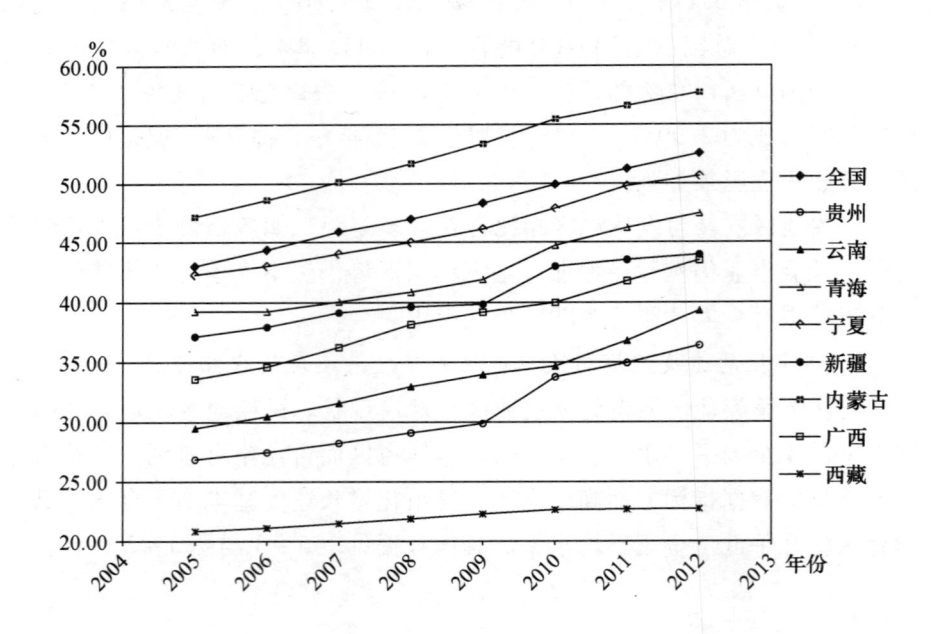

图 5-2　2005—2012 年民族地区城市化率变动情况

总体上分析,民族地区虽然城市化具有各种特殊性,但是城市化进程还有很大的发展空间。

3. 城市化背景下民族地区内生型发展要强调分类指导

在民族地区特色新型城市化的同时，只有注重民族地区内生型发展，才能区别类型，因族因地制宜。

一方面，基于城市化的民族地区发展才能"因族"制宜。民族地区城市化的内生型发展核心也是市民化，促进内生型发展的城市化政策评价标准要充分体现"以人为本"，这是影响城市化政策的适当性、充足性与绩效的重要因素。国家城市化发展规划所表现的价值偏好以及所依据的假设对民族地区"民族"特殊性是否合适，在满足人们需求、价值或机会的有效程度上是否具有充足性，在城市化政策绩效评价方面是否考虑民族认定的满意程度。城市化背景下民族地区内生型才能坚持"区别对待，分类指导"的原则。例如人口较少民族[①]、处于绝对贫困的民族[②]等，基于不同城市化标准实施差别化发展政策，少数民族才能做出是否市民化的内生发展政策选择。

另一方面，基于城市化的民族地区内生型发展才能"因地"制宜。促进内生型发展的城市化政策评价标准要兼顾"量"与"质"的双重标准。如2012年民族八省区超过全国城镇化率平均水平52.6%的只有内蒙古57.74%。[③] 根据2012年城镇居民人均可支配收入数据指标显示，民族地区收入最高的内蒙古却低于全国平均收入水平。城镇化政策目标应是因城镇化而身份转变的城镇居民的福利水平真正提高，如他们的社会保障包括基本养老保险、基本医疗保险、失业保险、工伤保险与生育保险能随着身份转变及时构建；而不是单纯的城镇化率这一数据。民族地区城市化政策制定的出发点要切实保障与改善民生，促进民族地区内生型发展。

同时，城市化背景下民族地区内生型发展更要注意速度与质量、效益相结合。"快"是对民族地区内生型发展速度的要求，"好"是对内生型发展质量与效益的要求，要深刻领会又好又快发展是全面落实城市化背景下民族地区走内生型发展道路的本质要求。速度、质量与效益均

[①] 如鄂伦春族、塔吉克族、赫哲族、基诺族、独龙族、布朗族、普米族、德昂族、高山族等。

[②] 如独龙族、怒族、傈僳族、拉祜族、佤族、布朗族、哈尼族、德昂族、景颇族、瑶族、门巴族、珞巴族、裕固族、塔吉克族等。

[③] 《中华人民共和国2012年国民经济和社会发展统计公报》。

要兼顾，民族地区经济发展没有速度是不行的，要避免差距拉大，不断提高人们的生活水平，要保持一个较快的发展速度；但是这一发展速度是建立在资源过度消耗、环境污染、质量不高、效益低下的城市化基础上，是要付出沉重代价的。城市化背景下民族地区内生型发展，不能片面追求速度与规模的膨胀，应当把高速度建立在高质量与高效益的基础上，即高速度必须有高质量的技术结构和科学管理为保障。民族地区内生型既要保持平稳较快增长，又要坚持"好"中求"快"，注重努力提高质量和效益，确保经济社会又好又快地发展。

例如内蒙古自治区经济增长速度自 2002 年以来连续八年保持全国第一，但据北京大学中国区域经济研究中心主任杨开忠构建的反映居民幸福指数的"单位 GDP 人均可支配收入比值"[1]，内蒙古在 2012 年中国大陆 31 个省份 GDP 含金量是排名最后的五省份之一；2012 年数据显示环境保护支出占一般预算支出比例从高到低排在前五位的依次是吉林 4.61%、重庆 4.22%、宁夏 4.09%、内蒙古 3.84% 与青海 3.80%，多为民族地区；2012 年内蒙古城镇化率超过全国平均水平，但是城镇居民人均可支配收入相当于全国平均水平的 94.24%；2012 年把内蒙古的资源开发相关财政收入包括资源税总额 68.10 亿元加上国有资产有偿使用收入 67.56 亿元，总数是 135.66 亿元，与节能环保支出 131.59 亿元相差无几。[2] 这些数据是对内蒙古发展质量与效益的挑战，经济目标、社会目标与环境目标的共赢不容忽视。

因此，在制定民族地区内生型城市化战略发展规划时，应该考虑有计划有步骤地逐步实现城市化发展的多重目标，一定要与民族地区发展的现实密切联系，可操作、欲速而可达的民族地区城市化发展战略才是走内生型发展道路；否则会起到相反的效果。

---

[1] 北京大学中国区域经济研究中心主任杨开忠提供的"单位 GDP 人均可支配收入比值"计算公式："人均可支配收入"除以"人均 GDP"，得出的数值相当于人均 GDP 的"含金量"，或是居民收入的幸福指数，人均 GDP 的"含金量"的提高表明 GDP 的增长能够同时带动居民收入的增长。《中国经济周刊》旗下智囊机构中国经济研究院通过为期 3 个月的专家调研、统计、计算，从全国 31 个省份公布的最新数据（截至 2013 年 2 月 25 日）中计算得出，排名中西部地区有五个省份排在最后，分别是陕西、青海、新疆、内蒙古和西藏。转引自姚慧琴、徐璋勇《中国西部发展报告（2013）》，社会科学文献出版社 2013 年版，第 39 页。

[2] 中华人民共和国统计局：《中国统计年鉴（2013）》，中国统计出版社 2013 年版，第 332—336、388 页，经计算得出。

4. 城市化背景下民族地区内生型发展要遵循产业结构演进规律

首先，要认清民族地区三次产业就业结构与产值结构现状。民族地区产业产值增长速度快，结构调整呈现高级化趋势。就 2012 年与 2011 年三次产业生产总值增长速度而言，民族地区三次产业产值增长速度分别为 6.1%、14.5%、11.0%，高于全国平均水平的 4.5%、7.9%、8.1%。民族八省区第一产业增长率最低为西藏 3.4%，最高为贵州 8.6%；第二产业增长率最低为内蒙古 13.3%，最高为贵州 16.8%；第三产业增长率最低为宁夏 9.7%，最高为新疆 12.3%。[①] 可见三次产业增加值均以高于全国的速度在增长。具体数据见表 5-4。

表 5-4　2012 年民族八省区三次产业增长率与占地区生产总值比例　单位：%

地区	增长率（2011年=100） 第一产业	第二产业	第三产业	2012年构成（地区生产总值=100） 第一产业	第二产业	第三产业	2011年构成（地区生产总值=100） 第一产业	第二产业	第三产业
贵州	8.6	16.8	12.1	13.0	39.1	47.9	12.7	38.5	48.8
云南	6.7	16.7	10.9	16.0	42.9	41.1	15.9	42.5	41.6
青海	5.2	14.1	11.1	9.3	57.7	33.0	9.3	58.4	32.3
宁夏	5.8	13.8	9.7	8.5	49.5	42.0	8.8	50.2	41.0
新疆	7.0	13.7	12.3	17.6	46.4	36.0	17.2	48.8	34.0
内蒙古	5.6	13.3	10.0	9.1	55.4	35.5	9.1	56.0	34.9
广西	5.6	14.2	9.8	16.7	47.9	35.4	17.5	48.4	34.1
西藏	3.4	14.4	12.0	11.5	34.6	53.9	12.3	34.5	53.2

资料来源：中华人民共和国统计局：《中国统计年鉴　2012》，中国统计出版社 2012 年版，第 59 页；中华人民共和国统计局：《中国统计年鉴　2013》，中国统计出版社 2013 年版，第 60 页。

民族地区三次产业的比例 2012 年为 15.06%：49.09%：35.84%，而 2005 年该比例为 21.01%：40.87%：38.12%；2010 年该比例为

[①] 中华人民共和国统计局：《中国统计年鉴（2013）》，中国统计出版社 2013 年版，第 5、33、60 页。

15.90%：48.24%：35.86%；2011 年该比例为 15.00%：49.46%：34.76%[①]；可见，民族八省区的产业构成比例的动态变化规律，即第一产业占比下降，第二、三产业占比有所提高，表明民族地区产业结构基本呈现高度化趋势。

值得关注的是，民族地区固定资产投资速度相对较快。根据各省区统计数据来看，新疆、贵州以 31.8% 的固定资产投资（不含农户）增速在全国并列第 1 位，青海、西藏以 29.9% 并列第 6 位，宁夏、云南、广西、内蒙古各以 27.9%、27.3%、23.8%、19.2% 分别位居第 8、10、15、23 位。固定资产投资总额位于前列的内蒙古与广西，在全国范围内分别排第 13 与 18 位。详细数据见表 5-5。

表 5-5　　　　2012 年民族地区固定资产投资情况　　　　单位：亿元,%

地区	全社会固定资产投资	增长率	第一产业	增长率	第二产业	增长率	第三产业	增长率
贵州	7809	53.1	218	68.9	2500	35.0	4878	67.6
云南	7554	27.3	143	46.1	2530	29.3	4880	25.8
青海	1920	27.9	83	-8.7	892	33.4	946	40.1
宁夏	2110	27.5	72	50.3	1049	27.0	988	26.7
新疆	6258	35.1	115	23.9	3076	33.4	2404	37.7
内蒙古	13112	20.3	638	13.3	6526	27.0	5822	12.0
广西	12635	24.4	484	40.5	4915	30.0	6774	20.4
西藏	671	29.9	—	—	—	—	—	—

资料来源：姚慧琴、徐璋勇：《中国西部发展报告 2013》，社会科学文献出版社 2013 年版，第 11—12 页。西藏及其他地区部分数据缺乏。

从产业固定资产投资数额比较分析，第二、三产业固定资产投资数额明显高于第一产业；仅就第二、三产业相比，贵州、云南、青海、广西第三产业固定资产投资高于第二产业；而宁夏、新疆、内蒙古第二产业高于第三产业；显然，民族地区产业固定资产投资也在呈现高级化趋势。

[①] 中华人民共和国统计局：《中国统计年鉴（2013）》，中国统计出版社 2013 年版，第 33 页，经计算得出。

其次，民族地区内生型发展要注重城市化与农业现代化协同推进，转变民族地区经济发展方式。一方面，要重视科技支撑发展现代农业为民族地区基于城市化的内生型发展提供物质基础。建设现代农业，最终要靠有文化、懂技术、会经营的新型农牧民。为了提高民族地区农牧民科学技术素质，要有计划有步骤地对农牧民进行推广先进适用的农业新知识、新品种及新技术，不断提高农牧民的现代生产技能和管理能力。其一，要对民族地区特色农产品生产与销售的全过程进行研发，要加强民族地区农业高等院校、科研单位、农业企业与生产实际的结合；将研究出来的成果应用到实际生产生活中，从播种、田间管理到收获、生产、包装、销售实行科技化、无污染化、商品化等，既节省劳力又可创造较高的价值。其二，在民族地区要做好农业科技的宣传和培训工作，要加大宣传教育力度，提高对科技农业的认识；动员和组织各高等农林院校、科研机构和科技工作者下乡下村，传授科学技术，举办农业讲座，或者通过报刊、电视、印发资料等形式，宣传现代农业知识；建立新型农技推广体系，推行县、乡、村三级农技人员，要解决好公益性农业科技推广人员的福利待遇，调动指导人员的工作热情；将示范户纳入其中，使其成为先进农业技术的应用者，也成为村级农技推广者，使农技推广队伍不断壮大；农业科技推广项目与科技入户项目的紧密结合，整合农业高端技术资源。其三，努力改善技术推广的设施与设备，推动农业技术的推广技术不断升级，提高技术推广手段和服务能力；要对特色农产品进行系列开发、加工，不断提高特色农业资源的利用率，提高特色农产品的附加值；同时，不断提高农技推广人员队伍的整体素质和服务水平，提高学习接受、辐射带动与自我发展能力。另一方面，城市化背景下民族地区内生型发展要求完善与发展现代农业的服务体系[1]。建立完善的现代化农业服务体系，就是要制定优惠政策，扶持特色农业，打开局面，给特色农产品的购销流通创造一个良好的环境。加大金融系统对农业的扶持力度。要确保银行对农民的小额贷款，银行应该建立信用档案库，进行风险管理，把资金贷给信用比较好的农民；促进银行与农业企业之间的关系，加强二者之间的联系、沟通与协作，确保有

---

[1] 秦利民、毛丹、蒋万华：《探寻西部民族地区的现代农业之路——加乐山民族地区农业发展研究》，《经济研究导刊》2009 年第 7 期。

发展前景的农业企业能够进行投资与资金周转；扩大农业政策性保险试点范围，将养殖业的保险范围扩大，政府可以通过资助为农户农业资产进行担保。加强农产品流通体系的建设。逐渐建立大型农副产品市场，扩建民族地区批发市场，县城更要建有大型农副产品批发市场；逐步组建农业物流公司，包括农产品供应物流公司、农业生产资料供应物流公司及农业物资回收物流公司等；要加强民族地区基础设施建设，包括公路、铁路、航运、信息网络等物流服务设施。加快发展农业中介组织，解决农业的多样化服务需求。中介组织可以为农民提供各种专业性较强的服务，如进行农产品技术培训、农业技术咨询；培育农业经纪人，为争取订单，按市场需求制定生产种养规划等服务；各种经济政策或法律的咨询等服务。民族地区要建立制度，规范中介组织的运作，从而为民族地区内生型发展的基础产业农业提供高质量的服务。

最后，民族地区内生型发展要注重城市化与工业化协同推进，促进转变经济发展方式。城市化背景下民族地区内生型发展要求区域内工业发展要经济效益、社会效益及生态效益兼顾，追求工业经济效益的同时，强化工业资源节约和环境保护，大力发展生态绿色工业，不断提高自主创新能力，推动工业结构优化升级和效益全面提升。

一方面，提高工业经济效益为民族地区城市化提供经济基础。要准确定位优势产业为主导产业。利用民族地区的资源优势与比较优势发展以特色工业为基础的主导产业。区域的产业结构决定了区域经济发展主要途径和发展重点，民族地区相对资本要素和技术要素稀缺，而自然资源和劳动力丰富，要立足于发展特色优势产业，以工业经济为主导产业作为经济发展的"增长极"，促进民族地区的经济发展。经过长期的建设，民族地区水电、天然气、石油、有色金属、棉花、糖料、水果、肉类等特色产品初步形成优势，但从主要产品的人均产量来看，民族地区绝大部分产品低于全国水平，因此民族地区要充分发挥在全国范围内的比较优势的作用，建立起优势产业的市场影响力。民族地区的能源、原材料工业已经初具规模，如广西的水利水电、内蒙古的煤炭、新疆的石油天然气、宁夏的装备制造、西藏的中药等；要变资源输出型为资源加工型，适度发展资源加工转换产业、延长产业链条，增加产品附加值，并在加工转换产业中培植新的主导产业，实现资源优势向经济优势的转化。要逐渐实现产业结构升级。在民族地区有的主导产业部门，虽然已经发展到以钢铁、冶金、电力、机械加工工业为代表的阶段，但有的主导产业仍停留在纺织、食品工业上。这与沿海发达地区电子工业、汽车工业、计算机工业的高速发展形成强烈反差。要使民族地区的主导产业部门不断加强其优化产业结构和促进国民经济发展的功能，就需要按照产业结构的演变规律，不断进行主导产业部门的调整，沿着轻工业、机械冶金工业、耐用消费品工业、高科技含量的电子信息工业的发展顺序，有目的地培养民族地区的主导产业部门，带动民族地区产业结构的优化升级。要提高民族地区工业核心竞争力。提升民族地区工业企业、产业链及产业集群的竞争力，要鼓励运用高新技术和先进适用技术来改造和提升传统产业，使企业的生产方式、技术水平和管理水平得以提高，增强市场竞争和应变能力；不同企业在产业价值链各个环节的资源把握度中，使得民族地区工业企业成为产业链的主导；产业集群有比较稳定的分工协作和纵横交错的网络关系，有利于产业组织的协调，促进区域产业结构升级。民族地区工业发展要积极利用产业优势，逐渐形成自己的核心能力。最难的也是最重要的，就是民族地区生活的人的理念创新。民族地区工业发展依然要靠民族地区的"人"来实现，需要人的理念的创新。

另一方面，提高民族地区工业社会效益解决城市化进程中的农业转移人口就业。通过民族地区工业发展扩大就业，进而提高当地民众的收入。民族地区劳动力资源丰富，劳动力价格较发达国家或国内发达地区低廉，劳动密集型产业具有比较价格优势。发展劳动密集型产业，对于吸纳农村剩余劳动力、提高农民收入、解决城市职工的再就业问题具有重要的意义。农村工业主要是乡镇企业，农村工业拥有自己的资源和市场优势，具有独立存在与发展的基础。农村工业利用自身规模小、经营灵活等经营方式，可以向市场提供多样化的产品组合，也有利于解决农村产业结构调整与劳动力转移等经济和社会摩擦问题。中小企业是就业的主要载体，为促进中小企业发展，加强服务体系建设，提高服务机构的服务质量和水平，培育和引导各类中介组织提供信息、咨询、培训、融资等多方面的服务，满足各类中小企业对服务的需求。推进专业化协作，培育骨干企业和区域品牌，构建以专业化分工为纽带的中小企业生产体系。发展城市型工业，是以城市独特的信息流、人才流、现代物流、资金流等社会资本为依托，以产品设计、研究开发、营销管理、技术服务和生产制造为主体,与城市功能及生态相协调的具有增值快、就业广、适应市场快速反应等特点的工业门类。①

在民族地区工业化的过程中,必须把发展资金、技术密集型产业和劳动密集型产业很好地结合起来。在技术改造和上新项目时,不能一味追求技术和资金密集,按照效益原则决定劳动用工水平。对于比较优势不明显但吸纳就业能力强的劳动密集型产业,要采取必要的政策扶持,为其创造宽松的外部环境。民族地区农业剩余劳动力就业问题解决的同时,收入问题在某种程度上也部分地解决了。

民族地区提高工业生态效益,才能更有利于突破民族地区城市化环境约束。从2012年规模以上工业企业的成本费用利润率来看,民族地区工业获利较高。西藏为14.23%,在全国31省级数据中位居第二,新疆为13.50%位居第三,内蒙古与贵州的工业成本利润率分别为12.12%与11.89%,高于全国平均水平7.11%。民族地区工业增加值对GDP的贡献率较高,内蒙古工业增加值占GDP的百分比为59.61%,青海为57.03%,广西为50.49%。然而,在工业污染治理投资占规模企业利润总额的百分比数据中,民族地区的省区也位居前列。超过1.30%的全国省级数据排序的从高到低依次为:甘肃7.40%、宁夏5.27%、海南3.62%、云南3.36%、山西3.20%、贵州1.99%、西藏1.38%、陕西1.32%、青海1.30%,多数为民族省区。② 民族地区工业的成本费用利润率较高,但是计算中的成本费用总额只是包括主营业务成本、销售费用、管理费用、财务费用之和;没有考虑环境成本,民族地区工业的经济效益要与生态效益结合起来,才能突破城市化进程中的环境约束。

同时,城市化背景下民族地区内生型发展还要与信息化协同推进,加速经济发展方式转变,提高产业信息服务水平。除信息化服务于民族地区各产业外,努力在民族地区城市进行信息化建设,让电话与网络为民族地区群众提供丰富的个性化服务,甚至在民族地区建设数字卫星

---

① 国家经济贸易委员会行业规划司:《我国走新型工业化道路研究》,机械工业出版社2003年版,第21—23页。

② 中华人民共和国统计局:《中国统计年鉴(2013)》,中国统计出版社2013年版,第299、479页,经计算而得。

城市。

5. 城市化背景下民族地区内生型发展是基于区域资源环境承载力约束的绿色发展

中央与民族地方政府非常关注民族地区的生态环境问题，为防止城市化进程中的生态环境污染与破坏问题，近年来民族地区在生态环境保护方面付出了巨大努力，取得了一定的成绩。2012年民族八省区造林总面积达213.58万公顷，占全国造林总面积的38.2%，与2011年民族八省区造林面积占全国造林面积的37.2%相比，提高一个百分点；2011年国家林业重点工程造林面积309.39万公顷，其中天然林保护工程、退耕还林工程、三北及长江流域等防护林建设工程分别为55.36万公顷、73.02万公顷、126.40万公顷，占总量的82.4%，大部分位于民族地区。2012年民族八省区草原新增面积365.47万公顷，占全国的52.6%，[1] 比2011年337.53万公顷[2]占全国总量的45.4%还多。从中央政府到地方政府都在积极治理民族地区的生态环境。

一方面，城市化背景下民族地区内生型发展要大力发展生态农业。遵循生态的自然规律，发展特色生态农业是民族地区城市化进程中要关注的重要的基础性问题。民族地区生态脆弱，因此发展农业一定要遵循生态的自然规律，使生态环境向均衡、和谐、资源的优化配置和合理利用方向发展。民族地区应继续推进退耕还林、退牧还草，大力建设基本农田，发展舍饲圈养，发展生态农业。突出民族地区的特色优势，因地制宜，培育特色生态农产品，开发绿色食品，建立种植加工基地，大力发展生态农产品加工业，提高生态农产品加工的技术水平，形成具有地方特色的农产品加工体系，变资源优势为商品优势，迅速形成具有优势的特色产业。在发展特色优势农业过程中，实现"预防污染与清洁生产相结合、少开采、高利用、低排放、循环利用、高效益"的农业经济发展模式，特色优势农业要求人类遵循自然生态系统的物质循环和能量流动规律来重构农业经济系统，使人类的农业经济活动和谐地纳入自

---

[1] 中华人民共和国统计局：《中国统计年鉴（2013）》，中国统计出版社2013年版，第287—288页。

[2] 中华人民共和国统计局：《中国统计年鉴（2012）》，中国统计出版社2012年版，第433—435页，经计算得出。

然生态系统的物质和能量循环利用的总过程，也就是必须把农业生产和保护生态环境、农业经济发展和生态平衡结合起来。

另一方面，城市化背景下民族地区内生型发展要大力发展生态循环工业。为防止城市化与工业化带来的环境污染，要大力发展生态循环工业。首先，发展工业注重节能与清洁能源的使用。具体在民族地区工业发展方面，要支持节能降耗和环境保护为重点的新工艺和新装备的采用，加大科研投入，对量大面广的节能技术进行研究、示范与推广，淘汰落后技术与工艺；大力推广清洁生产、使用清洁能源，提高资源生产效率与使用效率；建立节能与清洁能源的生产与使用的效率标准，并建立激励约束机制。其次，生态循环工业产业链的建立与发展。在民族地区构建生态工业产业链，发展循环经济，可以采取多种方式。例如在包头国家生态工业区，园区中的发电和铝两大产业构成生态产业链系统，在发电系统中延伸出粉煤灰制建材，居民供热、电厂蒸汽用于加气混凝土的高压蒸汽养护等。[①] 这种方式是以某一个企业为主导或重新选取环境资源能够有效供给的区域，根据生态产业链的要求，进行规划和设计，将现有企业搬迁到新的区域，进行技术改造，实现产业间的生态连接和聚集经济效益的最大化。这种方式建设成本高昂，需要由国家政策强制推动，提供资金支持。也可以充分利用现代技术信息，建立起不同企业之间的废弃物和副产品的交换联系，或不同企业之间通过协议，实现生态产业链连接。

贯彻落实可持续发展战略，坚持"自然资源节约，生态环境保护"为约束前提，在民族地区城市化中把节约放在首位，尤其是土地资源，民族地区城市化进程中依法保护和合理使用资源，提高资源利用率，实现永续利用。

6. 城市化背景下民族地区内生型发展的重要推动力是政府管理机制创新带动民族地区制度创新

城市化进程中，民族地区走内生型发展道路要求以政府管理机制创新，统领民族地区制度创新的经济社会全面发展，要把国家宏观城市化战略保持宗旨不变地贯彻下去，按照走内生型发展道路的要求审视已有

[①] 王积超：《西部民族地区企业生态产业链构建与发展循环经济研究》，《民族研究》2008年第3期。

的战略规划，在实践中不断完善，并能够创造性地提出适合本区域本领域的具体城市化战略措施。实施政府推动诱致性制度变迁适当与强制性变迁相结合，在市场经济条件下，制度变迁方式应该主要是诱致性制度变迁，这区别于由政府主导的强制性制度变迁。市场经济体制建设为民族地区推进诱致性制度变迁创造了良好的制度环境，但由于诱致性制度变迁的速度极其缓慢，这种状况显然与大力发展民族地区城市化，缩小与发达地区的经济差距有很长的距离。因此，在尊重民族地区诱致性制度变迁的同时，需要充分发挥国家的引导作用，适当与强制性变迁相结合。政府的推动和策划不仅为民族地区诱致性的制度变迁提供合理性基础，减少变迁中制度安排设立及运行中的交易费用，提高城市化进程的绩效；而且能较快地推进制度变迁，服务于民族地区内生型发展战略。

一方面，城市化背景下民族地区政府领导体制改革推动民族地区内生型发展。转变民族地区政府管理模式，厘清政府职能。政府具有管理社会公共事务的职能，然而这并不等于说社会的一切事务都应由政府直接管理。政府把社会能够管理的事务交给社会去管，培养民族地区的自治能力，加强社会的活力和责任感；对于社会自身难以调节的某些关系、难以解决的某些矛盾、难以管理的某些事务进行必要的管理和支持帮助。改革政府领导体制、提高行政效率应采取如下对策：第一，部分社区管理职能划归企业。随着城市现代化进程，社区可以不按行政区域划分，如在市政建设管理方面的工作划归企业按市场机制运作。第二，政府将一部分职能转给社会中介组织。精简政府机构必须同社会中介组织承担政府部分社会事务的职能结合起来，政府委托中介组织进行行业管理，贯彻执行政府的法规和政策。第三，提高政府权力运行的有效性，政府权力、功能或能力必须与其职能相适应。在计划经济色彩较浓的民族地区，要提高政府效能效率，必须加快政府职能的转变，规范政府职能的范围和内容，从而使政府的权力运行走上正确的轨道，这样才能保证政府权力运行畅通无阻，也才能不断提高政府管理的有效程度。

另一方面，建立健全民族地区干部管理制度促进民族地区走内生型发展道路。建立健全干部管理制度是制度创新的重要环节之一，主要有如下三方面：其一，健全行政责任制。"行政责任"，是指行政主体违反某种角色义务所应承担的后果，这种后果往往与谴责、惩罚联系在一起，它尤其强调对责任的追究。因此，行政责任制度本质上就是要求国家行政机关及其公务员对国家和人民所赋予的职权必须合法合理地履行，否则必须承担相应的行政责任和法律责任的一种制约机制。提高政策运行效率的对策在于，健全行政责任制尤其是干部岗位目标管理责任制；落实各级干部的离任责任审计制度；完善决策失误责任追究制度。要求民族地区政府干部无论是在任还是离任，抑或升迁，都要有追究以往决策失误责任的制度，其目的主要是增强干部在任期内的工作责任心，尽可能减少决策的主观随意性。其二，健全干部绩效考评制。要加强干部政绩考评的民主性。在考评政绩时，必须坚持考评主体的多元化，尤其要注重听取广大群众的意见，为便于群众敢于说真话，干部政绩的民主考评还可采取干部移位考察制度，即将过去惯用的干部工作调动前在原工作单位进行考察改为调离原工作单位后再对其在原工作单位的表现进行考察。其三，健全干部任用制。要全面推行干部任用公示制，使任用干部的绩效公示于大庭广众之下，便于群众对某些干部在执行政策时进行监督；要认真落实人大对政府领导的人事任免权。凡拟由人大选举产生或由人大常委会决定任免的人选，人大代表和人大常委会组成人员理应有发言权，任何组织或领导人都无权干涉人事任免权的合法行使。

城市化背景下民族地区走内生型发展道路，既要发挥政府与市场的双重调控作用，又要注重各种政策措施的相互衔接和综合配套，要加强中央各部门与各项政策之间的衔接与协调，形成政策合力及部门间的良性互动，把体制改革、机制创新、对外开放、资金投入、政策支持、法律保障等各方面措施有机结合起来，协同推进民族地区走内生型发展道路。

总之，城市化背景下，民族地区要转变经济发展方式，即由粗放型嵌入式向质量型内生式转变，但这需要一个过程，也是经济发展不可逾越的阶段。必须按照走内生型发展道路的要求，调整民族地区城市化，以与全国城市化布局相协调，提高城市化的质量与效益。民族地区政府要坚定不移地贯彻执行中央宏观城市化战略规划，走内生型的发展道路，实现区域和谐及人与自然的和谐。

第六章　全球化与民族地区内生型发展方式

21世纪的今天，世界经济正在高速发展，并显现出全球化这一重要趋势。中国经济作为世界经济的重要组成部分，面对日益严峻的国内外环境和日趋激烈的竞争，提出了"加快经济发展方式的转变"作为我国经济社会转型的重要战略。民族地区经济社会的发展好坏，不仅关乎我国经济发展质（好）与量（快），还凸显出我国经济的全面发展的难点和重点。对民族地区内生型发展方式的形成和发展的探讨，将有利于加速我国经济发展方式的转变。正如威亚尔达所说："一种本土的、地方的或者内生的发展理论的想法无疑是诱人的。"[①] 在全球化的发展趋势下，民族地区选择内生型发展方式不仅是我国经济社会可持续发展的必要条件，也是民族地区经济繁荣、社会安定、民族团结和边疆稳定的根本保障。

一　全球化一般趋势

在当今世界，全球化作为一个最流行的概念或标签，出现在任何一种体裁的文本中，成为解释许多社会现象的重要原因。同时，作为当今世界各国都必须面对的客观事实，它已经对人类社会的政治、经济、文化和社会发展产生重大影响，而且这种影响还在继续。对于"全球化"这个词语的用法，《牛津英语词典》早在四百年前，就对"Global"（地球的、全球性的）一词进行了注释，不过直到20世纪60年代，"Glo-

---

[①] 霍华德·威亚尔达：《非西方发展理论》，董正华、昝涛译，北京大学出版社2006年版。

balization"（全球化）、"Globality"（全球性）等词才开始应用于英语世界。1961 年《韦氏大词典》首次为"全球化"提供了词义。而"全球化"一词在理论界的使用，最早于 20 世纪 80 年代出现，西奥多·莱维特在其 1983 年发表于《哈佛商业评论》上的一篇文章《市场的全球化》中首先使用了"全球化"一词，用来形容此前 20 年间国际经济发生的巨大变化，即商品、服务、资本和技术在世界性生产、消费和投资领域中的扩散。之后，R. 罗伯逊和弗兰克·莱克在共同发表的《现代化、全球化和世界体系理论中的文化问题》中使用了"全球化"一词。到 90 年代，"全球化"一词已风靡全球，被人们普遍使用。

　　随着"全球化"的发展，不同领域的理论工作者对全球化的概念和含义也有众多不同的思考，较为权威的是国际货币基金组织（IMF）对"全球化"定义理解为，全球化是通过贸易、资金流动、技术创新、信息网络和文化交流，使各国经济在世界范围内高度融合，各国经济通过不断增长的各类商品和劳务的广泛输送，通过国际资金的流动，通过技术更快更广泛的传播，形成相互依赖关系。世贸组织（WTO）1995 年年度报告指出："对全球化的定义和描述，首先应着重'质'而不是'量'，它是不同国家的市场和生产日益变得更加相互依存的过程，这是由于货物和服务贸易的发展以及资本和技术的流动所造成的。"上述全球化概念基本从经济全球化的角度阐释，而对"全球化"概念的理解还需把握以下方面：

　　第一，全球化具有动态性。马克思虽然在其著作中没有明确提出或者使用"全球化"一词，但马克思、恩格斯在《德意志意识形态》和《共产党宣言》中论述"历史向世界历史的转变"时，使用的"世界历史"概念都是动态性质的，如"世界历史性的"、"世界历史意义的"、"历史转变为世界历史"、"历史向世界历史的转变"、"历史完全转变为世界历史"、"历史也就在愈来愈大的程度上成为全世界的历史"等，所有这些提法，都是在动态的意义上使用的。全球化作为一个动态的过程和发展趋势，其中蕴含着全球化这一过程中所生成的全球性结果，同时也孕育着作为一种思想主张、一种意识形态的全球主义，科学运用马克思历史唯物主义思想和"世界历史"理论分析全球化概念，这对深入分析全球化的本质、发展历程、发展的一般趋势等内容有重要借鉴意义。

第二，全球化有广义和狭义之分。广义的全球化泛指资本主义生产关系萌芽产生以来，至今仍在继续的世界各国的相互联系和相互影响日益扩展和加深的过程，它是自资本主义诞生之日起就开始的历史过程。狭义的全球化则是指自20世纪70年代开始，以第三次工业革命为标志的发展进程。进入20世纪70年代以后，通信和信息技术迅猛发展，网络科技迅速普及，全球互联网的建立使整个世界变得越来越小，再加上"冷战"的结束，使整个世界经济处于一个快速发展的时期，特别是80年代以后西方世界普遍奉行新自由主义政策，世界经济呈现出了前所未有的一体化方向发展的趋势，这对于深入分析当代全球化的表现、特征、影响等内容有重要作用。

第三，全球化是一个多维度概念。对于全球化的内涵和外延，不仅要从纵向层面理解，也必须从横向角度把握其对民族和国家的政治、经济、文化各方面的影响，以及对人的劳动、需要、交往、意识和思维、理念、价值等方面的影响。20世纪90年代初，由欧洲、北美、日本等发达国家的二十多名专家学者组成的"里斯本小组"，集中研究了全球化问题，在出版的《竞争的极限——经济全球化与人类未来》一书中指出，全球化不是一个简单的一体化和统一，它是一个充满矛盾的十分复杂的过程，到目前为止始终处于变化当中，因此还找不到一个有效的"全球化模式"，也没有一个可以为人们普遍认可的全球化定义，很难用一句话来概括全球化所涵盖的全部内容。我们所能做的也只是承认全球化概念多样性和各种不同的解释的合理性，并以此通过充分的研究和探索逐步增进认识，进而寻求一个较为统一的全球化概念。这对于深入分析转型国家在应对全球化问题所带来的市场化、工业化和城市化等问题具有重要意义。

第四，全球化的核心是经济全球化。基于国际分工突破民族国家的限制向全球的延伸，是人类生产社会化特征发展到一个新的高度的表现。经济全球化作为人类生产力发展的进程，是一个相当长期的、不可逆转的和不可跨越的历史发展过程。经济手段和经济渗透渠道是发达国家对发展中国家和落后国家的主要手段，它的目的是达成世界经济的一体化。对经济全球化的全面把握，将有利于发展中国家采取科学的发展方式，形成经济社会的内生型发展。

第五，当前全球化的本质是资本的全球化。从全球化早期阶段发至今，特别是"冷战"结束以后，发达资本主义国家利用其政治、经济、军事霸权，资本扩张愈演愈烈，扩张的方式和形式都发生了重大变化，从早期赤裸裸的武力扩张，殖民地瓜分，通过战争强制贸易往来，到在全球市场规则中强行推行和主导资本主义经济的国际化，从而向政治、文化方面渗透和侵蚀。全球化作为人类社会发展的阶段性表现，具有历史性特征。就当前而言，全球化仍然是以资本主义为主导，是资本主义制度内在矛盾的外在表现，从资本的无限扩张和资本增值的目的来看，全球化的本质是资本的全球化。对于发展中国家，特别是社会主义国家，对当前全球化本质的准确认识，有利于应对全球化带来的机遇与挑战。

从静态来看，全球化描述的是世界各国之间相互依存关系的一种状态；从趋势来看，全球化是一个不可抗拒的时代潮流；从历史来看，全球化是一个客观的历史发展过程；因此，全球化可以说是一个"多元一体"的综合概念。美国马里兰大学的厄内斯特·威尔逊教授指出，对世界经济发展来说，全球化是一种状态，也是一个趋势、一个过程。

全球化是一个历史进程。全球性生存是人类的特征，"人类最初定居在这个星球上经过了数百万年，而且可以被看作一种全球化形态，——在人类的脚步从非洲和欧亚大陆扩展到地球上的每一个角落的意义上"。全球化作为人类历史的进程，在内在型上是以时间维度向前不断发展的，并彰显着人类文明的进步。关于全球化进程的开端可谓众说纷纭，有人把全球化追溯到古希腊时代，理由是古希腊文明在当时产生了全球性影响；有人认为基督教的出现标志着全球化进程的开始，因为基督教构想的是一个整体性世界；还有人认为全球化开始于跨国公司的出现，因为它们推动了世界市场的整合和经济全球化。按照马克思主义的观点，全球化的过程事实上是从十五六世纪的地理大发现和世界市场的形成开始的。到目前为止，理论界比较普遍的说法认为全球化进程大致经历了三个阶段：

第一阶段：从15世纪资本主义生产关系萌芽到工业革命发端于19世纪70年代英帝国霸权的确立。"美洲和环绕非洲的航路的发现，给新兴资产阶级开辟了新的活动场所。东印度和中国的市场，美洲的殖民化，对殖民地的贸易，交换资料和一般商品的增加，给予了商业、航海业和工业前所未有的刺激，因而促进了崩溃着的封建社会内部所产生的革命因素的迅速发展。"① "随着工业、商业、航海业和铁路的发展,资产阶级也就越发发展了,它越发增加着自己的资本,越发把中世纪遗留下来的一切阶级都排挤到后面去了。"② 在这个阶段,以英国为代表的欧洲国家,力图在全世界范围内建立起资产阶级的生产方式,用资产阶级的文明更替包括东印度、南北美洲在内的古代文明中心,使得这些地区的"……中世纪的农奴中间产生了初期城市的自由居民;从这个市民等级中间发展出最初的资产阶级分子"③,西方资产阶级的中心地位就这样逐渐确立起来。

第二阶段:从 1880 年到 1972 年布雷顿森林体系的瓦解,经历了欧洲中心向美国中心的转变。在第一阶段里,实现了生产由自然的方式向在由"文明创造的生产工具和所有制形式"下的生产的转变,前一种生产不是通过人与人的交往而只是通过人与自然的交往进行,而后一种生产则主要是在人与人之间的交往下进行。自 1880 年开始的科技革命使少数资本主义国家实现了工业化,工业化加速了世界范围内的分工从而带来越发先进的生产力,反过来迅猛发展的生产力,越发要求更加广阔的原材料市场,越发要求加快工业化基础下的生产分工的前进步伐,最终导致以资本主义工业为基础的资本主义的世界经济体系和殖民体系的确立。在资本主义经济体系下的生产中,人与人之间的交往范围空前扩大了,尤其第二次世界大战,这场为争夺世界市场和主导权的战争,更是造成了有史以来最大规模的世界普遍交往,进而世界经济相互联系、相互依存趋势得到加强。最为突出的特点是,美国在世界普遍交往中逐渐赢得了至高无上的话语权,奠定了其在世界经济中的霸主地位,这体现在:一方面以由美国主导的西方跨国公司为代表的经济力量对世界市场整合的推动;另一方面为运输通信技术的革新,使物资与信息的流动可以跨越空间的障碍,世界经济迈向体系化、制度化。由美国霸权主导的全球化进程使美国式的制度、文化价值观点等成为许多国家模仿的对象。第二次世界大战后美国中心地位再次面临着两种力量的挑战,一种来自以苏联为核心的东方集团,它虽曾一度成功地抑制住了美国势

---

① 《马克思恩格斯全集》(第四卷),人民出版社 1958 年版,第 467 页。
② 同上。
③ 同上。

力的扩张，但没有能力把自己的影响转化为全球性的力量；另一种来自取得独立后的第三世界，它们虽然在政治上得到了国际认可，但无法彻底摆脱美国的政治、经济、文化的影响。

第三阶段：从20世纪70年代至今。这期间，以电子、通信、信息技术为主要标志的新科技革命，使得世界性普遍交往成为一种不可遏制的必然趋势，大大加速了全球化进程，尤其自20世纪80年代中期开始，经济全球化正逐渐成为全球化的核心。90年代以后，随着苏联的解体、东欧的剧变和美国霸权主义的开始，全球化进程表现得异常迅猛，并向社会生活的各个领域全面渗透和深化。

经济是基础，经济决定政治，经济全球化必然带来了世界政治的多极化。政治多极化、经济全球化不是两个并行不悖的过程，而是彼此渗透的同一过程，是相互影响、制约的共生现象。同时，随着全球化的延伸和深入，对文化方面的影响也越发深刻。当代全球化的主要表现：

一是经济全球化。按照国际货币基金组织所下的定义，经济全球化是指"跨国商品与服务贸易及国际资本流动规模和形式的增加，以及技术的广泛迅速传播和世界各国经济的相互依赖性增强"。在全球化发展进程中，当前经济全球化的特征表现在四个方面：

（1）贸易自由化。第二次世界大战以来，国际贸易总量和规模不断扩大。特别是20世纪90年代以来，随着信息技术和运输技术的高速发展，贸易体制的日趋自由化程度提高，贸易壁垒不断降低，贸易形式从传统的商品领域扩大到技术和服务贸易领域，世界贸易组织的建立与顺利发展标志着以贸易自由化为中心的多边贸易体系形成。

（2）企业全球化。这主要以跨国公司为全球市场力量代表，企业全球化加速了商品、服务、技术和各生产要素的跨国界流动，以及国际化生产经营在全球的扩展。从20世纪90年代开始，企业全球化作为经济全球化的另一个重要特征，其发展趋势主要表现在三个方面：企业集团化（跨国公司）、企业并购全球化和企业服务外包的日益普遍。首先，跨国公司作为经济全球化的主要载体，既是生产和资本国际化的产物，反过来它又进一步促成生产和资本的国际化和全球化。它在资金、技术、管理和规模上不断创新与扩大并实行全球化战略，实现了超国家的企业内部国际分工。销售市场也日益取代廉价劳动力因素成为跨国公司在选择海外投资地点的主要考虑因素。其次，企业投资与并购全球化出现新情况。此外，企业服务外包日益普遍。

（3）生产、技术全球化。这主要体现为通过各种经济合作、协调机制与国际组织的作用发挥加速国际分工深化。自20世纪90年代以来，国际分工进一步向广度和深度发展。从广度上讲，参与国际分工的国家和地区已遍及全球；从深度上讲，国际分工越来越细，已由过去单一的垂直型分工发展为垂直型、水平型和混合型多种分工形式并存的新格局，有利于各国充分发挥比较优势，使生产要素得以更加合理地配置与利用。另外，国际分工的形态也呈现出多样化，不仅有生产资源型分工，而且生产工序型和零部件生产专业化型分工日益增多。在经济全球化的内涵中，技术全球化是一个新的内容和形式，但它一经出现就表现出快速发展的势头。首先是技术转让与贸易达到了空前水平。其次是研发全球化发展加快。近年来，全球化的主导者跨国公司为了整合全球化的研发资源，纷纷在外增设研发机构并不断加大其海外机构的研发投入力度。

（4）金融全球化。金融全球化是经济全球化的核心内容，这主要体现在为推动国际贸易自由化、企业全球化以及商品生产、技术交流全球化，促使各种生产要素的自由流动和配置趋于合理，货币资本在全球的流动，从而金融市场成为整个市场体系的核心。金融全球化主要是指金融活动超越国界，从局部地区性的传统业务活动发展为全球性的、创新性的业务活动。金融全球化具体体现在金融机构、金融市场、金融业务、金融资产和收益，以及金融政策与法律制度的全球化等方面，而金融全球化又以金融自由化、金融国际化、金融一体化为主要特征。金融自由化包括利率、汇率自由化、金融交易自由化、银行业务自由化。它是金融国际化和金融一体化的基础。金融国际化表现为跨国银行的发展与壮大、国际金融中心成为国际资本流动的核心。金融一体化主要指国内金融市场与国际金融市场相互贯通，通过信息网络和金融网络形成全球统一的、不受时间、地域限制的、金融产品价格逐渐趋同的金融市场。

可以看到，贸易自由化和生产、技术全球化是经济全球化的基础，企业全球化是经济全球化的重要载体，金融全球化是经济全球化的核心，经济全球化四个方面的特征相互依存，相互促进，为全球化的推进发挥着重要作用。

二是政治多极化。政治多极化可从"量"和"质"两方面考察。就"量"而言,国际政治格局中的"极"具有较多的数量。在这里,"极"是对国际政治舞台上各个力量中心的称呼,一般是指在国际政治、经济、军事、科技等领域对全世界或某一地区有重大影响的国家或国家联盟。从目前国际政治领域的现实来看,作为"极"发挥作用的力量中心,已经有较多的数量,主要有美国、中国、俄罗斯、日本、印度、巴西等国家,其在全球范围内发挥重要作用,而欧盟、北美贸易自由区和东盟等国家联盟则在地区范围内发挥较强作用。随着各国和国家联盟实力对比的变化,各"极"的地位和作用也会发生较大的变化,甚至会出现新"极",但短期内各"极"的地位和作用会基本稳定。就"质"而言,一方面是"冷战"后向新的世界格局发展的一种多极化趋势。当前国际政治格局的特点是"一超多强",唯一超级大国美国图谋单极霸权,而主张多极化的力量正与其进行着较量和斗争。主张多极化趋势,就是主张世界事务应当由各"极"以及其他国际社会的成员平等协商,反对霸权主义和单边政治。另一方面,作为多极趋势发展结果的多极化,即未来现实的多极世界格局。未来的多极化格局将是取代过去美苏对抗的"两极格局"的一种新格局,各国应是独立自主的,各国的相互合作及各种形式的伙伴关系,不应针对第三方。大国对于维护世界和地区的和平负有重要责任,大国应该尊重小国,强国应该扶持弱国,富国应该帮助穷国。多极化,既是对国际政治格局发展趋势的一种概括,也是对未来现实世界格局的一种主张。

三是文化全球化。全球化的广泛发展必然带来文化的全球性发展,促进各国人民的合作交往,使各种不同的文化相互影响,相互渗透,跨国投资、劳务出口、商业往来等多种经济活动,把不同文化背景的人聚在一起,人们使用的生活用品和娱乐方式越来越相似,思维方式和伦理道德标准不断接近,文化差异在缩小。在知识经济时代,文化全球化就是知识的扩散和应用,它是经济全球化在文化领域的延伸。

(1)文化交融与冲突。在全球化的历史进程中,各国文化间,东、西方文化间的相互交流和相互影响得到加强;促进了各国文化的变化和发展;各国文化产品成了公共财富;考察和审视文化的世界视角和世界尺度变得日益突出和重要。同时,在全球范围内各种文化的冲突和碰撞不可避免。文化作为人类精神财富的凝结,具有鲜明的多元性和民族性特点。不同文化的矛盾、冲突与碰撞体现在不同文化理论层面和心理层面的政治制度、价值理念、文学艺术、风俗习惯、哲学思想、道德伦理、历史传统、宗教信仰、民族特质等各方面的因素，而这些因素的排他性是当前国际冲突的深层原因之一。

（2）文化的全球性发展。文化本质上是一种人化，是人的实践活动的对象化及其结果。它包括人的一切实践活动和这些活动所创造的事物，以及基于这些活动所形成的心理和行为。文化的构成形态由三个层面组成，最外层是文化的物质部分，即物质层；中间层是理论、制度层，是人的实践活动的文化对象，包括科学理论、政治、法律、教育制度和思想等；最内层是文化的心理层，包括价值观念、思维方式、审美趣味、道德情操、民族性格等。当全球化的浪潮涌向民族国家的时候，就直接改变了民族文化的物质层。一段时间后，与物质层直接相连的理论、制度层，也会在一定限度内做出某些调整。这时，尽管全球化的浪潮还难以对民族文化的心理层产生实际的影响，但文化的全球性发展绝不意味着民族文化发生根本性的、质的变化，它所要求的仅是增进不同民族文化之间的交流和对话，使它们面对相同或类似的问题，在一定范围内达到彼此的相通。因此，当文化的物质层乃至理论、制度层发生变化时，文化的全球性发展即已发生。各民族文化彼此之间的交流和对话越来越频繁、越来越深入，这显示了文化的全球性发展的客观存在。

（3）全球化时代的文化交往。21世纪，人类文化交往的空间扩大，速度加快，文化交往的全球化将成为人类历史的必然趋势。首先，现代信息网络技术的广泛应用，使知识信息无国界流动，文化交往呈现鲜明的跨国界性质。其次，文化开放、文化交流使世界文化发展呈现出高度融合的趋势。现代文化交流的发展，推动了各民族、各国家的文化大融合的趋势，反映全人类共同的精神文化财富的价值观念也比以往任何一个时代都多。同时，文化全球化成为全球化在当代发展的重要途径。文化知识的性质和作用已经变成一种最重要的资源，改变和决定着人类社会经济发展的方式。在当今世界，文化交往已经成为影响一个民族、一个国家生存与发展的决定性力量，其重要性已经引起人们的广泛重视。

综上所述，全球化是一个体现人类生存状态发展趋势的概念，人类社会包含着政治、经济、文化等多个方面，人类社会相互依赖、共同行动的增强并不是以人类日益消除其多样性为条件来实现的。全球化既是在多领域、多层次上发生的多维度过程，也是统一性和多样性并存并不断出现冲突的过程。因此，全球化的发展并不意味着在社会的各个层面都实现某种一体化或单一化。人类社会是包含经济、政治、文化等多方面因素的复杂的综合体系，在当前对全球化的认识中，经济全球化得到了广泛认可，而政治的多极化与文化的多元化也是全球化的重要内容，不容忽视。

全球化既是人类社会生产力发展的客观要求，又是生产力发展的结果，是不以人的主观意志为转移的发展趋势。就社会的物质内容来说，全球化是人类社会生产方式和生活方式的全球化。不论是人类社会的生产方式还是生活方式，都是由生产力的发展状况和发展水平所决定的，受生产力的制约。从这个意义上说，全球化是人类社会生产力不断发展的结果。生产力是社会发展的决定力量，是最活跃、最革命的力量。马克思深刻地指出："蒸汽、电力和自动织机甚至是比巴尔贝斯，拉斯拜尔和布朗基诸位公民更危险万分的革命家。"全球化的形成与发展是在生产力发展推动下的客观历史进程。只有生产力的巨大发展，才能为人们的普遍交往和相互依赖关系提供手段。诚如马克思所指出的：大工业"首次开创了世界历史"，"过去那种地方的和民族的自给自足和闭关自守状态，被各民族的、各方面的互相往来和各方面的互相依赖所代替了。物质的生产是如此，精神的生产也是如此"。可以看到，全球化是一个不以人（及阶级、民族、国家）的意志为转移的客观历史进程，是人类社会发展的一种必然结果。

全球化是"历史向世界历史的转变"过程中的一个阶段。社会生产力发展到一定程度必然会形成全球化，所以全球化的形成过程就同资本主义全球性的扩张紧密联系在一起。"全球化一方面反映了新的科技产业革命，信息革命，知识经济的飞跃对于整个人类社会产生的积极影响，它把生产的社会化扩展到全球化范围，把阻碍人们相互发展、相互合作的各种界限，包括民主国家的法律条文的限制都在逐步打通。另一方面，全球化把资本主义的生产方式扩展到全球化范围，形成了一个全球化的资本主义。"[①] 由于资本主义首先推行了全球化，所以当代的全

---

① 张世鹏：《二十世纪末西欧资本主义研究》，中国国际广播出版社 2003 年版，第 112 页。

球化也就成为资本主义所主导的全球化。资本主义下的全球化并不是历史向世界历史的转变过程的终点，它只是这个转变过程中的一个环节、一个节点、一个阶段，全球化和世界历史两者的关系也只是阶段与过程的关系。所以，只有在私有制被消灭由此导致资本主义灭亡的条件下，全球化才能为世界历史所代替，而这个时候的世界历史才会是真正的世界历史。因此，全球化是"历史向世界历史的转变"过程中的一个阶段。

资本主义全球化必将被社会主义、共产主义全球化所替代。当代全球化是以发达资本主义国家为主导的，这是当代全球化的突出特征和鲜明特点，但全球化没有改变资本主义必然灭亡、共产主义必然胜利的历史趋势。一方面，全球化以生产力的发展为基础，同时全球化又反过来进一步推动生产力的向前发展。资本主义主导和推动的全球化体现为资本主义的对外扩张，然而全球化的最终趋势和前途，则是为全人类从资本主义朝向社会主义、共产主义的过渡创造物质基础和条件。正如马克思、恩格斯在《德意志意识形态》中所指出的，共产主义的实现是"以生产力的普遍发展和与此相联系的世界交往为前提的"。另一方面，由于资本主义生产方式矛盾的不可调和，资产阶级与劳动者阶级的矛盾由本国延伸到全球，西方发达资本主义国家与社会主义国家的矛盾不断加剧，使得作为世界历史性事件的资本主义全球化，必将为全新的社会主义、共产主义全球化扬弃、超越和最终替代。

二 民族地区参与全球化的特点

改革开放，特别是自陆路沿边开放以来，民族地区参与全球化主要表现为沿边开放以及区域经济一体化框架下与周边国家的次区域合作。

沿边开放政策正式提出始于1992年，在不同时期，根据不同的国内外形势，国家对沿边开放政策导向呈现出不同特点，经梳理归纳可以划分为四个阶段：

第一阶段：1982—1993年，是沿边开放的酝酿和提出阶段。该时期，我国先后恢复了黑龙江、新疆、内蒙古同苏联、蒙古等国的边境贸易。边境口岸相继恢复通商及相关边境贸易政策的出台，为沿边开放及政策实施奠定了良好的基础。1992年，沿边开放政策正式出台，将边境贸易发展推向了高潮。以边境贸易为先导，吸引各地人员、商品、资金的流入，促进边境口岸城镇的繁荣，参与同毗邻国家的国际分工、合作与竞争，我国与周边国家的边境贸易迅速发展。

第二阶段：1993—1997年，是沿边开放的调整阶段。在边境贸易的带动下，民族地区沿边开放在1993年达到高潮，但由于边贸企业、边贸管理、边贸法律等方面的问题，边贸秩序一度混乱。为整顿边境贸易秩序，国家对先前的一些优惠政策进行了限制，对部分边境贸易进出口商品恢复了配额管理和严格的审批制度。

第三阶段：1998—2007年，是沿边开放的规范阶段。面对我国对外开放进一步深化的要求和边境贸易不断萎缩的现实，国家颁布了一系列法规促进边境贸易。在此期间，国家出台了两大举措，即西部大开发和兴边富民行动，有力地推动了边境民族地区的繁荣。

第四阶段：2008年至今，第二轮沿边开放政策实施阶段。党的十七大提出要"提升沿边开放水平"，这是我国实施第二轮沿边开放的重要标志。

与周边国家的次区域合作。20世纪90年代以来，在经济全球化和区域经济一体化的趋势下，中国加快了推动和参与区域经济一体化的进程。民族地区作为中国对外经济发展的重要组成部分，积极参与区域经济一体化框架下与周边国家的次区域合作，主要可分为三种：一是论坛性质的区域经济合作组织，如亚太经合组织和亚欧会议；二是具有制度性安排的区域经济合作，如《曼谷协定》、中国—东盟自由贸易区；三是战略性松散型的区域经济合作组织，如上海合作组织。

随着民族地区对外开放程度的进一步加深，在我国陆续参与的区域经济一体化组织带动下，沿边地区与毗邻周边国家先后促成了一系列次区域经济合作形式。根据沿边民族省区与周边国家参与的区域经济一体化实现形式不同，主要分为东北、西北、西南三个地区，涉及由北向南的沿边九省区（含民族八省区）与接壤的朝鲜、俄罗斯、蒙古、阿富汗、巴基斯坦、印度、尼泊尔、不丹、缅甸、老挝、越南等国家，同时又延伸至中亚五国、东盟十国的国家和地区。具体包括：在东北亚区域经济一体化趋势下，以东北三省和内蒙古参与的大图们江次区域经济合作为代表；在上海合作组织框架下，新疆与中亚五国的次区域经济合作为代表；在中国—东盟自由贸易区的合作框架下，以云南、广西参与的大湄公河次区域合作、中越"两廊一圈"为主，同时广西又以此为基础，推动泛北部湾区域经济合作。

虽然进展不一，但都不同程度对沿边民族各省区产生了良好的经贸效益。从民族地区参与全球化的进程和方式来看，既有区域经济一体化和次区域经济合作的一般性，同时又具有区别于国外（次）区域经济合作的特殊性。依托国内外区域经济一体化理论，结合参与毗邻周边国家的次区域经济合作实践，沿边民族地区的对外经贸大大促进和推动了参与全球化的进程和途径。

在全球化推动下，世界贸易的自由化程度不断加深，跨国投资迅速增长，资本流动的速度日益加快，这些因素都推动了民族地区的发展。尤其是自沿边开放政策实施以来，民族地区经济社会等各项事业取得了显著成效，经济运行平稳，社会事业稳步发展，整个地区基本上呈现出和谐发展的态势。

民族地区经济落后，劳动生产率低。融入全球化为民族地区经济发展提供了大好时机：首先，在吸引外资方面，对于西方发达国家来说，中国目前已成为世界上最大的外资直接投资国之一，民族地区的发展为它们提供了巨大的市场。外资的大量引入，对满足民族地区资本需求有巨大贡献，在一定程度上弥补了现代化建设急需的资金。其次，经济全球化的基本特征之一是生产全球化，这种国家或地区之间的协作关系促进了相互之间的分工及生产的专业化。而分工、专业化是提高生产率的有效手段。民族地区通过参与国际分工能够达到提高生产率的目的。最后，经济全球化带来的最大好处是实现世界资源的最优配置。在这样一种环境下，资本、技术、信息、管理和劳动力等要素可以自由流动。民族地区通过这一时机吸引发达国家的资金、技术、设备及管理经验，扩大原有生产规模、创建新企业，实现跨越式发展。

产业结构优化趋势加快。由于自然和历史等原因，民族地区与周边国家经济发展水平不尽相同，从而决定了双方劳动产品和消费需求各具特色，存在一定的互补性。以独联体各国为例，这些国家重工业发达，而轻纺工业品、日用工业品、食品等工业发展程度较低。与中亚国家毗邻的新疆等地则集中了内地城市生产的许多工业品，特别是轻纺工业品、日用工业品及蔬菜瓜果等商品。在市场需求导引下，一方面，通过对外出口，促进了我国民族地区经济结构调整，带动了民族地区工业及相关产业的发展；另一方面，通过大量进口周边国家的原油、化肥、农药、钢材、木材等生产物资，不断满足民族地区内外工农业生产需要，提高了现有设备的生产利用率，增加了适销对路商品的生产和供应。工业制成品出口所占比重不断提高，高附加值产品出口比重逐年上升。

经济技术发展水平不断提升。在全球化浪潮中，以信息产业为代表的高科技产业在发达国家得到迅猛发展，促进了技术和信息的国际流动。跨国公司是经济全球化的重要载体，其掌握着世界上先进的技术及管理经验。我国民族地区的经济发展尽管在社会主义市场经济条件下有了显著的提高，但还远远落后于发达国家的经济发展水平。全球化给民族地区经济技术的提升带来了机遇，民族地区通过吸引跨国公司的投资，引进高新技术以改组改造国有企业，发展高新技术产业。在引进国外资本的同时，引进国外先进的技术和生产设备，加速先进技术在我国产业中的运用，加速企业的技术改造，从而提高民族企业的技术水平。通过吸引外商投资尤其是跨国公司的投资，还将有助于民族地区学习和借鉴其先进的管理方式和经验。同时通过吸引跨国公司并与之合作，可以逐步摆脱旧的传统观念束缚，增强竞争意识和创新意识，改变落后的管理方式。

国际经济合作有所增强。随着国内外市场的日益开放，具有共同经济利益的国家及地区之间通过签订协议，制定共同的经济方针、政策和措施，通过合作，取长补短，共同发展。民族地区虽地处内陆，受到地理位置和交通条件的制约，但边境线长，与众多国家和地区接壤。民族地区这些周边国家与我国既有传统的经济文化联系，又在资源结构和经济技术结构方面存在明显的互补性。民族地区利用这些有利条件，不断扩大与周边国家和地区的经济交流与合作。通过欧亚大陆桥与中亚、西亚等进行国际合作，利用国际、国内两个市场、两种资源发展本地区经济。尤其是沿边开放政策实施后，民族地区依据自身条件，开展与其他国家和地区经济交流与合作，劳务输出等经贸合作，积极参与国际经济合作。

民族地区参与全球化正值我国经济改革开放和快速发展时期，具有鲜明的时代特征：

以经济增长驱动为目标。长期以来，我国实行以单纯追求 GDP 增长，追求以"物"为中心的发展战略，在参与全球化的过程中，民族地区经济发展也是以 GDP 作为效果评价的主要指标。民族地区自然资源和劳动力资源相对丰富，在以 GDP 为经济增长效果评价中，必然单纯只注重资源密集型的发展方式，实现经济目标的主要途径则是加速资源开发，呈现出典型的资源密集型工业结构特征。而对于劳动密集型的第三产业、区域内部协调发展、市场经济体制建立、对外贸易发展、投融资政策及环境保护等战略要素却不够重视。这使得民族地区存在经济实力、劳动生产率低下，劳动者素质技能和社会地位提升缓慢等问题，使民族地区人民生活质量在经济增长的进程中反而处于相对下降的状态。

以外贸拉动为导向。一个地区的经济发展，一般要依靠投资、外贸、消费来拉动。只有三者之间形成合理的比例关系，才能使国民经济走向可持续发展道路。受我国对外贸易战略的影响，民族地区外贸依存度过高，外贸利润大部分被外商拿走。这种不良现象的存在必然会影响到国内需求，一旦国际关系发生变化，外需就会下降，拉动经济的三驾马车就会失衡。在 2008 年的世界金融危机中，我们不难看到，民族地区的经济和产业都遭受到一定损失。

以外资利用为驱动。一个地区推进经济发展，可以有多种方式，特别是在全球化以及对外开放的条件下，引进外资已成为一种经济发展的重要方式，民族地区引资规模逐年扩大。这种过度依赖性突出表现在全民招商引资的热潮中，民族地区与其他地区一样，为了吸引到更多的外资，竞相出台更为优惠的招商政策，疯狂刺激地方经济发展。在一定条件下合理利用外资，会促进民族地经济的快速发展，但在法制不健全、环境保护监管不完善的情况下，一味引进外资，则有可能造成民族地区"外资繁荣"的昙花一现。

以产业趋同为选择。在全球化背景下，民族地区参与国际分工，主要是立足于其丰富的自然资源，因此，大部分民族地区都形成了以大项目建设为主体、以能源原材料工业基地建设为重点、以国家投入为主渠道的区域开发模式，推行以资源开发导向型的传统工业化战略以及以种植业为核心的粮食主导生存战略。民族地区的支柱产业选择长期是以能源、冶金、化工、机械等资源密集型或资本密集型产业为主，忽视发挥生物资源多样性、民族文化多样性的优势，未能建立起具有区域特色、民族特色的本土化的产业结构和经济体系，因而在支柱产业的选择上具有和东中部地区明显的趋同化特征。

以国家扶持为依赖。西部大开发战略、沿边开放战略、兴边富民战略的实施，给民族地区参与全球化提供了巨大的动力。国家对民族地区发展的支持包括国家直接投资和特殊政策倾斜，这些支持的最终目标是培育民族地区的自我发展能力，启动民族地区的内生发展动力。但是，由于民族地区在基础设施、生态环境、产业基础、人力资本及文化建设等方面的严重不足，国家的投入和支持在短期内难以见到所期待的成效，反而使一部分地区形成了对国家投资和政策照顾的高度依赖。要提高国家战略的有效性，还必须将国家投资和政策倾斜与民族地区内部增长因素相结合，逐步实现民族地区发展的主体性、主动性和自主性。

三　民族地区嵌入型发展方式不能适应全球化

民族地区嵌入型发展方式的形成是由我国国情所决定的，其特殊的历史根源和演进路径，自1949年新中国成立至今，主要经历了四个历史时期：

第一个时期（1949—1978）：民族地区在全国"多快好省"经济增长方式的计划统筹下，以"民族平等"为原则，以自力更生和国家扶持为指导，加快民族地区经济社会发展。新中国成立之初，我国总结了社会主义经济建设的实践经验，以苏联经验为借鉴，厘清了重工业、轻工业和农业之间的辩证关系，并通过不断完善社会主义经济体制，促进了国民经济的迅速发展。与此同时，以毛泽东同志为代表的老一辈无产阶级革命家，开创了具有中国特色的解决民族问题的道路，在一切工作中坚持民族平等和民族团结政策。[①] 新中国成立以来，国家根据民族地

---

① 1956年4月25日，毛泽东同志在中央政治局扩大会议上讲话，论述了我国社会主义革命和社会主义建设中的"十大关系"，其中的第六部分指出了汉族和少数民族的关系，并且强调"我们要诚心诚意地积极帮助少数民族发展经济建设"。转引自毛泽东《毛泽东选集》（第五卷），人民出版社1977年版，第278页。

区的特殊性，以自力更生和国家扶持为指导，努力调动少数民族的积极性和创造性，加快民族地区的经济社会改革和发展，通过协调汉族人民和内地省区在人力、财力、物力等方面，给民族地区很大的支援和帮助，对民族地区的发展和进步起到了极大的推动作用。

第二个时期（1979—1990）：民族地区在全国"翻两番"发展战略指导下，以"民族发展"为原则，以国家帮助和发达地区支援为支撑，加快推进民族地区经济社会发展。党的十一届三中全会后，继承和发扬党一贯重视民族工作的优良传统，实现了民族工作以经济建设为中心的转移。改革开放以来，民族地区与沿海发达地区在发展中的差距问题，引起了党中央、国务院的高度重视。我国一方面强调国家加大帮助力度，另一方面强调沿海地区要带动和帮助西部民族地区发展。

第三个时期（1991—2002）：民族地区在"全面建设小康社会"的总体战略指导下，以大力发展生产力为原则，采取自力更生、国家帮助和发达地区支援的方式，以"改革开放、试点推行"为指导，加快实现民族地区经济社会发展。在市场经济条件下，资源配置的市场取向与民族地区市场发育滞后，市场经济下的公平竞争与体现对少数民族照顾的民族政策之间，以及民族意识的不断增强，少数民族要求全面发展的愿望也越来越强烈，这种不断增强的发展要求与历史原因造成的落后现实之间所呈现的矛盾和反差，如果处理不好，将成为我国民族地区面临的主要矛盾，进而影响和制约"全面建设小康社会"。因此，党和国家采取了一系列的帮助政策，诸如少数民族地区脱贫致富工程、西部大开发战略等，以加快实现各民族的平等、团结和共同发展繁荣。

第四个时期（2003—2012）：民族地区在"全面建设小康社会"的总体战略指导下，积极实施西部大开发战略，以"民族团结和经济发展"为原则，以民族地区资源开发、国家帮助和对口帮扶方式为支撑，加快推进民族地区经济发展方式转变和经济社会发展。民族地区在取得巨大成就的同时，也暴露出一系列的严重问题，如经济增长的不稳定因素依然存在；经济增长过程中存在着不和谐性；经济的结构性矛盾比较突出；嵌入型的经济增长方式尚未根本改变。针对这些问题，民族地区确立了全面、协调、可持续的发展观。从资源、资本、劳动力、技术等方面看，民族地区的资源优势明显，而民族地区经济发展方式的转变需要依赖于资源开发。同时，针对少数民族地区的发展，国家进一步加大资金投入，扶贫资金重点向西南、西北等少数民族地区倾斜，积极改善少数民族贫困地区的基础设施条件。另外，国家专门设立了针对少数民族贫困地区的温饱基金等各类保障基金项目，对少数民族重点贫困县重点扶持，积极组织沿海经济发达省市对口帮扶少数民族地区，努力动员全社会力量参与民族地区的扶贫和积极利用外资扶贫，加快建立和完善民族地区市场经济体制。

通过对民族地区嵌入型发展方式的演进路径梳理，可以看到以下特点：

第一，自新中国成立至今，民族地区作为被帮助的对象，始终处于客体地位，帮助的主体是以中央政府为代表的国家和发达地区，体现在主体民族对少数民族，内陆腹地对边疆地区，发达（先进）地区对欠发达（落后）地区的帮助，整体帮助到对口支援。

第二，我国仍然处于社会主义市场经济初级阶段，对民族地区而言，从新中国成立之初在全国实行的"统收统支"财政政策，到民族地区实行具有一定自治权的财政"统收统支"和部分地方税收自主管理，① 再到中央政府加大对民族地区的转移支付力度，均体现出"统制经济体制"的计划特点。

第三，民族地区从经济增长方式到经济发展方式的转型过程中，一直受到国家宏观调控的影响，无论是从社会主义工业化发展，还是经济发展方式的转变，无不是基于对民族地区资源加速开发的国家发展战略需要，民族地区服务于全国，服务于中东部发达地区的资源密集型发展模式，仍然是东中西及民族地区区域发展不平衡的表现及延伸。

第四，长期以来，国家为促进少数民族地区的经济发展，制定了一系列特殊优惠政策。然而，无论财政、金融、贸易等政策，还是扶贫、资源、产业等政策的执行，大多是单纯倾向于经济扶贫的少数民族经济

---

① 1963年12月，国务院批转财政部、民族事务委员会《关于改进民族自治地方财政管理体制的报告》和《关于改进民族自治地方财政管理体制的规定（草案）》，明确提出民族自治地方财政预算管理办法。草案规定对民族自治地方的预算管理，实行"核定收支、总额计算、多余上交、不足补助、一年一定"的办法。并制定财政"三项照顾"政策。"文化大革命"十年，中央对自治区基本实行的是对民族自治地方给予特殊照顾的"总额分成，一年一定"办法。改革开放后，国家在继续实行60年代制定的"三项照顾"政策基础上，又制定了"分级包干"的财政经济政策。一直到20世纪90年代实行分税制的财政体制，初步建立起与市场经济发展相适应的财政体制。

政策。① 从20世纪50年代注重地方经济发展的产业政策，到20世纪六七十年代大规模进行三线建设，再到世纪之交开始实施的西部大开发战略，除民族贸易、少数民族特需用品生产企业政策、兴边富民等政策体现民族地区的民族经济特点外，政策保障倾向于单纯的经济"输血"、经济扶贫。

民族地区嵌入型发展方式在一定时期有其历史必然性和合理性。但随着全球化的加速发展、国际国内宏观经济环境的变迁，民族地区嵌入型发展方式的缺陷暴露无遗，民族地区的经济社会发展现况已证明其不能适应全球化的发展趋势和要求，其表现及危害在于：

第一，民族地区贸易方式不能适应贸易全球化。在经济全球化中，既存在着全球总体利益，也存在着局部利益和国别利益。随着全球化的发展，一方面出现了各国、各地区之间相互协作、共同繁荣的局面；另一方面也出现了各国为争夺经贸利益而导致摩擦与纠纷加重的状况。虽然我国出口商品结构在名义上已经完成了从劳动密集型为主向资本密集型和技术密集型为主的转变，但民族地区实质上仍然处于资源密集型，出口方式仍然以转口贸易、加工贸易、边境（小额）贸易和边民互市为主。转口贸易留不住关税；加工贸易形成不了民族地区出口商品的自主品牌，仍处于国际分工和国际产业价值链的低端；边境（小额）贸易额在我国对外贸易中的比重和影响微乎其微；边民互市贸易仅仅满足边民日常生活用品，因此对于民族地区内生型发展方式的加快形成收效甚微。同时，由于受新兴贸易保护主义和周边国家民族主义的影响，民族地区原有的资源互补优势、民族文化优势也进一步被削弱，从而对民族地区内生型的对外开放发展模式形成制约。

第二，民族地区产业结构不能适应全球化趋势。经济全球化是实行全球化生产和全球化销售，往往是根据比较优势来分工协作。民族地区大多是以资源为向导的初级产品加工业，形成了依靠低技术、高消耗、低附加价值、低成本竞争优势的出口产品结构。受国家产业政策导向和非均衡区域发展战略影响，民族地区一方面承接国外和东中部地区的"夕阳产业"；另一方面本地的国有企业也仅仅停留在"驻地"层面，

---

① 张树安、郭京福：《经济全球化与民族地区产业发展新思路》，《广西民族学院学报》（哲社版）2003年第11期，第98页。

对民族地区支柱和主导产业的形成、培育难以带动。同时，民族地区即便是参加外商投资企业的高新技术产品的生产、加工，产业链分工也是外国企业控制收益最高的设计、研发、品牌等生产环节，民族地区只得到少量的加工费，因而对当地经济结构升级毫无促进作用，制约了民族地区高新技术产业化和产业结构高级化进程。

第三，民族地区经济增长方式不能适应低碳全球化。民族地区多为高消耗、低效益的粗放型经济增长方式，工业消费能源比重大，能源利用率低，诸多化工、金属冶炼、非金属制造及电力部门耗能高，但工业增加值极低，民族地区万元 GDP 的综合能耗为全国平均水平的 2 倍。全球化趋势下，以美国为首的西方资本主义发达国家在投资新能源、发展低碳经济的同时，进一步推动全球产业调整、转移和升级，这不仅对正处在工业化进程中的我国形成极大挑战，同时也意味着民族地区依靠传统低成本、低技术、高能耗和重污染的经济增长方式难以应对低碳全球化。民族地区除经济发展受"碳关税"、绿色贸易保护主义等制约外，少数民族群众的就业、劳动报酬以及居民福利都会受到负面影响。

第四，民族地区企业体制不能适应企业全球化。对民族地区而言，招商引资使得跨国公司大量涌入，这给民族地区的产业和行业发展带来了一定机遇，同时也带来了严峻的挑战。民族地区的企业中，国有经济、集体经济所占比重大，而这些企业普遍存在着人多、债多、社会负担重、经营机制不灵活、亏损较严重等问题。同时，发达国家通过跨国公司，增加对民族地区的直接投资，创办新企业，扩充原有企业和吞并当地企业，操纵和控制民族地区的主导产业，阻碍民族地区新兴产业的发展，掠夺民族地区的各种资源，攫取高额垄断利润。如果全球经济危机来临，跨国公司和企业一旦撤资，本就脆弱的民族地区经济体系将会比"金融海啸"对东中部地区造成的影响严重。嵌入型发展方式不仅不能给民族地区带来符合本地区特色的经济体系、产业体系和健全的市场环境，而且难以实现民族地区企业"走出去"战略。

此外，在生产技术全球化、金融全球化的趋势下，民族地区的自然资源和劳动力资源对经济增长的作用明显减弱，民族地区一方面急需高素质人才，提升民族地区劳动者的素质技能和社会地位；另一方面急需在财政、税收，诸如人民币区域化、边境地区小额贸易人民币跨境结算方面推进改革，这不仅可以缓解中央财政转移支付对民族地区造成的财政压力，同时也利于降低民族地方政府的债务危机风险。

四 全球化要求民族地区走内生型发展道路

2008年金融危机之后，世界经济格局正在发生显著的变化，经济全球化不仅深入和加速发展，世界各国和地区经济相互依赖、相互渗透日益加深，逐渐结合成一个统一的全球经济体，各经济体之间利益相关性越来越强。全球经济中心加速也逐渐从发达经济体向新兴和发展中经济体转移，全球经济治理模式加速转变，中国的经济利益诉求得到更多体现，民族地区经济发展将面临更多挑战，民族地区发展方式亟须转型。

民族地区内生型发展方式的形成，有利于解决日益强化的国内资源环境约束。由于民族地区主要依靠资源要素的投入，民族地区对外出口贸易发展面临较大的资源和环境压力。民族地区单位产品能耗高，能源资源消耗大，而我国又是资源相对较匮乏的国家，在国家高速发展的资源需求下，民族地区的资源和环境消耗将面临更大压力。民族地区靠粗放型增长方式获取发展红利的时代已经结束，开放型经济发展的资源和环境约束在未来一段时间里将更趋强化，逐步成为制约民族地区经济发展的瓶颈问题。

民族地区内生型发展方式的形成，有利于逐步削弱传统比较优势的制约。我国适龄劳动人口逐步接近峰值，"人口红利"正在接近拐点，人口结构和劳动力供需形势正在发生深刻变化。未来若干年我国总劳动人口数量将逐步下降，农村可供转移的剩余劳动力也在持续减少，民族地区农村劳动力的潜力已经非常有限。受2008年金融危机的影响，沿海及内陆省市很多外贸企业熟练工人平均工资都有较大涨幅，这将进一步使民族地区外贸企业普遍面临用工成本上升和用工缺口问题。而与民族地区毗邻的越南、老挝、柬埔寨等周边国家，正在显现其低劳动力成本的优势。因此，我国及民族地区低成本的劳动力优势正在逐步削弱，劳动力作为支撑对外贸易增长的基础因素已逐步丧失可持续性，难以继续依靠低劳动成本推动民族地区经济发展。

民族地区内生型发展方式的形成，有利于减缓对外贸易下滑严重的影响。我国的进出口结构，随着世界经济失衡的加剧，也正在发生重大变化。世界需求不振，导致我国，也包括民族地区出口规模大幅度下降。金融危机对民族地区出口的影响不仅表现在规模上，也使民族地区的出口结构受到较大的影响，造成影响最大的是民族地区转口贸易中的高新技术产品、机电类产品，边境小额贸易中的轻工产品、纺织品等，以及与东盟国家的农林产品贸易。

民族地区内生型发展方式的形成，有利于缓解 FDI 流入规模收缩的束缚。跨国企业收益在全球金融危机影响下大幅降低，致使企业不得不减少对外的直接投资。跨国企业大幅降低外国直接投资的结果，就是全球国际直接投资流动规模明显缩水，作为全球投资重要市场的我国的 FDI 规模也必然大幅下滑，并进一步由中东部地区延伸和拓展到西部、民族地区。

我国已从昔日的一个游离于国际市场边缘的经济相对落后的发展中国家，成长为当今世界上重要的加工制造基地，成为名副其实的贸易大国、多边贸易体制和区域经济合作的积极参与者，成为世界经济和国际贸易增长的重要驱动力量，民族地区在我国和在全球贸易中的影响力也在逐步加大。因而，民族地区内生型发展方式的形成，关系我国经济均衡发展，同时将进一步影响世界贸易格局。不尽快转变为内生型发展方式，不仅会影响国民经济的发展、区域经济的发展，同时也会在全球化中受制于外国及毗邻地区。在全球化的要求下，民族地区必须走内生型发展道路。因此，要在客观总结民族地区嵌入型发展方式经验教训基础上，尽快实现嵌入型到内生型发展方式的转变。

民族地区内生型发展方式作为一个集合或综合性概念，不仅包括经济、政治、文化的发展内容，也包括内生型发展方式的一般性和在民族地区发展方式上的特殊性，区别于由强调国家计划主导，外部刺激和推动下，追求经济增长形成的嵌入型发展道路，转向了以民族地区和少数民族为中心的自我主导的内生型发展之路。经济发展方式从"嵌入型"转为"内生型"并非凭空进行，它与一定的经济发展阶段相适应。全球化背景下，民族地区要在遵循社会主义市场经济规律前提下，分析国内外环境的变化，科学选择内生型发展方式，这是加快民族地区全面转型的根本前提。

首先，要以少数民族为主体，以民族经济权利为中心。根据民族经济和民族地区经济的联系和区别，民族地区内生型发展方式首先要确立以民族地区各民族劳动者为主体，特别是民族地区的主体民族劳动者，通过强化少数民族劳动者的主体意识，提升少数民族劳动者的社会地位，自觉地维护和巩固其民族权利，实现其自由发展。同时，基于经济民族性和民族共同的经济生活在特定区域的地理空间体现，民族地区的范围，可以是我国的"民族自治地方"，民族自治地方面积占国土面积的63.72%，包括5个自治区、20个自治州、120个自治县、1200多个少数民族乡；也可以专指我国的"民族八省区"，即5个自治区和3个多民族省份——云南、贵州和青海省。[1] 因而，根据该地区经济社会发展需要和区情实际，可以把民族自治地方作为一个整体，也可以把某个少数民族省区、地州、县的内生型发展方式作为目标对象。在民族区域经济繁荣的基础上促进民族经济发展，根据本地区经济发展需要和区情走内生型发展道路，实现民族地区发展方式从"嵌入"到"内生"转变的根本目标。

民族地区要实现内生型发展方式，要在民族区域自治制度基础上进一步明确少数民族的经济权利，特别是要明确民族自治地方的主体民族的经济权益。国家和各级地方政府有关部门在民族自治地区的项目建设，必须保障主体民族的经济权益，在自治地方政府统一安排下，在重大项目建设中使少数民族成为主体，使经济成果在分配上惠及少数民族群体，分配权由少数民族主导，并以GDP作为民族区域经济发展状况的主要衡量指标，以GNP作为民族经济发展水平的主要衡量指标。[2] 同时，要在对民族地区各民族劳动者利益和意识概括基础上，真正实现少数民族劳动者的劳动力和生产资料所有权，以及由其派生的经济权利，如占有权、经营权、使用权、收益权、处置权、监督权、管理权等。[3] 对民族地区内生型发展方式的主体和中心的明确，既是社会发展与人的发展相互促进的根本要求，也是对"靠谁发展"和"为谁发展"的具体区分；既是强调尊重民族地区各民族劳动者的主体价值、发挥主体作

---

[1] 刘永佶主编：《民族经济学》（修订版），中国经济出版社2010年版。

[2] 参见杨思远《论民族经济与民族区域经济的协调发展》，《学习论坛》2012年第10期。

[3] 刘永佶：《劳动社会主义》，中国经济出版社2007年版，第237页。

用、实现各民族的全面发展，同时也是为少数民族劳动者的素质技能和社会地位的提高提出的具体要求。

其次，要以内生发展为主题，加快转变发展方式为主线。一方面，要在解决嵌入的现代工业经济与民族地区的传统农牧业经济并存的二元经济结构基础上，明确民族地区发展方式的内生性。一是要充分利用民族地区自身的资源和力量、尊重民族地区的文化与风俗习惯、探索适合自身的发展类型和发展途径，制定符合民族地区经济和民族经济的专项发展规划，实现民族地区经济推动民族经济的协调发展，促进我国区域经济和国民经济的均衡发展；二是在全球化的趋势下，要准确定位民族地区的国内和国际分工角色，在市场竞争中主动参与，在目标利益驱动下实现自主选择，在风险失败中承担责任，准确定位从国内达到国际的角色分工；三是要在工业化、城市化进程中以民族地区和少数民族特色为中心，兼顾经济和文化协调发展，培育出符合民族地区的生产方式和少数民族的生活方式，以提升民族地区城镇的综合实力。另一方面，民族地区要坚持以加快转变经济发展方式为主线。民族地区发展方式问题是关乎我国经济转型的具有全局性意义的重大战略组成部分，是决定是否能加快我国转变经济发展方式的重要保障。改革开放以来，我国及民族地区在推进经济发展方式转变方面虽然取得了一定成效，但传统粗放型的增长方式并未完全消除，可以说，当前发展方式转变的步伐与解决，仍然与当前我国经济社会发展突出矛盾的需要不适应；与贯彻落实科学发展观、建设创新型国家的新要求不适应；与实现资源节约型、环境友好型社会建设的新要求不适应；与全球化开放型经济体系的新要求不适应；与区域协调发展与各民族安定、团结、繁荣的新要求不适应。尤其在更加复杂的国内外环境和全球经济的激烈竞争中，更加凸显了民族地区加快转变经济发展方式的必要性和紧迫性。

再次，要以公有制经济为主导，加快主导产业发展为重点。20世纪人类历史最伟大的创造就是公有制，是人素质技能提高与人性升华的要求和形式。民族地区在以各民族劳动者为主体，特别是民族地区的主体民族劳动者条件下，坚持以公有制经济的经济体制，得以保证劳动者作为劳动力和生产资料所有权主体对占有权行使机构等公共权力机构的控制。要在我国经济体制改革的背景下，通过强化民主法制，坚持公有制的性质，发扬其原则，克服我国行政集权体制及统制体制在民族地区形成的嵌入型经济发展方式。同时，民族地区要加快经济结构的调整，一是在劳动者素质技能结构、投资结构、就业结构、产业结构、产品结构、区域结构、流通结构、分配结构、消费结构等方面加快调整步伐；二是形成以公有制经济为主导，集体经济、合作制经济为补充，解决嵌入型现代工业经济与民族地区传统农牧业经济并存的二元经济结构。

随着全球化的进程，全球市场中以要素禀赋驱动的经济增长模式一定程度上使我国及民族地区经济有了显著增长，但国有工业企业对民族地区经济发展贡献较小，民族地区经济和民族经济规模依然很小，企业陷入低端产业的"比较优势陷阱"，在全球产业链和价值链上处于弱势地位。因而，民族地区内生型发展方式的重点在于培育主导产业。民族地区内生型发展方式的重点在于培育第二、三产业作为主导产业，进一步增强第一产业对第二、三产业的辐射带动和资源开发反哺的作用，加快资源转换战略实施。具体而言，一是结合民族地区农牧业优势，扩大优势产业在资金与政策方面的扶持力度；二是结合民族地区资源优势，积极推进特色产业生产加工基地、高新技术产业示范区基地、示范基地建设，培育一批带动力强的龙头企业；三是围绕民族地区独具魅力的民俗文化优势，深度开发旅游资源，发展民族特色旅游产业，在旅游市场、旅游产品、旅游线路方面加大培育和开发，重点建设少数民族旅游景点、自然生态旅游度假区、乡村民俗旅游项目、民族文化与工艺传承保护基地以及民族文化博物馆等，加强少数民族旅游业的劳动技能培训。此外，要加强对民族特需商品生产定点企业扶持，加快民族特需商品产业化发展。

又次，要从调节需求逐渐转变为改善供给，要从扩大对外开放转变为"走出去"战略。民族地区内生型发展方式的科学选择，首先要将经济发展的政策从调节需求逐渐转变为改善供给。受民族地区的收入水平、消费水平影响，民族地区呈现出内需不足的现象。因此，在转变经济发展方式中要做到：一是要扩大民族地区、跨界民族区域中各个群体、多层次的消费需求；二是借鉴东中部及国外欠发达地区经验，创造民族地区特需热点。就改善供给而言，民族地区首先要在加快产业结构调整的条件下改善产品供给，其次是改善对该地区特色优势企业的技术供给，使民族地区和少数民族能够享受科技转化成果。

如前文所述，民族地区在全球化趋势下，对外开放存在着诸如对外开放程度与东部沿海地区差距较大，外国直接投资水平较低，对外贸易方式比较单一，出口商品附加值低等问题，使得民族地区很难获得全球化红利的同时，又受全球化的制约。因而，在我国以外向型主导的对外开放战略框架下，民族地区的发展潜力在于对外开放。一方面，要把外向型为主导的经济发展战略重心转移到西部地区、陆路沿边民族地区，辐射带动内陆腹地民族地区，这也是新形势下"一带一路"战略的要求；另一方面，要进一步依托民族地区与周边毗邻国家的区位优势，加强对国际市场的开放，实现商品市场开放、要素市场开放、观念开放、政策开放的有机统一，促进民族地区与外部的沟通、交流、融合与整合，在市场多元化与一体化发展中实现经济、社会与文化的新陈代谢。①

最后，经济发展的目标要从追求数量转向追求质量和效益，经济发展方式的转变要注重规划和政策的落实为保障。新中国成立60多年来，从"苏联模式"社会主义主导下形成的我国计划和统制经济时代，塑造了民族地区"嵌入型"经济发展方式，而从西方资本主义"普世价值"作为主流引导下的"GDP主义"，造就了民族地区"嵌入型"经济增长方式，在中国经济社会矛盾演化并体现于民族地区的现实中，民族地区亟须改变强调经济增长数量，扭转长期形成的"高速度和低质量"的传统经济发展模式。随着全球化的发展，国内外新阶段各项禀赋条件的变化，"GDP主义"已经不具备可持续性，并且不利于民族地区经济发展长期可持续性。因而，民族地区内生型发展方式在经济社会效益上要坚持数量增长的同时，兼顾质量与效益相结合的综合评价，这是转变经济发展方式的重要保证。

一方面，民族地区内生型发展方式要坚持以科技创新驱动发展为重要动力。科技改变生活，创新驱动发展，科技创新引领时代发展脉搏。21世纪，中国及民族地区面对的将是以自主创新能力决定兴衰的新时代，全球化与本土化的时代语境更是赋予了科技创新以新的历史角色和历史使命。当今的科技创新已深刻影响着民族地区人们的社会生产方式、思维方式和生活方式。民族地区从采集渔猎、农耕到工业的文明演进中，面对全球化、工业化、产业化、信息化高度发展的今天，科学技

---

① 周民良：《论民族地区经济发展方式的转变》，《民族研究》2008年第4期，第27页。

术是民族地区内生型发展方式形成的必要条件，也是经济发展目标从追求数量转向追求质量和效益的重要条件。另一方面，民族地区要根据内生型发展方式的要求，建立完善民族地区经济社会发展的目标考核体系，以是否有利于提升该地区的经济发展综合实力，是否有利于反映民族地区少数民族群众的生活质量、生态环境、福利水平、幸福指数和成果分享等为评价指标。其中，民族地区的人均收入水平、人均寿命、教育状况、就业率、公共安全和精神文明指数应当纳入评价体系中。

新中国成立60多年来，根据我国多民族的基本国情和民族问题长期存在的客观实际，党和国家对民族地区实行了如财税、沿边开放、产业、扶贫、生态环境和对口支援等为内容的特殊帮扶政策，但由于民族地区发展方式转型的紧迫性、外部制约及自身问题，首先要建立和完善扶持民族地区发展的政策体系，实现从"输血"帮扶到"造血"的激励政策；其次要建立和完善民族地区发展的运行机制，诸如法律、政策、理论、舆论，乃至道德和价值观等方面，以检验民族地区经济结构功能的良好发挥，保障民族地区可持续长期发展，民族地区对国家经济发展成果分享，以及少数民族劳动者利益的实现；最后要充分体现民族区域经济和民族经济的特殊性，制定民族地区发展的短期、中长期专项规划，实现国家和民族地区总体发展目标、总体发展阶段相同，主目标和目标阶段不同的差别化、针对性扶持，以民族区域经济的发展协调带动民族经济的发展。

要以民族团结、和谐、繁荣为方向，以全面建成小康社会为目标。处理好民族问题、做好民族工作，是关系祖国统一和边疆巩固的大事，是关系民族团结和社会稳定的大事，是关系国家长治久安和中华民族繁荣昌盛的大事，民族地区的发展问题尤其重要。因而，国家必须注意民族地区社会各要素和各领域之间协调和区域之间的均衡发展，即全面发展。如果离开民族地区的政治、文化和社会的发展，单纯追求宏观经济发展，或者单纯追求民族地区的经济增长，会导致经济社会片面和畸形发展。因此，构建社会主义和谐社会，实现社会和谐，实现中华民族的伟大复兴，首先是遵循社会主义社会利益规律的内在要求，采取切实措施实现好、发展好广大人民的根本利益，解决好汉族和少数民族、少数民族之间的各种利益矛盾。同时要解决好中央和地方、民族地区与汉族地区、西部地区与中东部地区的发展不平衡、不协调、不可持续的问题。

  同时,基于社会主义生态文明建设和可持续发展的理念,国家要充分考虑民族地区生态脆弱性、少数民族生态观以及特殊的生产、生活和消费方式,在社会主义建设过程中,必须处理好民族地区经济建设、人口增长与资源利用、生态环境保护的关系,要充分考虑人口承载力、资源支撑力、生态环境承受力,统筹考虑当前发展和长远发展的需要;不断提高民族地区发展的质量和效益,走生产发展、生活富裕、生态良好的文明发展道路。作为民族地区内生型发展方式的转变,不仅体现了经济增长方式的转变,更是一种全新的社会发展方式的转变。

  在全球化趋势下,民族地区发展方式的形成、发展及转变都有其历史演进性和必然性,因此加快内生型发展方式的转变,需要总结经验教训:第一,现实区情决定发展方式。生产要素是国家或地区发展的重要内容,而生产要素的分配、投入、组合和使用等的变化表征着国家或地区经济发展方式变迁。就国家而言,经济发展方式由国家的现实国情决定;就民族地区而言,内生型发展方式由民族地区的现实区情决定。民族地区经济发展大都处于从传统农业向工业化演进或工业化初中期阶段,其农业工业产值在国民生产总值中占有较高比例,产业结构不合理,产业间关联程度弱,大中型企业少,绝大部分属中小型企业,科研开发投入经费缺乏。从民族地区的这些现实区情来看,发展方式从粗放型增长方式向集约型增长方式转变,从嵌入型发展方式向内生型发展方式转变,势所必然。同时,民族地区经济发展离不开资源基础,资源禀赋决定经济结构,经济结构约束民族行为,进而形成相应的发展方式。民族地区经济增长对自然资源存在强烈的依赖,这种依赖性对经济发展方式的转变具有极强的抑制作用,这就决定了民族地区发展方式转变的长期性和艰巨性。同时受民族地区生产力发展水平,东中部发达地区经济发展影响以及全球化背景下民族地区与国内外其他地区的影响,民族地区发展方式并不是由集约型完全取代粗放型,嵌入型发展方式仍占主导,这是不以人的意志为转移的客观事实,因此加快经济发展方式的内生型的转变极为迫切。

  第二,发展方式转变是一个历史过程。发展方式的转变作为一个历史过程,具有阶段性、渐进性和适应性的特征。纵向上,从我国发展方式的演进历程可以看到,新中国成立初期实行的粗放型经济增长方式有其历史的必然性和合理性。改革开放后,国家提出实行集约型经济增长也是客观的要求,而对于民族地区实行的嵌入型经济增长方式在一定时期也符合民族地区经济社会发展的客观需要。根据国内外形势的变化,民族地区发展方式要遵循"生产要素驱动(粗放型)—投资驱动(嵌入型)—创新驱动(内生型)"的演化路径,体现出阶段性的特征。横向上,从我国经济发展的不平衡进程可以看到,各地区、各部门、各行业实现经济增长方式的转变也不同步,民族地区的经济部门、行业和经济结构调整,远远滞后于全国及其他地区,因此其经济发展方式的转变具有渐进特征。在全球化趋势下,基于民族地区的发展基础和条件,受少数民族劳动者素质技能和社会地位的制约,民族地区内生型发展方式要区别于国外及国内其他地区的发展方式,同时对先进发达地区发展方式的学习、模仿和借鉴过程中还存在着适应性的特征。

第三,发展方式的转变具有层次性。"转变"的这一特点是由不同的经济层次在经济活动中的地位和作用不同,转变的任务以及转变的条件不同等内容决定的。民族地区内生型发展方式的转变一方面要适应全球化趋势,在对外贸易、外资利用、劳务输出、技术交流与合作等方面重点把握;另一方面要适应国家宏观调控和区域发展以及毗邻国家的经济社会变化,以适时做出调整。此外,民族地区内生型发展方式的形成是一个系统工程,涉及经济增长,并伴随着诸如产业结构、就业结构、企业规模结构、收入分配结构、需求结构、空间经济结构等的变化,甚至社会结构如城市化、人口年龄结构及意识形态的变化等内容。因此,作为民族地区内生型发展方式的形成,不仅蕴含着经济系统内生决定发展方式演进的重要特征,也包含着新的发展方式从量变到质变的完成。

第七章 民族地区内生型发展方式的形成

马克思有一句名言,"问题和解决问题的手段同时产生"①。目前看来,在社会转型条件下形成民族地区内生型经济发展方式,其历史前提已经基本形成,理论任务的关键在于对其形成途径和政策选择进行探讨,并对当前嵌入型经济发展方式进行深刻反思。

一 民族地区内生型发展方式形成的条件

这里所说的条件,是指历史性的前提条件,而不是指一般性的地区环境或区域资源。当提到民族地区的经济发展方式转变的条件时,以往相当多的学术论著都强调民族地区的区位特征或自然资源情况。在笔者看来,这是缺乏历史感的典型表现。民族地区的区位特征也好,自然资源情况也好,自来如此,何以现在必须转变经济发展方式,而以前却不能?由此可见,一旦缺乏历史感,其结论必然经不住历史学家的严厉考问。

在经济学说史上,马克思曾严厉批评过李嘉图缺乏历史感的理论硬伤。李嘉图从不注意研究经济范畴和经济规律的历史性和社会性,只研究经济范畴的数量关系,结果闹出把原始人使用的木棒和石块也看成是资本的理论谬误。

因此,我们下面所探讨的条件,就是特指当前民族地区转变经济发展方式的历史性前提。

1. 转变经济发展方式上升为国家重大战略任务

2007年10月党的十七大召开,十七大报告在科学分析当前经济发展

---

① 马克思:《资本论》(第一卷),人民出版社2004年版,第107页。

中的问题和面临的国际国内环境时，提出"加快转变经济发展方式，推动产业结构优化升级"是"关系国民经济全局紧迫而重大的战略任务"。

十七大报告指出，转变经济发展方式的主要内容是"坚持走中国特色新型工业化道路，坚持扩大国内需求特别是消费需求的方针，促进经济增长由主要依靠投资、出口拉动向依靠消费、投资、出口协调拉动转变，由主要依靠第二产业带动向依靠第一、第二、第三产业协同带动转变，由主要依靠增加物质资源消耗向主要依靠科技进步、劳动者素质提高、管理创新转变。发展现代产业体系，大力推进信息化与工业化融合，促进工业由大变强，振兴装备制造业，淘汰落后生产能力；提升高新技术产业，发展信息、生物、新材料、航空航天、海洋等产业；发展现代服务业，提高服务业比重和水平；加强基础产业基础设施建设，加快发展现代能源产业和综合运输体系。确保产品质量和安全。鼓励发展具有国际竞争力的大企业集团"[①]。

相较于过去常用的"转变经济增长方式"，十七大报告使用了"转变经济发展方式"的新提法。有论者分析，"增长"与"发展"内涵不同，必然会使"转变经济增长方式"与"转变经济发展方式"的价值取向发生转换，两者虽只有一词之变，但其意旨和政策层面含义及导向却已有重大变化。所谓"转变经济增长方式"，就是指经济增长方式要从"粗放型"转变为"集约型"，即从主要依靠增加资源投入和消耗来实现经济增长转变为主要依靠提高资源利用效率来实现经济增长。其中虽然已有强调经济活动投入与产出之间收益比较分析的新理念，但是其在相当大程度上寻求的依然是一种"量"的变化，用来衡量其变化的尺度还是一定时间段中 GDP（GNP）或人均 GDP（人均 GNP）的增长率。与此不同，经济发展方式是实现经济发展的方法、手段和模式，其中不仅包含经济增长方式，而且更有结构、运行质量、经济效益、收入分配、环境保护、城市化水平、工业化水平以及现代化进程等诸多方面的内容。

具体来说，"转变经济发展方式"与"转变经济增长方式"至少存在三点差异。一是经济发展方式包含经济增长的内容，但不可等同于经济增长概念。发展是积极的推动，更强调经济发展对社会的正向作用和

[①] 胡锦涛：《高举中国特色社会主义伟大旗帜，为夺取全面建设小康社会新胜利而奋斗》，人民出版社 2007 年版。

影响，而传统的经济增长方式更多地强调数字的量度，它对社会既可以产生正向作用，又可以产生负向作用。二是经济发展方式注重经济质量意识，而传统的经济增长方式似乎更强调量的扩展。所谓质量意识，主要是指经济发展必须能够表达如何衡量一个国家或地区的安全度，必须能够表达如何衡量一个国家或地区的和谐度，必须能够表达如何衡量一个国家或地区的共同富裕度。三是经济发展方式注重经济社会综合协调发展的内涵，体现了科学发展观的理念，而传统的经济增长方式容易激发人与自然、人与人之间的矛盾。衡量社会进步的尺度，主要是生产力水平和人的解放程度。发展应当是追求自然规律和社会规律的统一，只有倡导一种旨在促进"自然—经济—社会"复杂系统和谐发展的战略，人类的发展才能真正实现手段与目的的统一。①

2. 2008年全球经济危机对民族地区嵌入型发展方式产生巨大冲击

2008年，一场由美国2007年次贷危机所引起的全球经济危机对世界各国的经济发展都造成了巨大冲击。这场全球经济危机是资本主义世界体系自20世纪20—30年代的大萧条之后发生的又一场世界性的经济危机。中国虽然是社会主义国家，但在改革开放的数十年后早已深度嵌入到资本主义世界体系之中，因此这场全球经济危机对中国经济的冲击也很显著。正是在这一过程中，中国民族地区传统的嵌入型经济发展方式的弱点充分暴露出来，凸显出了民族地区转变经济发展方式的紧迫性和必要性。

中国民族地区传统的嵌入型经济发展方式的弱点，集中表现在几十年来经济的高速增长，主要得益于以煤炭、钢铁、电力等资源型高耗能产业的迅速发展以及中央政府大量的倾斜性的财政转移支付，而长期以来作为内生动力的内需因素，在拉动经济增长方面一直表现得萎靡不振。

有人认为，全球经济危机对中国东部沿海地区的出口导向型企业会产生巨大冲击，但像外贸依存度并不高的民族地区则几乎不会受全球经济危机的影响。这种观点是错误的。

其实，全球经济危机对中国民族地区有巨大影响，只不过这种影响

---

① 贾韬：《对党的十七大报告中提出"转变经济发展方式"的思考》，《甘肃农业》2008年第2期。

在时间上存在滞后效应。经济危机对民族地区的冲击基本在 2008 年下半年甚至 2009 年才充分表现出来。仔细分析，全球经济危机对民族地区经济的冲击主要表现在以下几个方面：

第一，以资源型高耗能产业为主导的工业经济受到剧烈冲击。在全球化的时代，资源和能源的国内价格与国际价格息息相关。受全球经济危机影响，国际市场的资源、能源价格大幅下跌，从而使民族地区的资源、能源产品价格也发生"高台跳水"。另外，东部发达地区经济的下滑也使得其对民族地区的资源、能源产品的需求发生萎缩。这一系列因素都导致民族地区的工业生产增速直线下滑。五大民族自治区 2009 年第一季度的工业增加值比率与 2008 年同期相比全部大幅减缓，其中广西从 21.7% 下降为 15.5%，内蒙古从 28% 下降为 19.2%，新疆从 14.8% 下降为 5%，宁夏从 17.4% 下降为 -3.2%，西藏从 24.4% 下降为 8.4%。工业经济的下滑直接拖累总体的经济形势，大部分民族地区的地区生产总值的增速都出现了下降趋势。[①]

第二，就业受到剧烈冲击。受全球经济危机影响，东部沿海地区的出口导向型企业受到了前所未有的冲击，这些企业纷纷集体裁员，造成在东部沿海地区就业的民族地区的大批农民工返乡。这些返乡人员大多数文化程度不高，家里的土地有限，与一些农业大省相比，民族地区本身的交通不便、教育落后等问题的存在使这波"返乡潮"对当地经济发展的压力更加沉重。此外，民族地区的资源型产业和各中小企业也纷纷压缩用人需求，用人单位到民族地区高校进行招聘的数量都有不同程度的减少，结果对民族地区大学毕业生的就业市场也造成了严重冲击。

第三，边境贸易受到冲击。占全国整体外贸份额极小的民族地区的边境贸易，在全球经济危机中也未能幸免。有人专门考察了 2009 年前 4 个月我国民族地区边境省份的边境贸易数据，发现民族地区各边境省份的边贸总额同比均有所下降，新疆的下降幅度甚至超过了全国平均下降幅度（24.3%）。究其原因，边境贸易伙伴受经济危机影响购买力下降并出台保护性政策是我国边境贸易恶化的外部因素，但真正暴露出来的却是我国民族地区边境贸易内在的一系列问题，包括商品结构不合

---

① 郑长德、罗布江村等：《中国少数民族地区经济发展方式转变研究》，民族出版社 2010 年版，第 235—237 页。

理、边贸企业不强势、边贸政策不到位不稳定、边贸管理不规范等。①

总之，全球经济危机的到来加速了民族地区经济发展方式问题的暴露，在外需明显受挫的情况下，经济增速放缓是必然的。民族地区本应该抓住机会淘汰那些高耗能、高污染、高排放、低效益的产业及企业部门，大力发展能大量吸纳劳动力就业、资源节约型、环境友好型以及高附加值的产业类型。然而，为了保障经济增速不会大起大落，中央政府和各地方政府都出台了大量的经济刺激措施，加大投资以拉动经济增长，结果使得大量高污染、高能耗、高排放、低效益的企业死灰复燃，流动性泛滥，经济泡沫化严重，生产效率低下。至于各地在经济危机期间推出的家电下乡、汽车以旧换新等扩大消费的政策措施，是将随后几年的消费能力提前实现，经过近三年的时间，其刺激作用已趋于饱和。另外，这些措施的实施本身就是以巨额的财政补贴为代价的，难以持久，也难以支撑和保障国民经济的长期可持续增长。实际上，曾经发挥较强带动作用的汽车、房地产两大消费热点目前都已遇到了各自的问题：大中城市的汽车保有量已超过城市的承受能力，交通拥堵严重；房价的畸形增长已成为突出的社会问题，几乎到了要将整整一代城市青年全部压榨成"房奴"的程度。

可以说，虽然受到全球经济危机的冲击，民族地区的经济发展方式依然延续了以往嵌入式发展的老路。虽然我们因此而保持住了 GDP 稳步在 7.5% 以上增长的亮丽成绩单，但发展的代价也空前增大，大量资源被消耗、环境污染加剧、民生保障裹足不前、贫富差距进一步拉大、民族经济和民族区域经济的不协调性日益明显。

可以说，全球经济危机给我们上了生动的一课，作为一个追求独立自主的社会主义大国，总需求问题绝不能寄希望于国外的资本主义市场来解决。在当今的国际国内经济环境下，中国民族地区所依靠的这种不平衡、不协调、不可持续的嵌入型发展方式显然已经走到尽头，民族地区经济发展方式的转变已经刻不容缓。

3. 全面建成小康社会要求民族地区转变发展方式

2012 年 11 月召开党的十八大，重申了转变经济发展方式是"关系我

---

① 舒曼：《金融危机影响下我国民族地区的边境贸易发展》，《中南民族大学学报》（人文社会科学版）2010 年第 1 期。

国发展全局的战略抉择"的观点,并明确了转变经济发展方式的关键是"深化改革",主攻方向是"推进经济结构战略性调整"。十八大报告明确提出:"要适应国内外经济形势新变化,加快形成新的经济发展方式,把推动发展的立足点转到提高质量和效益上来,着力激发各类市场主体发展新活力,着力增强创新驱动发展新动力,着力构建现代产业发展新体系,着力培育开放型经济发展新优势,使经济发展更多依靠内需特别是消费需求拉动,更多依靠现代服务业和战略性新兴产业带动,更多依靠科技进步、劳动者素质提高、管理创新驱动,更多依靠节约资源和循环经济推动,更多依靠城乡区域发展协调互动,不断增强长期发展后劲。坚持走中国特色新型工业化、信息化、城镇化、农业现代化道路,推动信息化和工业化深度融合、工业化和城镇化良性互动、城镇化和农业现代化相互协调,促进工业化、信息化、城镇化、农业现代化同步发展。"①

值得注意的是,党的十八大报告明确提出我国要确保在2020年实现全面建成小康社会宏伟目标。十八大报告还将全面建成小康社会分解为五大具体目标:经济持续健康发展,人民民主不断扩大,文化软实力显著增强,人民生活水平全面提高,资源节约型、环境友好型社会建设取得重大进展。②

民族自治地方的面积占中国国土面积的63.72%,如果民族地区没有全面建成小康社会,我国在2020年实现全面建成小康社会宏伟目标的计划就等于落空了,因此,党的十八大报告实际上要求民族地区同全国一道如期全面建成小康社会。

2013年,国家统计局按照党的十八大提出的全面建成小康社会新要求,对旧有的全面建设小康社会指标体系进行了修改和完善,形成了《全面建成小康社会统计监测指标体系》,由5大方面39个一级指标构成。按照党的十八大的新要求,指标体系由经济发展、民主法制、文化建设、人民生活和资源环境5大方面组成,39个一级指标中有正指标29个,逆指标6个,区间指标4个,具体内容见表7-1。

---

① 《坚定不移沿着中国特色社会主义道路前进,为全面建成小康社会而奋斗》,新华网,2012年11月19日。

② 同上。

表 7-1　全面建成小康社会统计监测指标体系

方面	权重(%)		具体指标	计量单位	目标值(方案一)	目标值（方案二）		
						东部地区	中部地区	西部地区
经济发展	22	1	人均GDP（2010年不变价）	元	≥57000	比2010年翻一番		
		2	第三产业增加值占GDP比重	%	≥47	≥50	≥47	≥45
		3	居民消费支出占GDP比重	%	≥36	≥36		
		4	R&D经费支出占GDP比重	%	≥2.5	≥2.7	≥2.3	≥2.2
		5	每万人口发明专利拥有量	件	≥3.5	≥4	≥3.2	≥3.0
		6	工业生产率	万元/人	≥12	≥12		
		7	互联网普及率	%	≥50	≥55	≥50	≥45
		8	城镇人口比重	%	≥60	≥65	≥60	≥55
		9	农业劳动生产率	万元/人	≥2	≥2		
民主法制	10.5	10	基层民主参选率	%	≥95	≥95		
		11	每万名公务人员检察机关立案人数	人/万人	≤8	≤8		
		12	社会安全指数	—	100	100		
		13	每万人口拥有律师数	人	≥2.3	≥2.3		
文化建设	14	14	文化及相关产业增加值占GDP比重	%	≥5	≥5		
		15	人均公共文化财政支出	元	≥150	≥150		
		16	有线广播电视入户率	%	≥60	≥60		
		17	每万人口拥有"三馆一站"公用房屋建筑面积	平方米	≥400	≥400		
		18	城乡居民文化娱乐服务支出占家庭消费支出比重	%	≥5	≥5		
人民生活	26.5	19	城乡居民人均收入（2010年不变价）	元	≥25000	比2010年翻一番		
		20	地区人均基本公共服务支出差异系数	%	≤60	≤60		
		21	失业率	%	≤6	≤6		
		22	恩格尔系数	%	≤40	≤40		
		23	基尼系数	—	0.3—0.4	0.3—0.4		
		24	城乡居民收入比	以农为1	≤2.8	≤2.6	≤2.8	≤3.0
		25	城乡居民家庭人均住房面积达标率	%	≥60	≥60		

续表

方面	权重(%)		具体指标	计量单位	目标值（方案一）	目标值（方案二）		
						东部地区	中部地区	西部地区
人民生活	26.5	26	公共交通服务指数	—	100	100		
		27	平均预期寿命	岁	≥76	≥76		
		28	平均受教育年限	年	≥10.5	≥10.5		
		29	每千人口拥有执业医师数	人	≥1.95	≥1.95		
		30	基本社会保险覆盖率	%	≥95	≥97	≥95	≥93
		31	农村自来水普及率	%	≥80	≥85	≥80	≥75
		32	农村卫生厕所普及率	%	≥75	≥80	≥75	≥70
资源环境	20	33	单位GDP能耗（2010年不变价）	吨标准煤/万元	≤0.6	≤0.55	≤0.62	≤0.65
		34	单位GDP水耗（2010年不变价）	立方米/万元	≤110	≤105	≤110	≤115
		35	单位GDP建设用地占用面积（2010年不变价）	公顷/万元	≤60	≤55	≤62	≤65
		36	单位GDP二氧化碳排放量（2010年不变价）	吨/万元	≤2.5	—	—	—
		37	环境质量指数	—	100	100		
		38	主要污染物排放强度指数	—	100	100	—	—
		39	城市生活垃圾无害化处理率	%	≥85	≥90	≥85	≥80

资料来源：《浙江省全面建成小康社会进程统计监测评价》，浙江统计信息网，2014年3月4日。

表7-1所示的《全面建成小康社会统计监测指标体系》是以2000年为起点，以2020年为终点，反映20年间小康建设变化情况。考虑到全国31个省市区经济社会发展水平基础的不同，国家统计局设计了两套目标值方案，第一套为全国31个省市区统一目标值，第二套为东、中、西部的部分目标值设置有区别，各省市可根据自身需要选择不同的评价方案进行评价。

仔细考察这个《全面建成小康社会统计监测指标体系》，我们可以发现，经济发展和人民生活部分是指标体系中和经济发展方式直接相关的两个方面，涉及的指标个数较多，权重也较高，分别为22.0%和

26.5%，权重合计占整个指标体系的近50%。而文化建设和资源环境部分中的一级指标通过仔细研究，可以发现它们其实和经济发展方式的联系也是相当紧密的。如此一来，这套统计指标体系中近90%的指标都和转变经济发展方式密切相关。

因此，民族地区要在2020年如期全面建成小康社会，就必须转变经济发展方式，加速形成内生型发展方式。全面建成小康社会是全国各族人民的最大福祉，我们绝不能让任何一个民族掉队，绝不能让任何一个民族地区落伍。形成民族地区内生型经济发展方式前所未有的紧迫性，既是由全面建成小康社会的目标倒逼而产生的，也必然在民族地区全面建成小康社会的过程中得以实现。

4. 中央民族工作会议要求民族地区加快全面建成小康社会步伐

2014年9月28—29日，中央民族工作会议在北京举行。会议强调，新中国成立以来，少数民族和民族地区得到了很大发展，但一些民族地区群众困难多，困难群众多，同全国一道实现全面建成小康社会目标难度较大，必须加快发展，实现跨越式发展。要发挥好中央、发达地区、民族地区三个积极性，对边疆地区、贫困地区、生态保护区实行差别化的区域政策，优化转移支付和对口支援体制机制，把政策动力和内生潜力有机结合起来。要紧扣民生抓发展，重点抓好就业和教育；发挥资源优势，重点抓好惠及当地和保护生态；搞好扶贫开发，重点抓好特困地区和特困群体脱贫；加强边疆建设，重点抓好基础设施和对外开放。

支持民族地区加快经济社会发展，是中央的一项基本方针。这次会议认为，要紧紧围绕全面建成小康社会目标，顺应各族群众新期盼，深化改革开放，调动广大干部群众的积极性，激发市场活力和全社会创新创造热情；发挥民族地区特殊优势，加大各方面支持力度，提高自我发展能力，释放发展潜力；发展社会事业，更加注重改善民生，促进公平正义；大力传承和弘扬民族文化，为民族地区发展提供强大精神动力；加强生态环境保护，提高持续发展能力。

为推动民族地区全面建成小康社会，会议提出要加强基础设施、扶贫开发、城镇化和生态建设，不断释放民族地区发展潜力；要大力发展特色优势产业，增强民族地区自我发展能力；要以推进基本公共服务均等化为重点，着力改善民生。发展经济的根本目的就是要让各族群众过上好日子。①

可以看出，2014年中央民族工作会议的主题就是要求民族地区加快全面建成小康社会步伐。由于历史等原因，民族地区多属我国的边疆地区、贫困地区，是全面建成小康社会的重点、难点和短板。总体上看，民族地区经济社会发展成就令人鼓舞，但面临的困难挑战仍然突出：经济增速快于全国平均水平，但与发达地区的差距仍在拉大；综合经济实力显著增强，但自我发展能力仍然薄弱；社会事业全面推进，但基本公共服务均等化水平仍然较低；生态环境恶化趋势得到有效遏制，但发展面临的生态制约仍然明显。这些现实情况，决定了民族地区只有加速形成内生型经济发展方式，大力挖掘内生潜力，充分发挥好中央、发达地区、民族地区各个方面的积极性，发挥好全国一盘棋的社会主义制度优势，才能推动民族地区加快实现全面建成小康社会的步伐。

二　民族地区内生型发展方式形成的途径

在社会转型条件下形成民族地区内生型经济发展方式，其历史性的前提条件已经基本形成，目前的关键就是依循内生型经济发展方式的基本理念，将基本理念具体化，确定其形成的途径。

1. 在保证劳动者主体地位的前提下提高和发挥劳动者素质技能

民族地区的经济发展归根结底是人的发展，形成内生型经济发展方式的核心途径是在保证民族地区劳动者主体地位的前提下促进劳动者提高和发挥素质技能。下述的其他形成途径以及政策选择都是围绕这个核心来展开的。

提高并发挥劳动者素质技能的重要性，似乎不难理解，即使是那些坚持"物质生产力论"并把物质财富视为经济主体的人，也从把劳动者作为"人力资本"的观点出发，认为应提高劳动者的素质技能，并努力促使劳动者最大限度地发挥其劳动力。问题在于如何提高劳动者的

---

① 《中央民族工作会议暨国务院第六次全国民族团结进步表彰大会在京举行》，新华网（http://news.xinhuanet.com/politics/2014 - 09/29/c_1112683008.htm? prolongation = 1），2014年9月29日。

素质技能,又如何发挥劳动者的素质技能。一些人认为,只要强化监督管制,就会使劳动者的技能充分发挥,至于其素质技能的提高,则是不必考虑的。另一些人认识到提高劳动者技能的重要性,但只是强调加强教育和培训,不主张,甚至反对提高劳动者的自主意识,更反对通过社会变革,增加劳动者的权利,在他们眼中,劳动者不过是"生产的要素",其技能高,就提升了"要素"的水平,在此基础上强化管制,就能发展生产力,而劳动者有了自主意识,则会不服从管制,就不能发展生产力。这种认识是历来统治阶级的一贯思想,而且在西方资本主义经济学中得到系统阐发。时下中国一些人坚持这种认识,并力阻政治体制改革,反对增加劳动者权利,以致削弱和侵犯宪法所规定的公民个人权利,使劳动者的社会主体地位得不到保证。这种认识所导致的恶果,在民族地区中更为突出。

不能增加劳动者权利,就不能有效提高和发挥劳动者的素质技能;不能保证劳动者的社会主体地位,也就不能真正地形成内生型发展方式。民族地区内生型经济发展方式的形成,必须把确立和保证民族地区劳动者的主体地位作为前提,由此而促进劳动者素质技能的提高和发挥。

劳动者的素质技能,包括身体素质、技能素质、文化精神素质三个有机统一的层次,其中,身体素质的提高,主要是通过变革生活方式、改善生活条件、克服不良风俗习惯来实现的,教育和体育事业也是必要途径。而提高技能素质和文化精神素质主要的途径是强化教育和职业培训。提高民族地区各族劳动者的素质技能,必须全面考虑这三个层次的统一。

强化民族地区教育事业,是提高民族地区各族劳动者素质技能的根本。教育是社会主义社会的第一事业,是立国之本,也是能否坚持社会主义原则的主要标志之一。那些"教育产业化"、"教育市场化"的观念,都是违反社会主义原则的,也是有害中国之根本的。强化教育事业,对于民族地区尤为重要,应采取各种特殊优惠政策,加大政府投入,特别是九年义务教育,依据立法,强制政府保证教育资金和师资,以加速发展民族地区教育,鼓励和强制适龄儿童、少年就读。与此同时,改革教育体制,改进、更新教育内容和方法,提高教育质量。

在通过教育事业提高民族地区各族劳动者的素质技能时,必须全面考虑身体素质、技能素质、文化精神素质三个方面。在对身体素质的培育过程中，不仅要通过各种文体活动强健学生的体能，还要培育他们良好的生活和卫生习惯；在技能素质方面，不仅要教会他们必要的基础知识，更要使他们掌握认识世界和进一步获取知识的工具，以及基本的生产、生活技能。一些民族地区针对很多学生在接受九年义务教育后将不再继续求学，而是回乡务农或放牧的实际情况，在小学高年级和初中开设一些实用技术课，使基础教育和少数民族地区广大农牧民的生产生活联系起来，提高了家长支持孩子念书的兴趣，取得了比较好的效果。在文化精神素质方面，要注重培育学生们的自强自立、勇于进取的精神。一些少数民族由于语言和风俗习惯等问题，长期生活在封闭的社区圈子内，与外部世界接触很少，对外部世界形成一种畏惧心理，不敢也不愿走出狭窄的生活圈子，建立与外部世界广泛的交往，因此必须通过双语教学，使他们掌握汉语这种与外部沟通、获取信息的重要工具，同时使他们了解外部世界，在与外界的交流沟通中扩大发展的空间，寻找发展的机会。此外，文化精神素质教育中还有一项重要的内容就是培养中华民族自豪感，让各族学生通过了解中华民族的历史和文化，传承中华民族多元一体文化的精髓，认识到各民族都是中华民族共同体中不可缺少的一部分，积极培养中华民族共同体意识。

当前，我国对少数民族教育实施了一系列优惠政策，这些优惠政策增加了少数民族受教育的机会，对提高少数民族整体素质技能是非常必要的，但是，有些优惠政策，比如"同等条件，优先录取"、"降分录取"等，实际上是降低了人才培养的标准，如果不能在接受中高等教育期间加倍努力（既包括学校也包括个人）进行提高和弥补，那么这样的"人才"进入就业市场时就只有文凭而没有社会竞争力，由于无法胜任工作岗位的需要而面临就业困难。此外，优惠政策只能是过渡性的，无法想象再过50年、100年我国还需要执行这样的面向特定民族的倾斜性优惠政策。因此，国家不应以降低标准作为对少数民族教育的"优惠"，而应由中央政府加大投入，包括资金和师资两方面，使民族教育事业在基础条件上跨越式发展，不仅要达到发达地区水平，而且要高于发达地区水平；不仅要免除学杂费，还要给少数民族学生以一定的生活补助，并提供必要的食宿条件。

在强化民族地区教育中的基础教育的基础上，突出职业教育，适度发展高等教育。职业教育的对象是接受了基础教育的学生，其目的是培养现代的职业技术，即以工业技术为主，并以工业技术改造农、牧、渔业技术。受教育者在经过职业教育之后，掌握必要的专业技能，其中一部分可到城市企业就业，大部分则在当地就业，在工业化中充当主力军。而民族地区的高等教育，则应扭转既有的片面重视人文学科（民族学、民族语言文学、民族历史）倾向，加强经济发展所需要的社会科学（经济学、管理学、法学）和理工农医等学科，培养少数民族的高级人才。

在强化民族地区教育事业的同时，还要注重民族地区的职业培训。包括：（1）加强对农牧民的培训；（2）加强对学校教师的在职培训；（3）加强对民族地区干部的培训；（4）强化对企业（包括国有企业和合作、私有企业）员工的培训。[1]

提高民族地区劳动者的技能素质，不仅要加强教育和职业培训，更要在对生产方式的转化中通过实践来积累经验，充分发挥民族地区劳动者的聪明才智，并通过密切交流互助来实现。而民族地区劳动者的文化精神素质的提高，既要在教育和培训中突出相关内容，如社会主义和爱国主义教育、公民权利意识教育、民主观和道德观教育等，还要通过革新丰富文娱活动，移风易俗，以改变各民族文化传统中的陈腐成分，同时发扬其中的可继承的优秀成分，营造健康向上的文化氛围，由此来提高民族地区劳动者的文化精神素质。

提高了的少数民族劳动者素质技能是民族地区经济发展的根据，民族地区经济发展就是提高了的少数民族劳动者素质技能发挥的体现。也只有在不断的发挥中，劳动者的素质技能才能持续提高。民族地区内生型经济发展方式的实质就在于此。

2. 以引进消化吸收再创新为主干通过自主创新驱动经济发展

内生型经济发展方式必须以科学技术的自主创新为经济发展的主要驱动力。科学技术是劳动者素质技能的高度发挥，而不是脱离劳动者而独立存在的一种生产要素。因此，民族地区的经济发展方式转型的一个重要途径就是大力提升民族地区科学技术的自主创新能力。

---

[1] 王玉芬：《内生拓展——中国少数民族经济发展的理念、根据、条件、战略》，中央民族大学出版社2006年版，第320—325页。

提到民族地区的"自主创新",有人可能会望文生义地认为,"自主创新"就是在不引进、不参考其他地区或国家的已有科学技术的前提下,由本地区的高校、科研机构和企业一切从零开始探索,独自创新,封闭创新,自我创新。很明显,这是一种对"自主创新"概念的狭隘认识。

实际上,"自主创新"依照现在学术界的广泛共识而言,从内容上应该分为三种模式:(1)原始创新;(2)集成创新;(3)引进消化吸收再创新。

原始创新,是指前所未有的重大科学发现、技术发明、原理性主导技术等创新成果,主要包括科学研究和技术开发。科学研究或基础研究就是寻求新的科学知识,即新的理论、新的规律、新的技术和新的方法,其重要的结果就是获得新发现,体现科技的最高水平。这是新生产力的主要来源。技术开发是把科学知识转化为实物,即新的仪器、新的设备、新的产品和新的处理方法,其重要的结果就是发明创造。这是新生产力的实现。二者常被称为研究与开发或简称为研发。原始创新是最根本的创新,是最能体现智慧的创新,是一个民族对人类文明进步作出贡献的重要体现。原始创新活动主要集中在基础科学和前沿技术领域,原始创新是为未来发展奠定坚实基础的创新,其本质属性是原创性和第一性。

集成创新,是指通过对各种现有技术的有效集成,形成有市场竞争力的产品或者新兴产业。它与原始创新的区别是,集成创新所应用到的所有单项技术都不是原创的,都是已经存在的,其创新之处就在于对这些已经存在的单项技术按照自己的需要进行了系统集成并创造出全新的产品或工艺。集成创新相对于单项创新而言,是系统的创新活动,创新主体、创新载体、创新环境等系统要素并非孤立地发挥作用,而是通过选择、整合、优化等创造性的集成活动,形成一个由适宜要素组成、优势互补、相互匹配的有机体,形成"$1+1>2$"的集成放大效应。

引进消化吸收再创新,是指在引进国内外先进技术、装备的基础上,学习、分析、借鉴,进行再创新,形成具有自主知识产权的新技术、新产品。引进消化吸收再创新注重对外部知识的学习,在学习过程中不断增强自我的"消化吸收"能力,将外部知识转化为内在的创新积累及创新能力提升。引进消化吸收再创新是最常见、最基本的创新形式。其核心概念是利用各种引进的技术资源,在消化吸收基础上完成重大创新。引进消化吸收再创新是各国尤其是发展中国家普遍采取的提高自主创新能力的重要途径。

原始创新、集成创新和引进消化吸收再创新作为自主创新的三种不同模式,三者各有其侧重点。原始创新强调对于技术原创性的把握,侧重于基础理论方面的创新,也可以称为源头创新,是提高自主创新能力的重要基础和提升科技竞争力的重要源泉。集成创新强调在模块化的技术条件下,通过模块的组织方式变动来适应市场的创新方式。这种创新方式既可能属于原始创新,同样也可能是在技术引进消化吸收的情况下出现的再创新。引进消化吸收再创新强调在开放的条件下对技术领先者的学习与赶超,在某种程度上也是在巨人肩膀上的原始创新,同时如果是在模块化的基础上进行系统集成的创新,则完全有可能体现为集成创新的形式。总之,三者在资金投入、创新周期、创新风险方面以及对技术能力和技术积累的要求都是不同的。

所以,民族地区要通过自主创新驱动经济发展,首先就面临一个自主创新的模式选择问题,即要选择一种符合民族地区经济的特点,能够解决当前最紧迫的问题的自主创新模式。

民族地区作为后发展、欠发达地区,创新资源匮乏,科技进步对经济增长的贡献率低,科技支撑能力与经济发展不适应,自主创新能力与东部发达地区相比还有很大差距。国内外包括中国少数民族地区发展的实践经验证明,把国内先进地区或世界上成熟的技术实行引进消化吸收再创新,能够大大缩短创新时间,有效降低创新风险,从而跨越科技发展的某些阶段或领域,推动地区经济的跨越式发展。

因此,不能一味要求民族地区都从原始创新做起,民族地区也不能关起门来搞创新,而是要在鼓励原始创新、集成创新的同时,把引进技术基础上的消化吸收再创新作为民族地区增强自主创新能力的主攻方向。

民族地区的自主创新,必须明确本地区劳动者素质技能的提高是根本,一切要以本地区劳动者为出发点和归宿点。

第一,要把引进消化吸收再创新与民族地区科技工作人员的人才政策结合起来,尽量杜绝"孔雀东南飞"的现象,培育科技创新主体的积极性和创造性。要用良好的政策和机制吸引海内外高层次人才到民族地区建功立业。

第二，要着力构建区域协同创新机制。要对民族地区建立以企业为主体、市场为导向、产学研相结合的技术创新体系进行综合分析，针对民族地区经济和科技发展不平衡以及科技体制改革的实际，因地制宜地总结经验，提出对策。要发挥民族自治地方政府的主导作用和桥梁作用，有效整合产学研力量，鼓励和支持企业同大学和科研机构联合建立研究开发机构、产业技术联盟等创新组织，加大对产学研用结合协同创新的资金投入和支持力度，建立若干特色鲜明、机制灵活、能够解决重大问题的协同创新中心，启动一批能够调动各方积极性的重大协同创新项目。

第三，在有条件的民族地区发展高新技术及其产业，用高新技术和先进适用技术改造传统产业，实现产业优化升级。民族地区经济发展的结构性矛盾主要是传统产业比重过大，高新技术产业发展迟缓。因此，必须突出改造传统产业和高新技术产业化两个主攻方向，并把二者紧密结合起来。首先要发挥原有传统产业的优势，积极盘活经济存量，围绕增加品种、改善质量、节能降耗、防治污染和提高劳动生产率，加大技术改造力度，淘汰落后工艺设备，压缩过剩的一般产品生产能力，运用先进适用技术开发高附加值、有竞争力的产品，优化技术和产品结构。其次要在重点地区和重点行业大力发展高新技术产业，充分发挥中心城市、科研院所、大专院校、骨干企业和国防科技工业的技术优势，选准突破口，高起点地发展高新技术产业和未来支柱产业，提升结构水平和层次。例如，在农牧业、能源、交通、冶金、化工、机械、建材等行业，广泛采用新设备、新技术、新工艺和新的管理方式，着力提高主导产业、主导产品和重点企业集团的创新能力，实现支柱产业集约化经营；在一些重点企业、重点建设项目和高新技术产业开发区中，要努力采用高新技术，如数字化制造、洁净煤发电、稀土资源高效利用、节水灌溉、智能交通等，以提升技术水平。[1]

3. 推动特色优势产业转型升级

内生型经济发展方式的题中之义是增强区域自我发展能力。对于民

---

[1] 李鸿：《转变民族地区经济发展方式的治本之策》，《西南民族大学学报》（人文社会科学版）2008 年第 12 期。

族地区来说，增强区域自我发展能力的一个重要的途径就是通过升级壮大本地区的特色优势产业，从而获得本地区自身长期经济发展的"造血"能力，摆脱消极依赖财政转移支付的"输血"局面。

特色优势产业是以市场为导向，根据区域要素禀赋特征，通过产品的自身品质或产业的规模优势而反映出具有较强市场竞争力的产业，其特征主要体现在产品的地域根植性和市场的适应性上。

因此，不同的地区其特色优势产业是不同的，必须因地制宜地进行考虑。从民族地区的总体情况看，资源型产业、特色农牧业、民族文化旅游业属于值得重点升级壮大的特色优势产业。

资源型产业指依托自然资源优势的自然资源采选和加工业，包括煤炭开采和洗选业、石油和天然气开采业、黑色金属矿采选业和有色金属矿采选业，以及石油加工、炼焦及核燃料加工业、非金属矿制品业、黑色金属冶炼压延加工业和有色金属冶炼压延加工业。目前民族地区的资源型产业的主要问题是资源深加工程度较低，产业发展倚重于资源开采和初级加工；大量央企嵌入民族地区的资源开发，对地方的就业和人均收入提高带动有限，并对民族地区发展其他行业产生了严重的挤出效应，造成产业结构失衡；不提前考虑资源型产业的资源枯竭问题和布局新资源开发，结果为地区经济的持续稳定增长埋下巨大隐患。

因此，民族地区的资源型产业要得到转型升级，应重点做好以下两点工作：

第一，促进能源和资源深度利用。对于能源而言，煤炭产业应有序向煤电一体化、煤化工、煤层气和页岩气开发利用方向拓展。在内蒙古、新疆、宁夏、贵州等重点产煤省区，适度布局，并采取集中集约、上下游一体化方式建设现代煤化工生产基地及煤电化热一体化示范基地。促进煤炭生产和物流业的融合发展，推进煤化流（物流）一体发展。石化产业应依托国内和进口石油资源，发展以昆明为核心的中西部内陆石化产业集中区，提高西南地区炼油能力，促进上下游一体化发展，满足当地成品油市场需求。对于矿产资源而言，重点依托云南、新疆、青海、西藏、内蒙古等省区有色金属成矿带资源，建设若干有色金属、稀土、钢铁等优势矿产资源开采加工基地，包括滇黔磷化工，青海和新疆钾、镁、锂、硼等多种矿产综合开发利用基地等。

第二，通过推进重点领域改革促进民族地区从资源开发中受惠。一是推进煤炭资源税改革试点。2010年油气资源税在新疆试点之后,将油气开采企业的部分超额利润转移为地方财政收入,协调了企业与资源所占地的利益,有利于促进民族地区的发展。相较于油气开发企业而言,煤炭资源税改革相对复杂,可考虑在内蒙古等省区先行试点。二是加大水能资源税费改革力度。可以考虑按税费合并的原则,将目前的水资源费改革为水资源税,作为地方税。三是探索资源开发中西部地区地方政府及群众利益共享机制。主要是探索中央和地方政府之间、参与资源开发的企业,特别是中央企业,与地方政府以及当地居民之间在资源开发方面的利益共享机制。可以考虑将资源类央企上缴中央财政15%的资本经营收益的一部分留于地方政府,用于资源开发地区生态治理和环境保护。[①]

特色农牧业是指一个地区以其特有的自然、经济、生物资源为依托,为繁荣市场、增加收益而从事具有地方特色农畜产品的产业。说白了就是"人无我有、人有我优、人优我特"。目前民族地区的特色农牧业的主要问题是农牧产品丰富的优势尚未转化为产业优势。现代农牧业包括产前、产中、产后三个领域全部内容的总和,并通过产业链纵向和横向拓展,成为向第二、三产业不断渗透的一个综合性产业。所以民族地区的特色农牧业需要向产业链条长、品牌知名,精深加工和终端产品比重大的方向转变。

因此,民族地区的特色农牧产业要得到转型升级,应重点做好以下几点工作:

第一,推进现代农业建设。大力发展特色农业、生态绿色农业、设施农业、循环农业和节约型农业,加快农业发展方式转变。继续支持种养业良种工程、动植物保护工程、农产品质量安全检验检测体系等项目。加快农业科技进步和推广,健全农业服务体系,提高农业装备水平。促进和优化优势农产品区域化布局和专业化生产,形成一批区域布局合理的优质特色农产品产业基地。

第二,推进农业产业化经营。加快推进特色农畜产品精深加工,培育扶持一批龙头企业,延长产业链,提升农业综合效益。健全农业社会

---

① 申兵:《西部地区特色优势产业发展现状、问题及政策取向》,《经济研究参考》2012年第55期。

化服务体系，发展多种形式的适度规模经营，大力发展农牧民合作社、农村专业技术协会、经济联合体等农村专业合作经济组织和专业大户，提高农业生产经营组织化程度，壮大农村集体经济组织实力。

第三，强化农副食品加工业的技术改造。依托国家农牧产品加工技术研发体系及各类专业性、区域性技术服务机构，在一些领域的关键技术方面取得突破，如超临界萃取、冷藏保鲜、新型灭菌、高精度定量罐装技术、产品包装等关键技术。

民族文化旅游业是指以民族风情和民族文化为基础资源，辅以相关旅游设施，向旅游者提供旅行游览服务的行业。目前民族地区的民族文化旅游业的主要问题是创收能力较弱，发展效益不高。

因此，民族地区的民族文化旅游业要得到转型升级，应重点做好以下几点工作：

第一，完善产品体系。民族地区在巩固发展观光旅游的同时，需要充分发挥民族文化、历史文化、地域文化和自然资源优势，开发新产品，发展新业态，大力以温泉旅游、探险旅游、避暑旅游和休闲度假旅游为代表的生态度假旅游产品体系和以农业观光、休闲娱乐和特色餐饮为代表的乡村旅游产品体系，以演艺旅游、节庆旅游为代表的文化旅游，实现由以观光为主向以休闲度假为主的多层次、多样化的产品体系转变。同时，针对民族地区生态环境脆弱等特点，积极发展高端旅游产品，在减少对生态干扰的情况下提高旅游业的收益，实现经济效益和生态效益共赢。

第二，加快由点线旅游体系逐步向板块旅游体系的转变。民族地区目前以"点线旅游"体系为主，具有产品的单一性和收益范围小的特点，今后需要以景区开发为主的模式转向以旅游目的地开发为主的模式，需要深化民族地区客源地与目的地的合作、目的地与集散地的合作、景区与景区之间的合作、同一主题线路的合作等，推出一批"丝绸之路"等跨省区的旅游产品，推动区域旅游产业的整体发展，打造跨区域的旅游精品线路和民族地区旅游品牌。

第三，加大旅游对外交流与合作。一是加强与周边国家的旅游合作，通过发展边境旅游和跨国旅游，构建面向东南亚、南亚、中亚和俄罗斯的国际区域旅游圈，共建无障碍旅游区。二是积极引入国外和东部发达地区旅游服务企业，提升民族地区旅游策划、营销和服务水平，努力形成旅游产品特色化、旅游服务标准化、游客进出便利化、旅游环境优质化的发展新格局。

4. 因地制宜培育战略性新兴产业

战略性新兴产业是指以重大技术突破和重大发展需求为基础,对经济社会全局和长远发展具有重大引领带动作用,知识技术密集、物质资源消耗少、成长潜力大、综合效益好的产业,主要包括节能环保产业、新一代信息技术产业、生物产业、高端装备制造产业、新能源产业、新材料产业、新能源汽车产业七大产业。

培育和发展战略性新兴产业是加快民族地区经济发展方式转变的重要途径。战略性新兴产业以创新为主要驱动力,辐射带动力强,加快培育和发展战略性新兴产业,有利于抢占新一轮经济和科技发展制高点,有利于提升产业层次、推动传统产业升级、高起点建设现代产业体系,有利于增强地区自主发展能力。

民族地区培育发展战略性新兴产业必须因地制宜,立足实际和优势,突出特色,有重点、有选择地推进。依据民族地区的资源禀赋和产业发展现状,民族地区不可能也不必要在所有战略性新兴产业领域齐头并进,否则可能产生"吃不进"、"咽不下"或者"消化不良"的结果,建立起来的所谓"战略性新兴产业群"也可能因战略幼稚而"未战先败"、"未战先衰",缺乏市场竞争力和市场认可度,从而导致不能持续地发展。通常来看,除了民族地区的省会城市和重要工业基地外,大多数民族地区缺乏发展高端装备制造业、新一代信息产业、新能源汽车等产业的产业基础、配套基础和市场基础,在国内各地尤其是沿海地区已经形成庞大产业规模的时候,民族地区即便进入此类产业领域也难以获得市场支持。

因此,民族地区在培育战略性新兴产业时应该把主攻方向放在培育节能环保产业、生物产业、新能源产业、新材料产业四个方面。在这四个方面,民族地区可以说有着非常良好的资源基础和发展前景。

内蒙古是我国的资源富集区,许多资源不但储量大,而且开发条件好;地下资源富集,稀土储量居世界首位;煤炭保有储量2200亿吨,居全国第二;天然气资源丰富,苏里格天然气田探明储量7000多亿立方米,属于世界级大气田,也是"西气东输"的重要气源之一。在新能源领域,1.5兆瓦半直驱稀土永磁变速恒压风力发电机、205千瓦太阳能光伏沙漠示范电站、200千瓦沙漠太阳能热气流发电、非粮油脂原料生物柴油、水源热泵系统等项目进展顺利，为太阳能、风能、生物质能、地热能等的开发利用提供了有力支撑。在稀土新材料领域，稀土金属及合金材料、钕铁硼永磁材料、储氢材料等的研究和生产水平逐步提高，使稀土从资源优势进一步向产业优势转变。在节能减排与循环经济领域，粉煤灰提取氧化铝、矿热法冶炼铝硅系列合金多联产工艺，进入产业化实施阶段，城市生物质垃圾联合厌氧发酵工艺已进入工厂化生产，在同行业中处于领先地位。在煤炭高效清洁利用领域，褐煤提质、无井式煤炭地下汽化技术、炼制富勒烯、煤制天然气的研发等领域均取得重大进展。

　　云南具有丰富的矿产资源和生物资源，在有色金属、生物和农业方面具有一定的产业和技术优势。有色金属、稀贵金属等矿产资源储量均居全国前列，现已形成了完善的新材料产业研发体系，并在光电子产业领域形成鲜明特色，光电子产业发展已初步形成了以红外及微光夜视、光电子信息材料、太阳能电池等为主导，以光机电一体化设备、半导体照明、OLED等产业为补充的光电子产业发展格局。

　　贵州围绕特色优势资源，通过持续攻关，推进新兴产业的发展。在材料、生物、装备制造等领域取得了一定成效。成功研制出新型高强度铝合金系列材料、高纯度海绵钛系列材料等金属和合金材料，在改性聚合物材料领域掌握了一批高新技术，建成了目前国内最大的反渗透膜基地，磷煤精细化工产业集群初步形成；在中药现代化领域初步建成了中药材生产体系、中药研究开发体系、中药制药开发生产体系、中药现代化产业保障服务体系，构建了中药现代化产业市场和信息服务网络，生物种质资源开发及生物质能源方面的技术创新取得一定突破；在航空航天、工程机械、大型农业装备、物流系统、关键零部件和系统集成等方面形成了一定的竞争优势。

　　广西已初步具备发展战略性新兴产业的基础、优势和条件。新能源、新材料、生物医药、生物育种等战略性新兴产业的技术较为成熟，产业初具规模，产业化发展水平有了较大提高。风电装机容量达到200多万千瓦，太阳能热水器利用面积达到20万平方米以上；稀土铝绞线、ITO靶材、建筑铝型材、高纯铟、PS版印刷材料等一批有影响力的新材料产品相继研制成功，并取得显著经济效益，约占同期工业增加值的 1.18%。

新疆凭借特色资源优势，绿色高端制造、新能源、新材料领域异军突起，涌现出了一批在全国有影响力的优势企业，拥有一批在全国具有领先水平的先进技术和优势产品，具备了进一步做优做强这些产业的条件。1.5 兆瓦风电机组、2.5 兆瓦永磁风电机组、3.0 兆瓦混合传动风电机组，在全国均处于领先水平，已建和在建风电装机为 75 万千瓦，2010 年新增 80 万千瓦，规划风电总装机预计达 355 万千瓦。

青海着力发展和培育新能源、新材料等优势产业，扩大传统产业规模，优化产业结构，使工业经济由资源初加工向精深加工转变，逐步确立了特色鲜明、优势突出的新型工业体系，后发优势日益明显。目前，光伏累计装机容量约在 8000 千瓦。一个以太阳能硅材料为主的太阳能光伏产业体系正在形成。多晶硅、单晶硅、高档电解铜箔、太阳能电池组件、铝镁合金铸件、电子级铜箔、铝箔等项目的建设和引进已取得了重要进展，正在向建设新能源产业和新材料生产基地方向发展。重点建设的有 2500 吨多晶硅、1000 吨单晶硅、1 万吨铜箔、2 万吨高纯铝等项目。在充分利用独特的气候资源的基础上，针对高寒干旱作物生育期短的特点，进行了高原农作物新种质资源创造及新品种培育工作，从而使得冷季品种不断增加，提高选育、栽培技术，在种植业结构调整中起到了积极的推动作用。生物科技充分利用青藏高原独有的动植物资源，重点发展生物技术、中藏药、高原绿色食品加工业及高新技术产业，培育特色经济。目前，已形成以生物技术、中藏药、绿色保健食品加工为主导的优势产业，产业的聚集效应和带动效应逐步显现，成为青海经济结构调整中的亮点和新的经济增长点。

宁夏多（单）晶硅产能达 8500 吨、太阳能发电能力居全国前列，初步形成太阳能电池生产和光伏发电的完整产业链。形成一批符合本地资源特点的煤—电—化工清洁能源行业循环经济产业链。[1]

培育发展战略性新兴产业，关键在于要有高素质技能的劳动者支撑。民族地区应把培育和发展战略性新兴产业与高端人才的引进、培养和使用结合起来。应开展民族地区培育、发展战略性新兴产业高层次科

---

[1] 苏多杰：《培育西部民族地区战略性新兴产业》，《青海民族大学学报》（社会科学版）2011 年第 4 期。

技创新型人才专项调研，并在深入调研的基础上，重点在高校、科研院所、重点企业建设结构合理、具有国内先进水平、特色鲜明的战略性新兴产业创新团队，为战略性新兴产业培养一批高素质科技人才。应继续实施"企业博士创新计划"，资助在生产一线的博士和博士后开展技术创新研究，争取培育一大批年纪轻、素质高、适应未来自主创新发展需要的企业技术带头人。要采取资金技术入股、提高薪酬等灵活的政策措施，鼓励创新型人才投身到战略性新兴产业的自主创新行动中去。要重点引进战略性新兴产业发展急需的高层次人才，特别是带技术、带项目、带资金的优秀创新人才。

三 民族地区内生型发展方式形成的政策选择

在社会转型条件下形成民族地区内生型经济发展方式，其形成途径已经明确，现在的关键就是针对上述形成途径筹划和选择政府的经济政策。形成途径就相当于内生型发展方式的战略重点，而政策选择则相当于内生型发展方式的战略部署和战略措施，后者是前者能够得以实现的具体载体。

1. 政策基本理念的转变：强化民族地区经济发展的内生动力

基本理念是政策的灵魂，在明确具体的政策之前，首先必须转变政策基本理念。从嵌入型发展方式转变为内生型发展方式，民族地区的各级政府首先就必须明确，内生型发展方式的政策基本理念是强化民族地区经济发展的内生动力。

在嵌入型发展方式的影响下，民族地区政府的政策基本理念具有相当强烈的外因决定论色彩。在很多政府工作人员的头脑中，只要一提到政策措施，必然首先想到"加大中央财政对民族地区一般性转移支付和专项转移支付力度"、"加大中央财政性投资对民族地区的投入力度"、"加大对口帮扶支援力度"等早已烂熟于心的口号，仿佛民族地区发达与否主要取决于中央政府和东部发达地区的支援力度，仿佛区外的支援力度决定了区内的经济发展。照这种外因决定论的思路，民族地区的经济发展方式根本就不需要转型，因为只要加大区外的支持力度就能够加快经济发展。很明显，这种政策基本理念完全颠倒了内因和外因的辩证法。

事实上,一个地区的经济发展的内因只能是劳动者素质技能的提高和发挥,区外的资金支持只是经济发展的外因。辩证法告诉我们,事物的发展是内外因共同作用的结果,内因是事物的内部矛盾,是事物自身运动的源泉和动力,是事物发展的根本原因。外因是事物的外部矛盾,即一事物与他事物之间的相互影响和相互作用,是事物发展、变化的第二位的原因。内因和外因的辩证关系是:第一,内因是事物发展变化的根据,它是第一位的,决定了事物发展的基本趋势和方向;第二,外因是事物发展变化的不可缺少的外部条件,是第二位的,对事物的发展起着加速或延缓的作用,有时外因甚至对事物的发展起着重大的作用;第三,外因的作用无论多大,必须通过内因而起作用。

嵌入型发展方式片面强调区外力量对民族地区的支援力度,阻滞了民族地区各族劳动者素质技能的提高,滋生了民族地区各级干部的"等、靠、要"思想,给民族地区经济发展造成了错误导向。在嵌入型经济发展方式的影响下,民族地区的各级政府在制定政策时特别倾向于向上级政府要资金、要政策、要项目,而较少注意到提高本地区劳动者的素质技能,结果使得民族地区的城乡差距、地区差距、民族差距持续拉大,严重威胁到民族团结、社会稳定乃至国家安全。目前看来,在嵌入型经济发展方式指导下的民族地区经济发展,实际是在重复东部发达地区的老路,跟着东部地区的后面亦步亦趋,这将使得民族地区的经济发展水平赶上甚至超过东部地区的期望或前景沦为镜花水月,可望而不可即。

"输血"的作用在于增加机体"造血"功能,而不是也不能代替"造血"功能的生成。必须明确决定民族地区经济发展最根本的因素就是本地区劳动者的素质技能水平及其发挥的程度。那种将民族地区经济发展只视为本地区生产总值、财政收入的增加,继而寄希望于通过大型央企和东部发达地区的资本嵌入本地区来增大上述指标的政策理念,颠倒了经济发展的表象与本质之间的关系,阻滞了民族地区各族劳动者素质技能的提高,最终导致民族地区的经济发展日益不协调、不平衡和不可持续。

因此,内生型经济发展方式下的民族地区各级政府必须将政策基本理念的方向转变为强化本地区经济发展的内生动力。必须改变唯 GDP

主义的政策理念，将本地区劳动者素质技能的提高和发挥作为制定政策的基本理念。对于那些虽然在短期内有助于地区生产总值提高，但对本地区劳动者的素质技能的提高没有积极作用的政策，应该逐步加以改造或者彻底根除。而对于本地区劳动者的素质技能的提高有积极作用的政策，应该积极提倡并大力推行。

当政策基本理念转变之后，民族地区的具体经济政策的选择将焕然一新。

2. 在推进市场化的进程中以合作制改造小农经济

自20世纪80年代人民公社解体以来，小农经济一直是我国民族地区农村经济的基础。在嵌入型发展方式中，由于可以依靠嵌入型的大型央企创造地区生产总值和财政收入，故民族地区的各级政府在改造小农经济方面并未着力进行。但在内生型经济发展方式中，改造小农经济将成为一个关键性的政策选择。

必须改造小农经济的重要原因就在于小农经济与市场化的矛盾。这个矛盾有两个方面：第一，小农经济压制市场需求。小农经济以自给性消费为目的，经营规模小，不可能大幅度提高农牧民收入。小农经济主要从事农业和家庭手工业生产，这种经济是农民在市场化条件下遭受贫困的根源。小农经济是一种自给性经济，在最好的条件下也不过是维持简单再生产，少有剩余产品和缺乏交换，使得农民货币收入不可能得以持续增长。货币的本质是一般等价物，源于商品生产和交换。完全自给自足的经济，既无必要也不可能产生货币。尽管完全的自给自足在今天已经不复存在，但民族地区的大部分农牧民的经济生活仍然停留在古代，自给自足和极为有限的货币收入使得农业稍有增产即出现农产品剩余，使得国民经济在低水平的发展阶段就进入买方市场。当城市大工业和个体小农经济相结合时，市场需求不足是必然的。第二，小农经济无法抵御市场风险。小农经济面对的市场风险包括国内市场风险和国际市场风险，无论哪种市场风险，小农经济都无力承担。在国内市场上，农业生产的各种投入品如种子、化肥、农药、塑膜、农机、疫情防治、资金等，个体小农面对的都是以价值增值为目的的现代公司。一旦出现市场风险，往往农民是损失的最后承担者。农产品的销售同样存在价格风险，农产品价格的下跌往往造成小农的普遍亏损。在国际市场上，小农面对的是资本主义性质的大农场。资本主义农业以其全球战略为支撑点,使粮食和石油一起成为国际经济斗争的两个有力武器,通过大量补贴农业,维持一个品质好而价格低廉的农产品国际市场,迫使发展中国家农业为整个资本主义世界的价值增值做出牺牲。在中国加入世贸组织后,小农经济面对国际市场竞争已经陷入破产境地。

改造小农经济,建设现代农业必须从农业生产的组织基础和技术两个方面进行。在组织方面,我们提出以合作制为主的小农经济改造思路;在技术基础方面,将现代工业和科技成就引入农业,建设可持续增长的现代农业。[1] 就政策能够作用的方面来讲,组织基础方面更为重要一些,因此以下内容重点讨论合作制。

合作制经济不仅从生产关系上,而且从生产力上为改造小农经济创设了条件。工业文明之所以取代农业文明,一个重要条件是劳动者从分散的个体劳动过渡到合作劳动。合作化显然提供了这个条件。合作经济在生产事业上已经不限于农业,而是包括商业、金融、交通、运输和工业等,出现了生产合作社、信用合作社、商业合作社等合作经济组织,也出现了合作工厂。可以断定,如果沿着合作经济道路走下去,小农经济完全可以被改造成社会主义合作经济。问题在于 20 世纪 50 年代随着集体化运动的展开,改变了合作经济关系,形成了集体制经济。

集体制由于其内在经济关系和经济矛盾决定了在逻辑上它有两个发展方向:一是回到合作制经济中来,二是重建小农经济。换言之,集体制是一种过渡经济形式,它可能突进到合作制经济,也可能向小农经济发展。历史最终选择了后一条发展路线。这不是偶然的。在集体制中,农民丧失了对劳动力和土地等生产资料的所有权,也丧失了生产积极性,使集体经济道路走到了尽头。而在保留集体制的条件下试图调动农民积极性只能实行家庭承包,把集体占有的土地使用权包给千家万户的小农,利用小农发家致富的愿望,促进农业生产的短期增产。家庭承包制的广泛推行,使小农经济得以重建。小农经济的重建只能导致中国经济古代化,而不能促进中国经济现代化。当务之急是在家庭承包将土地使用权包给农户的前提下,进一步明确和保证农民对已承包土地拥有占有权,并在占有权基础上通过合作制建立社会主义性质的合作农场,改造小农经济。

---

[1] 杨思远:《中国少数民族生产方式研究》,新华出版社 2012 年版,第 291 页。

2006年10月，第十届全国人民代表大会常务委员会审议通过了《中华人民共和国农民专业合作社法》，该法的颁布开启了21世纪在中国以合作制改造小农经济的历程，标志着我国农民专业合作社将进入依法发展的新阶段，具有划时代的历史意义。

2012年3月28日新疆维吾尔自治区第十一届人民代表大会常务委员会第三十五次会议通过《新疆维吾尔自治区实施〈中华人民共和国农民专业合作社法〉办法》，新疆成为民族地区八省区中第一个出台省一级的《合作社法》实施办法的省份，可谓是民族地区以合作制改造小农经济的排头兵和先进代表。

总之，民族地区要形成内生型经济发展方式，在以合作制改造小农经济方面就应该着重实施好以下政策：

第一，各省区的立法机关应向新疆维吾尔自治区人大学习，结合本地区农村实际情况，积极制定省一级的《合作社法》实施办法。

第二，各市级、县级人民政府应当制定并落实鼓励、扶持农民专业合作社发展的具体措施，通过政策扶持，引导农民合作社加强制度建设，完善民主管理，增强服务意识，提高发展质量，让广大农民成员真正受益。

第三，政策导向应以提高合作社社员的素质技能为根本，坚持内部培养与外部引进相结合，加强农民合作社人才队伍建设。要分级建立农民合作社带头人人才库，把农民合作社人才纳入现代农业人才支撑计划、阳光工程、新型农民科技培训等项目，依托农民合作社人才培养实训基地，大规模开展理事长、经营管理人员、财会人员培训。建立人才引进机制，制定优惠政策，鼓励农技人员、农村能人等领头创办农民合作社，支持高校毕业生到农民合作社工作，引导农民合作社聘请职业经理人，不断提高农民合作社经营管理水平。

第四，实施资金扶持政策。各级人民政府应当在本级财政预算中安排专项资金，用于支持农民专业合作社开展成员培训、农业生产基础设施建设、农产品质量认证、优势产品品牌培育、市场营销、技术推广等服务活动，对边远地区和贫困地区的农民专业合作社给予优先扶持。

第五，实施技术扶持政策。要鼓励大专院校、科研机构和技术推广机构与农民专业合作社联合开展技术研发、试验、示范和推广等合作。

第六，实施金融扶持政策。把农民合作社纳入银行业金融机构信用评定范围，对信用等级较高的农民合作社在同等条件下实行贷款优先等正向激励措施，对于符合条件的农民合作社及其成员进行综合授信；鼓励地方政府和民间出资设立融资性担保公司，为农民合作社提供贷款担保服务；有条件的地方，对农民合作社贷款给予贴息。创新适合农民合作社生产经营特点的保险产品和服务。

第七，实施税收优惠政策。减免农民专业合作社在农业生产、加工、流通、服务和从事其他涉农经济活动要缴纳的增值税、企业所得税、营业税、印花税等。

第八，实施用地用水用电优惠政策。农民合作社生产设施用地和附属设施用地按农用地管理，在国家年度建设用地指标中单列一定比例专门用于农民合作社等新型农业经营主体建设配套辅助设施。农民合作社从事种植、养殖的用水用电及本社成员农产品初加工用电执行农业生产相关价格。

第九，实施项目和商标扶持政策。农民专业合作社可以作为农业和农村经济建设项目的实施单位，独立申报、承担各类农业和农村建设项目。各级人民政府优先安排和委托有条件的农民专业合作社实施其投入的农业综合开发、扶贫开发、国土综合整治、中低产田改造、水土保持、设施农业、农业产业化等建设项目。鼓励农民专业合作社申请注册商标和无公害农产品、绿色食品、有机食品、地理标志认证；政府有关部门和有关组织应当给予指导、扶持和帮助。

第十，突出示范引领效应。各级人民政府应深入推进示范社建设行动，积极开展示范社评定，建立示范社名录，实行示范社动态监测，引导带动农民合作社规范发展。认真总结推广各地依法办社的先进典型和经验做法，树立一批可学可比的标杆和样板，营造规范办社、比学赶超、争创先进的良好氛围。

3. 在推进工业化的进程中改革发展壮大一批地方国有企业

工业化的进程，实际上是产业结构和工业技术水平不断升级的过程。从第一次产业革命以来，各国在工业化进程方面的竞争实质上就是各国在产业结构和工业技术水平上向高精尖方向发展的速度竞争。其中，决定综合国力水平的主干性行业，如钢铁、机械、汽车、飞机、能源加工、化学和生物制品、精密仪器等行业，其行业结构和技术水平是一国工业化程度的标志。新中国成立以来，国有企业也主要是在这些行业投资和发展，基本上掌控了国民经济命脉。20世纪90年代启动的国企改革，通过资产重组等一系列措施，使得国有企业更加明确地集中于这些主干性行业。回顾改革开放三十多年的历程，我们可以清楚地看到，当外资和私有资本在国内各地四处疯狂寻找能够短、平、快地大量赚钱的生意时，是国有企业承担起了提升中国工业技术水平、推进中国工业化进程的历史重任。总之，国有企业是中国工业化的主要载体，在中国工业化进程中占据主干地位并发挥主导作用。

从中国工业化发展的角度看，改革发展壮大国有企业是应有之义。目前国内有一些"私有化论"者，千方百计地诋毁国有企业，在将大部分国有企业"私有化"之后，还对仅存的国有企业加以攻击，称为"垄断企业"、"垄断行业"，抓住国企高管自定高薪这个把柄，进一步要求将其"私有化"。这种言论是相当危险的，试想如果将仅有的这点国有企业也消灭的话，中国工业化的主要载体也就垮掉了，只能完全依附于外国大资本财团，后果是十分可怕的。

事实上，由于民族地区和东部发达地区在经济的民族性上存在差异，20世纪90年代刮起的"私有化"浪潮给民族地区的劳动者造成的伤害更为惨痛。2014年7月30日，新疆最大清真寺——艾提尕尔清真寺的居玛·塔伊尔大毛拉阿吉不幸被3名暴徒残忍杀害。这位遇害的大毛拉阿吉生前曾于2010年6月接受《瞭望东方周刊》记者采访，在采访中他一针见血地指出，新疆的恐怖活动的增多与维吾尔族青年人的失业率上升有直接关系，而失业率的上升又与新疆地方国有企业的私有化有着直接关系。

居玛·塔伊尔在专访中表示："失业是一个很大的问题。南疆地区大企业很少，一般企业效益也不好。比如我们喀什1970年曾经建立了一个纺织厂，有8000人在里面工作。后来工厂倒闭了，工人都下岗了。许多这样的国有企业，能解决很多人就业的，后来都倒闭了。最近这些年，从学校里毕业的学生也不好找工作了。这样社会上闲的人比忙的人多，卖东西的人比买东西的人多，逐渐就不好处理了。"[①]

因此，在民族地区搞"私有化"的社会经济后果是十分惨痛的，一些研究成果总结了在新疆地区搞"私有化"的负面社会经济后果，

---

① 居玛·塔伊尔大毛拉阿吉：《宗教因被利用造成隔阂》，观察者网，2014年8月1日。

主要有如下方面：

第一，地方国有企业的消退侵蚀了党、团、工会、妇联、民兵等组织在基层群众中的控制力和影响力。地方国有企业是党、团、工会、妇联、民兵等组织发挥重要作用的组织载体，是稳定新疆的堡垒。国有企业的消退，使工业化、城市化过程中的党群组织的发展渐渐失去原有作用。

第二，地方国有企业的消退一方面制造了大量的下岗职工问题，另一方面又使得少数民族大学生就业难问题得不到切实有效的解决。自地方国有集体企业改制以来，新疆工业企业的就业人数从1995年的83.6万降至2006年的73.9万，11年间下降9.7万人。大规模的地方国有企业破产，导致众多企业职工被推向市场，有的汉族职工下岗后回到内地，造成当地常驻汉族人口的减少。少数民族职工子女较多，且不易流动，其在当地再就业的形势相当严峻。同时，国家在高等教育领域沿用计划经济体制下的老办法，采取各种倾斜性政策提高新疆少数民族学生的升学率，但由于市场改革化，各族大学生毕业时不再包分配，而是要直接进入就业市场进行激烈竞争，结果造成少数民族大学生就业率得不到保障，高入学率和低就业率之间的差距犹如不断加高的"堰塞湖"的水位，落差越大，蕴含的社会风险就越大。当大量少数民族城镇青年无处就业，政府又无力满足他们的精神需要时，各种不良思潮就乘虚而入，并屡禁不止。

第三，大量地方国有企业消退后，由于当地组织资源的匮乏和远高于内地发达省份的税费负担，新疆当地的私有经济并没有迎来大发展。2006年，新疆规模以上的乡镇企业约有400家，而当年的浙江省有105.67万家，巨大的差异令人瞠目。"十一五"期间，国家加大了对新疆的投资力度，但新疆此时有能力承接这些工程的地方企业很少，相应地也就无法培育出高素质的本地劳动者，投资的工程多被外来企业和务工人员承包，许多工程只留下物理意义上的产品，其间的工资利润重回内地。不仅未能进入当地的扩大再生产，反而让当地人感觉到强烈的心理落差，最终造成"漏斗经济"。

第四，大量地方国有企业的消退，使汉族同各少数民族职工失去了亲密接触的机会。地方国有企业能更好地吸纳不同民族的员工共同劳作，企业内部的组织关系、用人制度、作息时间有利于不同民族之间的交往，生产过程中必需的合作精神会进一步促进民族团结。新疆照搬内地的大力发展私有企业的政策后，出现了"维吾尔族私有企业"与"汉族私有企业"的概念，而且工人阶级内部的民族区隔也由于这两类企业的出现而被大大强化了。由于市场资源和经营管理等方面的原因，维吾尔族私有企业在同汉族私有企业的竞争中往往处于劣势，商业中的竞争关系很容易转化为民族隔阂，造成民族关系紧张。①

总而言之，民族地区地方国有企业的私有化，直接阻滞了民族地区劳动者素质技能的提高，而在嵌入型经济发展方式的作用下，嵌入民族地区的央企在体制上又很少受民族地区地方政府的控制。大型央企在内部管理、项目建设、投资规划、企业经营、职工招聘、产业链延伸、产品销售等方面均与民族地区无涉。这种嵌入型体制注定了大型企业只能在地区总产值、固定资产投资和税收上对民族地区起到产业支柱作用，而在提供地方就业，提高农畜产品附加值，增加农牧民收入，改造传统农业生产方式，发展少数民族经济方面，作用有限。

因此，既然民族地区既不能过度依赖嵌入型央企，又不能指望私企、外企担负工业化的主导责任并解决少数民族的就业问题，那么民族地区就只有选择改革发展壮大一批地方国有企业，这才是工业化进程中民族地区形成内生型经济发展方式的最佳政策选择。

具体来说，应该实施以下政策：

第一，对现有地方国有企业在明确所有权主体的前提下进行民主化改革。中国的国有企业已有60多年历史，受"苏联模式"制约，国有企业存在着各种矛盾，其中主要矛盾就是所有权主体与占有权行使机构的矛盾。国有企业是由一系列权利关系来界定的，其矛盾也存在于这一系列权利关系上。对国有企业的改革，也就是依循社会主义民主原则明确并完善这一系列权利关系。其关键，就是由国有企业所有权主体以民主机制掌控由所有权派生的占有权行使结构，进而理顺占有权行使机构与经营权行使者的关系，明确和保证对国有企业的处置权、监督权、管理权，落实收益权。

国有企业改革的首要环节，在于明确所有权主体和内容上，包括所

---

① 疆生：《地方国有企业在新疆稳定发展中的作用》，《云南民族大学学报》（哲学社会科学版）2012年第3期。

有权主体如何控制占有权行使机构，明确处置权，完善监督权和管理权，落实收益权。这里的关键，就是民主化，建立民主机制，使所有权主体的利益和意志贯彻于国有企业的全部权利体系，贯彻于国有企业的投资、生产、经营、积累、收入、分配的全过程。国有企业的所有权，包括劳动力所有权和生产资料所有权两个权利。对国有企业的改革，首先要明确并保证国有企业职工的劳动力个人所有权。其次是区分国有企业的层次，即全国性企业和地方性企业，按现在行政区划，可分为四层：全国性国有企业、省（直辖市、自治区）有企业、市（含作为同级行政权机构的自治州）有企业、县（自治旗）有企业。再次是明确各层次国有企业的生产资料所有权是全体公民，职工的劳动力所有权属于职工个人所有，各级政府应颁发相应的所有权证书。最后是按照民主法制的原则完善国有企业内部的运行机制以及规范对国有企业职工创造的公共价值的提取、分割和使用。①

第二，新建、扩建一批地方国有企业，使地方国有企业在民族地区的各个行业尤其是战略性新兴产业中占有主体地位和发挥主导作用。这些新建地方国有企业，要在建立之初就明确其劳动力所有权和生产资料所有权，并按民主法制原则确立和保证其权利体系。

第三，要重视做好少数民族干部和人才的培养使用工作。地方国有企业要按照国家的有关规定，采取定向培养和"传、帮、带"等有效方式，大力培养和使用本单位的少数民族干部和人才，发挥他们的特殊作用。同时，要通过对口支援、职业培训、校企合作、设立实习实训基地等多种途径，帮助少数民族和民族地区培养急需的经营管理人才和专业技术人才。对此，有关部门和企业要制定长远规划和年度计划，并在经费等方面给予支持。

第四，要强化地方国有企业在解决当地就业问题上的社会责任。首先，要建立就业承诺制度，地方国有企业必须和其所隶属的地方人民代表大会签订按规定比例吸纳当地劳动者就业承诺书，并纳入企业目标责任考核范围。其次，要建立就业情况报送和通报制度，地方国有企业必须定期向其所隶属的地方人民代表大会报送企业招用当地劳动者情况，

---

① 刘永佶：《当前国企与私企改革重点及途径的辩证思考》，《中国特色社会主义研究》2012年第3期。

地方人民代表大会要定期通报地方国有企业吸纳当地劳动者就业的情况，并向媒体公布，促进公平就业，监督地方国有企业将70%以上的新增用工指标用于吸纳当地劳动者就业。再次，要着力解决大学生尤其是少数民族大学生的就业问题。地方国有企业要结合本地区高校毕业生特点和人数，组织开展专场招聘、少数民族毕业生专场岗位对接、企业进校园等专项招聘活动，为高校毕业生搭建就业供需平台，做好岗位信息发布、实名登记、职业培训、职业介绍、政策宣传等各项就业服务工作，提高毕业生到企业就业人数。最后，要健全地方国有企业招用人员公开制，实行信息公开、过程公开、结果公开，用制度保障公平就业，破除"官二代"垄断地方国有企业就业市场的"潜规则"。

第五，要在地方国有企业内部深入开展民族团结宣传教育活动。尽量在集团公司、分公司（分厂）、车间、班组等不同层面让少数民族职工和汉族职工亲密接触、紧密合作，要有针对性地开展业务培训、双语培训，让各族职工在协同劳动中、在相互学习技能和语言中增进感情，凝聚为一个稳定的共同体。地方国有企业内部的党、团、工会、妇联、民兵等组织要发挥凝聚人心的重要作用，引导各族职工增强对伟大祖国的认同、对中华民族的认同、对中华文化的认同、对中国特色社会主义道路的认同。要定期排查影响民族团结的不稳定因素，高度重视和密切关注各族干部职工多方面心理感受和情绪反应，认真制定和不断完善突发事件处置预案，及时妥善处理影响民族团结的矛盾和纠纷。要坚持具体问题具体分析，坚决不把与民族关系无关的个人问题上纲上线到民族问题。对职工个人之间的矛盾纠纷，要采取教育、疏导、化解的办法来解决。要坚持在法律法规和企业规章制度面前人人平等的原则，凡属违反法律法规和企业规章制度的，无论涉及哪个民族，都要依据法律法规和企业规章制度处理，绝不能因为违法乱纪分子是某一民族的就予以姑息偏袒。

4. 在推进城市化的进程中促进城乡、区域基本公共服务均等化

基本公共服务，指建立在一定社会共识基础上，由政府主导提供的，与经济社会发展水平和阶段相适应，旨在保障全体公民生存和发展基本需求的公共服务。我国是社会主义国家，享有基本公共服务属于公民的权利，提供基本公共服务是政府的职责。基本公共服务范围，一般包括保障基本民生需求的教育、就业、社会保障、医疗卫生、计划生育、住房保障、文化体育等领域的公共服务，广义上还包括与人民生活环境紧密相关的交通、通信、公用设施、环境保护等领域的公共服务，以及保障安全需要的公共安全、消费安全和国防安全等领域的公共服务。

在嵌入型经济发展方式中，民族地区主要依靠固化甚至拉大城乡之间的基本公共服务差距、城市内部户籍人口与外来人口的基本公共服务差距的模式，来降低政府的基本公共服务供给成本，从而推动城市化快速发展。这是一种不以人为本，而以土地为本的城市化。其负面后果是，大量农业转移人口难以融入城市社会，市民化进程滞后。目前农民工已成为我国产业工人的主体，受城乡分割的户籍制度影响，数以亿计的农民工及其随迁家属，未能在教育、就业、医疗、养老、保障性住房等方面享受城镇居民的基本公共服务，产业集聚与人口集聚不同步，城镇化滞后于工业化。城镇内部出现新的二元矛盾，农村留守儿童、妇女和老人问题日益凸显，给经济社会发展带来诸多风险隐患。

值得特别注意的是，与汉族地区不同，民族地区基本公共服务的非均等化还有一个特殊表现方面，即族际差异。有研究者发现，相较于汉族城市流动人口，少数民族城市流动人口享受到的城市基本公共服务要弱得多。原因就在于少数民族流动人口所特有的民族性，不同的民族身份，不同的宗教信仰、风俗习惯，使他们更容易产生社会交往的内卷化，逡巡于本民族的小圈子里难以融入到城市化的进程之中。结果导致少数民族流动人口基本上被排除在城市政治过程之外，无法有效地通过工会组织表达自己的利益诉求。少数民族流动群体不仅被排斥在城市选举活动之外，他们甚至无权参与城市基层社区的自治活动，他们几乎没有任何正式途径去影响城市各项政策的制定和执行。大部分情况下，他们只能作为城市治理的对象，被动地等待管理。因此出现城市少数民族流动人口参保率低、保障水平低、工伤医疗保险严重缺失，养老保险、失业保险几乎没有的局面也就不足为奇了。[①]

还有研究者特别关注到藏族、维吾尔族进城的农业转移人口在就业方面所受到的"社会排斥"现象，并指出这一现象虽然不是政府有意

---

① 李春雨：《浅论城市化进程中少数民族流动人口市民化》，《社科纵横》（新理论版）2013 年第 2 期。

为之,但这一现象的负面后果值得高度重视,而且其中政府的政策缺失问题也值得深入检讨。必须承认,藏族和维吾尔族农村青年在城镇就业市场上处于弱势,这一现象确实普遍存在。这是因为他们在农村学校里从小就一直接受本民族语言的教育,没有机会学习和使用汉语,结果来到城镇后在劳动力市场竞争中很自然地处于十分不利的地位。根据调查,目前即使是在喀什和南疆的县城里,当地第二产业和服务业(如开出租车、餐馆服务员)都需要一定的汉语交流能力,石油企业招工也要求汉语能力,所以汉族流动人口即使是在这些城镇里也比不会汉语的维吾尔族青年更容易找到工作。这样的对比使维吾尔族青年的心理十分不平衡,当他们在就业市场上多次受挫后,很容易萌发出"排汉"情绪。与生存竞争密切相关的民生问题,在西部少数民族聚居区很容易演变为族群竞争和相互排斥。仔细分析,这种社会排斥局面的出现只是民族地区经济体制改革之后市场经济的自然产物,并非政府有意为之。在体制改革后,少数民族青年的就业机会现在主要是由市场机制来调节,而不可能像计划经济体制下由政府来"安置"。但是,尽管不存在政府有意在就业方面对少数民族就业者"群体排斥"的问题,但是目前客观上存在着藏族或维吾尔族进城农业转移人口在城市就业市场上处于整体性劣势的情况,这对边疆乃至全国的民族团结和建设和谐社会都是非常不利的,因此各级政府和社会都必须给予更多关注,并在大量深入系统调查的基础上,制定出能够切实有效地帮助少数民族进城农业转移人口就业的措施和办法。①

总之,民族地区嵌入型经济发展方式下的非均等化基本公共服务体系不仅难以保障发展成果惠及各民族劳动者,不利于社会和谐稳定,而且还不利于扩大内需特别是消费需求,直接制约经济社会健康协调可持续发展。

因此,民族地区在推进城市化的进程中必须促进城乡、区域基本公共服务均等化,这才是城市化进程中民族地区形成内生型经济发展方式的最佳政策选择。

具体来说,应该实施以下政策:

---

① 马戎:《中国人口跨地域流动及其对族际交往的影响》,《中国人口科学》2009年第6期。

第一，明确以基本公共服务均等化为政策目标，缩小民族地区城乡、区域之间的基本公共服务供给差距，促进民族团结和社会稳定。基本公共服务均等化，是指全体公民都能公平可及地获得大致均等的基本公共服务，其核心是机会均等，而不是简单的平均化和无差异化。民族地区各级政府应从最广大人民群众的根本利益出发，立足我国社会主义初级阶段的基本国情，坚持尽力而为、量力而行，优先保障基本公共教育、劳动就业服务、社会保险、基本社会服务、基本医疗卫生、人口和计划生育、基本住房保障、公共文化体育等服务的提供，随着经济社会发展逐步扩大范围和提高标准。力争到实现全面建成小康社会奋斗目标时，基本公共服务体系比较健全，城乡区域间基本公共服务差距明显缩小，争取基本实现基本公共服务均等化。

第二，建立健全基本公共教育服务体系。在学前教育阶段，建立政府主导、社会参与、公办民办并举的办园体制，构建覆盖城乡、布局合理的学前教育公共服务体系。在九年义务教育阶段，巩固九年义务教育普及成果，全面提高义务教育的质量和水平，大力发展双语教育，加强双语教育教师的培训工作。在高中教育阶段，大力发展中等职业教育，坚持以服务为宗旨、以就业为导向，学校教育与职业培训并举，完善产学合作机制，全面推行工学结合、校企合作、顶岗实习的职业教育人才培养模式。

第三，建立健全覆盖城乡的劳动就业公共服务体系。完善并全面实施就业政策法规咨询、信息发布、职业指导和职业介绍、就业失业登记等免费服务，推进服务规范化和标准化，拓展服务功能。建立健全面向全体劳动者的职业培训制度，对城乡有就业要求和培训愿望的劳动者提供职业技能培训。全面推行劳动合同制度，着力提高小企业和农民工劳动合同签订率，扩大集体合同覆盖面。完善企业工资决定机制和正常增长机制，积极稳妥推进工资集体协商工作。健全工资支付保障机制，完善最低工资和工资指导线制度，逐步提高最低工资标准。

第四，建立健全覆盖城乡居民的社会保险体系。实现新型农村社会养老保险和城镇居民社会养老保险制度全覆盖，各地根据实际情况可以将两项制度合并实施。扩大职工基本医疗保险制度覆盖范围，重点提高农民工、个体工商户和灵活就业人员参保率。巩固提高新型农村合作医疗参合率和城镇居民基本医疗保险参保率，逐步提高人均筹资标准和财政补助水平，鼓励有条件地区探索建立城乡统筹的居民基本医疗保险制度。以农民工、非公有制经济组织从业人员等为重点，扩大工伤、失业和生育保险覆盖面。

第五，建立健全社会救助、社会福利和社会优抚体系。着力健全以城乡最低生活保障制度为核心，以农村五保供养、自然灾害救助、医疗救助、流浪乞讨人员救助制度为主要内容，以临时救助制度为补充的社会救助体系。以扶老、助残、救孤、济困为重点，逐步拓展社会福利的保障范围，推动社会福利由补缺型向适度普惠型转变，逐步提高国民福利水平，加强优抚安置工作。

第六，建立健全基本医疗卫生制度。按照"大病不出县"、"小病不出社区"的要求，加强以县级医院为龙头、乡镇卫生院和村卫生室为基础的农村三级医疗卫生服务网络建设，健全以社区卫生服务为基础，社区卫生服务机构、医院和预防保健机构分工协作的城市医疗卫生服务体系。加强少数民族传统医学医疗服务机构能力建设以及民族药产业化建设。

第七，建立基本住房保障制度。为城镇低收入住房困难家庭提供廉租住房或租赁补贴。为城镇中等偏下收入住房困难家庭、新就业无房职工和城镇稳定就业的外来务工人员提供公共租赁住房。面向有一定支付能力的城镇中低收入住房困难家庭，适当发展经济适用住房和限价商品住房。为符合条件的棚户区居民实施住房改造，为农村困难家庭危房改造提供补助。推进游牧民定居工程建设，提高建设质量和规范化水平。

第八，建立公共文化体育服务制度。促进城乡基层公共文化服务资源的共建共享，逐步实现公共文化场馆向全社会免费开放。加强农村基层广播电视和无线发射台站建设，全面解决20户以下已通电自然村"盲村"广播电视覆盖。加强直播卫星平台建设，在有线网络未通达、无线网络不能覆盖的农村地区开展直播卫星公共服务。广泛开展全民阅读活动，逐步扩大基本免费或低收费阅读服务范围。加强基层公共体育设施建设，大力推动公共体育设施向社会开放，健全学校等企事业单位体育设施向公众开放的管理制度。

第九，建立与经济发展和政府财力增长相适应的基本公共服务财政支出增长机制。完善公共财政预算，优化财政支出结构。各级政府要优先安排预算用于基本公共服务，并确保增长幅度与财力的增长相匹配、同基本公共服务需求相适应，推进实施按照地区常住人口安排基本公共服务支出。加快构建以政府为主导、充分体现社会公平的再分配调节机制。

第十，完善基本公共服务问责机制。增加基本公共服务绩效考核在政府和干部政绩考核中的权重。健全基本公共服务预算公开机制，增强预算透明度。切实加强对建设工程和专项拨款使用绩效的审计、监管。建立基本公共服务设施建设质量追溯制度，对学校、医院、福利机构、保障性住房等建筑质量实行终身负责制。

5. 在参与全球化的进程中建设丝绸之路经济带和21世纪海上丝绸之路

长期以来，在一些区域经济学研究者看来，民族地区的区位条件较为恶劣。其理由是民族地区主要分布在中国的西南边境和西北边境地区，远离全球经济中心——北美和欧洲，而且通达条件较差。在国内，民族地区与珠三角、长三角或京津冀等国内经济中心的经济交往也存在着较高的空间位移成本。

这种看法当然有其合理性，但也要看到，在中国参与全球化的进程中，民族地区的区位条件是可以从区位劣势转变为区位优势的，正如当年欧洲文艺复兴时期，英国虽是游离于欧洲大陆的岛国，但是由于新大陆的发现和殖民地的开辟，英国的区位条件很快从区位劣势转变为区位优势。

如何才能将民族地区的区位劣势转变为区位优势，"一带一路"战略设想的提出为此提供了历史机遇。所谓"一带一路"战略，就是建设丝绸之路经济带和21世纪海上丝绸之路。2013年9月7日，习近平主席在哈萨克斯坦纳扎尔巴耶夫大学发表重要演讲，首次提出了加强政策沟通、道路连通、贸易畅通、货币流通、民心相通，共同建设"丝绸之路经济带"的战略倡议；2013年10月3日，习近平主席在印度尼西亚国会发表重要演讲时明确提出，中国致力于加强同东盟国家的互联互通建设，愿同东盟国家发展好海洋合作伙伴关系，共同建设"21世纪海上丝绸之路"。

传统的丝绸之路，起自中国古代都城长安（今西安），经中亚国家、阿富汗、伊朗、伊拉克、叙利亚等到达地中海，以罗马为终点，全长6440公里。这条路被认为是连接亚欧大陆的古代东西方文明交汇之路，而丝绸则是最具代表性的货物。数千年来，游牧民族或部落、商人、僧侣、使者、士兵和学者沿着丝绸之路东西往来，从事贡赐、贸易、传教、外交等经济、政治和文化交流活动。

随着时代发展，丝绸之路成为古代中国与西方所有政治经济文化往来通道的统称。有西汉张骞开通西域的官方通道"西北丝绸之路"；有北向蒙古高原，再西行天山北麓进入中亚的"草原丝绸之路"；有西安到成都再到印度的山道崎岖的"西南丝绸之路"；还有从广州、泉州、杭州、扬州等沿海城市出发，从南洋到阿拉伯海，甚至远达非洲东海岸的海上贸易的"海上丝绸之路"。

可以看出，"一带一路"涉及范围极广，无疑将是世界上最长、最具活力和最具发展潜力的一条国际经济大走廊，而民族地区几乎全部在"一带一路"的战略设想范围内。通过和欧亚诸国共建丝绸之路经济带和21世纪海上丝绸之路，民族地区将有望全面提升对外开放水平和经济发展水平，变区位劣势为区位优势，并促成中国经济重心整体西移，实现东中西部经济协调发展。

在嵌入型经济发展方式下，国家并不是没有推出专门针对民族地区的区域政策——"西部大开发"就是针对民族地区的典型区域政策。然而，这种区域政策的基本理念依然是在东部地区优先发展基础上，通过先富带后富，带动欠发达地区发展，仍然采取嵌入型发展方式。自21世纪以来众人耳熟能详的中国四大区域政策（东部沿海地区率先发展、西部大开发、东北振兴、中部崛起）表面上是要协调各地区的区域发展，但实质效果却是相互抵消，每个地区都有政策，相当于每个地区都没政策，政策抵消的效果就是东部地区的发达格局被固化，地区之间发展的差距在持续拉大。

2008年全球经济危机是一个重要转折点，在此之后中国面临的国际国内环境都发生了深刻变化。国际市场不景气导致中国过去改革开放最主要的海外市场备受打击，出口受阻使得以往出口导向型发展模式难以为继，危机发生后，沿海地区出现企业倒闭潮。

与此同时，国内经济环境也发生变化，伴随着沿海地区的"用工荒"使劳动力成本的飞涨，而要素价格涨价更不用说。沿海地区的经济发展成本不断推高，经济增速放缓，而中西部地区的资源拉动、投资拉动模式仍在持续，并且在危机中保持着高速增长，区域发展格局首次呈现出"东慢西快"态势。然而，中西部地区这种发展模式是不可持续的。煤炭价格跳水打破了鄂尔多斯飞速增长的神话，同时也戳破了当地的房地产泡沫，隐藏其下的民间借贷风波显现，甚至蔓延到毗邻的榆林、神木。能源经济遭受重挫，这使得中西部地区的发展态势也不得不面临调整。

国际国内新形势迫使中国的区域发展战略不得不发生转变，过去以向东开放为主，向西开放成为短板，现在不得不开辟向西开放的通道。"一带一路"战略的提出，为民族地区在参与全球化的进程中形成内生型经济发展方式指明了方向。

在"一带一路"战略中，民族地区各省区的区位条件是有差别的，其政策内容自然也应该是各有特点的。民族地区的"丝绸之路经济带"建设可以新疆维吾尔自治区为重点，"21世纪海上丝绸之路"可以广西壮族自治区为重点。

新疆在"一带一路"战略中的定位应是丝绸之路经济带的核心区。丝绸之路经济带国内段的空间布局主要是北、中、南三条大通道，分别从我国东部经济最发达的三大经济圈出发，依托国内现有交通干线，自东向西贯穿沿线重要节点城市，经新疆通向中亚、西亚、南亚和俄罗斯等地。其中北通道起于"环渤海经济圈"，自京津唐地区经山西大同、内蒙古呼和浩特和额济纳，从伊吾进入新疆，再经北屯、吉木乃西出哈萨克斯坦至俄罗斯等国；中通道起于"长三角经济圈"，自上海沿第二座亚欧大陆桥横穿我国中原、西北诸省区，由哈密进入新疆，再经乌鲁木齐、精河，分别从阿拉山口和霍尔果斯出境直通中亚至欧洲；南通道起于"珠三角经济圈"，自广东广州经湖南长沙、重庆、四川成都、青海格尔木，由若羌进入新疆，再经和田、喀什，南下印度洋沿岸的瓜达尔港，是一条极具战略意义的新通道。由以上可以看出，在"丝绸之路经济带"的总体空间布局上，新疆是北、中、南三条大通道的交会之地，又处于东西两大经济圈（亚太经济圈、欧洲经济圈）的重要节点和枢纽，无论是从地理区位、资源禀赋来看，还是从历史脉络、文化渊源来看，新疆都有着独特而客观的优势，这决定了新疆在"丝绸之路经济带"中处于核心区的战略地位。具体而言，新疆的核心区应展开为"五中心、三基地、一通道"，"五中心"是指重要的交通枢纽中心、商贸物流中心、金融中心、文化科技中心和医疗服务中心；"三基地"是指国家大型油气生产加工和储备基地、大型煤炭煤电煤化工基地和大型风电基地;"一通道"是指国家能源资源陆上大通道。

在参与全球化方面,新疆的政策选择应该是积极推进与"丝绸之路经济带"沿线国家的全方位务实合作,拓展新的开放合作空间。一是加快基础设施互联互通,推进中—吉—乌铁路等重大项目尽早开工,加快中巴铁路等项目前期工作,加快其他面向周边国家和国内的交通大通道建设。二是加大金融对外开放力度,加强区域金融合作,继续推进跨境贸易人民币结算便利化及人民币在周边国家跨境使用。三是完善口岸管理体制,改善口岸基础设施,推进通关便利化改革。四是深化拓展中国—亚欧博览会等平台机制,充分发挥乌鲁木齐中心城市的辐射带动作用。五是探索中哈霍尔果斯国际边境合作中心和喀什、霍尔果斯经济开发区开发建设的新模式,主动参与中国与中亚国家自贸区谈判,争取在新疆设立中国—中亚自由贸易园区。六是用好差别化产业政策,创新产业援疆模式,高水平承接产业转移。七是站在中外两种视角思考新疆产业发展,整合中外两种资源,开发中外两个市场,鼓励更多有实力的企业赴"丝绸之路经济带"周边国家投资兴业,支持具备条件的新疆企业参与境外经贸合作区建设。[1]

广西在"一带一路"战略中的定位应该是 21 世纪海上丝绸之路的新枢纽和新门户。海上丝绸之路主要有东海起航线和南海起航线,形成于秦汉时期,发展于三国隋朝时期,繁荣于唐宋时期,转变于明清时期,复兴于 21 世纪。早在西汉时期,广西合浦就是我国海上丝绸之路的发祥之地;而与中国山水相连、血脉相亲的东南亚地区,自古以来就是海上丝绸之路的重要枢纽。这种弥足珍贵的因缘,在 21 世纪海上丝绸之路上释放出跨越时空、厚积薄发的能量。在中国—东盟的坐标上,广西是中国唯一与东盟海路相连的省区,海岸线长达 1595 公里,与东盟"一湾连七国",区位优势得天独厚。

在参与全球化方面,广西的政策选择应该是积极推进与"丝绸之路经济带"沿线国家的全方位务实合作,拓展新的开放合作空间。一是

---

[1] 唐立久、穆少波:《中国新疆:"丝绸之路经济带"核心区的建构》,《新疆师范大学学报》(哲学社会科学版)2014 年第 2 期。

构建面向东盟的互联互通大通道。重点是构建5张网,包括港口网、高速公路网、铁路网、航空网和通信光纤网。通过这5张网,形成东盟与中国之间海陆空立体互联互通的大格局。二是构建"海上丝绸之路"的临港产业带。广西在加强港口合作的同时,加快规划建设更多的临港产业,打造跨国产业链。三是构建"海上丝绸之路"的商贸物流基地。共建中国—东盟经贸合作新平台,加快推进面向东盟的大型专业市场建设,探索推进贸易采购模式。推进口岸开放和通关便利化,加强海关、检验检疫、边检及海事合作,推进一次申报、一次查验、一次放行的"三个一"通关便利化;探索北部湾经济区"六市一关"和国际贸易"单一窗口",推进与西南、中南后方腹地的跨区域通关合作;借助自贸区升级版,加快对东盟各国通关一体化合作。四是构建沿边金融综合改革试验区。要以跨境金融业务创新为主线,探索资本项目人民币可兑换的多种途径,鼓励东盟金融机构将境外人民币以贷款方式投资到试验区。同时,广西支持有资质的机构到东盟国家发行人民币债券,探索推进中国与东盟国家支付、清算一体化建设,设立中国—东盟股权交易中心,从而建立与"海上丝绸之路"相适应的现代金融开放型的合作平台。五是构建"海上丝绸之路"的人文交流圈。打造跨国旅游圈,加强旅游目的地和旅游客源地的对接与联动,积极推进旅游异地签证、落地签证、免税购物等便利化,推动人员、车辆的跨境自由行,共同打造跨国边境游、泛北部湾海上游等"海上丝绸之路"精品旅游线路。六是建立健全合作机制。整合提升中国—东盟博览会等现有合作机制功能,争取21世纪"海上丝绸之路"的重要合作机制落户广西。[1]

可以预料的是,当"一带一路"的战略设想最终成为现实时,民族地区的区位劣势局面将得到彻底扭转,民族地区经济发展的内生动力也将大大增强。

---

[1] 简文湘:《建设"海上丝绸之路" 广西要做六大文章》,《广西日报》2014年9月17日。

四 对当前民族地区嵌入型
经济发展方式的反思

在社会转型条件下形成民族地区内生型经济发展方式,除了要对其形成途径和政策选择进行探讨外,还必须对当前的嵌入型经济发展政策进行深刻反思。

1. 嵌入型经济发展政策的历史合理性

依照辩证法,一切现存的事物都有其存在的理由,但同时也是一定会灭亡的。因此,绝对合理的政策是不存在的,绝对不合理的政策也是不存在的。考察一个政策合理与否,必须放到具体历史环境中进行考察。

如此来看,我们不能因为提出要形成内生型经济发展方式,就把当前的嵌入型经济发展政策彻底否定,而是必须承认嵌入型经济发展政策的历史合理性,并指出这种历史合理性正在随着形势的变化而逐渐消逝。

回顾改革开放以来的中国经济史,民族地区的嵌入型经济发展政策的出现与改革开放之后中国的区域经济非均衡发展战略及其后的区域经济非均衡协调发展战略有着密切的联系。

基于国际国内形势和十一届三中全会召开后我国经济发展指导方针的转变,改革开放初期至2000年,中国在区域经济政策方面实施了沿海地区优先发展和东、中、西三大经济地带梯度转移的非均衡发展战略。首先,不断加大对外开放的步伐。1984年初,中央决定进一步开放沿海13个港口城市:大连、秦皇岛、天津、烟台、青岛、连云港、南通、上海、宁波、福州、广州、湛江、北海。1985年初至1987年底,国务院决定把珠江三角洲、长江三角洲、闽南漳—泉—厦三角地区及山东半岛、辽东半岛等开辟为沿海经济开放区。这些特区和开放城市组成了中国沿海开放地带和工业城市群,在工业、农业、交通等方面具有领先优势。其次,政策和资金向沿海开放地区倾斜。在政策方面,国家加强了对经济特区、沿海开放城市的工业、港口、航空机场与城市建设,并对这些地区在财政、税收、信贷、投资等方面给予优惠。

这一时期的区域经济非均衡发展战略既有积极影响，又有消极影响。其积极影响体现在：第一，沿海地区特别是东南沿海新兴工业地区的发展，推动了中国全方位对外开放格局的形成和中国经济市场化改革的进程。第二，东部地区的率先发展，提高了资金的运转效益，使沿海地区成为最具活力的经济高速增长区，带动我国在整个20世纪80年代国民经济以超过12%的速率增长，90年代也未低于8%。其消极影响体现在：西部经济发展严重滞后，结果产生如下问题：第一，西部资源的供给弹性无法及时改善，难以满足东部沿海地区及西部自身经济日益扩张的需求。第二，西部市场容量因人均收入低而扩大较慢，不利于国民经济的持续稳定发展。第三，西部的人才、资金大量流向沿海地区和高回报产业，进一步削弱了西北的发展能力。第四，西部大量劳动力因缺乏发展就业机会而流向沿海，一方面使西部发展更受影响，另一方面又使沿海社会基础设施承受了巨大压力。

鉴于这些消极影响，2000年中央开始实施"西部大开发"战略，随后数年又相继提出"振兴东北"、"中部崛起"、"东部地区率先发展"等战略，这也就意味着中国的区域经济战略由区域经济非均衡发展战略转向了区域经济非均衡协调发展战略，后者多了"协调"二字。

这种区域经济非均衡协调发展战略从2000年开始实施，一直持续到当前。这其中有两个国家级的超大型工程，可以说是这种区域经济非均衡协调发展战略的典型代表，那就是"西电东送"和"西气东输"。这两大工程的实施，使得从事资源型产业的大型央企开始全面嵌入到民族地区的经济发展之中，并开始推动民族地区的经济发展进入跨越式发展阶段。

民族地区嵌入型经济发展方式正是在这种区域经济非均衡协调发展战略的背景下产生的。而嵌入型经济发展政策又恰好和这种嵌入型经济发展方式相表里。

民族地区的嵌入型经济发展政策大致来讲有两种类型：一种类型以内蒙古为代表，另一种类型以西藏为代表。前者是通过大型央企嵌入本地的煤电油气资源开发来拉动本地区的快速工业化，后者是通过中央大量的财政转移支付以及各省区的对口支援来拉动本地区的基础设施建设从而快速城镇化。[①]

必须承认,在21世纪的头十年里,民族地区的嵌入型经济发展政策在促进民族地区经济总量的高速增长方面成绩是显著的,这也是嵌入型经济发展政策的历史合理性之所在。表7-2是民族八省区"十一五"期间的经济增长情况,从中可以看出民族八省区在执行"十一五"规划期间全部实现了国民经济高速增长的目标,地区生产总值的增长率全部高于规划的预期值。

表7-2　　　　民族地区"十一五"时期的经济增长　　　　单位:%

各省区	"十一五"规划预计年均经济增长率	2006—2009年实际年均经济增长率
内蒙古	13+	18.05
广西	10左右	13.85
贵州	10+	11.63
云南	8.5+	11.88
西藏	12	12.38
青海	10	11.88
宁夏	10	12.30
新疆	9	10.55

资料来源:刘永佶主编:《民族地区经济发展方式转变研究》,中国社会科学出版社2012年版,第133页。

然而,在制造高速经济增长的同时,嵌入型经济发展政策的不可持续性也充分暴露出来。这里的关键问题就是嵌入型经济发展政策下民族区域经济与民族经济正在持续失衡。在民族地区处于相对封闭的时代,民族差距表现在民族地区之间的差距,而在开放经济时代,民族差距在同一民族地区内部出现,从而使得这一差距特别醒目,社会经济资源的重新配置将使民族经济矛盾表面化,引发新的民族经济利益矛盾,不利于和谐民族关系的形成。"藏独"、"疆独"等分裂势力总是在民族经济差距中寻找依据,民族地区出现的极端暴力事件都可以从经济差距中找

[①] 杨思远:《中国少数民族生产方式研究》,新华出版社2012年版,第419—423页。

到诱因，许多暴力分子往往都是在经济上感觉没有出路的少数民族青年。民族差距拉大成为宗教极端势力、民族分裂势力和国外敌对势力赖以存在的重要的经济基础，成为危害民族团结尤其是边疆安全与社会和谐的经济根源。

正是在这种民族区域经济与民族经济失衡基础上不断发生的一系列恶性暴力恐怖案件，表明嵌入型经济政策的历史合理性已经走向终结。时局的变化与群众的呼声是对改革嵌入型经济发展政策最自然不过的召唤。

2. 嵌入型经济发展政策的未来改革方向

在内生型经济发展方式中，并不是要将原有的嵌入型经济发展政策全部扔掉，而是要改革原有的嵌入型经济发展政策的作用方向，使这些政策为民族地区形成内生型经济发展方式服务，继而转变为内生型经济发展方式中的一部分。

换言之，原有的嵌入型经济发展政策必须向强化民族地区经济发展的内生动力方向进行转变，必须有利于民族地区内生型发展方式的形成，即必须有利于"在保证劳动者主体地位的前提下促进劳动者提高和发挥素质技能"、有利于"以引进消化吸收再创新为主干通过自主创新驱动经济发展"、有利于"推动特色优势产业转型升级"和有利于"因地制宜培育战略性新兴产业"这四条内生型发展方式的形成途径。

下面对嵌入型经济发展政策的改革方向分两大类做具体探讨。

第一类嵌入型经济发展政策就是通过大型央企嵌入本地的煤电油气资源开发来拉动本地区的快速工业化。对于这一类型的政策，改革的方向应该是鼓励地方政府把央企属地化，即利用当前混合所有制改革的机遇，逐步将嵌入民族地区的大型央企的各分公司、子公司改组并购或者至少控股为地方国有企业从而发展壮大一批地方国有企业。

在嵌入型经济发展方式的作用下，嵌入民族地区的央企在体制上很少受民族地区地方政府的控制。大型央企在内部管理、项目建设、投资规划、企业经营、职工招聘、产业链延伸、产品销售等方面均与民族地区无涉。这种嵌入型体制注定了大型企业只能在地区总产值、固定资产投资和税收上对民族地区起到产业支柱作用，而在提供地方就业，提高农畜产品附加值，增加农牧民收入，改造传统农业生产方式，发展少数民族经济方面作用有限。

有媒体在调查中就发现，这些年地方政府与能源型央企间的关系在发生着微妙的转变。地方政府对待能源央企经历了三个阶段，即热情招商、清醒看待、索要条件。第一阶段是省里主动，省里认为央企具有省企不具备的优势，而且央企带来很多批文、项目，不占用省里努力获得的资源，是额外的，故而非常欢迎央企投资。第二阶段是央企到省里后会挤占省企的发展空间，于是地方政府的态度发生了微妙的转变，开始谨慎和央企对接。只有带来收益并带来较大带动能力，省里才欢迎。第三阶段是省里提出条件，央企可以进入，但必须要带项目来，带批文来，地方上批不下来的项目，希望央企额外赠送。

"很多央企来的目的就是圈资源，我们不欢迎，我们资源型城市要转型，央企来要配合我们转型，而不能仅为了自身利益抢占资源。""央企也应该明白，到省里来后，根本就不应该享受超国民待遇，事实上，用地方的资源，要给本地做点事。现在省属企业能做到用本省的资源为本省做事，但是央企做不到。"[1] 以上都是民族地区的干部、专家发自内心的想法。

面对这些情况，只有将嵌入民族地区的央企的各分公司、子公司逐步改组并购或者控股为地方国有企业，地方政府才有能力在企业的内部管理、项目建设、投资规划、企业经营、职工招聘、产业链延伸、产品销售等方面贯彻自己的意志，所谓的生态补偿机制、资源开发利益分享机制、吸纳本地劳动者就业机制等一系列的内生型经济发展方式的题中之义才能够在体制机制上顺利建立起来。

因此，民族地区必须破除某些央企负责人鼓吹的"央企收购地方国企是积极方向"[2]的谬论，必须将这种收购方向倒转过来，即鼓励地方国有企业大力收购央企在当地的子公司、分公司，从而发展壮大一批地方国有企业。

第二类嵌入型经济发展政策就是通过中央大量的财政转移支付以及各省区的对口支援来拉动本地区的基础设施建设从而快速城镇化。对于这一类型的政策，改革的方向应该是将区外资金和人力资源的投放调整

---

[1] 《央企与地方博弈升级》，凤凰网财经频道，2011年7月5日。
[2] 《央企收购地方国企是积极方向——专访中国中钢集团公司总裁黄天文》，新浪网财经频道，2007年8月14日。

集中到民族地区基本公共服务的均等化方向上。

民族地区教育、就业、社会保障、医疗卫生、计划生育、住房保障、文化体育等领域的基本公共服务供给失衡是造成民族地区群众不满意的一个重要原因，旧有的财政转移支付和对口支援政策罔顾这一事实，却着力在民族地区的基础设施建设上下功夫，可谓南辕北辙。例如，有研究人员依据内蒙古自治区边境旗市的公开统计数据做了时间序列分析，结果遗憾地发现从2000年到2010年十年间的兴边富民行动在内蒙古实施效果并不令人满意，尽管公路建设成效显著，也促进了边境地区的商品贸易，但基本上没有实现促进当地经济发展、提高人均生活水平的目的，而且卫生事业的发展相反还恶化了。[①]

因此，未来的改革就是将区外资金和人力资源的投放调整集中到民族地区基本公共服务均等化的方向上。具体而言可以分为以下两点：

第一，建立基本公共服务均等化取向的转移支付制度。首先，要明确中央地方的事权划分。根据事权与财权相匹配的原则，在中央地方共有事权中确定中央地方各自承担的份额。主要依据不同地区的战略地位、经济地位、经济外溢性程度、均等化公共服务的差异程度等因素确定。考虑到民族地区社会经济的特殊性、经济外溢性及民族地区更多地承担了中央事权，因而不应该只通过绝对额的增长来确定中央的转移支付数额，而应该按均等化的公共支出比例、地方财政收支差异（自给率）及特殊事权的满足程度，对民族地区扩大转移支付的力度，使民族地区的财力与其所承担的事权相匹配。其次，加大具有均衡效应的一般性转移支付额。将少数民族人口、双语教育、民族聚居度等影响民族地区支出需求的因素纳入测算范围，进一步改进转移支付标准支出测算办法。再次，进一步完善一般性转移支付资金分配的计算公式。由于民族地区地域广阔、生态环境外部性强、基本公共服务投入成本高等特点，因此，在转移支付的计算中，中央应考虑将影响基本公共服务的各项主要因素纳入计算公式，提高指标的科学性和可获得性，包括人口因素、供给成本差异和民族因素以及其他外溢性因素。最后，对专项转移支付应加强管理和监督，并注重对资金使用效果的评估。各省区的人民

---

① 刘永佶：《民族地区经济发展方式转变研究》，中国社会科学出版社2012年版，第181—190页。

代表大会应该在完善和健全财政转移支付的相关法律制度和监督机制上多下功夫，切实履行监督职能。

第二，建立基本公共服务均等化取向的对口支援机制。要将对口支援的主要资源投放在民族地区教育、医疗卫生和文化体育等方面的本地人才培养上。旧有的对口支援，过于注重物质资源和基础设施的援建，"输血"有余"造血"不足。未来的对口支援则应该更注重"造血"，民族地区应该充分利用对口支援的机遇，努力培养本地区的高素质的教育工作者、医疗工作者和文化体育工作者，这样才能真正缩小民族地区和东部发达地区在基本公共服务水平上的差距。